现代经济与管理类系列教材
普通高等教育"十三五"系列教材

服务管理

（第 3 版修订本）

主编 丁 宁

清华大学出版社
北京交通大学出版社
·北京·

内 容 简 介

本书是一本全面论述服务管理的专业书籍，主要内容包括服务经济与服务战略、构建服务企业、服务运营管理、信息技术与服务管理、扩展服务领域与创造价值。本书的最大特点在于理论与实际相结合，力求在阐述服务管理理论体系的同时，在实际应用上给读者以具体的指导。

本书可作为本科生、高职生企业管理专业的教材，也可作为广大服务企业管理者及消费者从事服务管理活动的重要工具和参考书。

本书封面贴有清华大学出版社防伪标签，无标签者不得销售。

版权所有，侵权必究。侵权举报电话：010-62782989　13501256678　13801310933

图书在版编目（CIP）数据

服务管理 / 丁宁主编 . —3 版 . —北京：北京交通大学出版社 ：清华大学出版社，2018.4（2023.8 重印）

ISBN 978-7-5121-3517-8

Ⅰ . ① 服… Ⅱ . ① 丁… Ⅲ . ① 服务业-企业管理-高等学校-教材 Ⅳ . ① F719

中国版本图书馆 CIP 数据核字（2018）第 034580 号

服务管理

FUWU GUANLI

策划编辑：吴嫦娥　　责任编辑：崔　明

出版发行：清 华 大 学 出 版 社　　邮编：100084　　电话：010-62776969　　http://www.tup.com.cn

　　　　　北京交通大学出版社　　邮编：100044　　电话：010-51686414　　http://www.bjtup.com.cn

印　刷　者：北京鑫海金澳胶印有限公司

经　　销：全国新华书店

开　　本：185 mm×260 mm　　印张：19.5　　字数：487 千字

版 印 次：2023 年 8 月第 3 版第 2 次修订　　2023 年 8 月第 5 次印刷

定　　价：49.00 元

本书如有质量问题，请向北京交通大学出版社质监组反映。对您的意见和批评，我们表示欢迎和感谢。

投诉电话：010-51686043，51686008；传真：010-62225406；E-mail：press@bjtu.edu.cn。

前 言

国际上对服务管理的集中研究大体始于20世纪70年代。当时,西方国家对服务业放松管制带来了服务业竞争的空前激化,不少传统的垄断性行业转变为竞争性行业。经营环境的变化促使企业寻求提高管理水平和竞争力的方法。然而,当人们试图借助于基于制造业的传统的管理理论和方法时却发现,他们在解决服务问题时有诸多限制。在这种背景下,来自于市场营销、生产运营和人力资源管理等不同学科的学者从不同角度,致力于开发适合服务特性的管理理论和方法。自1982年第一本由诺曼所著的研究服务的书《服务管理》问世以来,经过十多年的努力和不同学科分支研究的相互渗透,服务管理理论经历了由产品到市场最后到关系的不同阶段的发展,服务管理这门新兴的学科也初步形成。例如,在美国得克萨斯大学教授詹姆斯·A.菲茨西蒙斯等学者的推动下,决策科学研究院(DSI)在1987年的波士顿会议上将"服务运营管理"作为一个学科分支;1989年《服务业管理国际学报》创刊;1990年首届服务管理学术会议在法国召开,吸引了来自运营管理、市场营销、组织行为等学科的众多学者与会。这次会议进一步明确了服务管理多学科交叉的性质。为了突出服务管理的整合性,将"运营"两字去掉。

近年来,关于服务管理的书籍不断增多,美国及其他西方国家的众多学者在员工满意、顾客忠诚、服务形象、服务质量、服务接触、服务文化以及服务企业核心能力等学术和实际操作领域展开了研究。最近,关于服务理论的研究又向纵深领域发展,服务包、服务集、服务链、服务图、满意镜、服务剧本、服务冲突、服务品牌等新概念层出不穷。随着服务在社会经济中的地位和作用与日俱增,服务管理理论也将不断发挥它所应有的作用。

本书共由5篇组成。第1篇服务经济与服务战略,介绍服务在经济中的作用、服务及服务特性、服务战略;第2篇构建服务企业,介绍服务传递系统设计及服务设施设计与定位;第3篇服务运营管理,介绍服务接触、服务质量、服务补救、排队管理、人力资源管理及生产能力与需求管理;第4篇信息技术与服务管理,介绍服务与信息技术及信息技术在服务管理中的作用与应用;第5篇扩展服务领域与创造价值,介绍新服务的发展、生产力和质量的提高及服务的成功与失败。希望本书的出版会对我国服务企业改革与发展产生积极的影响,并对加速服务企业的发展、推进服务企业发展的进程有所裨益。果真如此,作者将不胜欣慰。

本书是集体智慧的结晶。全书由丁宁总策划,并由王晓楠、王馨完成第1、2章初稿撰写;车建飞、王馨完成第3章初稿撰写;徐强、王馨完成第4章初稿撰写;徐强、丁宁完成第5章初稿撰写;赵汝芹、丁宁完成第6~8章初稿撰写;吴雪、丁宁完成第9~11章初稿撰写;常江辉、丁宁完成第12、13章初稿撰写;徐红涛、丁宁完成第14~16章初稿撰写。初稿完成后,由丁宁总纂全书,完成了全书的审稿、定稿和绝大部分的修订工作。另外,郑予捷、王进云、蒋华英、蒋晓岑、肖杨、林爽、臧迪、何琪也参加了本书的部分修订工作。

自本书的第1版和第2版发行以来,得到广大读者的认可,被许多院校选为教材使用,总销售达到了40 000册之多。每次的修订除保留原书的特色和风格外,都是本着适应时代的要求、便于学生更好理解学习的内容、及时采纳教师使用中提出的宝贵建议的原则,对原书内容进行修改，并不断增加了新的内容。

　　本书在写作的过程中，也得到了许多专家的友情帮助，他们提出了许多宝贵的意见。另外在本书的写作过程中，参考了国内外大量书籍和资料，均以参考文献的形式列出。在此，特对书籍和资料的作者表示最诚挚的谢意。同时，由于时间紧迫，加之水平所限，书中错误遗漏之处在所难免，敬请广大读者批评指正。

编者

2018 年 1 月

目 录

第1篇　服务经济与服务战略

第4篇　信息技术与服务管理

第5篇　扩展服务领域与创造价值

第 1 篇　服务经济与服务战略

● 学习目标
● 开章案例
● 案例分析
● 本章习题

第1章

服务在经济中的作用

学习目标

✓ 说明服务在经济中的核心作用；

✓ 了解服务业与经济发展阶段的相关理论；

✓ 概括服务业自身的不同发展阶段；

✓ 描述中国服务业发展的现状。

开章案例

服务业已成为带动和支撑国民经济增长的核心力量

27岁的文廷婷是四川省安岳县人，原本在县城经营一家装饰店，多次网购后，她十分看好电子商务的市场前景，转行做了京东乡村推广员。这样的故事每天都在各地发生，以电子商务为代表的服务业已经驶入快车道，成为拉动我国经济社会发展的新引擎。数据显示，2015年一季度我国服务业增加值增速为7.9%，占国内生产总值比重达到51.6%，创历史新高。

"服务业已成为带动和支撑国民经济增长的核心力量，并将长期保持国民经济最大产业和吸纳就业第一主体的地位，发展前景广阔。"国务院发展研究中心办公厅副主任、研究员来有为说。

（1）保持最大产业地位

服务业分为生产性服务业和生活性服务业。近年来，在国家一系列政策推动下，服务业尤其是信息服务、金融等生产性服务业的发展速度稳中有升，网络零售、文化、快递、健康服务等生活性服务业迅速发展，餐饮、旅游等生活性服务业逐步创新发展。

在我国经济增速放缓的背景下，服务业仍保持较高增速，从2013年起已成为"三产"中的最大产业。数据显示，2014年，我国服务业增加值为30.7万亿元，增速为8.1%，占国内生产总值比重达到48.2%，已经超过国民经济"十二五"规划纲要中2015年的目标。而2015年一季度，服务业增加值占比又创历史新高，继续巩固最大产业地位。其中，信息技术、电子商务等高技术服务业在加快传统产业转型升级、带动新增就业等方面发挥着日益重要的作用，已经成为落实创新驱动战略、打造中国经济"升级版"的重要支撑。2014年，我国实现软件业务收入3.7万亿元，互联网服务业收入近9 000亿元，电子商务交易总额突破13万亿元。服务业的吸纳就业能力也在逐步增强。2014年城镇新增就业1 322万人，超额完成1 000万人的就业任务，其中服务业发挥了重大作用。

(2) 推动产业转型升级

我国经济发展已经进入由量的增长到质的提升阶段，农业现代化、制造业转型升级，迫切需要生产性服务业的有效支撑。目前，生产性服务业专业性强、创新活跃、产业融合度高、引领带动性大的作用正在得到加强，研发设计、检验检测、节能环保、人力资源服务、商务咨询等生产性服务业重点领域加快发展，并与产业紧密融合，有效推动了产业向价值链高端提升。

(3) 新业态、新模式涌现

当服务业遇上互联网，一切皆有可能。动动手指，就可以通过手机预约出租车、上门理发等服务，就能通过摄像头和远在千里之外的医生沟通病情，还能在电脑上自己设计、下单并生产家电、衣服等产品。随着物联网、云计算、大数据、移动互联网、人工智能等新一代信息技术的升级发展，互联网加速向各行业渗透，服务业新业态、新模式、新产业不断涌现。

资料来源：http://www.ce.cn/xwzx/gnsz/gdxw/201505/29/t20150529_5493366.shtml.

上述现象给了我们这样的启示，即世界在经历了以制造业为代表的工业经济时代后，正在走进服务经济时代。面对这样的变革，我们应做好哪些准备？如果说中国由于种种原因，没能把握住工业经济时代发展的机遇，拉大了中国与经济发达国家间的差距，那么在服务经济时代到来的今天，我们决不能再次丧失快速发展的机会，必须做好充分的准备，迎接服务经济时代的挑战。

1.1　服务业与服务经济理论

在了解什么是服务之前，有必要首先了解什么是服务业。从服务业与当今服务经济的关系入手，可以更好地学习服务的特性及其对推动社会进步的重要作用。

1.1.1　服务业的概念与分类

1. 服务业的概念

把服务业作为一个完整概念提出并进行系统的理论研究，是20世纪70年代才开始的。迄今为止，关于什么是服务业还没有一个得到普遍认可的完整的理论描述。黄维兵将服务业的概念界定为：生产或提供各种服务的经济部门或企业的集合。[①] 他同时提出，服务业是在不断发展变化的，应当从以下4个方面全面地理解服务业。

① 服务业是一个既抽象又具体的概念。一方面，由于服务业生产的主要是非实物产品，因而相对农业、工业来说，其概念往往显得抽象；另一方面，服务业所生产的服务产品，不论是何种形式，都能满足人的需要，因而是具体的社会产品，同样具有商品使用价值和价值的二重属性。

---

① 黄维兵.现代服务经济理论与中国服务业发展.成都：西南财经大学出版社，2003.

② 服务业是一个多层次的概念。服务业是一个大的产业系统，其门类十分繁杂，包含五花八门各种类别的行业，其中的许多行业在产业性质、功能、生产技术及与经济发展的关系等方面都存在着很大差异。服务业所包含的行业数量，历来就多于其他产业，现代服务业更是如此。

③ 服务业是一个相对的概念。在不同的国家和地区，服务业形成和发展的时间是不同的。在服务业形成和发展的不同历史阶段，它所包含的范围在质和量上是有很大区别的。作为一个动态发展的过程，服务业包含的范围会随着社会生产力的发展而不断拓宽。

④ 服务业是一个动态的概念。任何产业的形成和发展，都是一个历史过程。从服务业的形成过程来看，它当然是一个动态的过程，在不断地发展变化。例如，传统服务业以生活性服务业为主，20世纪50年代以来，现代服务业迅速发展，不仅内容上发生了很大变化，而且大量的新兴服务业也在不断涌现，今后必然还会发生变化。我们应当用发展的观点去认识服务业。

2. 服务业的分类

服务业的范围取决于三大产业的划分。迄今为止，业界对三大产业还没有一个完全统一的划分标准。表1-1是经济合作与发展组织和世界银行对三大产业的划分，它是目前国际上比较通用的划分标准，其所界定的服务业范围，较普遍地被国际社会所接受。

表1-1 经济合作与发展组织和世界银行对三大产业的划分

产业划分	产业范围
第一产业	农业、畜牧业、林业、渔业、狩猎业
第二产业	制造业、建筑业、自来水、电力和煤气生产、采矿业
第三产业	商业、餐饮业、仓储业、运输业、交通业、邮政业、电信业、金融业、保险业、房地产业、租赁业、技术服务业、职业介绍、咨询业、广告业、会计事务、律师事务、旅游业、装修业、娱乐业、美容业、修理业、洗染业、家庭服务业、文化艺术、教育、科学研究、新闻传媒、出版业、体育、医疗卫生、环境卫生、环境保护、宗教、慈善事业、政府机构、军队、警察等

我国迄今为止还没有专门的服务业统计分类体系，只有第三产业的分类和统计数据。根据2013年国家统计局颁布的《三次产业划分规定》，我国三大产业的范围是：第一产业包括农、林、牧、渔业；第二产业包括采矿业，制造业，电力、热力、燃气及水生产和供应业，建筑业；第三产业包括除第一、第二产业以外的其他行业，具体包括批发和零售业，交通运输、仓储和邮政业，住宿和餐饮业，信息传输、软件和信息技术服务业，金融业，房地产业，租赁和商务服务业，科学研究和技术服务业，水利、环境和公共设施管理业，居民服务、修理和其他服务业，教育，卫生和社会工作，文化、体育和娱乐业，公共管理、社会保障和社会组织，国际组织，以及农、林、牧、渔业中的农、林、牧、渔服务业，采矿业中的开采辅助活动，制造业中的金属制品、机械和设备修理业。

 学习误区

是否应当把制造业的产品服务部门也列入服务业范围？格鲁诺斯认为，制造商应当知道，他们也是服务经济的一部分，他们也应该懂得新的服务规律。他还把制造业的产品服务部门看作国民经济统计上没有列出的"隐性服务部门",即"隐性服务业"。L. Payne 则指出,在制造业的产品服务没有分离出来变成社会化、专业化的服务之前,还是不宜将它们的服务部门列入服务业的范围。否则,服务业与制造业之间变得没有界限了,会造成"服务概念的混乱"。只有社会化、专业化的服务机构才算是服务业。

1.1.2 服务业发展历程

1. 服务业与经济发展阶段

(1) 罗斯托的五阶段理论

华尔特·惠特曼·罗斯托认为,根据经济发展水平,任何社会都可以归入下面 5 个阶段之一:传统社会阶段、起飞准备阶段、起飞阶段、成熟阶段和高额群众消费阶段。后来,他又在"高额群众消费阶段"后面加上了一个"追求生活质量阶段"。传统社会阶段 (traditional society) 是指人类对世界的认识处于原始状态,人们的生产活动集中于农业部门的阶段;起飞准备阶段 (preconditions for take-off) 的突出特点是,占劳动人口大多数的农业劳动人口向工业、交通、贸易和现代服务业转移,而其中农业剩余由奢侈性的消费转移到对工业和社会基础设施的投资最为关键;起飞阶段 (conditions for take-off) 在产业结构上表现为现代部门的增长,传统产业如农业实现了产业化,成为现代农业,其中农业生产力的增长是起飞成功的关键;成熟阶段 (the drive of maturity) 主要是依靠技术进步来实现物质文明的高度发达,可以说是"纯技术阶段";高额群众消费阶段 (the age of high mass consumption) 表现为大部分人的基本衣食住行需求完全得到满足,人口高度城市化,就业劳动力高度"白领化",物质财富极大丰富,资源分配方面出现社会福利化的配置方式。

(2) 丹尼尔·贝尔的三阶段理论

第一阶段是前工业社会,即在传统制度下构造起来的农业社会,由于生产力水平低和人口密度高,存在较高比例的就业不足,这些不足的就业人口通常分布在农业和家庭服务业部门,因此有较高的服务业性质,主要为个人和家庭服务,人均月收入水平为 50~200 美元。第二阶段是工业社会,也就是商品生产社会,以与商品生产有关的服务业(如商业)为主,人均月收入水平为 200~4 000 美元。第三阶段是后工业社会,这个社会的基础是服务,以知识型服务业和公共服务业为主,财富的来源不再是体力、能源,而是信息,人均月收入水平为 4 000~20 000 美元。不同阶段特性的比较见表 1-2。

表 1-2 不同阶段特性的比较

社会	特性						
	游戏	主导活动	人力的使用	社会单元	生活水准标准	结构	技术
前工业社会	人与自然	农业、矿业	体力	大家庭	温饱	重复、传统、权威	简单的手工工具
工业社会	人与人造自然	物质产品生产	依附机器	个人	物质产品数量	官僚、等级	机器
后工业社会	人与人	服务	艺术、创造、智力	社区	生活质量健康、教育、娱乐	相互依赖、全球性	信息

2. 服务业自身的不同发展阶段

从世界各国服务业发展的历程来看，大体经历了以下 4 个阶段。

① 第一阶段：以传统服务行业为主。旅馆业、餐饮业、修理业、理发业等几个传统服务行业在服务业总体结构中占据主导地位，其他的服务业或是很薄弱，仅为零星经济活动，或是尚未出现。在这个阶段，服务业在国民经济构成中的地位十分低下，仅仅是人们日常生活不可或缺的消费品供应部门，远比工农业落后、松散。

② 第二阶段：服务业规模扩大，结构转换。服务业从业人员占社会总就业人员的比重有所上升，特别是生活性服务业，就业人数增长幅度较大，而且呈连续上升状态；服务业资金量开始增长，增长规模较大的是流动资金，同时周转速度加快；服务产品的生产技术和技术结构发生了一定程度的变动；大中型服务企业开始出现；一些相对新兴的服务行业开始出现，比较典型的是旅游业的出现和逐步发展。

③ 第三阶段：服务业发生质变。服务业规模扩张速度加快，无论是农村还是城市，服务业都呈现出快速增长的趋势，而且城市生活服务业的扩张具有较强的刚性；服务业结构变换空前激烈且持续时间较长，这不仅表现在各服务行业在经济领域中所处地位的变动和服务行业产值结构的变动上，而且表现在劳动供给结构的变动和各服务行业相互关联结构的变动上；服务业内部结构发生了实质性变化，大型服务企业所占的比重上升，服务企业组织形式也开始复杂化和多样化；服务业物质技术设备有了较大程度的改进；服务业内部所有制结构发生一定程度的变化，各种所有制服务企业并存，股份制服务企业出现并迅速发展。

④ 第四阶段：服务业革命。农业的比重进一步下降，工业增长速度逐渐放慢甚至稳定不动，而服务业则有大幅度的增长，服务业产值占国民生产总值的比重迅速上升，不仅超过了工农业，而且还超过了它们的总和，服务业成为国民经济中一个有突出地位的产业；新兴服务业，如旅游业、咨询服务业等不断发展壮大，成为在服务业中占有举足轻重地位的行业；服务业就业人数占总就业人数的比例也迅速增加，从事服务业的人员素质大大提高，服务业就业结构有了很大改进；对服务业的投资迅速增加，服务业成为一个吸引资金的产业；大型服务企业在服务市场上占据明显的主导地位，同时中小型服务企业的数量还在增加，并渗透到社会消费的各个角落；服务生产力有了综合性、实质性的发展，很多服务生产领域实现了自动化、机械化，不少行业与现代科技有密切的关系，服务经济与知识经济呈一致性发展。

1.1.3 服务业与经济结构变动

1. "服务业革命"理论

美国经济学家、统计学家西蒙·史密斯·库兹涅兹认为，现代经济增长实际上就是经济结构的全面变化，它绝不仅仅是一场工业革命，它还是一场农业革命和以交通通信革命为主要代表的服务业的革命。在资源的流向上，现代经济增长过程并不是各种资源均向工业部门流动，倒是服务业在这一过程中吸纳的劳动人口更多。他在经过细致的分析后指出，工业化过程并不表现为劳动力向工业的转移，相反，是以向服务业转移为主。主要原因在于：① 与资本主义的工业化生产方式相联系，对服务的中间需求扩大；② 随着工业化、城市化和经济的发展，国家的生产系统越来越复杂，导致了中央政府监督和调节作用的加强，同时，政府对劳动力的消费需求（如警察、卫生、公共保健、教育及其他）大大增加；③ 随着收入水平的提高，对服务的最终需求也会增加。

2. "标准产业模型"理论

世界银行专家霍利斯·钱纳里等人通过实证研究得出，随着经济发展水平的提高，产业结构的变动具有一致性，这个一致性的结构变化就是"标准产业模型"。其主要观点包括：大国的工业化速度高于小国；资本形成（投资）对产业结构的影响在大国表现得相当显著，但在小国则影响甚微；除了贸易结构外，国内最终需求的构成是影响产业结构变动的主要因素；劳动力转移主要发生在农业和服务业之间。

3. 产业服务化理论

美国经济学家谢尔普和里德尔认为，商品与服务是互补的，现代社会对服务的需求主要体现为中间性服务和互补性服务，生产者服务是服务业增长的最强劲和最主要部分。他们强调的是工业生产的中心地位，服务实际上是依附于工业生产的，仅起"中介"或"补充"的作用。

4. 服务业产业化理论

服务业的产业化问题，实际上就是将服务生产制造业化。持这种观点的学者认为，西方经济中服务业的发展过度，已经超过了工业生产能力所允许的范围。服务业生产力水平增长缓慢已成为一种障碍，阻碍着整体生产力的恢复和提高。改变服务业生产力滞后的途径就是对服务业进行现代化和产业化改造。因此，服务业的产业化便成为新资本积累和生产发展的前提条件。

1.1.4　服务业与就业

国内外资料显示，随着国民经济的发展，第一产业就业比重持续下降，第二产业就业比重先升后降，第三产业就业比重持续上升。当上升的第三产业就业比重增加到与第二产业就业比重交叉时，第三产业就开始取代第二产业而成为吸纳劳动力的第一大产业。

英国经济学家科林·克拉克用发达国家的历史数据总结出了一个劳动力就业结构的演进规律，即伴随着经济进步，劳动人口从农业转移到制造业，再从制造业转移到商业和服务业。该观点源于 17 世纪英国古典经济学家威廉·配第，因此又被称为"配第-克拉克定理"，后来被许多经济学家所证实。其主要观点有：农业的劳动力比重基本与经济发展水平成反比；制造业的劳动力比重在发达国家普遍比发展中国家高，但就个别国家来看，情况有很大差异；交通业的劳动力比重与一个国家经济的开放程度和运输技术有关；与经济发展水平相关程度最密切的是商业和金融业；劳动力从一个部门向另一个部门的转移可能不是平均收入差异的结果，而是边际收入差异的结果。另外，教育倾向也影响到劳动力，特别是教育程度较高的劳动力的就业方向。可见，收入不是劳动力转移的主要原因，就业结构与生产力结构并非完全一致。

美国经济学家维克托·富克斯对服务业吸收就业的特点提出了自己的看法：服务业与工业对经济周期的影响不同，主要表现在就业状况的变化上。

① 在工资收入差异上，服务业的收入远小于工业，也小于根据劳动力素质等计算出来的"预期"工资。

② 服务业在经济波动中的稳定性较大。服务业的产出、就业都远比工业稳定，服务业产出的稳定是因为服务具有不可储藏性；服务业就业的稳定是因为服务业的职业性质，服务劳动者的收入往往与工作结果密切相关。另外证明，服务业具有减缓经济周期波动的特点。但服务业的生产力比工业的波动更大，这就说明服务业就业有"逆"周期的特点，即在经济周期的萧条期，服务业就业率会上升；在经济周期的繁荣期，服务业的就业率反而会下降。

③ 服务业的劳动报酬比工业低，但劳动力不断向服务业转移而不是向劳动报酬高的工业转移，说明一般假定的劳动力市场理论并非完全准确，劳动力市场不是一个完全的市场，劳动力的转移不是按照边际收益相等的原则进行，而更主要的恐怕是"挤出"效应的结果，即劳动力是因为无法进入报酬高的工业部门而被迫进入服务业部门的。

经济学家一般根据农业、工业和服务业三类产业的从业人员比重来判断一个国家所处的经济发展阶段：具有少量工业部门的农业国家，其服务业的发展速度较低；在正在实行工业化的经济中，农业就业人口下降，工业和服务业以差不多的增长速度发展；在工业经济中，农业就业人口降至最低限度，工业就业人数达到最高限度；在服务业经济中，服务业的比重增加，工业比重相应下降。在发达的经济中，服务业的就业趋势最后将带来一场世界规模的服务业革命。

1.2　服务经济的到来

经济社会是由众多相互依存、相互联系、相互作用的产业部门构成的有机整体。每个产业部门都有特定的功能，它们植根于经济社会大系统中，共同实现社会经济的总体功能。随着社会生产力的发展，生产的概念已从狭义的实物产品制造环节向商品的交换、消费等环节延伸，包括从产品制造到售后服务的全过程。服务是以满足消费者的直接需求为目的的除制造业以外的一切生产活动，在整个社会生产活动链条中的地位日益重要，已经成为现代社会经济生活的中心和市场竞争焦点。

1.2.1　服务业在现代经济社会中的作用

服务在社会经济生活的作用体现在以下三个方面。

① 缩小生产者与消费者之间的空间距离，实现物流、信息流、资金流的合理流动，促进知识、技术的传播。

② 服务渗透在实物商品的生产、分配、消费各个环节，对实现实物商品价值和使用价值起促进作用。

③ 开发实物商品的价值以增加其附加值，提高消费者的效用，更好地满足消费者需求。

服务通过对实物产品潜在价值的开发和完善，向社会提供服务产品，这种产品往往是无形的（有时是以实物产品为媒介，或是附着在实物产品上），以满足消费者生理与心理需要。比如商业活动，其主要功能是实现实物产品的空间转移，为消费者带来使用价值；医院在占有医疗设备和药物等物质条件基础上为患者提供医疗服务；学校则是在占有校舍和教学设备的基础上为学生提供教育服务，以满足学生接受教育的需要。总之，服务在现代社会中发挥着对实物产品进行分配、转移和加工增值以满足消费者多样化需求的作用。

从整个社会经济系统运行的角度观察，一种产品的总成本不仅包括制造成本，而且还包括产品在流通和售后服务等环节支付的各种费用。由于现代社会生产规模和市场交换空间的扩大，制造成本的比重呈上升趋势。因此通过加强服务产业管理，降低服务产业的运作成本，提高运行效率，对有效配置社会资源具有十分重要的意义。这是因为：一方面，随着生产力水平的提高和科技的进步，产品制造过程中物质资源消耗和劳动力消耗大大降低，使得试图通过提高制造业生产效率创造更多利润的目的受到限制；另一方面，产品由生产者向消费者转移过程中所支付的成本，包括交易成本和产品在转移过程诸环节的停滞所引起的资金占用和产品损耗所带来的成本上升，使得提高运作效率，获取较大利润的重点转向服务产业，即提高商业、运输业等服务部门的管理水平和运行效率。服务业虽然不直接创造物质财富，但其在现代社会中对促进社会资源的有效利用，促进经济发展发挥着巨大的作用。具体表现在以下方面。

① 服务业是新的经济增长点。服务业的发展有利于提高资本利用效率，有利于推动技术创新和开拓更广阔的市场空间，服务业已成为世界各国发展最快的产业。

② 发展服务业，提高服务业在 GDP 中的比重，对产业结构调整具有重要作用。第一、第二产业内部结构的调整离不开服务业的发展，我国目前所进行的农业结构调整，既需要政策支持，更需要各种服务体系的建立，如向农民提供技术服务、信息服务等。

③ 发展服务业是提高国际竞争力的必然要求。长期以来我国许多产业受到政府的保护，竞争力较弱，加入世界贸易组织后必将面临激烈的竞争。这些产业除了提高自身竞争能力外，还需要服务产业提供更多更好的服务，增强竞争能力。

④ 服务业是吸纳就业的主要渠道。国内外的发展经验表明，现代社会中新出现的就业岗位，无论是技术性岗位还是非技术性岗位，大都来自服务产业。对于我国这样一个有着13 亿人口的大国，发展服务业对缓解就业压力具有重要意义。

⑤ 发展服务业是提高居民生活质量的需要。人民生活水平总体进入小康后，城乡居民对教育、文化旅游、医疗保健及住房、出行条件等生活服务的质量要求会越来越高。为了适应这种要求，必须发展服务业。

虽然服务在现代社会经济生活中的中心地位已经确立，但是服务管理无论在实践上还是在学科建设上都还不尽如人意。表现在社会对服务管理的认识水平不高，存在重生产管理、轻服务管理，重商业运作、轻管理增效的现象。因此，有必要重视服务管理理论、方法的研究和运用，这样才能更好地促进服务产业的发展。

1.2.2　服务经济发展的诱因

可以找出许多原因来解释过去十年中服务经济（包括狭义的服务部门和由生产厂家提供的服务）发展这一事实。一些原因与经济性质有关，一些原因与社会变革有关，一些原因与人们的态度和生活方式有关，而它们之间是相互联系的。

美国经济学家考瓦尔指出服务业对经济力量起推动作用的，主要有以下三个方面。

（1）服务业的劳动生产率增长低于其他行业

其他部门对劳动力需求的下降要比服务部门快得多，因而服务部门对劳动力的需求较其他部门增长得快。尽管服务部门中劳动生产率也有较大的提高，但是服务业能够吸收大量的劳动力，对就业的重要性也在不断加强，在创造财富方面有不可替代的作用。因此，对服务的要求也越来越新、越来越多。

（2）企业之间中间需求的增长

企业之间中间需求的增长也推动了服务的发展。例如，管理咨询、工程服务、市场营销等都比以前有了更大的需求。以前企业一般都是自行处理有关事务，但是现在这些工作就交给专业企业来完成，而且服务企业和制造企业还会接受一些新的管理服务项目。这些服务很多与计算机技术和信息处理有关，不过也有与环境保护有关的新服务，如污染控制等。

（3）顾客直接需求的增长

顾客对服务的直接需求也在增长。社会进步、生活富足，人们对生活有了更多的追求。产品的物质边际效用正在递减，人们开始转向服务消费，服务变得越来越重要。人们对休闲、体育运动、旅游观光和娱乐活动的需求在不断增加，新的服务类型也相继涌现，如健康保健等。

社会发展是上述变化的幕后推动力量。经济学家对这个问题进行了深入细致的研究。生活水平的提高，休闲时间的增加，妇女在就业队伍中的比重上升，人的平均寿命的提高等，对各种服务都产生了直接而巨大的需求。有些需求由来已久，有些需求则方兴未艾。产品功能日益复杂，生活事务日益繁多，新产品不断涌现等增加了对服务的需求。此外，商品保养、所得税申报等也变得越来越复杂，因而也通常由外部专家来提供服务。随着生态环境和资源稀缺性问题的日益突出，新型的服务也应运而生。

1.2.3　服务经济时代

西方发达国家在30年前就步入了服务经济时代。20世纪90年代以来，这种趋势更加明显，人们的认识也逐渐加深。现在，对服务经济有了公认的定义：服务部门创造的价值在国内生产总值中所占的比重大于50％。WTO的统计表明，美国服务部门产值占了GDP的66％，欧盟为58％，我国目前也已达到45％。

以美国为例，服务部门对国民经济的影响深远。第二次世界大战后，美国社会出现了经济萧条，服务部门创造了4 400万个就业机会，缓解了经济萧条带来的痛楚，同时为经济自身复苏注入了活力。几乎所有工作数量的绝对增量和工作信息中增长最快的都在服务业。服务经济重要性的另一个标志是全球范围的服务贸易顺差。世界级的服务供应商，如美国运通（American Express）、麦当劳（McDonald's）和万豪国际酒店集团（Marriott International），与众多小型服务公司一起，正在出口世界急需的信息、知识和技术。

不仅美国，在世界范围内，服务市场不断增大，服务在经济中的主导性日益增强。服务业在世界各国已经逐渐成为一个主导力量。服务业的迅猛增长及其经济贡献已经引起了人们对服务业的更多关注。

工业革命以前，人与自然界进行着不屈不挠的抗争，是"人与自然竞争"的时代；工业革命后进入了"人与机器竞争"的时代，即工业时代，人与机器之间出现了一种新的关系，人们需要建立新的组织形式开展经营管理、市场营销、组织行为管理等，管理受到了重视；而到了服务经济时代，"人与人竞争"成为服务经济时代的本质。

在如今"人与人竞争"的社会中，管理高层更加关注"人与人的竞争"，即服务企业的职员与顾客的关系，以及职员与职员之间的关系。服务企业的产出之一是创造了一种新的社会关系，这是它们最典型的特征，它们必须在企业范围之外拓展自身的组织能力。在不否认技术的前提下，挖掘服务资源。现在，信息的急剧增长是世人所共睹的，而且这种增长还会继续。然而，信息流没有使经济发生结构性的变化。但是商业经济活动中服务因素增多，服务的重要性也日益增加，服务项目层出不穷，使经济结构发生了变化。虽然许多新的服务都与信息处理有关，但在这个新的服务经济中，还有许许多多新的事物：新的竞争形式、管理方法中的瓶颈、商务活动中的组织逻辑等。

 管理误区

在理解服务经济概念时，还要注意一点：这些概念很有可能会误导我们。如果我们认为，新经济中服务是唯一的重要因素，生产制造对社会财富没有任何作用，那么这种想法未免过于偏激。生产稳定、门类齐全和具有竞争力的工业部门和农业部门在财富创造上对于工业社会而言向来是非常重要的。我们对工业制造部门的重视丝毫不能有所松懈。

但是，随着服务社会的发展，多数制造企业获取和保持竞争优势的方法已经发生了改变。对于产品制造企业、公共部门和机构而言，掌握服务的精髓，理解服务在国内外市场中能够为他们的产品制造和确立持久的竞争地位所做的贡献，是极为重要的。

提及服务经济，人们首先想到的是国民经济统计上的服务部门。然而西方国家官方公布的统计数据是建立在旧的社会背景之上的，即制造业是经济发展和国家财富的主要来源。以前产品制造商主要是依靠产品技术、质量取胜。在卖方市场中，制造企业没有必要向顾客提供多种形式的服务或附加利益。为了维持市场份额或生存，制造商也没有必要向顾客提供其他竞争对手所不能提供的服务或利益。

今天，制造企业已经感到服务竞争在逼近，仅凭技术因素是难以创造持久的竞争优势的。制造企业也应该把向顾客提供服务作为整个产品的有机部分，而仅凭技术上的一个改进方案已远远不够。

在当今世界中，要想取得竞争优势，除必须扎根技术外，还要拓展到技术服务、维修保养、顾客培训、服务咨询、参与研究开发、物料管理、送货上门等一系列服务式辅助形式。可以说现在乃至将来，一家企业很难在技术上大大超出竞争对手，在更多的商业领域中，企业开始注重向顾客提供各种形式的服务及辅助措施，以此来确立竞争地位。

制造企业必须知道，他们也是服务经济的一部分，他们也应该懂得新的服务规律。英国帝国化学工业公司（ICI）前董事长约翰·琼斯曾讲道："世界越来越有竞争性。与此同时，制造技术也越来越容易被仿造。从竞争的观点看，产品销售需要有投入，它已成为抢占市场地位的一种能力。也许20年以后化学工业更大程度上是一个服务行业而不是一个制造行业，我对这一点深信不疑。所有人都能看出这个趋势。"

的确，在其他制造业中也能看到这种趋势。制造业传统的观点，是在顾客与生产系统之间通过设置组织障碍（营销和产品设计等）把生产和外部世界隔绝开来。按照这种封闭式哲学行事，很少有市场能够被有效地服务。

恰恰相反，如今制造业所需要的是一个包括顾客在内的开放系统，一个能够及时收集和处理市场信息的系统。无论你干什么工作，首先要学会服务。服务经济的含义已经远远超出了原来的定义，每个人都处在服务经济中。

由于在大多数经济部门中服务有着同等重要性，这给区别服务业和制造业带来了困难。

经济学家古门森曾建议，如果说起服务业或制造业会引起误会，那么不妨使用"服务行为"或"制造行为"以示它们组织形式的不同。

1.3 服务产业与中国经济发展

"十一五"期间，我国服务业实现了如下的目标：拓展生产性服务业、丰富消费性服务业、积极发展信息服务业、规范发展商务服务业、加快发展社区服务业、发展服务贸易及提高服务业在国民经济中的比重。"十二五"期间，我国服务业发展取得一系列新进展和新突破，服务业成为国民经济第一大产业，新兴服务行业和业态层出不穷，服务贸易规模跃居世界第二。但服务业还存在结构性失衡，有效供给能力不足；劳动生产率低于第二产业，增幅明显放缓；贸易逆差持续扩大，对外开放水平有待提高等诸多问题。"十三五"时期，立足经济新常态，我国服务业发展要以提升发展规模和效率为核心，以深化改革和扩大开放为动力，以促进大型城市服务业集聚发展为载体，以"互联网＋"实体经济为导向，推动服务业在更高平台上实现创新、协调、绿色、开放和共享发展，不断增强对经济转型、民生改善以及大国崛起的支撑和带动作用。

1.3.1 服务业成为中国经济发展的新动力

使服务业成为中国经济发展的新动力，有不少有利条件：一是经济结构的战略性调整，将进一步提升服务业在国民经济中的地位和作用；二是人民生活水平的提高和质量的改善，将为服务业发展提供多层次的市场需求；三是建立健全市场体系，将为服务业发展开辟新的领域。

改革开放以来，随着中国经济持续快速发展，服务业规模不断扩大。无论是服务业的增加值比重还是就业比重，服务业作为重要产业之一在国民经济中的地位不断巩固。在物联网、云计算、大数据等现代信息技术的推动下，我国服务业的技术、管理、商业模式创新层出不穷。越来越多传统产业的企业开始线上线下互动融合，一些甚至转型成为供应链集成服务平台，整合标准化的服务要素和资源，形成了丰富多样的"互联网＋"跨界合作模式。各类即时通信应用也成为众多行业与企业广泛使用的新平台，增强了消费者体验和参与度。

总之，发展服务业有利于突破资源约束瓶颈，减轻环境压力，推动经济增长方式转变；有利于培育新的经济增长点，提升城市功能和综合实力；有利于优化产业结构，推动产业升级，提高企业竞争力和经济效益；有利于优化发展环境，降低交易成本，推进"和谐创业"，打造先进制造业基地；有利于促进科教文化卫生等社会事业发展，提升人们生活品质和生活水平，实现充分就业，加快构建和谐社会。

1.3.2 中国服务业发展的动因

服务业的发展没有一成不变的模式，在不同的社会经济条件下会有不同的表现形式，同时各类制约因素的作用也不一致。但一般来说，在一定的历史阶段，它还是有规律可循的。

服务业的快速发展，从更深的层次看，最主要的原因在于生产力的发展，特别是现代市场经济的发展。具体地说，服务业的发展动因主要有以下几方面。

1. 前提：社会分工和工业发展

毫无疑问，服务业作为一个独立的产业是从工业中分离出来的，服务业的形成是社会分工不断深化的必然结果。这是因为，社会专业化和协作化的程度越高，与此相应的服务业的发展越快。如工业分工的细化，使得商业、运输业分离出来，成为专门从事商品交换和商品运输的行业。分工细化、专业化程度的提高，加上科技进步和组织管理水平的提高，促进了生产和生活过程中的自我服务转化为社会服务。

同时，工业的快速发展，也为服务业的形成和发展创造了条件。只有工业快速发展，物质产品足够丰富，社会生产才会提出专业化生产的更高要求。而工业生产率的提高，使得许多人从直接生产过程中分离出去，这就为服务业的发展提供了强大的物质基础和丰富的劳动力资源。

工业的发展从供给和需求两方面创造了服务业发展的条件，服务业在工业的母体中孕育并逐渐成熟，最终脱离工业逐渐发育成为具有自己个性特征、与工业并列的新型产业。

2. 源泉：市场发育

从国际上看，一个国家服务业的发展在很大程度上取决于其市场发育状况。市场化程度越高，服务业的数量扩展和质量提高就越快。

一方面，市场经济是推动服务业发展的动力。在市场经济形成和发展过程中，产生了一大批从事服务业的独立劳动者和服务产品的生产区域；以完善的市场体系为载体的生产力组织形式，对服务业产生了巨大的需求，不断推动服务业的发展；市场经济还会不断促使新的服务行业的产生，淘汰原有的一些行业，使服务业的门类越来越多。

另一方面，服务业的发展是市场经济发展的重要标志。物质产品交换是市场交换的基本内容，随着市场的发育和市场体系的完善，资金、技术和信息等生产要素也有了市场价格，且它们在市场中的比重不断扩大，这标志着服务业领域的不断拓宽。市场体系是由各种不同的专业性市场相互联系、相互制约、相互影响而构成的一个有机的庞大系统。各类市场的出现，带动了大量新兴服务业的兴起，如资本市场的出现带动了股票交易、证券和期货市场，与此相关的金融服务业也就应运而生。

3. 重要原因：社会需求

首先是生产服务的需求。传统的服务业仅指为生活服务的行业。随着生产力的发展，生产的专业化使得工业体系内为生产服务的许多环节独立出来，产生了生产技术服务、信息咨询服务、生产设备安装维修服务、计算机服务、通信服务、设计勘探服务、技术鉴定服务等。

其次是生活服务的需求。随着经济的发展和人们物质生活水平的提高，人们对自身发展的需求更为重视，因此各种为人类自身服务、为提高人的价值服务的各种服务业应运而生，如形象设计服务、发展预测和咨询服务、艺术技艺和文学欣赏服务等。

4. 助推器：城市化

从历史上看，城市化水平的高低对服务业的发展有着直接的影响，因为服务业发展的前提是生产的发展、收入的增长、购买力的提高及各类需求的增长。城市化是服务业发展的重要基础，不仅服务业整体规模和结构与城市化水平有密切联系，而且服务业内部结构与城市化也有很大关系。一般来说，高附加值、为生产服务的新兴服务业，往往是与城市规模联系在一起的。在中小城市特别是小城镇，这些行业缺乏需求基础，很难发展起来。

从服务业的发展现状来看，发达国家服务业的发展速度远远快于发展中国家，发达地区服务业占国民生产总值的比重高于欠发达地区。主要原因是，为生活服务的行业的发展离不开相对密集的人口，为生产服务的行业的发展离不开工业的发展，而世界发达国家，其工业化和城市化建设往往是同步的，发达地区的消费者有较强的经济实力，有较高的支付能力，能享受为个人发展提供的服务。由此可见，在一定范围内有相对密集的人口，有相对集中的企业群，有相对收入较高、购买力较强的人群，是服务业发展的基本条件。

此外，城市化建设必然带动基础设施、市政设施建设，带来工业、商业、建筑业、金融业、信息业等行业的发展。这样在解决大批人口就业的同时，也带来了人们收入的提高，从而奠定了服务业发展的物质基础。

1.3.3　服务业滞后对经济的制约

陈自芳指出，中国服务业发展滞后对经济增长和产业升级构成了制约，第三产业已成为我国经济增长和产业升级的瓶颈。

从技术创新来看，当前对经济制约的主要瓶颈有3个：其一，应用性科技研究开发机构多数仍未真正走进市场，未能使科技与生产有效结合而形成以自身效益促进良性循环的机制；其二，科技创新的中介服务机构严重不足；其三，支持技术创新风险投资、增强企业抗风险能力的金融保险产业缺乏。

从教育和人才培养来看，我国科技和管理人才的存量和增量都不适应产业发展的需要。主要原因是高等教育的发展缺乏市场化、产业化的机制，没有成为第三产业的重要支柱。

从信息化来看，我国经济已越来越突出地受到信息业发展滞后的制约。信息不灵已成为影响农村产业结构调整和农业发展的重大问题，工业和服务业领域的情况亦相似。

从产业支持来看，高层次的农业和制造业需要更充分的第三产业服务的供给，而较充分的高层次的第三产业服务的供给，保障了其产业的高层次和竞争力。我国第三产业对第二产业的服务的低层次，也是制约我国产业升级的因素。

从就业来看，由于第三产业的不发达导致就业面狭小，农村中由于农业生产力的提高而剩余的大量劳动力无法转移出来。在第二产业中，目前劳动力剩余的情况也越来越突出，同样由于第三产业就业面狭小而无法转移出来。我国第一、第二产业的大量剩余劳动力构成的就业压力，制约着高技术、高效率生产设备和生产方式的运用：企业和政府的领导者为了回避由于运用高效率技术和生产方式大量减少劳动力而导致的就业矛盾，宁可选择维持低水平劳动密集型生产方式；反之，由于大量过剩劳动力的存在导致的劳动力低成本现象，仅从经济核算的角度，也会使企业决策者宁可选择更多地使用劳动力，而避免采用相对较高成本的新技术和新设备。从长期看，这将越来越严重地影响我国的产业升级。

目前随着产业高级化的演进，经济发展的决定因素越来越向软性要素如科技、信息、人才等转变。这些要素确实不像交通、能源等会形成感觉强烈的硬性约束，而表现为潜在的不明显的软性约束。但它们对处于工业化中后期产业升级的关键阶段，并且面临世界性挑战的国民经济所造成的阻滞作用完全不亚于交通、能源等硬性约束。我国制造业的相对落后，其实质是制造业的科技水平、人才层次、管理水平、信息化水平及资本组合能力等的相对滞后，而这与我国新兴第三产业，尤其是科技研究开发、科技中介服务、教育产业、信息产业、流通产业、资本市场等的落后直接相关。因而，制造业落后的原因，从根本上可以归结到第三产业的瓶颈制约。因此，要建立能够与发达国家相竞争的产业层次，就必须建立与发达国家相一致的第三产业高层次供给。

1.3.4　服务业发展缓慢的原因及措施

我国服务产业发展缓慢有以下原因。一是认识上存在误区，将服务产业的许多领域当作非生产活动，一些本应作为商业化经营的领域，被当作公益型、福利型的事业来运作。二是社会专业化程度比较低，许多企事业单位的服务活动仍由自己承担，制约了相关服务产业的发展。三是服务管理水平低，由于传统观念的影响，片面地认为服务产业是低技术含量的领域，忽视服务管理理论和方法的研究与应用，尤其对现代服务业所需管理知识和方法缺乏了解。四是对服务业人才的培养没有给予足够的重视，服务管理人才短缺的现象比较严重，制约了服务产业的发展。

因此要改变这种局面，首先，需要提高对服务产业在国民经济地位中重要作用的认识，同时还应引进和采用先进的管理理念和方法，全面提升整个服务产业的管理水平。国内外许多事实说明服务产业的发展水平已经成为判断一个国家发达程度和竞争实力的重要标志。在物质财富和生产能力相当的条件下，企业与企业之间的竞争，国家与国家之间的竞争，很大程度上取决于服务产业的发达程度，取决于服务管理水平的高低。

其次，政府部门应从战略和全局的高度考虑，把服务业放到更加突出的位置，采取更加积极有效的措施，加快推进服务业及相关领域的体制改革，改善政策环境，鼓励市场竞争；坚持市场化、产业化、社会化方向，拓宽领域、扩大规模、优化结构、增强功能、规范市场，提高服务业的比重和水平；大力发展主要面向生产者的服务业，细化并深化专业化分工，降低社会交易成本，提高资源配置效率。

最后，打破垄断，放宽准入领域，建立公开、平等、规范的行业准入制度。鼓励社会资金投入服务业，提高非公有制经济比重。公共服务以外的领域，要按照营利性与非营利性分开的原则加快产业化改组。营利性事业单位要改制为企业，并尽快建立现代企业制度。继续推进政府机关和事业单位后勤服务社会化改革。采取积极的财税、土地、价格等政策，支持服务业关键领域、薄弱环节、新兴产业和新型业态的发展。健全服务业标准体系，推进服务业标准化。大城市要把发展服务业放在优先位置，有条件的要逐步形成以服务经济为主的产业结构。要大力发展现代服务业，改组改造传统服务业，针对不同行业特点，实行分类指导，提高服务业发展的质量和水平。

案例分析

万达基本实现企业转型　要做服务型企业

万达的又一次重大改革即将启幕。1 月 16 日下午，万达集团董事长王健林在万达年会上宣布，2016 年要基本实现企业转型，力争成为全球首家转型为服务型企业的大型房企。王健林将 2016 年万达的地产销售业务目标降低 640 亿元，缩减幅度高达 40％。在"去地产化"的同时，万达将着重发展其商业服务、文化和金融板块的业务。

自从"互联网＋"的概念诞生以来，传统产业拥抱互联网的热情日益高涨，万达也在不断地向互联网倾斜。除了被炒得沸沸扬扬的万达电商，就在宣布 2016 年的转型计划之后，1 月 18 日，王健林又在香港亚洲金融论坛上描绘了庞大的万达互联网金融"版图"。看来，电商和互联网金融将成为未来万达拥抱互联网的双翼，而万达能否在"互联网＋"的道路上走得长远，仍是未知数。

万达的"互联网＋"之路走得可谓轰轰烈烈，曾经的"腾百万"联手豪气冲天，无奈最终却是雷声大、雨点小。电商失利，如今又瞄上了互联网金融，这一次万达是否能够以正确的姿势"拥抱"互联网呢？

一向"高调做事"的万达从一开始"触网"就相当引人注目，尤其是 2012 年年末王健林与马云那场著名的"亿元赌局"。而实际上，在这场赌局之前万达已经开始组建自己的电商团队了。

2012 年 5 月，万达电商开始组建，200 万元年薪招聘电商 CEO，曾经轰动一时。同年 12 月，曾任 Google 总部电子商务技术部经理、阿里巴巴国际交易技术资深总监龚义涛确认出任万达电商总经理，随之而来的还有阿里、谷歌等互联网公司的高管。不过，高薪并未能为万达电商留住人才，此后几年时间里万达电商高层频繁更替，导致其业务不断推倒重来，却丝毫未见起色。

龚义涛入职 7 个月后，关于他离职一事便传言四起。不久，万达集团引入 CIO 朱战备，开始对万达电商进行调整。2013 年 8 月，万达 IT 部门接管万达电商，许多团队成员纷纷离开。2014 年 4 月，龚义涛正式宣布离职。4 个月后，万达电商 COO 马海平离职，而其前任刘思军的任职时间同样很短。至此，万达电商的初始团队已经基本离开。1 个月后，万达与百度、腾讯签署战略合作协议，共同出资在香港注册成立新公司，同时宣布董策接任万达电商（即飞凡电商）CEO 一职。然而，好景不长，到了 2015 年 6 月 3 日，飞凡电商的第二任 CEO 董策又离职了，于是万达集团又以 800 万年薪招 CEO，目前飞凡电商的日常业务是由 COO 任炜负责的。

在几年的时间里，命运坎坷的飞凡电商主要推出了三个产品：万汇网、飞凡网及飞凡 App。可惜的是，这三个产品均未在行业内掀起任何波澜，曾经豪气冲天的飞凡电商也只落下一个虚名。

2013 年年底，万汇网正式上线，定位为万达广场的 O2O 智能电子商务平台，业务涵盖百货、美食、影院、KTV 等领域。具体来说，就是为用户提供最新的广场活动、商家资讯、商品导购、优惠折扣、礼品兑换等资讯与服务。

2014 年 8 月，新任 CEO 董策上任，他没有继续做万汇网，而是决定研发新的电商平台。2015 年 7 月 31 日，万达重金打造的新电商平台飞凡网和其 App 客户端终于正式上线。不过，千呼万唤始出来的飞凡网和其 App 似乎并未满足大众的期待。

飞凡网 PC 端，主要分为餐饮、电影、百货、购物、亲子、乐园、秀场、积分、金融，整个网站像是一个侧重生活服务类的电商平台，不提供线下购物功能，除了秀场与金融功能之外，飞凡网的功能及服务没有表现出过人之处。而在飞凡 App 的介绍中显示，通过飞凡 App 能在万达广场享受免费上网、店铺导航、停车自动缴费、餐厅远程排队及移动支付五大功能，这虽然与万达提出的智慧新生活更加匹配，也适时地将互联网业务向移动端转移，但与同类型的阿里喵街、朝阳大悦城官方手机 App 相比，飞凡 App 并无新意。

资料来源：http://www.liutong.org.cn/shangyefuwuye/shangye/2016-01-29/7323.html.

回答问题

1. 结合案例说明服务业在经济中的重要性。

2. 面对服务业在经济中地位的不断上升，我们应做哪些准备？

本 章 习 题

一、判断题

1. 服务业是一个既抽象又具体的概念。   （   ）

2. 服务业自身大体经历了四个阶段，其中第一阶段为：服务业规模扩大，结构转换。

                                                                         （   ）

3. 改变服务业生产率滞后的途径就是对服务业进行现代化和产业化改造。   （   ）

4. 服务业在促进经济发展中发挥的巨大作用之一是：发展服务业，提高服务业在 GDP 中的比重，对产业结构调整具有重要作用。   （   ）

5. "企业之间中间需求的增长"阻碍了服务经济的发展。   （   ）

二、选择题

1. 可以找出许多原因来解释过去十多年来服务经济（包括狭义的服务部门和由生产厂家提供的服务）发展的这一事实，并且这些原因之间也是相互联系的。这些原因是（   ）。

    A. 与经济性质有关的原因　　　　　　B. 与企业战略有关的原因

    C. 与人们的态度和生活方式有关的原因　D. 与社会变革有关的原因

2. 促进中国服务业发展的主要动因是（   ）。

    A. 社会分工和工业发展　　　　　　　B. 市场发育

    C. 社会需求　　　　　　　　　　　　D. 城市化

3. 从技术创新来看，中国当前服务业对经济制约的主要瓶颈在于（   ）。

    A. 应用性科技研究开发机构多数仍未真正走进市场

    B. 科技创新的中介服务机构严重不足

    C. 增强企业抗风险能力的金融保险产业缺乏

    D. 服务业中的劳动生产率增长低于其他行业

4. 服务在社会经济生活的作用主要体现在以下几个方面（   ）。

    A. 缩小生产者与消费者之间的空间距离，实现物流、信息流、资金流的合理流动

    B. 服务渗透在实物商品的生产、分配、消费各个环节，对实现实物商品价值和使用价值起促进作用

    C. 提高实物商品的价值以增加其附加值，提高消费者的效用

D. 产品和服务在市场上的竞争更加激烈

三、思考题

1. 服务业的概念与分类是什么？

2. 服务在社会经济生活的作用体现在哪几个方面？

3. 制约我国服务业发展的主要因素有哪些？

第 2 章

服务及服务特性

学习目标

✓ 了解什么是服务；
✓ 掌握服务的特征和服务的分类；
✓ 能够用服务包的理论分析服务企业。

开章案例

海尔银色变频冰箱

冬天是冰箱市场的淡季，而一向以技术创新领先于行业的海尔冰箱公司，推出了科技含量极高的银色变频系列冰箱，在北京、上海、武汉等各大城市，再次创造了淡季热销的奇迹。业内人士指出：海尔银色变频系列冰箱的上市作为一个成功的技术创新的典范，为中国冰箱业上了生动的一课。

如今的消费者到底需要什么样的冰箱？海尔银色变频系列冰箱的热销证明：消费者需要的是能够满足他们个性化需求的高科技产品，而不是一般的无差别产品。

海尔银色变频系列冰箱在技术上实现了一系列的实质性突破：采用国际先进的数字变频技术，日耗电量仅为 0.48 千瓦，只相当于一只 20 瓦的电灯泡；独有的无线变速全自动功能，实现了冰箱控制从手动到自动的技术升级；配置世界最先进的变频压缩机，在节能之余还大大降低了噪声，再加上独具匠心的银色外观设计，一系列国际领先的技术组合成就了海尔银色变频系列冰箱在市场上的无限风光。

海尔银色变频系列冰箱是直接根据用户的意见开发出来的，在外观、节能和温控上，把握了消费者真正的需求。

由于顾客的需要和期望是不断变化的，所以我们要坚持顾客导向，根据顾客的需求，不断地进行服务创新，以新的服务适应顾客新的需要和期望。

资料来源：http：//wenku. baidu. com/view/0466168833d4b14e8424684c. html？from＝search.

2.1 服务概述

医生、建筑师、教师、物流管理者等，这些都是我们所熟悉的从事"服务业"工作的人，任意举出一种职业，我们可能很快地就可以把它归于农业、制造业或服务业。但是，严格地说，什么是服务，如何确切地定义"服务"，答案却不是十分明确。

也许定义服务的最好方法是用排除法，即说明"什么不是服务"。美国官方就用排除法来定义从事服务业的就业人数，也就是说，除农业和制造业就业人数以外，其余全部是服务业就业人数。典型的服务业包括饭店、餐饮、维修、娱乐、医院、工程设计、会计法律服务、教育、金融、房地产、批发零售及运输等多种行业。

尽管如此，关于服务的定义仍然有一些问题。例如，电力、电信这样的公用事业，通常被归类于服务业，但是也可以认为发电更类似制造业的生产过程，因为电力公司"生产"电，并通过输电设备把电运送出去，其运作比一般制造业更具有资本密集的特点。

当人们试图定义像 IBM 这样的公司是制造业公司还是服务业公司时，就会更加感到服务难以定义，IBM 制造计算机，因此具有制造业企业的基本特征，但 IBM 也提供计算机维修、网络设计、数据和咨询服务，因此又具有服务业企业的基本特征。

2.1.1　服务定义的产生

如果要给服务下一个定义，我们会认为很容易。可能每个人都会提到服务的不可触知性（是摸不到的，非物质的），与可触知的产品（即商品）形成鲜明对照。但是，要明确服务与产品的界定概念，就比较困难了。其原因主要有以下两点。

一是许多服务的成分中至少都有一件可触知的有形产品。例如，我们坐在电影院的椅子上看电影放映，我们在家里通过电视转播看里约奥运会的排球决赛。无论是电影还是比赛，都是不可触知的无形之物，但是电影院的椅子和电视机都是可触知的产品实物。反之，许多产品都有服务的内容。例如，拖拉机制造商提供的不仅是拖拉机这个产品，而且还提供质量保证和售后服务。我们在购买可以直接放到微波炉里加工的速冻食品的时候，也购买了厂家提供的食品准备的服务。于是，可以得出这样的结论：可触知的产品与服务是不可分离的，或者所购买的一切都是服务。

二是我们享受了许多服务却并没有直接为此而支付货币，而是通过纳税间接支付的，如子女在公立学校的教育、警方对犯罪行为的打击、司法对人权的保护、医疗卫生服务等。因为没有讲价钱，人们就不习惯确切地对其服务进行定义。

在对各种服务定义的研究中，可以得到一些基本概念。大部分定义最明显的第一个特点就是服务无形性与产品有形性的鲜明对照，即前者的不可触知性和后者的可触知性。

① 很久以来，美国市场营销协会（AMA）都把服务定义为："供销售的和与一个产品相关的对消费者的需求提供的活动、好处或者满足。"这是 20 世纪 60 年代的定义范例，从今天的语言来看，是不很确切的。它的好处是明确了服务是我们可以从提供的销售中购买到的，或者是与一个产品相关的（如售后服务）。

②"服务是供市场销售与购买的一种不可触知的产品。"

③"服务是一个行为；而产品是一件物品。产品是一个物体、一个工具，而服务是一种义务、一种性能。"

④"一个服务是一方可以提供给另一方的各种活动或者性能，它基本上是不可触知的，而且不在某物的所有权之中。"

这 4 个定义都围绕着不可触知性。实质上，这几个定义没有赋予服务以物质性和可触知性，而是一个人或一个组织为其他个人或组织所做的行为。

⑤"服务是一个产品，它在交易中所转移的不是一个可触知的物体的所有权，而是一种租用，是一个产品的修理。"

⑥"服务是源于一个（个人或组织的）主体的活动的性能，是一个可触知的产品的临时的可支配性，二者都是为了满足购买者的需求。"

后两种定义强调了"活动的性能"，这意味着其主角是人。我们看到两大服务区域：一个是对产品的临时使用（租用），服务的购买者可以使用而不必得到该产品的所有权；另一个是对购买者所拥有的产品或者对有支配权的产品进行的活动（维修保养）。

把产品与服务相区别的一个方法是从购买者的角度推理和回答这样的问题：购买所得到的好处主要是来自一个产品的物质性质，还是来自人的活动（行为、性能）？一个速冻产品包含着服务（有人为此做了食品加工），但是购买者得到的好处当然是和产品的物质性质相联系的。相反，报纸提供的消息是通过纸张（可触知的成分）传播的，但是好处是读者得到的信息服务（不可触知的成分）。在回答这个问题时，我们意识到，"完全不可触知的，非物质的"服务和"完全物质的"产品极少。许多服务可以包含各种可触知的成分，而很多可触知的产品也包含无形的服务。

下面所说的产品和服务将具有这样的含义：产品是各种因素组合的结果。产品分为两种：以可触知的内容为主的，称之为有形产品；以不可触知的内容为主的，称之为无形产品，即服务。因此，服务是一种特殊的产品。

很清楚，这个定义还没有完全说明问题。什么时候一种内容算作为主还是不算作为主呢？购买一颗钻石，所支付的是什么价值？是宝石本身？还是它的切割加工？或是两者兼而有之？

要完成对服务的定义，还需要提到一个由服务企业提供的由 4 种因素构成的系统，即服务包（见 2.3 节）。

① 支撑服务的设施：使服务的生产成为可能。例如，坐落在城市里的电影院对于电影而言，体育场馆对于各种比赛而言。

② 构成的产品：服务的组成部分。例如，餐馆里的饭菜、医院里的药物、牙科医院的假牙。

③ 中心好处：这是服务的中心。从电影院里得到的刺激，从医院治疗得到的康复，从保险公司得到损失的赔偿，从运输机构得到从甲地到乙地的转移等。

④ 附带的好处：从心理上，购买者对服务所预期的是摇滚音乐会的兴奋、某些服务代表的身份等。

购买者把上述 4 种因素看作一个系统。我们进入一家豪华餐厅，期待的是彬彬有礼的上乘服务，是一种温馨宜人的高雅氛围，是色香味形俱佳的佳肴美馔；我们进入快餐店，预期得到的当然是品种有限的菜单和人多嘈杂的环境。两种服务尽管截然不同，却都是我们所预期的。重要的是服务的生产者要将上述 4 种因素作为一个系统，这样才能够提供顾客所期望的服务。

2.1.2　从不同角度定义服务

1. 从产出的角度定义服务

服务营运的过程实际上可以看作是一个投入产出的过程。投入产出的通用模型见图2-1。图2-1显示，任何一个企业的营运过程实际上都是投入人力、物料、资金、设备、技术、资讯等各种资源，经过若干转换步骤，最后成为产出的过程。但是，最后的产出形态有两种：有形产品和无形服务。

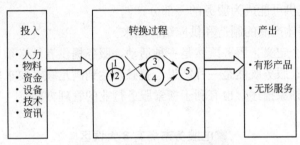

图2-1　投入产出的通用模型

从产出的角度定义服务，可以把服务定义为："服务是顾客通过相关设施和服务媒介所得到的显性效益和隐性效益的完整组合。"

以会计服务为例，顾客从服务中得到的显性效益是对现金流入与流出的监控，隐性效益则是及时、安全、保密、灵活地对个人财务状况加以把握从而形成的良好感受，相关提供设施是结算系统，而服务的媒介则是支票、单据等有关文件。

这种看法的实质是：顾客所得到的不仅是纯粹的服务，而是包括服务媒介等在内的一系列有形收益和无形收益的组合，也就是说，顾客所得到的是一个"服务包"（service package），其目的是满足顾客的某种需要并尽量提高其满意度。

2. 从转换过程的角度来定义服务

这一定义的出发点是把服务看作是满足顾客需要的过程，正如 Dorothy I. Riddle 和 Leonard L. Berry 所说："服务与普通产品的最大区别在于，它主要是一个过程、一种活动。"制造的产出是一种明确可得的有形产品，而服务则是从了解顾客的需要，到采取行动去满足其需要，并最终赢得顾客满意的一个完整过程，这一过程的产出是无形的，不可触及的，而且过程本身包含顾客的参与。

3. 从服务特质的角度来定义服务

从服务的特质角度出发，可以将服务定义为"实体和无形两部分产品构成的组合"。这种定义强调，实际上任何一项服务，都不是完全无形的。例如，航空服务离不开机场、飞机等"实体"产品的支持；汽车、家电等修理服务业离不开实体的"维修零件"；速食、零售等服务业更离不开所要出售的物品。因此，服务业企业所提供的"服务"实际上是"实体"和"无形"两部分构成的混合体。这种定义强调了服务所具有的这样一个特点，即其中物质性部分（实体部分）易于统一地、定量地评价，但非物质性部分（无形部分），如方便性、速度、亲切程度、信任度、清洁度、气氛、吸引力等，则难以统一地、定量地评价。

4. ISO 9000 所定义的服务

在 ISO 9000 系列标准中，对服务的定义是："服务是为满足顾客的需要，在与顾客的接触中，服务提供者的活动和活动的结果。"

在 ISO 9004-2009《组织持续成功管理————一种质量管理方法》中，对上述定义还附有 4 条注释：

① 在接触中，服务提供者和顾客可由人员和设备代表；

② 对提供一项服务来说，与服务提供者接触的顾客的各种活动可能很重要；

③ 实体产品的提供可能成为服务的一部分；

④ 服务可以与实体产品的制造和供应结合起来。

从管理角度看这个定义，服务既然是一种活动，服务提供者就必须对活动过程进行有效的规划、组织与控制；服务既然是一种结果，就必须达到满足顾客要求的目的。这个定义既对服务作出了高度的抽象描述，也有利于探索服务行业的管理方向。

管理误区　　　　　　　　**家电服务市场有 8 大误区**

目前我国家电服务市场存在 8 大认识与经营误区。

1. 由于大多数用户因抱怨无用而采取默不作声的态度，给企业传导错误的信息。企业用户（顾客）服务中心的主要任务是抚慰愤怒的顾客，评价管理人员服务绩效的标准即为减少了顾客抱怨。

2. 企业不愿意真的在宣传服务上下功夫，因为这样做会被误认为产品质量有问题。有的企业宣传保修期长的实际目的是证明产品质量好，根本不需要服务。有的企业为吸引用户，盲目拉长保修期限，给用户造成误解。

3. 企业不愿意透露在服务上的支出，也很少仔细进行服务的"成本-效益"核算。有的企业在不太景气的时候会放弃对利润没有明显帮助的活动，其中用户服务成为最容易被放弃的对象，因为投入服务的经费不能很快收回。

4. 家用电器属科技含量较高的产品，企业服务部门对高科技含量认识不足，对服务的高级技术人才重视不够，企业很少有国家认可的家用电器维修服务工程师，更少有高级工程师，对服务人员缺乏必要的专业培养。

5. 企业过分强调 24 小时上门服务，有的虽然做到了 24 小时上门，但真正解决问题的时间较长。有的为了取悦用户，盲目承诺更短的时间上门，造成产品服务不到位，甚至出现严重服务质量问题。

6. 企业过分强调免费服务，使用户认为服务应该是免费的。当产品出现问题，企业服务后收取费用时，用户不愿意付费。同时由于收费标准由企业自定，即使用户付费也常常为付费高低扯皮。市场经济是效益经济，免费服务与市场经济本身的发展不相适应，也给今后服务市场化运作带来了隐患。

7. 目前多数企业的用户服务中心只是集团销售公司的下属部门，只为单一品牌建立服务网络和提供服务，加大了服务成本，服务部门往往被看成企业的负担。

8. 把服务作为增加产品附加值的手段，千方百计地降低对家用电器维修企业的支付，使维修企业难以为继。

今后10年，我国家用电器市场将进一步呈现"产品差异缩小，服务差异拉大"的趋势。只有澄清这些认识误区，才能最终实现家电维修服务的规范化、专业化和社会化。

2.2 服务的一般特性

正如前面提到的，大多数情况下有形产品与无形产品是无法截然分开的，人们所得到的具体产品或服务常常是有形属性与无形属性的复合体。对服务特性的研究，通常要结合制造业中的有形产品来进行。表2-1说明了服务与有形产品的区别。

表2-1 服务与有形产品的区别

有 形 产 品	服 务
• 有形	• 无形
• 同质	• 异质
• 生产、传递与消费过程分离	• 生产、传递和消费过程同时发生
• 一种物体	• 一种活动或过程
• 核心价值在工厂中生产	• 核心价值在买与卖的交互过程中实现
• 通常顾客不参与生产过程	• 顾客参与生产过程
• 可以储存	• 无法储存
• 牵涉所有权的转移	• 不牵涉所有权的转移

2.2.1 服务的无形性

在大多数的论述服务的著作中，无形性都被列为服务最重要的特性。但是，即使是有形产品，在顾客的心目中也并不总是有形的。我们也可以从主观性和无形性的角度来理解1磅土豆或1辆汽车。所以，并非像有些论述服务营销专著中所说的那样——利用无形性特征就一定会有效地区分出服务或有形产品。

应当承认，无形性确实是服务的一个非常重要的特性。人们通常会以主观的方式来感知服务。顾客用来形容服务的词汇通常会包括"经历""信任""感觉"和"安全"等，这些词对服务的描绘都是非常抽象的。顾客使用这些词汇的原因在于服务的无形性。但在有些服务中也包含了许多有形性要素，如饭店中的饭菜、邮寄公司的文件、修理厂所使用的零部件等。当然，服务最重要的特性仍是无形性。由于服务的无形性，顾客对服务质量的评价是非常困难的。实际上，他们对经常使用的一些描述服务质量的词汇并不一定非常清楚，如究竟什么是"信任"，什么是"感觉"，我们不一定了解其真正含义。因此，许多论述服务的著作都认为，企业必须努力利用有形的证据将无形的服务有形化，如在银行业中使用的信用卡、旅游业中使用的各种文件等。

贝特森（Bateson）对服务的无形性定义如下：摸不着；不容易在头脑中成形。这个服务定义强调了销售者帮助购买者事先理解服务将带来的好处及其特点。有一个办法，就是用可触知的现象告知消费者，通过使用引人注目的形象广告宣传，给人们头脑中输入记忆与期待。

对一个产品，购买者可以在购买之前去触摸、去研究，而对服务却不能。确切地讲，在销售之前是不存在服务的，所以购买者难以事先评估。于是，购买者就认为服务比产品的购买风险更大。

在一家超市里，消费者可以拿两种不同品牌的酸奶对比，了解其成分，阅读其标签，评价其价格，在消费之前就能对广告中包含的信息加以对照验证。可是，怎么能够对从未去过的撒丁岛的两处夏令营做出选择呢？对于生态环境、气候、安全、服务的热情周到和其他同行旅客的态度，你能预期什么呢？

1. 如何使服务可触知

若没有一个实在的物体，服务产品应当强调的是服务的好处：特快专递 DHL 的交货快捷与准时；保险公司的安全与保护；航空公司的安全、舒适与准时。最经常使用的技术就是尽量使不可触知变得可触知。一张塑料片给人以信用卡的形象；一张对折的铜版纸上印着旅行社常提供的碧蓝的大海和蔚蓝的天空，预示着和谐安逸的假期；向大学生散发的学习计划资料上则是未来工作环境的假想图。

要使不可触知的东西变得可触知，问题在于如何去做。可从以下两点回答这个问题。一是"让消费者心中服务企业的形象具体化，可触知"。麦当劳就成功地使用分别代表企业及其质量的两个连环拱形图案树立了自己可触知的企业形象。二是增强顾客对企业不断追求提高服务质量的形象的感觉。

无形性也从另一个角度对消费者施加影响。购买服务的人通常信任街谈巷议的"口碑"，而不信任广告或组织的宣传。这样，就可以在心理上用品牌、标志、针对标的的促销计划等，使自己的产品与众不同。

由于服务是无形的，销售服务的企业的声誉和形象则成了购买者决策的关键因素。要销售服务，就要建立信任。为此，企业要对能让购买者放心的形象、标志、象征做出投资。银行在促销中，特别是在过去，都是靠雄伟坚固的建筑物传达自信可靠的信息，促销中通常请出知名人士作证其所言属实。销售者的能力非常重要，他（或她）的形象就是服务的先期形象。

2. 应对服务无形性的主要战略

服务无形性（不可触知性）的应对策略见表 2-2。

表 2-2　服务无形性（不可触知性）的应对策略

被潜在购买者理解	管理者的主要回答
• 在消费之前很难在头脑里想象	• 简化服务
• 购买服务大于购买产品的风险	• 提供可供选择的不同标准档次，降低其不可触知性
• 对改变品牌的刺激更小	• 服务落实到消费者的各种感官上，变不可触知性为可触知性
• 人与人之间的沟通（口碑）更为可靠	• 以价格政策树立形象
• 通过价格、设施、设计、布局传递质量的信息	• 刺激人与人的沟通（口碑）
• 很难把服务和竞争对手提供的服务相比较	• 通过促销和各种沟通，建立信任，让人放心

最近几年对服务企业战略的研究出现的概念是，把过去看作对服务产品的限制和威胁的

东西转化为机遇。第一位就是客户的满意，为过去选择余地狭窄的服务提供了新的天地。

前面已经多次提到服务的不可触知性使人在购买之前难以评价。最近的研究表明，如果提供不同标准的服务档次供购买者选择，让人能够与相互竞争的服务加以比较，潜在购买者心里的风险顾虑就可以大大降低。哈特曼（Hartman）和林德格伦（Lindgren）都作了有趣的演示。

图 2-2 为一些产品和服务的二维规模：满足购买者的需求的程度（横向的：可变量和标准化）和在购买前对产品或服务评价的难易程度（纵向的：容易评价或者难以评价）。

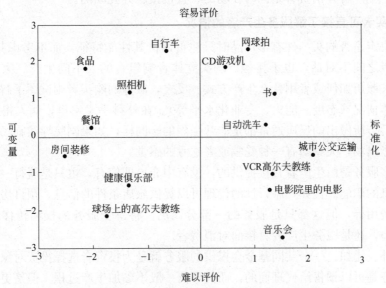

图 2-2　对购买者需求的满足与他们购买前评价的难易程度

左边的端点上是房间的装修，它是一种可以有多种特点的服务，消费者可以有很宽的选择面。而公共汽车的交通服务则在右端，它的服务从时间、行车路线，甚至到所用车辆都是标准化的。

纵向规模是按照容易评价还是难以评价来排列的。最高处的（容易的）就是自行车和网球拍，它们都是可触知的，消费者很容易通过在销售点或实践中的实物检验而对其作出评价。而音乐会则是在最底下的，因为是无形的，没有在购买之前检验评价的可能，演出效果完全取决于作曲家、乐队指挥、独唱独奏家的水平。

哈特曼和林德格伦从消费者对产品或服务的可触知性角度出发，建议对服务采取一种类似零售点的营销战略，让消费者可以拿各种竞争中的服务作对照比较后再选择。比如，一个保险企业可以提出各种对意外伤害风险的保护方案，把它们印刷出来给消费者选择，"那么消费者就可以像在体育用品商店给自己买运动鞋一样，在各类方案中挑选中意的产品购买"。

2.2.2　生产与消费的不可分性

对于制造业来说，产品生产与产品使用是在两个不同时段、不同地点发生的，生产系统与顾客彼此分开，因此，产品品质可在"出厂前把关"：实体产品可预先生产以满足日后的需求，从而调节需求与产能之间的不平衡状态，可区分生产与销售的不同职能，等等。而许多服务，只能在顾客到达的同时才开始"生产"，生产的同时，顾客也进行消费。一项服务无形性越强，生产和消费即越同时发生。服务的这种特性使得服务品质不可能预先"把关"，使得服务能力（设施能力、人员能力）规划必须能够适应顾客到达的波动性，使得服务的"生产"与"销售"无法区分，这些特性也导致了服务产品管理必须用一些特殊的方法。

服务的生产者无法与其接受服务的顾客相分离造成了对提供服务的一些限制。一般地讲，在服务中，生产者和消费者是同时在场的，直接接触并互动的。

1. 服务购买者可直接了解服务生产者的情况

消费者在决定是否购买一件有形产品时只注重评价其性能特征，而不考虑其生产过程。生产者与消费者之间不对话，也不接触。购买立体音响组合的人不问生产厂家是怎么组织的，也不问工人履历如何或者用什么生产方式。反之，服务的购买者则试图了解服务生产主角的个人或集体情况（态度、能力、专业化水平等）。在外科手术室里，病人得知自己的主刀医生被调换后，所做出的反应通常都是非常强烈的。同样，如果剧院导演临场通知观众主要演员因病不能出场，大家都有一种受骗或者吃亏的感觉。

首先，许多服务是由生产者直接提供的，没有中介。即使有，也只是履行一两种提供服务产品相关信息的职能。比如，旅行社的代理可以提供旅店条件的信息。预订房间，要求购买者预付有关费用等，但这都只是服务的一部分而已。将享受服务的权利转移给购买者后（机票、合同等），还是服务生产者直接面对消费者。

但也有例外。比如，一个共同基金会提供的服务就是为投资者选择投资对象的最佳组合方案。这种服务是可以预售给代理商的，而代理商一般不参加生产过程。但是更多的服务是不需要中介的：外科手术、律师诉讼、餐饮旅店等，都不可能提供中介介入的机会。

2. 服务企业规模有限

服务企业的另外一个限制就是规模效益低下。一个牙医每天可以接受就诊的病人数量有限。有一些服务可以使合作者通过职业培训提高性能，但是能够实现的规模仍然是有限的。

可触知的有形产品都是在一个地方生产的（按照成本优势选定），然后运输到消费需求最旺盛的地方。生产与消费分开的好处主要有：可以集中在几家工厂实现规模效益；可以在消费之前检查质量。但是这些对于服务来讲都很难做到。

3. 地理区域限制

由于需要与消费者直接接触，则服务的性能就受到地理区域的限制。享誉全球的外科医院可以吸引全世界的病人来求医，但一般的医院都只为其所在地区的病人服务。一家银行或保险公司的营业网点都只有一个有限的服务区域。这个限制不只是由于客户要承担的交通成本，还有提供服务者的往返移动的问题（尤其是需要携带很多精密仪器的时候就更困难）。

服务企业的回答就是开办在若干地方的网点分店，以一种直接的方式与客户接触：面对面，或者远距离的"面对面"通信。电信业的发展极大地扩大了要求与客户直接接触的服务的经营范围。

值得提出的是，自动销售机和电子邮件的出现，使得服务的生产与消费之间的不可分离程度大大下降。两者之间彼此相关。客户必须在银行有一个账户，必须与服务生产者之间有电信联系。生产者与消费者之间的关系中，有一部分交给了机器管理。

4. 应对服务不可分离特性的主要战略

服务管理者也可通过相应措施应对服务本身所具有的不可分离的特征，见表2-3。

表2-3 服务的不可分离性应对策略

客户的感受	服务管理者的主要回答
• 很多服务不能与其生产者分离	• 将消费与生产分离（如自动销售机、远程教学、电子银行）
• 某些服务消费者必须亲自到场（如旅游、参观博物馆、心理咨询、就诊）	• 帮助客户选择高素质的专业人员服务减少风险
• 有些服务不需要客户在场（如装修、保洁服务、衣物清洗等）	• 营销就是有利于服务接近购买者
• 把服务的生产过程安排在若干地方以形成规模效益（连锁店）	• 消费者卷入服务的生产过程
	• 服务还有地域限制（地理距离）

2.2.3 服务的不可储存性

1. 服务不可储存性

服务是在生产中被消费的，有效时间往往很短。而其购买者从中所得到的好处也不能为将来的消费"储存起来"。如果不在有效时间内消费掉，服务就会不可挽回地失去。节目演出时剧院里的一个空座位，没有使用的车票，这些都是无法挽回的东西。

在需求稳定或者需求走势可以预测时，服务的这种不可储存性并不很重要；但是，在需求上下浮动情况严重、难以预计时，这个问题就不好解决了。运输、娱乐（保龄球馆、电影院）、数据程序、旅店、医院门诊部、学校、大商店等，都面临这类问题。

服务的这一特点也应当得到认真的解释。服务的持续时间有与其生产者相关的特点，意味着应当在服务的生产中将其使用掉。作为消费者，从服务中得到的好处是可以持续的，学习企业管理专业的硕士生从学习中所得到的东西对终生有益。莫里哀或者哥尔多尼的喜剧在看过之后能始终保留在我们的记忆中，成为文化沉淀。同样，对中国故宫的一次参观，使人感受之深甚至是终生难忘的。

这种服务的管理任务是艰巨的：必须设法让生产能力尽量具有弹性，在设施和人力资源上加以调节而不影响服务质量；必须设法削减高峰期和提高低峰期的需求量，使需求总体上尽可能稳定均衡地分布在各个时段里。

2. 应对服务不可储存特性的主要战略

为解决上述问题，需要管理者的"创造性"。服务管理者也可通过相应措施应对服务本身所具有的不可储存性，见表2-4。

表 2 - 4 服务的不可储存性应对策略

潜在购买者的概念	服务管理者的应对措施
• 企业若不在生产时销售就失去服务的收益，而消费者对此并不关心	• 预订系统 • 通过刺激手段调节需求流量 • 补充服务
• 在服务供不应求时，消费者才意识到服务没有库存的特点，被迫排队等候	• 自助 • 只提供服务的主要内容 • 引导需求（例如"明智的度假"报道，避免交通拥堵）

主要政策有：预订系统和对需求流量的监控；在需求下降时期设法刺激需求增长；提供补充服务，使消费者在等候主要服务的时候不会因丧失耐心而离去（例如在等候用餐时，餐馆可以给客人送开胃酒）；人员的弹性（工作时间的延长或缩短）；需求高峰期时只提供服务的主要部分；让消费者自己动手"自助"一部分。

2.2.4 服务的异质性

1. 服务异质性

服务的异质性表现在以下 4 个方面。第一，服务不是一个单一整体，而是相关服务要素的集合。服务的某一部分不好，顾客就会认为整个服务不好；同一种核心服务，其周边的服务不同，也会形成不同的服务特色。第二，服务者具有多样性。服务往往是人与人之间的互动，服务者不可能训练成像机器人那样只有标准动作而没有变化。而从顾客的角度来说，如果他两次受到不同的服务，或看到另一个人受到比他好的服务，都会留下坏印象。第三，顾客的多样性。即使是同一种服务规范，不同顾客的不同个性也会导致不同的服务结果。第四，服务的同一组成部分，在不同情况下对不同顾客的重要性可能不同。

需要明确地区分以下两种服务：主要靠人直接提供的服务（劳动密集型）；主要靠设施提供的服务（资本密集型）。对于第二种，相对更容易统一质量标准。

对于一台电话或者一个自动洗车房的服务性能，可以预先进行评估和规范。而对于组织到非洲去狩猎的旅行，则很难事先对最终质量有把握。

2. 应对服务异质性的主要战略

应对服务异质性特征的主要战略可见表 2 - 5。

表 2 - 5 服务异质性应对策略

潜在顾客的观念	管理者对应的主要措施
• 服务在于提供一种活动	• 控制生产过程，制定一定的标准
• 消费与生产同步同时	• 将服务分解为若干部分并简化
• 对服务质量的感受具有主观性	• 对一些服务部分降低对职业性的要求
• 对生产过程的控制能力取决于对服务性质的了解和经验积累	• 对人员的筛选、培训和激励进行投资
• 服务的可变性加大其质量评价的风险	• 用机械代替工人
• 用标准化的若干品种与档次的选择可将风险程度降低	• 通过使用与顾客接触的高度职业化人员提供个性化服务，将可变性变为机遇

为了减少劳动密集型服务质量的浮动程度，最常采用的办法有：对生产过程进行简化和标准化；进行人员培训，使他们提供的服务尽量一致；对消费者的满意程度不断跟踪，以便及时纠正服务中的缺点与不足。但是要注意：质量是难以确定的。很多研究都表明要把主观感受的质量与客观提供的质量分开。

服务的可变性可以转变为机遇。企业不一定要把提供标准化服务当作目标。统一不见得一定作为一条规则。在我们向银行借贷和看牙医的时候，根本不愿意得到和其他顾客同样的待遇。因此，一定的多样化是销售服务的积极因素，可以作为服务企业的一种机遇。换言之，这种可变性为提供个性化服务，适应消费者需求提供了机遇。因此，服务的多样性不一定就是不利因素。只要针对消费者需求和各种因素的多样性提供相应的个性化服务，就能使之成为一种竞争优势。

但想要实现以上目标困难重重。服务适应需求就意味着存在提供的服务可能低于顾客预期性能的风险。可以通过对接触顾客的人员进行培训和向顾客提供多种选择来对这种风险加以控制。

2.2.5　顾客在服务过程中的参与

在制造业，工厂与产品的使用者、消费者完全隔离，而在服务业则是"顾客就在你的工厂中"。在很多服务过程中，顾客自始至终是参与其中的，这种参与有两种形式：主动参与和被动参与。也可能带来两种结果：促进服务的进行和妨碍服务的进行。

在制造业中，生产过程与产品的使用过程是分离的，顾客看不到生产的进行过程。而在服务生产过程中恰好相反，顾客是参与其中的，整个生产过程呈现在顾客面前。因此，品质控制对于服务业来说与制造业可使用的方法完全不同。制造业可在产品出厂前对品质进行多次检查和控制，防止不良品送达顾客手中，而服务业则不可能这样做。因此，在服务生产过程中，必须设法做到在提供服务的同时确保品质。为此，加强员工培训以提高其工作责任心和服务技能，对于保证服务品质是非常重要的。

服务业生产过程顾客也在其中的事实，还导致在服务业中"生产"与"销售"之间的区分不像制造业那么明显，而是互相关联不可分离。这两个企业功能在服务业中就好比制造业中所用的模具的上下两部分，只有两者一同工作，才能发挥功能。而在制造业中，生产与销售的功能往往是分离的，甚至是对立的。销售部门往往希望市场需要什么，生产部门就立即做什么，而生产部门为了保持生产的均衡和连续性，往往愿意在一段时间内集中地、大批量地生产一种产品，即使所生产出来的产品不是市场马上需要的，也可以放在仓库里，留待日后再用。也就是说，在制造业中，某一时段的产能可供应未来某一时段的需求。而服务业则难以做到这一点，某一时段的服务如果未能及时利用，就会消失，无法再利用。

2.2.6　不牵涉所有权的转移

服务通常不牵涉所有权的转移，这个说法一般情况下是正确的。例如，乘坐飞机从一个地方到另一个地方，当达到目的地后，顾客所拥有的只是手中的机票和登机卡。又如顾客从银行取一笔钱，在交易完成后，顾客的手中拥有了一定数目的货币，这好像是产生了所有权问题，但事实上，银行是无法创造所有权的，这个所有权一直为顾客所有。银行所做的不过是在一定的时间里帮助顾客照看这笔钱，并利用它为自己赚取一定的利息。从另一个角度看，零售业是服务业的一种，当顾客使用了服务，如从食品杂货店购买了某些食品，顾客就理所当然地拥有了这些食品，而这些食品是整个服务的有机组成部分。在这种情况下，无疑会牵涉到所有权的转移问题。

前沿展望

21世纪服务业的发展由两大潮流汇集：制造业的业务服务化，现代社会服务呈现多业种的蓬勃发展。制造业业务的服务化是制造业的一些企业通过增加服务项目或是直接经营服务业务来扩展经营领域的现象。其结果使许多企业的收入中服务业务所占的份额明显提高，从事服务活动的人数显著增多。有资料表明，美国制造业中有65%～76%的人员在从事诸如研究、后勤、维修、产品设计、会计、金融、法律和私人服务等服务工作。

2.3 服务分类与服务包

2.3.1 服务的分类

在早期论述服务的著作中，对服务有很多种分类。这里，只研究两种：高接触性服务和高技术性服务；间断性服务和连续性服务。

1. 高接触性服务和高技术性服务

服务可以分为高接触性服务和高技术性服务。高接触性服务指的是那些主要依靠人来完成服务过程的服务，而高技术性服务则是指利用自动系统、信息技术或其他有形要素来完成服务过程的服务。这种分类是非常重要的，需要注意的是，高接触性服务既包括有形的资源，也包括以高科技为基础的服务系统，而在高科技服务中，人的要素也是不可或缺的。例如，顾客抱怨处理和自动服务系统出现失误时，就必须由员工出面来加以解决。在高技术性服务企业中，我们常常可以看到以员工为主体的服务平台。甚至可以说，高技术性服务对人的依赖性更大，因为在这些服务企业中，一旦需要员工出面解决的问题，一定是非常关键的问题。如果这些具有高接触性的互动过程失败，这些高技术性服务企业就会失去挽回错误的机会。在这种情况下，这些互动过程无疑是企业的关键时刻。

2. 间断性服务和连续性服务

根据顾客与服务企业的关系，服务可以分为连续性的服务和间断性的服务。在有些行业，如工业清洗、保安、货物运输、银行等，顾客和服务提供者之间存在着长期的互动关系。这无疑为服务企业与顾客建立良好的关系提供了大量的机会。而那些间断性服务企业，如理发、医疗和维修等，要想达到这个目的就困难得多。根据对理发店、旅馆、酒店和饭店等提供间断性服务的企业的研究结果，与顾客建立长期友好的关系也不是不可能的，而且还有一种有利可图的做法。那些提供连续性服务的企业一般无法承受顾客流失的损失，因为争取新顾客的费用过于昂贵。而另一方面，间断性服务企业却可以利用交易导向的服务提供模式成为赢利的企业，尽管关系导向的服务提供模式似乎是更好的服务提供模式。

了解这种分类对于提高服务管理水平具有重要的意义。本书中所论述的服务概念，对于这两种类型的服务企业都是适用的。但每一种服务都有其自身的特性，所以在制定和实施服务战略时，必须考虑到不同服务类型自身的特点，从而做到有的放矢。

2.3.2 服务包

服务经理很难识别他们的产品，这一问题部分是由于服务的无形性引起的。但是，服务过程中顾客的出现才是人们关注整个服务经历的根本原因。考虑下面的例子：对于餐厅而言，气氛与食物同样重要，因为很多顾客将这一场合看作是与朋友聚会的地方。

服务包（service package）是指在某种环境下提供的一系列产品和服务的组合。该组合有以下 4 个特征。

① 支持性设施。在提供服务前必须到位的物质资源。例如，高尔夫球场、滑雪场的缆车、医院和飞机。

② 辅助物品。顾客购买和消费的物质产品，或是顾客自备的物品。例如，高尔夫球棒、滑雪板、食物、替换的汽车零件、法律文件及医疗设备。

③ 显性服务。那些可以用感官察觉到的和构成服务基本（或本质）特性的利益。例如，补牙后疼痛感消失了，经过修理后的汽车可以平稳行驶，消费部门做出反应的时间。

④ 隐性服务。顾客能模糊感到服务带来的精神上的收获，或服务的非本质特性。例如，常春藤院校学位的身份象征、贷款办公室的保密性、无忧汽车维修等。

所有这些特性都要由顾客经历，并形成他们对服务的感知。重要的是，服务经历要为顾客提供与他们所期望的服务包一致的整个经历。以廉价旅馆为例，支持性设施是一栋混凝土大楼，有简单的家具；辅助物品减少到最低限度，仅有肥皂和纸；显性服务为干净房间里的一张舒适的床；隐性服务可能是，有一位和蔼可亲的前台服务员及一个安全的照明良好的停车场。偏离这个服务包，如增加旅馆服务生，将会破坏廉价旅馆的概念。

案例分析

沃 尔 沃 村

沃尔沃村是别具一格的。它反映了沃尔沃授权经销商的两位前机械师试图以合理的价格为过了保修期的沃尔沃汽车提供高质量的维修服务所做的努力。基于他们合在一起超过 22 年的在沃尔沃经销店的培训和工作经历，他们赢得了令人尊敬的声誉，有了大批满意的顾客，这使得他们自立门户成为可能。沃尔沃村位于一座巴特勒（即预制金属结构）建筑物内，除了一间办公室、等候区和储藏室外，还有四个作业区。

沃尔沃村的所有者认为，他们要为顾客提供当地经销商所没有的定制汽车维护服务。他们每周留出一定时间，为开车前来的顾客提供快速的日常服务，如调试和更换润滑油；但是对于检查和特殊处理，他们鼓励顾客预约。

在预约的时间，机械师和顾客讨论顾客提出来的问题。有时，机械师要和顾客一起试开一下车，以便确认问题的存在。

对机械师来说，另一个信息来源是制定维护车辆档案（custom care vehicle dossier, CCVD）。沃尔沃村为每辆服务过的车都保留记录。这有助于机械师诊断问题，同时也为对上次修理提供担保服务留下了记录。所有者正在考虑用 CCVD 来提醒那些需要进行日常维护的顾客。

在机械师做完初步检查后，服务经理告诉车主估算的费用，以及在没有意外的情况下修理完成的时间。公司的政策规定，除非双方同意，否则进行任何维修都要征询车主的意见。虽然在服务过程中顾客可能会与机械师交谈，但其主要接触的是服务经理。服务经理的职责是，保证顾客了解初步诊断情况，向顾客说明所有未能事先料到的问题和费用，并通知顾客车已修好，可以提走。

沃尔沃村目前还没有为顾客提供其他交通工具。公司正在考虑提供每天 2～3 次的班车，因为所有者觉得地处郊区可能会失去部分顾客。等候室装备着电视机、舒适的椅子、软饮料自动售货机、杂志和当地报纸等。该设施几乎被在"随时服务"时间（星期三下午 3 点到 5 点，星期四上午 8 点到 10 点）前来接受快速日常服务（如调试）的顾客和前来查看旧车的买主完全占用了。

机械师在早晨 7 点到 8 点和下午 5 点到 6 点期间不修理汽车，因为这两个小时要与顾客进行大量的接触。他们认为，在维修后向顾客交代做了哪些修理与在维修前和顾客讨论存在什么问题一样重要。在维修中，机械师记下车主将来需要注意的问题（如风扇和发电机带旧了，再开 6 000 英里就需要更换）。当顾客来提车时，提醒顾客将来注意的问题（可能是以明信片的形式给车主），同时将之记录在 CCVD 中以备将来使用。

所有替换下来的小的旧零部件全部装在车内一个干净的盒子中；替换下来的大的部件做上标记，放在一边被顾客检查。在修理过程中，保持车体清洁。在顾客提车前，用吸尘器将车内打扫干净。修理完成后，要试开一段，然后停在停车场，等候顾客来提车。

沃尔沃村的主人认为，他们的职责远不止对顾客的直接服务。他们与其他的服务提供者建立了一个网络，那些服务提供者对用过的部件和废弃物回收处理，同时，对于自己不提供的服务，将顾客推荐给有关服务企业（如车体修理、校正、车内再装饰）。该企业正在考虑每月在一个星期六的早晨开设小课程培训顾客，让他们了解如何才能拿到沃尔沃 20 万英里奖章。

资料来源：FITZSIMMONS J A, FITZSIMMONS M J. 服务管理：运营、战略和信息技术［M］. 张金成，范秀成，译. 北京：机械工业出版社，2000.

回答问题

1. 描述沃尔沃村的服务包。
2. 沃尔沃村的事例说明了服务企业的哪些特性？
3. 分别描述沃尔沃村服务活动的性质、顾客关系、定制汽车维护服务、需求和供给的性质以及服务传递方式。
4. 沃尔沃村如何像一个工厂一样管理它的后台作业区（即维修作业）？
5. 根据沃尔沃村的例子，说明哪些附加的服务对于顾客产生价值增值。

本 章 习 题

一、判断题

1. 由于服务是无形的，销售服务的企业的声誉和形象则成了购买者决策的关键因素。
（　　）

2. 大多数情况下有形产品与无形产品是无法截然分开的。　　　　　　　　（　　）

3. 从转换过程的角度来定义服务，可以把服务定义为："服务是顾客通过相关设施和服务媒介所得到的显性和隐性效益的完整组合。"　　　　　　　　　　　　　（　　）

4. 服务管理者也可通过"将服务分解为若干部分并简化之"措施应对服务本身所具有的异质性的特征。　　　　　　　　　　　　　　　　　　　　　　　　　（　　）

5. 在需求稳定或者需求走势可以预料的时候，服务的不可储存性特征非常重要，因为在这种情况下，这个问题就不好解决了。　　　　　　　　　　　　　　　（　　）

二、选择题

1. 那些利用自动系统、信息技术或其他有形要素来完成服务过程的服务称为（　　）。

　　A. 间断服务　　　　B. 连续服务　　　　C. 高技术性服务　　　D. 高接触性服务

2. 下面哪一个战略是服务不可分离性应对策略之一（　　）？

　　A. 将消费与生产分开　　　　　　　B. 预订系统

　　C. 以价格政策树立形象　　　　　　D. 用机械代替工人

3. 下面哪一个特征不是服务的特征（　　）？

　　A. 无形性　　　　B. 灵活性　　　　C. 异质性　　　　D. 不可储存性

4. 明确服务与产品界定的概念比较困难的原因是（　　）。

　　A. 许多服务的成分中至少都有一件可触知的有形产品

　　B. 人们享受了许多服务却并没有直接为此而支付货币，而是通过纳税间接支付的

　　C. 服务是供市场销售与购买的一种不可触知的产品

　　D. 服务在交易中所转移的不是一个可触知的物体的所有权

5. 服务包是指在某种环境下提供的一系列产品和服务的组合。该组合由以下几个部分构成（　　）。

　　A. 支持性设施　　　　　　　　　　B. 辅助物品

　　C. 隐性服务　　　　　　　　　　　D. 显性服务

三、思考题

1. 为什么说无形性是服务的最主要的特征？

2. 了解服务分类对于提高服务管理水平具有怎样重要的意义？

第 3 章

服 务 战 略

学习目标

- ✓ 认识服务企业竞争环境的特点；
- ✓ 掌握服务企业竞争战略内容；
- ✓ 了解服务产品生命周期及各阶段的战略变化；
- ✓ 说明服务产品营销特征；
- ✓ 阐述服务市场营销组合内容。

开章案例

星巴克：传统企业成功转型互联网

在互联网大潮下，很多传统企业需要做互联网或者通过互联网来传输业务，但并不是所有的企业都能转型成功。

星巴克的经验或许说明，传统企业的互联网化转型，疾风劲雨并非最佳，循序渐进也许才是好办法。1999 年 6 月 30 号，对星巴克 CEO 兼董事长 Howard Schultz 来说是一生中最难堪的时间之一。当时这位公司创始人兴冲冲地向外界宣告这家销售咖啡饮料的公司正变成一家互联网公司——推出门户网站、在线销售咖啡和厨房用品、向一家在线聊天公司投资 2 000 万美元……结果星巴克股价当天应声下跌 15%。投资者不能理解一家卖咖啡饮料的公司为什么要如此积极地使用互联网技术，不菲的投入也把他们吓坏了。

Schultz 对媒体承认："我在这件事上栽了跟头。"

直到 2012 年 8 月 Schultz 掏出 2 500 万美元坐进移动支付公司 Square 的董事会，外界才发现，Schultz 从未放弃过为自己的公司加入科技基因的努力。

经历过当年的难堪之后，他学会小心翼翼地低调推行对星巴克的改造。这家总部位于西雅图的公司除了建立起电子商务体系外，还非常积极地拥抱移动互联网。

星巴克在 2009 年就推出了手机应用客户端。2013 年 1 月在美国市场推出手机支付后，截至 2014 年 7 月交易数量已达 6 000 万笔，每周通过手机支付的订单超过 100 万笔。Schultz 希望让消费者在潜移默化中接受一个与过去大不相同的星巴克。

时至今日已经很难找到一家不提供手机应用或缺少社交媒体战略的大型公司，但星巴克在这方面的投入和营销已经领先于零售业的同行。如今星巴克不仅成为美国移动支付规模最大的零售公司，其在 Facebook、Twitter、Pinterest 等社交媒体上也是最受欢迎的食品公司。

Schultz 如此迫切地向电子商务、手机支付和社交网络营销转移，原因很简单——顾客在哪儿，星巴克就去哪儿。更何况新技术能把咖啡店内外的顾客关系紧密联系在一起，以前星巴克可做不到这些。

根据星巴克的数据，其消费人群大部分都在使用智能手机，不论是苹果的 iPhone 还是各种款式的安卓手机。吸引越来越多的顾客使用移动互联网在星巴克消费，这意味着能追踪他们，以他们为核心用户创建一个在线社区。

较之以往，新方式让星巴克得以与自己的顾客们建立起前所未有的牢固关系。掌握着顾客的消费习惯、口味喜好等数据，将使这家以兜售用户体验闻名的公司获得非比寻常的优势。Schultz 正努力将星巴克的大量营销举措迅速采用新时代的数码方式，移动支付只是这个庞大计划中的一部分。

事实上，星巴克近年来这些巨大的变化，并非因为自己的董事长 Schultz 是一个技术狂人，也并非因为这家公司与科技巨头微软和亚马逊同处一地。事实上，这位创始人回归之后，并没有研发出什么新口味的咖啡饮料，而是带领星巴克这家传统的咖啡连锁公司，悄然掀起一场营销革命。

长期以来，星巴克的咖啡连锁店之所以大受这个星球上很多城市的消费者青睐，原因在于它提供的不仅仅是咖啡或面包，而是一种生活方式。商家与顾客之间原本冷冰冰的买卖关系，被星巴克赋予了很多附加值在其中。

Schultz 只是敏锐地预判到这个时代最大的变化就是互联网和手机对人们生活状态的影响，他意识到必须把这个时代特征迅速融入星巴克的产品和服务之中。

于是星巴克开始采取为了跟随上时代而转变的行动。星巴克中国区副总裁 Marie Han Silloway 说："数字化营销完善了星巴克体验，让顾客感受到'星巴克就在身边'。"

最近一个病毒式传播的在线视频极好地诠释了星巴克的理念——在一款名为 Early Bird 的星巴克手机服务中，当设定好的起床闹钟响起，只要用户点一下"马上起床"，并且在一小时内赶到任何一家星巴克门店，凭手机应用就能够喝到一杯打折的咖啡。

这是一个将自己产品和用户的日常生活建立联系的好点子，它并没有强行向用户推销什么，而是提供了幽默、打动你的服务。

不过 Early Bird 目前还只是一个动人的故事，星巴克总部表示，目前公司并没有发布这样一款独立的手机应用，但未来会考虑提供类似的服务。

资料来源：http://info.chinabyte.com/447/13044447.shtml.

3.1 服务竞争环境

企业竞争环境是指企业运营中提供市场机会或构成威胁的各种社会、经济力量的集合，它们对企业战略管理产生重要影响。

3.1.1 宏观环境

任何企业的运营都会受宏观环境的影响。宏观环境由人口环境、政治环境、经济环境、法律环境、科技环境、社会文化环境及自然环境构成，是企业开展经营活动赖以存在的基础。宏观环境对企业竞争的影响主要有：通过政治的或经济的手段调控企业的经营方向；通过法律手段规范企业的经营活动，促进企业间公平合理的竞争，保护企业和消费者的合法权益；制定科技政策，引导企业进行技术创新，开发新产品、新工艺，不断增强科技实力。社会结构、社会风俗习惯和社会文化传统决定了消费者的购买行为，进而形成不同的市场机会，企业必须与之相适应才能赢得市场竞争的主动权。企业所处地区的自然环境、气候条件、资源条件也对企业的市场活动产生重要影响。

3.1.2　认识服务竞争环境

服务企业所处的竞争环境从总体而言，远比制造业要复杂。以下是造成服务业竞争激烈态势的主要原因。

（1）进入障碍较低

服务本身技术含量较低，服务创新无法像专利那样得到保护，所以进入的技术屏蔽很弱，而劳动密集、行业起点低、规模小的特点，决定了竞争者可以以很低的成本进入大多数服务领域。

（2）难以实现规模效应

由于受到各种因素的影响，许多服务都分散在不同的地方，为某一特定的区域提供服务。尽管特许经营和连锁经营的兴起使规模经济在统一采购、广告共享条件下得以实现，但除此之外很难实现规模经济。

（3）供求规律不规则

由于服务需求的季节性、周期性矛盾长期存在，使服务需求在不同时间有不同的内容，几乎无规律可循。同行业竞争，供求规律不规则的存在给企业在成本和占领市场等方面带来了不小的压力。

（4）交易谈判处于被动地位

许多服务企业由于在规模上的劣势，在与强大的购买者或供应商的交易中缺乏筹码，在讨价还价中处于劣势。

（5）产品的可替代性

实物产品与服务产品替代效应的存在（如洗衣机与洗衣房），不同服务行业之间替代效应的存在（如铁路运输对公路运输的替代），使得服务业在同行业竞争的同时不得不受到行业间和产业间竞争的夹击。此外，潜在服务创新对于企业现有服务的替代效应也同样不可忽视（如电话基本上已替代了电报）。

（6）顾客的忠诚度

提供优质服务的企业能够形成一批忠诚的顾客群体，对竞争企业来说要进入该领域是很困难的，除非对手犯下严重的错误或本企业的服务创新具有明显的竞争优势。

（7）利润挤压竞争失败

许多服务企业利润很低，但仍在继续运作，比如，文化酒吧常常是店主交朋友的媒介。对一些追求高利润的投资者而言，会发现将这些企业排挤出市场是很困难的。

综上所述，对一个新的服务企业而言，要使自己的服务企业经营更具战略性，必须充分认识服务竞争环境，从服务产品入手，克服困难，制定竞争策略。

小资料

在美国费城西部，有两家敌对的商店：一家叫纽约贸易商店，另一家叫美洲贸易商店。两家商店虽然是邻居，但店老板却是势不两立的死对头，他们常常开展各样的商战。当纽约贸易商店贴出告示，"本店出售爱尔兰亚麻被单，该被单质量上乘，价格低廉，每条价格6.5 美元"时，美洲贸易商店的窗口马上便会出现针锋相对的告示，"善良的人们请擦亮眼睛，本店床单一流，定价 5.95 美元"。两家老板除了使出浑身解数争取顾客外，还经常走出商店，相互指责，甚至大打出手，引得大量顾客驻足围观。最后，人们会跑到两家竞攀低价的商店争购满意的商品。这样，两家商店的商战一直持续不断，愈演愈烈。直到 30 年后，他们中间有一个老板去世了，竞争才停下来。过了几天，另一个老板开始停业清仓大展销，然后搬了家，从此便销声匿迹。当房子的新主人进行大清理时，无意中发现两位老板的住房有一条暗道相通，通过进一步查证，原来两位老板是同胞兄弟。

3.1.3　服务市场运行规则

全球服务贸易自由化是服务市场运行的目标。为了推动这一目标的实现，作为世界贸易组织前身的关贸总协定于第 8 次谈判，即乌拉圭回合中缔结了《服务贸易总协定》（GATS）。该协定全面规定了服务市场运行的条件、内容和原则。

1.《服务贸易总协定》的主要内容

《服务贸易总协定》包括以下 3 个方面的内容：
① GATS 的基本原则和条款规定；
② GATS 的附件规定的部门协议；
③ 各缔约方在服务贸易市场准入承诺的减让表。
以上内容由序言和正文的 6 个部分 29 个条款及 8 个附录构成。
序言：阐明发展服务贸易的重要性、发展服务贸易的目的及实现的途径，以及对最不发达国家的特殊考虑。
正文分 6 个部分：
第 1 部分（第 1 条）范围和定义；
第 2 部分（第 2 条～第 15 条）一般义务和纪律；
第 3 部分（第 16 条～第 18 条）具体承诺；
第 4 部分（第 19 条～第 21 条）逐步自由化；
第 5 部分（第 22 条～第 26 条）机构条款；
第 6 部分（第 27 条～第 29 条）最后条款。
8 个附录：
① 关于第 2 条豁免的附件；
② 关于本协定项下提供服务的自然人流动的附件；
③ 关于空运服务的附件；
④ 关于金融服务的附件；
⑤ 关于金融服务的第二附件；

⑥ 关于海运服务谈判的附件；

⑦ 关于电信服务的附件；

⑧ 基础电信谈判的附件。

2. 《服务贸易总协定》的基本原则

（1）最惠国待遇原则

GATS 第 2 条规定："关于本协定涵盖的任何措施，每一成员对于任何其他成员的服务和服务提供者，应立即和无条件地给予不低于其给予任何其他国家同类服务和服务提供者的待遇。"这一原则既是世贸组织多边贸易体制的基础，也是国际服务市场多边服务贸易的基础。这一原则的核心是体现公平竞争精神，保证各缔约方的服务和服务提供者在享受他国服务贸易市场开放的利益时，能够与其他成员的服务和服务提供者处于同等的竞争条件。

（2）透明原则

GATS 第 3 条规定："除紧急情况外，每一成员应迅速公布有关或影响本协定运用的所有普遍适用的措施，最迟应在此类措施生效之时。一成员为签署方的有关或影响服务贸易的国际协定也应予以公布。"

（3）发展中国家更多参与原则

GATS 第 4 条第 1 款规定："通过发展中国家国内服务业力量的加强以促进发展中国家国内服务业的效率和竞争力的提高，特别是在通过引进商业性技术方面，在促进销售渠道和信息网络的改善方面，对各部门市场准入的自由化及对发展中国家有利提供服务出口的方式方面"，促使发展中国家更多地参与国际服务贸易。

（4）市场准入原则

GATS 第 16 条第 1 款规定："在有关通过本协议第 1 条所认定的服务提供方式的市场准入方面，每一成员方给予其他成员方的服务和服务提供者的待遇，应不低于根据其承担义务计划中所同意和规定的期限、限制和条件。"同时还具体作出了若干规定措施。

（5）国民待遇原则

GATS 第 17 条第 1 款规定："每一成员方应在其承担义务计划表所列的部门中，依照表内所述的各种条件和资格，给予其他成员方的服务和服务提供者的待遇，就影响服务提供的所有规定来说，不应低于给予其本国相同的服务和服务提供者。"

（6）逐步自由化原则

逐步自由化原则，一是要求所有成员方应就使服务贸易自由化逐步达到较高水平问题进行连续多轮谈判，以提高进入市场的有效性并减少不利影响；二是要给发展中国家更多的灵活性，自由化进程要取决于各成员方相应的国家政策目标及各成员方包括它的整体和个别服务部门的发展水平。

中国作为 WTO 的成员国，其服务市场的运行不能不受到 GATS 的制约，中国服务市场不能不将上述原则引以为机制，并逐步融入国际服务市场系统。

3.2　服务竞争战略

一般而言，成本领先战略、差异化战略、集中化战略是被时间所反复检验的 3 种较为成功的服务竞争战略。选择合适的竞争战略是服务企业战略管理者面对市场所作的战略性回应。

3.2.1 成本领先战略

1. 成本领先战略的含义

随着顾客对质量价格比的日益关注，低成本成为服务竞争的有力武器。成本领先战略也成为最直白、最具攻击性的竞争战略。成本领先战略是一种内涵积累式战略，其内容是：通过降低成本，使成本低于竞争对手，以便可以在行业中赢得成本领先的优势，并获得高于行业平均水平的收益。成本领先战略体现了市场经济优胜劣汰的机制，推动了所处行业的革命性进步。

2. 实现成本领先战略的条件

实现成本领先战略必须具备3个基本前提条件：服务产品的品质相同，企业资金实力雄厚，服务功能相同。

3. 实施成本领先战略的措施

实施成本领先战略可以采取以下措施：调整企业资产结构和服务产品结构；压缩费用，减少支出；改善分销渠道和促销措施；在高成本、劳动密集型的工作中实现自动化。

4. 实现成本领先战略的方法

采用以下方法可以取得低成本领导者的地位。

（1）寻找低端目标顾客

有些客户的经营成本低，可以成为服务提供者的目标客户。一是市场上存在寻找简单的低价服务的潜在顾客；二是对于同一服务，施加于某类顾客要比施加于其他顾客花费更少。例如美国联合服务汽车协会在汽车保险中占据显著的位置，原因在于它只向军队的军官提供承保服务，这些客户的风险低于平均水准，因而保费支出较少，而且他们习惯通过电话或信函来交易，因此美国的这家公司可以通过电话或信函工作，因而削减了巨额的销售费用。在保险行业，这部分费用所占的比例通常是比较高的。

（2）寻找标准化客户

推广企业服务的"日常性""通用化""标准化"和"高效性"的概念将使服务需求走向标准化。可用简单重复的劳动产生经验曲线效应，从而大大降低了成本。如目前的电信业，通过程控交换机几乎做到了完全流水线生产，服务过程不仅没有专业人员，而且几乎无须服务人员参与。许多专业性法律服务、家庭健康保健服务都可以将常规服务标准化，以维持低成本。

（3）降低服务人力成本

人力资源成本是可变成本，只有固定成本才能随销售扩大实现摊薄。应该把资本用于购买先进设备以提高效率和稳定性，如购买自动服务机械延长服务时间提高便利性，从而获得更多市场份额，降低平均成本。例如自动取款机（ATM），可以为客户提供便捷的服务，减少了服务过程中客户与服务人员之间的接触，从而降低了银行的交易成本。

（4）降低通路成本

服务企业在营运之初，需要建立一个连接服务提供者和顾客的通路，建立和维护这一通路需要高额的成本。沃尔玛采用一种独特的方法来降低通路成本。它的通路不是在任何两个城市之间建立联系，而是设立一个中心城市，采用先进的分拣技术在多个城市与中心城市之间建立联系。这样，如果新引入一个城市，只需要增加一条从该城市到中心城市的线路，而不是在每两个城市之间增加一条线路，从而大大降低了物流成本。

（5）使服务营运非现场化

许多服务具有现场性特点，例如看病和乘客运输只有客户在场的情况下才能完成这一服务。但对于有些服务，客户不必在场服务交易就可以完成，实现服务营运非现场化。例如电子商务，可以在网上接受预订机票等服务，如此一来就可以扩大经营规模，显著降低成本。

3.2.2　差异化战略

1. 差异化战略的含义

差异化战略的核心在于使客户感到接受的服务是独一无二的。创造一种与众不同的服务消费感受。差异化有很多载体，包括形象、商标、技术、特色、客户服务、交易通路、规模等。差异化战略不能忽视成本，是基于目标顾客可承受成本分析的战略选择，其目的在于明确细分市场，吸引目标顾客，建立客户忠诚度。

2. 差异化战略的实现

（1）使无形服务有形化

服务本质上是无形的，而且不能给客户留下一些有形的提示物。服务的无形化通常会使服务记忆随服务感受的消逝而淡忘，而有形产品却由于其空间上的有形性时常使人们回忆起使用这个产品带来的效用。例如有些旅店为客户提供一些梳洗用具，上面标有旅店的标志；有的服务公司的人员在上门服务时身穿印有公司标志的工作服，既体现其专业性，又让顾客了解公司。

（2）个性化服务

企业尽力满足顾客特殊要求的个性化策略可以用低成本来赢得顾客满意。能记住顾客姓名的职业经理，会使客人觉得受到了尊重，这些突出人性化的策略能使企业在消费者心中确立与众不同的感受定位，而这正是良好口碑产生的源泉。例如美国汉堡王速食店提供现场制作的汉堡，就是想通过个性化以区别于麦当劳标准化备货服务模式。

（3）降低风险策略

服务的感知风险远高于有形产品，这是因为服务产品的无形性、专业性和复杂性。如果顾客缺乏对消费服务的知识，就会担心或有风险的感觉，影响顾客对企业的忠诚度。这就是为什么愿意与病人探讨病因、病情和治疗方案的大夫，愿意花时间讲解电路和机械原理的汽车修理人员都会有更多的顾客。顾客愿意为这种"安心感"而额外付费。

（4）关注员工培训

投资于员工培训，可以提高服务品质，而这一竞争优势很难复制和模仿。主要有3个方面。①员工形象差异化。通过内部标准化、外部差异化树立一种独特的视觉差异形象；②人员服务差异化。本企业服务人员在专业技术、知识水平、服务态度方面的优异会被顾客感知为企业整体服务水平高超；③员工培训差异化。卓越的人事开发、人员培训计划是企业质量持续提高的保证，也是难以超越的竞争优势。

（5）高质量策略

高质量对服务企业而言可以体现在自动化程度、员工专业素质和文化层次、程序的清晰度、服务范围的专一性、同事合作的熟练程度等方面。高质量策略可以通过控制顾客感受，使顾客满意于获悉的感知质量来实现。比如在设施一般的场所提供专业周到的服务远比单纯提高质量要节省大量的投入。

 小资料

妮维雅通过建立差异点联想（如"温和""保护性""呵护备至"），在护肤霜产品类别中成为市场的领导者。在将其品牌资产延伸到体味清新剂、洗发液、化妆品等产品大类时，公司发现在建立差异点联想时，有必要先建立品类共同点联想。如果消费者并不认为妮维雅的体味清新剂非常有效，不认为妮维雅的洗发液使头发更美丽，也不认为妮维雅的化妆品色彩丰富，那么它原有的"温和""保护性""呵护备至"的差异点就不能起作用。一旦妮维雅建立起共同点联想，就可以逐步引入传统特色以及其他联想作为其共同点。

3.2.3 集中化战略

集中化战略认为满足客户的特定需求，可以更好地服务目标市场。目标市场可以是一个特定的购买群体，也可以是某一特定的市场区域，或者是某一特定区域的市场。集中化战略建立在以下的假设之上：服务于一个较窄目标市场的企业，比致力于服务较宽市场的企业更有效率。在较窄的目标市场上，企业可以更加满足客户需求和提供更低的价格，以达到差异化的目的。

集中化战略实际上是成本领先战略和差异化战略在某一个市场区域中的具体表现。

3.2.4 3种战略之间的关系

前面介绍了3种一般性竞争战略，并且假定一家企业只采用一种战略。但在实际运用中，许多企业同时采用3种战略。需要注意的是，无论是出于竞争的需要，还是为了迅速增长，多种战略同时并用容易导致市场不集中或失控。采用多种服务或多种市场区隔的典型例子是旅店。旅店同时为许多客户提供服务，这些客户包括：经常性客人、旅行团客人、会议型客人、大型酒会客人、只吃饭的客人和只在酒吧消费的客人。所有的客人都要用旅店的设施进行消费，他们可能地理区域相同，但往来的频度和寻求的利益不相同，需要服务的复杂程度和市场组合也不相同。对旅店而言，对不同客户的服务也变得复杂起来。价格也很复杂，要想对所有的客户有吸引力而同时又不损害旅店的整体形象是很困难的。同时，保证服务品质也很困难，每一类客户有不同的要求和期望，而旅店提供服务的可变性非常有限。尽管经常性客人与会议或团体客人的要求不一样，但他们得到的服务可能是一样的。

基于以上考虑，有的公司决定缩小服务范围，只提供特定服务，以适应不同的市场区隔。麦当劳就采用了这种方法，它提供标准化的服务，简化了对客户的区分，事实上，在麦当劳也无法划分出不同的空间供不同的客户享用。

3.3 服务产品生命周期与战略

　　每种产品都有自己从无到有、自盛而衰的演进过程。营销学家形象地称其为产品生命周期。产品生命周期是指产品从进入市场到退出市场所经历的市场生命循环过程。产品只有经过研究开发、试销，然后进入市场，它的市场生命周期才算开始。产品退出市场，标志着生命周期的结束。在现代市场经济条件下，企业不能只埋头生产和销售现有产品，而必须随着产品生命周期的发展变化，灵活调整市场产品战略，并且重视新产品开发，及时用新产品代替衰退的老产品。

　　由于新服务在诞生之后的各阶段会遇到不同的机遇和挑战，所以在各阶段服务的成长速度和生产规模也不相同。典型的服务生命周期曲线呈现S形，所以又称为S形周期曲线。典型的服务产品生命周期一般可分为4个阶段，即介绍期（或引入期）、成长期、成熟期和衰退期（图3-1）。

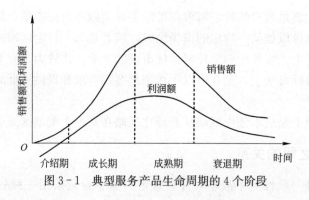

图3-1　典型服务产品生命周期的4个阶段

　　从这一模式中得到的主要结论是：第一，管理者必须开发新产品以弥补"缺口"并维持营业额和利润的增长；第二，生命周期的每一阶段，对产品战略和利润潜量而言，都可说提供了显著的机会和值得研究的问题。

3.3.1　介绍期

1. 服务产品介绍期

　　服务产品生命周期始于新服务的上市。介绍期的长短取决于使消费者认识新服务并消除主观上的购买风险的时间。与其他阶段相比，介绍期销售量小，上升也很慢，但为了市场推广，企业不得不承担高昂的推销成本，所以收益率极低，甚至处于盈亏平衡点以下。进入介绍期产品的市场特点是：顾客少，促销费用高，服务成本高，销售利润常常很低甚至为负值。在这一阶段，支付费用的目的是要建立完善的分销渠道。促销活动的主要目的是介绍产品，吸引消费者试用。

2. 服务产品介绍期战略

　　最经济的服务推广战略是筛选一些最可能对新服务产生兴趣的潜在顾客，直接与他们沟通，优先向他们推销（如通过以往的顾客资料等）。通过他们的积极反应和良好的口碑去引起市场关注。

最常见的介绍期产品战略是采用中低价结合大力度促销的快速渗透战略。面对不熟悉的服务，低价是降低感受上的购买风险的最好方法。这种战略在市场广阔、价格敏感、潜在竞争者众多的市场环境中尤为适用。

在产品的介绍期，一般可由价格、促销、地点等因素组合成各种不同的市场竞争战略。若仅考察促销和价格两个因素，则至少有以下 4 种战略。

① 快速撇脂战略。这种战略采用高价格、高促销费用，以求迅速取得较高的市场占有率。采取这种战略必须有一定的市场环境，如大多数潜在消费者还不了解这种服务；已经了解这种新服务的人急于需要，并且愿意按价购买；企业面临潜在竞争者的威胁。在这些情况下，应该迅速使消费者建立对自己产品的偏好。

② 缓慢撇脂战略。以高价格、低促销费用的形式进行经营，以求得到更多的利润。这种战略可以在市场比较小，市场上大多数的消费者已熟悉该新服务，购买者愿意出高价，潜在竞争威胁不大的市场环境下使用。

③ 快速渗透战略。实行低价格、高促销费用的战略，迅速打入市场，取得尽可能高的市场占有率。在市场容量很大，消费者对这种产品不熟悉，但对价格非常敏感，潜在竞争激烈，企业随着规模的扩大可以降低单位成本的情况下适合采用这种战略。

④ 缓慢渗透战略。以低价格、低促销费用来推出新服务。这种战略适用于市场容量很大，消费者熟悉这种产品但对价格反应敏感，并且存在潜在竞争者的市场环境。

 小资料

美国西南航空公司（Southwest Airlines）以低廉的票价和省却了不必要的服务闻名于世。飞机上的座位都一样，机上也没有电影和餐食供应。西南航空很早就知道不能仅仅依靠价格来实现差异化，因为竞争者很容易以低价杀过来。为了创造顾客忠诚，公司试图让顾客体验一种独特的飞行感觉。早期航班以飞机兔子（Jet Bunnies）著名——身着紧身短裤和戈戈靴的航班服务员，提供名为"爱情食物"（Love Potions）的饮料和以"缘来就是你"（Love Bites）冠名的快餐。此外，飞行员和客舱服务人员在飞行通告时，被告知以笑容和轻快的风格娱乐乘客。

以载客量上计算，西南航空已经成为美国第二大航空公司，并且以仅有的低价航线获取长期成功。凭借提供低成本、方便和友好的旅行服务，西南航空吸引了众多乘客，在成立的 1969 年就开始盈利，并在其后几年内取得了不朽的辉煌业绩。

3.3.2　成长期

1. 服务产品成长期

如果最初的购买者保持忠诚，新的购买者在促销和口碑的带动下尝试购买，那么服务需求开始膨胀，生产和流通成本会随销售量激增而摊薄，收益率进入快速上升的通道，于是服务进入了成长期。进入成长期以后，老顾客重复购买，并且带来了新的顾客，销售量激增，企业利润迅速增长，在这一阶段利润达到高峰。随着销售量的增大，企业生产规模也逐步扩大，成本逐步降低，新的竞争者会投入竞争。随着竞争的加剧，新的产品特性开始出现，产品市场开始细分，分销渠道增加。企业为维持市场的继续成长，需要保持或稍微增加促销费用，但由于销量增加，平均促销费用有所下降。此时常用的竞争战略是尽可能扩大服务的网点数量，使顾客更容易进入服务；并可通过增加附加服务成分、改善服务质量或全新的促销宣传来创造竞争优势，吸引更多顾客。成长期的战略目标在于扩大市场份额。为此付出的成本会由不断提升的收益率和销售量加以保证。在成长期末期，该服务商的市场地位会相对稳定下来。

2. 服务产品成长期战略

针对成长期的特点，企业为维持其市场增长率，延长过去最大利润的时间，可以采取以下几种战略。

① 改善产品品质。如增加新的功能，改变服务方式等。对已有的服务进行改进，可以提高其竞争能力，满足顾客更广泛的需求，吸引更多的顾客。

② 寻找新的子市场。通过市场细分，找到新的尚未满足的子市场，根据其需要组织生产，迅速进入这一新的市场。

③ 改变广告宣传的重点。把广告宣传的重心从介绍产品转到建立产品形象上来，树立产品名牌，维系老顾客，吸引新顾客，使产品形象深入顾客心中。

④ 在适当的时机，可以采取降价战略，以激发那些对价格比较敏感的消费者产生购买动机和采取购买行动。

3.3.3 成熟期

1. 服务产品成熟期

当服务被众多服务商所模仿，促销战、价格战此起彼伏之时，服务开始进入成熟期。此时稳定的市场份额会给企业带来巨大的销售利润，但收益率经历最高点之后开始走下坡路。为维持市场份额，企业不得不降价。至此，服务商中的强者开始把赢取的利润用于新一轮次的服务创新，而弱者开始不得不退出市场。

2. 服务产品成熟期战略

在成熟期，只能采取主动出击的战略，使成熟期延长，或使产品生命周期出现再循环。为此，可以采取以下 3 种战略。

① 调整市场。这种战略不是要调整产品本身，而是发现产品的新用途或改变推销方式等，以扩大产品销售量。

② 调整服务。这种战略是通过产品自身的调整来满足顾客的不同需要，吸引有不同需求的顾客。整体产品概念的任何一层次的调整都可视为产品在调整。

③ 调整市场营销组合。即通过对产品、定价、渠道、促销 4 个市场营销组合因素加以综合调整，刺激销售量的回升。例如，在提高产品质量、改变服务方式、增加服务种类的同时，通过特价、早期购买折扣、补贴运费、延期付款等方法来降价让利；扩展分销渠道，广设分销网点，调整广告媒体阻隔，变换广告时间和频率，增加人员推销，搞好公共关系等，从而进行市场渗透，扩大企业及产品的影响，争取更多的顾客。

3.3.4 衰退期

1. 服务产品衰退期

在成熟期，产品的销售量从缓慢增加达到顶峰后，会发展为缓慢下降。在一般情况下，如果销售量的下降速度开始加剧，利润水平很低，就可以认为这种产品已进入生命周期的衰退期。进入衰退期，服务销售量开始下降，这来自消费者消费偏好的转移，服务技术的过时，以及竞争对手的新服务的推出等。不过销售量的下降是缓慢的，因为：首先，服务商可以节约大量的促销费用以压缩成本，在保证销售处于盈亏平衡点之上的前提下全面降价，以继续获取最后的利润，为推出新服务蓄积能量；其次，处于没落阶段的老服务的成本与其成功推出的新服务的综合成本相比尚有优势，那些不愿意承担购买风险的保守型顾客仍是老服务的目标市场；同时收益率的下降几乎立竿见影，边际利润很快就会小得可怜，不改变经营思想只能走向消亡。

2. 服务产品衰退期战略

应当对处于衰退期的服务市场有一个全新的认识。一个需求进入衰退期的细分市场并不等于没有市场容量，但这部分市场容量只属于那些具备出奇制胜的产品战略和巧妙控制成本收益的经营战略的服务企业。因此，面对处于衰退期的产品，企业需要进行认真研究分析，决定采取什么战略，在什么时间退出市场。通常有以下几种战略可供选择。

① 继续战略。继续沿用过去的战略，仍按照原来的子市场，使用相同的分销渠道、定价及促销方式，直到这种服务完全退出市场为止。

② 集中战略。把企业能力和资源集中在最有利的子市场和分销渠道上，从中获得利润。这样有利于缩短产品退出市场的时间，同时又能为企业创造更多的利润。

③ 收缩战略。大幅度降低促销水平，尽量降低促销费用，以增加目前的利润。这样可能加快产品在市场上的衰退，但也能从忠于这种产品的顾客中得到利润。

④ 放弃战略。对于衰退比较迅速的产品，应该当机立断，放弃经营。可以采取完全放弃的形式，如把产品完全转移出去或立即停止生产；也可采取逐步放弃的方式，使其所占用的资源逐步转向其他的产品。

3.4 服务产品营销战略

3.4.1 服务产品营销特征

从前面的学习中，我们可以了解到有形商品与服务之间存在一种内在的区别，而且对于服务提供商来说，这种区别又形成了独特的，或至少是不同的管理挑战。这些区别及其相应的含义见表 3-1。

表 3-1　有形商品与服务的区别及其相应含义

有形商品	服　务	相应的含义
有　形	无　形	服务不可储存 服务不能申请专利 服务不容易进行展示或沟通 难以定价
标 准 化	异 质 性	服务的提供与顾客的满意取决于员工的行动 服务质量取决于许多不可控因素 无法确知提供的服务是否与计划或宣传相符
生产与消费相分离	生产与消费同时进行	顾客参与并影响交易 顾客之间相互影响 员工影响服务的结果 分权可能是必要的 难以进行大规模生产
可 储 存	易 逝 性	服务的供应和需求难以同步进行 服务不能退货或转售

1. 服务产品无形性营销含义

服务产品无形性营销含义显示了以下营销挑战。

① 服务不能储存，因此很难管理需求的波动。例如，2 月份对凤凰（Phoenix）旅游度假宾馆的房间有巨大的需求，但在 7 月份却极少，而店主所拥有的房间数目在一年内却是相同的。

② 服务不能依法申请专利，因此新的服务概念可以轻易地被竞争对手模仿。

③ 服务不容易向顾客展示或轻易地沟通交流，因此顾客难以评估其质量。如同定价一样，在广告及其他促销方式中应包括什么内容的决策也是具有挑战性的。"一个单位服务"的实际成本难以确定，价格与质量的关系也非常复杂。

2. 服务产品异质性营销含义

由于服务因时间、组织和个人的不同而具有异质性，因而确保一致的服务质量是一个重要问题。实际上，质量受服务提供者不能完全控制的许多因素影响，例如顾客对所接受的服务需要清楚表达的能力、员工满足这些需要的能力和意愿、其他顾客的到来（或没有其他顾客），以及对服务需求的程度。由于这些复杂的因素，服务经理无法确知服务是否按原来计划和宣传的那样提供给顾客。有时，服务可能会由第三方提供，从而会加大服务的异质性。

3. 服务产品生产与消费同步性营销含义

由于服务通常是生产和消费同时进行的，因而大规模生产即使可能，也很困难。服务质量和顾客满意度将在很大程度上依赖"真实瞬间"（见 6.1 节有关问题）发生的情况，包括员工的行为、员工和顾客之间的相互作用。类似的，通常也不太可能通过集中化来获得显著的规模经济效益。一般来说，生产运作需要相对分散一些，以便可以直接把服务提供到顾客便利的地点。另外，由于消费与生产的同步性、顾客可以加入到生产过程中并且能观察生产过程，因此，他们对服务交易的结果可能会有影响（积极或消极的）。在一个互相关联的系统里，"问题顾客"（那些扰乱服务流程的人）会在服务实现的过程中给他们自己或其他人带来麻烦，并使得顾客满意度下降。例如，一家宾馆里，一位过度饮酒而喝醉的老顾客需要服务提供者进行格外的关照，结果对其他顾客的体验产生负面影响。

4. 服务产品易逝性营销含义

在服务易逝性方面，营销人员面临的一个基本问题是服务不可储存，因而为充分利用生产能力而进行需求预测，并制定有创造性的计划就成为重要的和富于挑战性的决策问题。服务一般不能被退回或重售的事实也表明必须制定有利的补救战略，以防差错的出现。例如，尽管差劲的理发不能退回，但理发师却可以换掉，而且应该在这类问题发生时有恢复顾客信誉的战略。

5. 服务市场营销同产品市场营销的差异

前面已经指出，服务具有无形性、异质性、生产与消费的同步性和易逝性等基本特征。这些特征决定了服务市场营销同产品市场营销有着本质的不同，具体表现为以下几个方面。

① 产品特点不同。如果说有形产品是一个物体或一样东西的话，服务则表现为一种行为、绩效或努力。

② 顾客对生产过程的参与。由于顾客直接参与生产过程，如何管理顾客成为服务营销管理的一个重要内容。

③ 人是产品的一部分。服务的过程是顾客同服务提供者广泛接触的过程，服务绩效的好坏不仅取决于服务提供者的素质，也与顾客的行为密切相关。

④ 质量控制问题。由于人是服务的一部分，服务的质量，很难像有形产品那样用统一的质量标准来衡量，因而其缺点和不足也就不易发现和改进。

⑤ 产品无法储存。由于服务的无形性及生产与消费的同时进行，使得服务具有不可储存的特性。

⑥ 时间因素的重要性。在服务市场上，既然服务生产和消费过程是由顾客同服务提供者面对面进行的，服务的供应就必须及时、快捷，以缩短顾客等候服务的时间。

⑦ 分销渠道不同。服务企业不像生产企业那样通过物流渠道把产品从工厂运送到顾客手里，而是借助电子渠道（如广播）或是把生产、零售和消费的地点连在一起来提供产品。

 小资料

香江得福酒店是香港人在海口投资的一家餐厅，在餐饮方面档次较高。该酒店将其整体的差异化定位在"饮食文化"上。顾客到香江得福不仅能享受到高品位且风格独特的菜肴，更重要的是在这里能享受到高雅文化的陶冶。

当顾客步入香江得福时，要通过一个长廊，这是经营者用心设计的。这个长廊前半段两旁的雕梁画栋一下就使顾客的脚步慢下来。接着长廊又把顾客带进海底世界，长廊两边是高档材料做成的透明墙，里边全部都是供人食用的鲜活的海鲜，人们在此可以欣赏到海洋世界。当顾客进入不同的就餐包厢时，仿佛又走进不同民族的博物馆，如中国厅、英国厅等。这些厅从空间布置、墙上图案，以及家具的造型、颜色都充分体现出民族的文化特色，每一件物品都是一个独立的文化典故。酒店经营正宗的粤、潮菜肴，主理师傅来自香港，每一道菜从造型到名称都是精致的艺术品，而且每一道菜的原料来源及烹饪流程，以及对人体的作用又都包含一个个精彩的故事。在席间，伴随着优雅的音乐，顾客又能欣赏到大厅中心舞台上优美的舞蹈表演……

　　"饮食文化"的定位体现在香江得福经营的每一个环节之中，因此这里每天顾客很多，香江得福在海口获得了巨大的成功。

3.4.2　服务市场营销组合

　　服务市场营销组合是服务企业依据其营销战略对营销过程中的 7 个要素变量进行配置和系统化管理的活动。营销组合是为了方便管理者控制所有变数的条件并使之系统化，因为这些变数会影响到市场交易。服务市场营销组合的形成过程，大致与其他形态的市场相似。其主要过程是：将产品分解成部分或细节组合；将各细节组合调整成为营销组合。

　　传统的营销组合包括 4P：产品（product）、价格（price）、分销渠道（place）和促销（promotion）。在任何营销教科书或营销计划中，这些因素都是核心的决策变量。一个组合的意义在于它说明所有的变量都是相关的，并在一定程度上相互依赖。另外，营销组合理念也说明，在一个既定的时间和一个既定的细分市场中，存在一个 4 种因素的最佳组合。

　　4P 营销组合在服务业中存在明显的局限性，不能指导、帮助企业解决服务产品独有的特殊营销管理难题，制定有效的市场营销策略。为了使有形产品营销组合充分适应服务市场无形产品的营销，应对其进行调整：在有形产品营销组合包括的产品、价格、分销渠道和促销 4 要素的基础上增加人（people）、有形展示（physical evidence）、过程（process）3 个要素。这样服务市场营销组合要素应为 7P，见表 3-2。

表 3-2　服务市场的营销组合要素

要　　素	内　　　容					
产品	实体商品特性	质量水平	附属产品	服务项目	售后服务	品牌名称
价格	价格水平	灵活性	期限	区别对待	折扣	折让
分销渠道	渠道类型	管理渠道	所在地	运输	中间商	商品陈列
促销	销售人员	广告类型	宣传	公共关系	媒介类型	培训
人	员工	招聘	团队	顾客	教育	奖励
有形展示	其他有形物	员工服装	报告	设施设置	招牌	名片
过程	顾客参与度	活动流程	标准化	政策	步骤数目	手续

1. 产品（product）

　　服务产品具有非实体性、不可感知性，因此，必须从顾客利益、服务观念、基本服务组合、服务递送体系 4 个层次来理解"服务产品"概念。顾客利益是指顾客从服务中得到的利益和好处；服务观念是服务企业基于顾客追求而提供的普遍化利益，主要回答企业从事的是什么样的服务业务及企业所提供的服务满足顾客什么样的特定需求和欲望；基本服务组合是指能够满足顾客或目标市场需求的一系列服务，包括核心服务、便利服务和辅助服务 3 个方面；服务递送体系包括服务产品生产和消费的全过程中的各个环节。在服务产品要素中，企业必须考虑提供服务的范围、质量、水平、品牌保证及售后服务等。服务产品的这些要素组合的差异很大，例如一家供应数样菜品的小餐馆和一家供应各式大餐的五星级大饭店的要素组合就存在着明显的差异。

2. 价格（price）

在服务价格要素中，要考虑的要素包括价格水平、折让和佣金、付款方式和信用等。在定价方面，各种有关有形产品定价的概念和方法均适用于服务产品定价。按照价格理论，影响服务产品定价的价格因素主要是成本、需求和竞争。不过，在确定服务产品价格时必须同服务的基本特征联系起来，主要考虑以下几点。

① 服务的无形性特征会使得服务产品的定价远比有形产品的定价更为困难。

② 服务的不可储存性及服务的波动性会导致服务企业往往使用优惠价及降价等方式，以充分利用剩余的生产能力，因而边际定价政策得到普遍应用。但经常使用这种定价方式，往往会加强顾客的期待心理，他们可能故意不消费某种服务，因为他们预期以后必然会降价。为了防止产生这种现象，服务企业就须给予提前订购服务的顾客以优待性特价。

③ 顾客往往可以推迟或暂缓消费某些服务，他们甚至可以自己来实现某些服务的内容，这将导致服务卖主之间更激烈的竞争。如果服务是同质的，那么价格竞争就可能更激烈，因此突出服务特色是避免价格竞争的有效手段。

④ 服务与提供服务者的不可分开性，会使服务受地理因素或时间的限制。同样，消费者也只能在一定时间和区域内才能接受到服务，这种限制不仅加剧了企业之间的竞争，而且直接影响其定价水平。

⑤ 服务产品的不可感知性往往使顾客根据服务的价格来识别某项服务并感受其价值的高低，因此价格与质量间的相互关系，也是服务定价应重点考虑的因素。

3. 分销渠道（place）

提供服务者的所在地及其地缘的可达性是影响服务市场营销效益的重要因素，是服务分销要考虑的首要要素。地缘的可达性不仅是指实物上的，还包括传导和接触等其他方式。分销渠道的类型及其涵盖的地区范围都与服务可达性密切相关。普遍的观念是，服务分销以直销最普遍，而且渠道很短。直销在某些服务市场很常见，但有许多服务业的分销渠道包括一个或几个以上的中介机构。服务业市场的中介机构形式很多，常见的有代理、代销、经纪、批发商和零售商等。

4. 促销（promotion）

服务促销与有形产品促销一样，包括广告、人员推销、销售促进、宣传、公关等各种市场营销沟通方式。但也必须重视服务促销与有形产品促销之间由于服务行业、服务本身特征所造成的差异。

5. 人（people）

人的要素包括两个方面的内容，即服务公司的员工和接受服务的顾客。

（1）服务人员

服务人员在所有服务业公司中都相当重要，尤其是在没有实物产品作为证物的情况下，顾客就只能从员工的举动和态度中获得公司的印象。服务人员的态度对服务质量会产生很大的影响。如果服务人员态度冷淡或粗鲁，就等于破坏了为吸引顾客而做的所有营销工作；如果他们态度友善和温和，则可提高顾客的满意度和忠诚度。同样，服务人员的各种不同表现，对于所提供服务的质量也有重要的影响。因此，服务营销管理应该涉及对服务人员工作态度和工作表现的管理，要认真挑选并训练服务人员，积极开展内部营销，培养员工的顾客意识与营销意识，制定科学完整的服务程序与标准，确保服务行为的一致性，并努力做到使服务人员的外观（服饰、发型、身高、年龄）等一致化，积极采用推广机械化、自动化的服务产销方式，尽量降低顾客和服务人员之间的接触度，建立服务员工行为规范与标准，并加强对服务人员的考核控制，确保服务人员有良好的工作态度和工作表现。

（2）顾客

在服务营销中，顾客本身不仅是服务的使用者、生产者，而且还拥有使其他顾客成为服务的使用者和生产者的一种影响力，因此对服务公司的营销活动产生影响的另一种因素是顾客间的关系。一位顾客对某项服务质量的感受，很可能会受其他顾客的影响，这与受服务公司员工的影响，在道理上是一样的。顾客总会与其他顾客谈到服务公司，或者当一群顾客同时接受一项服务时，对服务的满足感往往是由其他顾客的行为间接决定的。因此，企业应高度重视与顾客的关系，积极开展关系营销，建立企业与顾客间的长期关系，努力创造企业真正的顾客。

综上所述，服务企业为了向顾客提供更具价值和竞争优势的服务，必须高度重视服务人员的甄选、训练、激励和控制，必须注意在顾客间相互影响方面的质量控制。

6. 有形展示（physical evidence）

著名市场营销学家萧斯塔克指出"一种物质产品可以自我展示，但服务却不可能"。在产品营销过程中，企业通常借助产品本身来推广自己的产品。然而，服务产品却具有"不可感知性"的特征，它本身就是抽象的、不可触及的，无法再用另外一种无形的概念来赋予服务产品以某种特殊意义或形象。这就给企业有效推广服务产品带来了困难；如何使这种看不见又摸不着的产品尽可能实体化，能让顾客感知得到并获得一个初步印象？根据环境心理学理论，顾客利用感官对服务产品质量和服务企业形象进行认识和评价。比如，一位初次光顾某家餐馆的顾客，在走进餐馆之前，餐馆的外表、门口的招牌等已经使他有了一个初步印象。如果印象尚好的话，他会径直走进去，而这时餐馆内部的装修、桌面的干净程度及服务员的礼仪形象等将直接决定他是否会真的在此用餐。这个例子表明，对于服务企业来说，借助服务过程的各种有形要素必定有助于有效地推销其服务产品。有鉴于此，学者们提出了采用"有形展示"策略，若善于管理和利用，可帮助顾客感觉服务产品的特点及提高享用服务时所获得的利益，有助于建立服务产品和服务企业的形象，支持有关营销策略的推广；反之，若不善于管理和利用，则它们可能会传达错误的信息给予顾客，影响顾客对产品的期望与判断，进而破坏服务产品及企业形象。

（1）有形展示的类型

在产品营销中，有形展示基本上就是产品本身。而在服务营销中，有形展示的范围十分广泛，一切可传达服务特色和优点的有形组成部分都可视为有形展示。从不同的角度可对有形展示作不同的分类。根据有形展示能否被顾客拥有可将其分为边缘展示和核心展示两类。边缘展示是指顾客在购买过程能够实际拥有的展示。这类展示很少或根本没有什么价值，比如电影院的入场券，它只是一种使观众接受服务的凭证。核心展示与边缘展示不同，在购买和享用服务的过程中不能为顾客所拥有。但核心展示却比边缘展示更重要，因为在大多数情况下，只有当这些核心展示符合顾客需求时，顾客才会作出购买决定。例如，宾馆的级别、银行的形象、电影院的装修、出租车的牌子等，都是顾客在购买这些服务时首先要考虑的核心展示。

根据有形展示的构成要素划分，有形展示主要表现为 3 种类型，即物质环境、信息沟通和价格。其中的物质环境包括周围因素、设计因素和社会因素。周围因素通常被顾客认为是构成服务产品内涵的必要组成部分。它们的存在并不会使顾客感到格外的兴奋和惊喜，但是，如果失去这些因素或者这些因素达不到顾客的期望，就会削弱顾客对服务的信心，迫使其采取别的措施。设计因素被用于改善服务产品的包装，使产品的功能更为明显和突出，以建立有形的、赏心悦目的产品形象。设计因素可分为美学因素（如建筑风格、色彩）和功能因素（如陈设、舒适）；它有助于培养顾客的积极感觉，且鼓励其采取接近行为，有较大的竞争潜力。社会因素是指服务场所内参与及影响服务产品生产的人，包括服务员和其他在服务场所同时出现的各类人员。他们的言谈举止皆可影响顾客对服务质量的期望与判断。信息沟通是另一种服务展示形式，这些信息来自公司本身及其他引人注意的地方，他们通过多种媒体转播，展示了服务，使其更好或更差。从赞扬性评论到广告，从顾客口头传播到公司标记，这些不同形式的信息沟通都传送了有关服务的线索，它们可能增强公司的营销策略效果，也可能存在营销效果并不是非常明显的情况。与物质环境、信息沟通一样，价格也传递有关服务的线索。价格能展示"空洞"的服务，也能展示"饱满"的服务；价格能培养顾客对产品的信任，同样也能降低这种信任；价格可以提高人们的期望，也能降低这些期望。可见，价格也是一种对服务的展示。

（2）有形展示的作用

有形展示作为服务企业实现其产品有形化、具体化的一种手段，在服务营销过程中的作用主要表现在以下几方面：通过感官刺激，让顾客感受到服务给自己带来的好处；引导顾客对服务产品产生合理的期望；影响顾客对服务产品的第一印象；促使顾客对服务质量产生"优质"的感觉；帮助顾客识别服务企业及其产品的形象并改变顾客对企业及产品形象的认识；协助培训服务员工。

（3）有形展示的管理

如上所述，服务产品具有不可感知的特性。而对"不可感知"则可以从两个方面理解：一是指服务产品不可触及，即看得见摸不着；二是指服务产品无法界定，难以从心理上进行把握。因此，服务企业要想克服市场营销方面的难题，采用有形展示策略，也就应以这两个方面为出发点，一方面使服务有形化，另一方面使服务易于从心理上进行把握。使服务有形化就是使服务的内涵尽可能地附着在某些实物上，正如一句广告词所描写的那样："好吃看得见"。服务有形化的典型例子是银行信用卡。虽然信用卡本身没有什么价值，但它显然代表着银行为顾客所提供的各种服务，达到只要"一卡在手，便可世界通行"。除了使服务有形化之外，服务企业还应考虑如何使服务更容易地为顾客所把握。通常有两个原则需要遵循。

① 把服务同易于让顾客接受的有形物体联系起来。由于服务产品的本质是通过有形展示表现出来的，所以，有形展示越容易理解，则服务就越容易为顾客所接受。运用此种方式时要注意两点。第一，使用的有形物体必须是顾客视为很重要，并且也是他们在该项服务中所寻求的一部分。如果所用的各种实物都是顾客不重视的，则往往产生适得其反的效果。第二，必须确保这些有形实物所暗示的承诺，在服务被使用的时候能够被兑现，也就是说各种产品的质量，必须与承诺中所阐明的名实相符。如果以上的条件不能做到，那么所创造出来

的有形物体与服务之间的连接，必然是毫无意义的和具有损害性的连接。

②把重点放在发展和维护企业同顾客的关系上。使用有形展示的最终目的是建立企业同顾客之间的长久关系。接受服务产品的顾客，通常都被鼓励去寻找和认同服务企业中的某一个人或某一群人，而不是认同于服务本身。因此，服务提供者的作用很重要，他们直接与顾客打交道，不仅其衣着打扮、言谈举止影响着顾客对服务质量的认知和评价，而且他们之间的关系将直接决定顾客同整个企业关系的融洽程度。

小资料

在智利首都圣地亚哥，有一家别出心裁的餐馆，除了收款员和厨师外，其余的侍者都是训练有素的动物。当顾客走进大门时，两旁的两只鹦鹉便会用英语、西班牙语和法语说"欢迎光临"，接着一只猴子会主动地走上前来，很有礼貌地比画着，请顾客脱下帽子和大衣，随即敏捷地将衣服送到衣帽间。就座后，一只长耳狗口中叼着一本菜单，请顾客点菜。用不了多久，猴子就会把所要的食品和饮料送来，摆上餐桌。最有趣的是，在用完餐后，那只猴子会及时地一只手拿着顾客的衣帽，另一只手端着盘子，向顾客要小费。由于该餐馆待客方式新奇，因此每天顾客盈门。

7. 过程（process）

人的行为在服务企业很重要，而过程即服务的递送也同样重要。表情愉悦、专注和关切的工作人员可以减轻顾客必须排队等待服务的不耐烦的感觉，或者能平息技术上出问题时顾客的怨言或不满。服务业相关的过程形态有以下三大类。

（1）线性作业

在线性作业方式下，各项作业或活动按一定的安排顺序进行。服务是依循这个顺序而产生的，制造业中家电产品的装配线，是这种作业过程的标准形态；而在服务业，自助式餐厅是此种作业顺序的标准形态。在自助式餐厅，顾客依顺序做阶段式的移动，当然，顾客维持不动并接受一系列服务，也并非不可。线性作业的各种不同构成要素之间的相互关系，往往使整体作业会受到连接不足的限制，或甚至因此造成停顿现象，但这也是一种具有弹性的过程。过程中的工作项目，经专门化和例行化，会加快绩效效率。线性作业过程，最适合具有标准化性质，且有大量的持续性需求的服务业。

（2）订单生产

订单生产过程，是使用不同活动的组合及顺序，而制造出各式各样的服务。这类服务可以特别设计订制，以适合各种不同顾客的需要，以及提供事先预订的服务。餐馆及专业服务业，即属于订单生产过程。

（3）间歇性作业

间歇性作业是指各个服务项目独立计算，做一件算一件，或属于非经常性重复的服务。比如，各种新服务设施的建造、一个广告宣传活动的设计、一个大型电脑系统装置或制作一部大型影片等，都可说是间歇性作业。

3.4.3 服务营销战略控制

企业的市场营销战略，是指企业根据自己的市场营销目标，在特定的环境中，按照总体的策划过程所拟定的一连串行动方案。由于市场营销环境变化很快，往往会使企业制定的目标、策略、方案失去作用。因此在企业市场营销战略实施过程中必然会出现战略控制问题。战略控制是指市场营销管理者采取一系列行动，使实际市场营销工作与原规划尽可能一致，在控制中通过不断评审和信息反馈，对战略不断修正。

企业在进行战略控制时，可以运用市场营销审计这一重要工具。所谓市场营销审计，是对一个企业市场营销环境、目标、战略、组织、方法、程序和业务等做综合的、系统的、独立的和定期的检查，以便确定困难所在和各项机会，并提出行动计划的建议，改进市场营销管理效果。其实质是，在一定时期对企业全部市场营销业务进行总的效果评价。其主要特点是，不限于评价某一些问题，而是对全部活动进行评价。市场营销审计的基本内容包括市场营销环境审计、市场营销策略审计、市场营销组织审计、市场营销系统审计、市场营销生产力审计和市场营销功能审计。

案例分析

小型超市的差异化优势

随着消费升级，消费者希望能在卖场里找到更多、更有特色、更高端的商品，能在一个地方解决购物、休闲娱乐等多种需求。追求便利性和个性化的商品服务成为人们追求的新消费趋势。其次，竞争过度激烈，大卖场业态趋于饱和。最后，城市网点资源日益匮乏，选址更加困难。在这样的市场背景下，小型超市也迎来了新的发展机遇。

那么，面对大超市的天天低价，小型超市如何在夹缝中求生存呢？小型超市的差异化优势是怎样形成的呢？

1. 齐心协力——联盟＋连锁模式

上海华联超市实行连锁经营。在华联超市的1 000多家门店中，有80％是特许加盟店。华联构建了一个区域性、多功能的配送中心，构筑以上海为龙头，采用扇形辐射面、步步为营、向前推进的配送网络体系。湖南步步高超市连锁公司、山东家家悦超市公司、深圳全家乐商业发展公司、沈阳佳美跳蚤市场连锁公司、宁波三江购物俱乐部达成协议，组建全国第一个跨省采购联盟，通过统一采购、集中下订单、分化物流以及单独结算，降低采购成本。

2. 特色体验——差异化

（1）个性化、独特的商品

① 注重商品的环保健康：日本LOWSON连锁超市最近开始设立NATURALLOWSON分店，店内所售卖的商品都强调天然。蔬果类商品都注明是前一天刚收获的无农药或低农药产品，店内的果汁吧提供当场现榨果汁的服务。浙江"菜篮子"超市销售的生鲜食品实行天天检测，发现存在残留农药、对人体有害的防腐剂等，一律在不合格产品展示台曝光，这一举措让消费者更加放心在此超市购物。

② 引进新、奇、特商品：百业超市通过售卖正宗的进口商品，锁定了一批高层次的时尚消费群体。同时根据门店的特点，与一些品牌店联手合作。还引进了药店专门销售的高档滋补品。开设了西点屋，以精美而与众不同的西点产品吸引时尚一族。

③ 农超对接，卖特价新鲜蔬菜，差异化经营：东北一家小型超市现在拥有3个蔬菜基地，60多家合作农户，有专门的货车开往位于城郊的田间。

（2）便民、贴心的服务

① 按摩和剪发服务：Unkus连锁超市开始推出按摩服务专区，雇用专业按摩师，提供快速按摩服务，针对女性顾客还提供脚部保养服务。另外还有快速剪发服务。这项服务的特色是便宜、快速、无须预约、不用排队等候。

② 充值缴费等服务：有些超市提供手机的充电服务。很多社区小型超市可以为居民交电话费、煤气费、物业费等。

③ 关爱服务，打亲情牌：奥地利为老年人开办了4家超市。这些老人超市过道宽敞，地板铺设了特制防滑垫。超市还准备了放大镜，方便顾客查看价签。

（3）调整采购链，获得低价

有些超市会提供丰富低价的午餐，这些超市之所以能够提供价格低廉的食品，秘密在于改变了以往的产品采购方式。他们通过从食品生产商那里购买多余的库存食品获得价格谈判优势，还会到城郊蔬菜市场进行批发采购。

（4）全新的促销

① 节假日的特色促销活动：某超市举办端午节免费吃粽子活动，现场推出一只超过100公斤重的超级大肉粽，引来众人围观品尝，聚集不少人气。

② 姓氏结合生日促销＋优惠半小时：东莞市工业区的一家小超市每日选定一个姓氏或生日，凡是这个姓氏或生日的消费者，只需成本价就可以买到店里的任何商品。同时，每天早上8点到8点30分，米面酱醋等打折销售以吸引当地居民；每天中午12点到12点30分，部分日用品和副食品打折销售，以吸引中午休息的打工群体。

（5）独特的定位、有潜力的细分市场

① 民族定位：北京民族特色清真超市为突出清真特色，引进200余家知名企业及其品牌商品。还重点引进西北少数民族用品，以满足消费者的需求。

② 有潜力的细分市场：喜盈门超市以其毛巾、浴巾等2 000余种纯棉制品而独具特色，在这里可以买到从一元至几百元不同价位的纯棉毛巾制品，很多顾客慕名远道而来。

（6）差异化多面手

① 全能型超市：津工超市设计了五大板块的经营模式，分别是社区超市、社区厨房、社区服务、社区物流、社区养老。此项目使社区里的门店成为所有进入家庭物流链的最终站点。津工超市还利用自己的网络与制造商合作，开发一大批使用可回收包装物的商品，同时开展送货上门业务。这是一个制造商、零售商和顾客三赢的项目。

② 美国Wegmans超市：该超市提供各式熟食的堂食和外带服务，员工在超市现场准备食物，而不是由统一供应站提供。生鲜食品中心为Wegmans的经营提供了差异化卖点，为其树立了与众不同的形象，给消费者带来全新的高品质的味觉体验。Wegmans倡导"健康饮食，健康生活"，提出"家庭替代餐"的概念，即为消费者提供健康美味的预制食品。店内药房的展台展示了良好饮食和健康的联系。Wegmans在其药店附近设置了"吃得健康，活得健康"展台，向消费者提供《美食》杂志以及家庭食谱来促进商品的销售。Wegmans还有77位"美食能手"，每个门店都安排一位这样的"能手"向消费者传授健康烹调技能。

资料来源：梁新弘. 服务营销［M］. 北京：中国人民大学出版社，2014.

回答问题：

 1. 小型超市相比于大型超市有哪些天然的劣势？

 2. 结合以上案例，谈谈他们都采取了哪些战略？

 3. 这些战略在服务营销中起到了哪些作用？

本 章 习 题

一、判断题

 1. 若仅考察促销和价格两个因素，服务产品介绍期战略则有 4 种，"以高价格、低促销费用的形式进行经营，以求得到更多的利润"是"缓慢撇脂"战略的含义。 （ ）

 2. "把企业能力和资源集中在最有利的子市场和分销渠道上，从中获得利润。"这是服务产品衰退期战略"集中战略"的含义。 （ ）

 3. 服务产品生命周期的每一阶段，对营销策略和利润潜量而言，都可说提供了显著的机会和值得研究的问题。 （ ）

 4. 由于服务通常是生产和消费同时进行的，因而大规模生产即使可能，也很困难。

  （ ）

 5. 在服务价格要素中，要考虑的要素包括价格水平、折让和佣金、付款方式和信用等。在定价方面，各种有关有形产品定价的概念和方法均不能使用于服务产品定价。 （ ）

二、选择题

 1. 采取下面哪种方式可以帮助企业实现"成本领先战略"（ ）？

  A. 使无形产品有形化   B. 降低感知风险

  C. 寻找标准化的顾客   D. 将标准产品定制化

 2. 下面哪一战略是服务产品成熟期战略之一（ ）？

  A. 寻找新的子市场   B. 集中战略

  C. 调整市场   D. 快速渗透战略

 3. 针对服务产品成长期的特点，企业为维持其市场增长率，延长过去最大利润的时间，可以采取下面哪几种战略（ ）？

  A. 改善产品品质

  B. 寻找新的子市场

  C. 改变广告宣传的重点

  D. 在适当的时机，可以采取降价战略

 4. 服务市场营销组合之一的"人"的要素包括两个方面的内容，即（ ）。

  A. 竞争者   B. 相关利益者

  C. 服务公司的员工   D. 顾客

 5. 服务市场营销组合要素之一是"过程"。服务业有关的过程形态有（ ）几大类。

  A. 重复作业   B. 线性作业

  C. 订单生产   D. 间歇性作业

三、思考题

1. 对一种服务进行生命周期分析，分析各阶段的经济特征。
2. 简述各种服务竞争战略的指导思想。
3. 简述服务产品营销特征。
4. 简述服务市场营销组合。

第2篇 构建服务企业

第4章 服务传递系统设计
第5章 服务设施设计与定位

- 学习目标
- 开章案例
- 案例分析
- 本章习题

第4章

服务传递系统设计

学习目标

✓ 了解服务蓝图及其功能；
✓ 掌握服务传递系统设计的关键因素；
✓ 熟悉服务过程流程图；
✓ 理解并掌握服务系统设计的常用方法。

开章案例

日本零售商业的三大"变态"细节设计

在日本人看来，生活绝不能是粗糙的，如果你在日本生活，就会时刻随处体会到他们对细节的高度重视，可以说那是入微到了极致的一种"变态"。由于对种种细节的精益求精，所以使得日本人生活中的每一个细节都流露出精致感，这一点在日本的零售商业上同样表现得很明显。

1. 商业综合体里的厕所设计

女性厕所，近前是化妆专用台，意在分流人群，避免有人洗完手继续化妆而造成洗手池前排队。带婴儿的妈妈如厕时，可以把孩子放到靠墙的小圈椅中固定好，让孩子和妈妈面对面，孩子会有安全感。儿童厕所不仅便池、洗手池矮小，还带扶手，带孩子的妈妈不会因为小孩不会上成人厕所发愁，厕所还贴有可爱的卡通图画。

2. 便利店收银台下面有洗手台

日本的便利店数量多到难以想象，它的商品种类也在突破空间上所能容纳的上限。尽可能在最小的地方做最多且最方便人类的事，这就是日本人的最大课题。有些便利店贴心到在收银台下面都有小小的洗手台，方便顾客买了食物想吃，又苦于无处洗手。

3. 对儿童的关怀细节

日本绝对是把婴儿和孩童关怀做得最到位的一个国家，在日本，再简朴的小餐馆，哪怕只有三四张桌子，也一定会配备一两张婴儿椅。再简朴的厕所，都会在隔间里装上放婴儿的设备——考虑到妈妈独自带婴儿出来的时候，婴儿会没地方放。为带孩子的顾客准备的婴儿车和轮椅设置于大门的入口附近，下车即可利用，车旁边放着消毒纸巾，用于擦拭婴儿车，商场的休息区内还会专门划分出儿童区。

从上述三大细节上可以看出，日本人严格要求的性格在零售商业上也是体现得淋漓尽致，我们可能没必要完全照搬，但是一切为顾客考虑，一切为他人着想的服务者的自我定位，值得且需要我们学习。

资料来源：http：//www.aiweibang.com/yuedu/37539224.html.

4.1　服务蓝图

20世纪80年代美国的一些学者将工业设计、决策学、后勤学和计算机图形学等学科的有关技术应用到服务设计方面，为服务蓝图方法的发展做出了开创性的贡献。为了使服务企业了解服务过程的性质，有必要把这个过程的每个部分按步骤画出流程图，这就是服务蓝图。但是，由于服务具有无形性，较难进行沟通和说明，这不但使服务质量的评价在很大程度上依赖于我们的感觉和主观判断，更给服务设计带来了挑战。

4.1.1　服务蓝图的构成

服务蓝图是一种准确地描述服务体系的工具（图4-1），它借助流程图，将服务提供过程、员工和顾客的角色和服务的有形证据直观地展示出来，经过服务蓝图的描述，服务被合理地分解成服务提供的步骤、任务和方法，使服务提供过程中所涉及的人都能客观地理解和处理这些步骤任务和方法。更为重要的是顾客同服务人员的接触点在服务蓝图中被清晰地加以识别，从而达到控制和改进服务质量的目的。

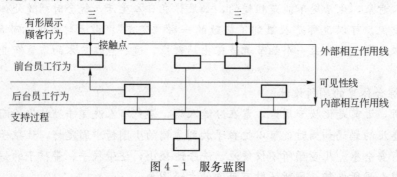

图4-1　服务蓝图

如图4-1所示，整个服务蓝图分成4个部分，分别是顾客行为、前台员工行为、后台员工行为及支持过程。图中最上面的一个部分是顾客行为，这一部分紧紧围绕着顾客在采购、消费和评价服务过程中所采用的技术和评价标准展开。第二部分是前台员工行为，这部分则紧紧围绕前台员工与顾客的相互关系展开。第三部分是后台员工行为，它围绕支持前台员工的活动展开。最后一部分是服务的支持过程，这一部分覆盖了在传递服务过程中所发生的支持接触员工的各种内部服务、步骤和各种相互作用。

隔开4个关键行动领域的是3条水平线，最上面的一条线是"外部相互作用线"，它代表顾客和服务企业之间的直接相互作用，一旦有垂直线和它相交叉，服务遭遇（顾客和企业之间的直接接触）就发生了；中间的一条水平线是"可见性线"，通过分析发生在"可见性线"以上及以下的服务数量，一眼就可看到为顾客提供服务的情况，并区分哪些活动是前台接触员工行为，哪些活动是台后接触员工行为；第三条线是"内部相互作用线"，它把接触员工的活动同对它的服务支持活动分隔开来，是"内部顾客"和"内部服务人员"之间的相互作用线，如有垂直线和它交叉则意味着发生了内部服务遭遇。

1. 行为

① 顾客行为，步骤、选择、行动、互动。

② 前台员工行为，可见服务人员。

③ 后台员工行为，幕后、支持前台服务人员。

④ 支持过程，内部服务及其他支持性服务。

2. 界线（3条）

① 外部相互作用线。

② 可见性线。

③ 内部相互作用线。

再以快递公司的服务蓝图为例，如图4-2所示。

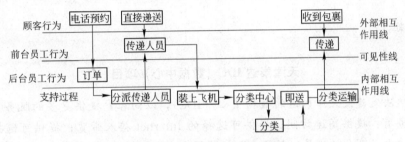

图4-2 快递公司的服务蓝图

4.1.2 服务蓝图的作用

服务蓝图具有直观性强、易于沟通、易于理解的优点，主要表现为以下几个方面。

① 促使企业全面、深入、准确地了解所提供的服务，有针对性地设计服务过程，更好地满足顾客的需要。

② 有助于企业建立完善的服务操作程序，明确服务职责，有针对性地开展员工培训工作。

③ 有助于理解各部门的角色和作用，增进提供服务过程中的协调性。

④ 有利于企业有效地引导顾客参与服务过程并发挥积极作用，明确质量控制活动的重点，使服务提供过程更合理。

⑤ 有助于识别服务提供过程中的失败点和薄弱环节，改进服务质量。

4.1.3 服务蓝图的建立

服务企业多种多样，同一服务企业也可能提供不同的服务，因此，不存在唯一的服务蓝图。尽管如此，建立服务蓝图还是有一些共性步骤可循。

① 识别所要建立服务蓝图的服务过程，明确对象。对将要绘制的服务蓝图过程的识别取决于建立蓝图的潜在目的。

② 从顾客的角度用流程图的形式来表示服务过程。首先要明确顾客是谁，他是如何体验服务过程的，然后用图形表达顾客的购买、消费和评价活动。

③ 用图形表达前后台服务员工的行为。首先画外部相互作用线和可见性线，然后画具体的服务提供过程。绘制服务蓝图时，其绘制人员必须了解一线员工活动的内容和性质，要清楚哪些活动是完全暴露在顾客面前的，哪些活动是顾客看不见的，等等。

④ 用图形表达企业内部支持活动。画出内部相互作用线，使内部支持活动对顾客和一线员工的影响变得清晰易见。

⑤ 在每一个顾客行动步骤中加入服务证据。即加入顾客在接受服务过程中所看到的或所接受到的服务的有形证据。

在建立服务蓝图时，还应注意以下几个问题。

① 建立服务蓝图不是几个人或某一个职能部门的事，一般需要建立一个开发小组，吸收各方代表的参与，尤其是一线服务人员的积极参与。

② 对已存在的服务过程，必须按照实际情况建立服务蓝图。

③ 对于不同服务过程需要建立不同的服务蓝图。

④ 在进行服务蓝图设计时，可借助计算机图形技术。

 小资料

天津泰达 IDC（数据中心）项目

天津泰达决定建设天津泰达的数据中心（IDC），以向客户提供更多的服务。该项目包括的具体服务有：提供高速访问；提供可选择的 Internet 接入带宽；提供可选择的安全控制；按照客户电子商务的进展，扩展主机托管解决方案，如图 4-3 所示。

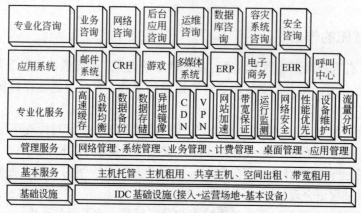

图 4-3 IDC 系统服务蓝图

此外，IDC 还可提供以下附加服务。

现场运行维护管理：包括客户系统重启、服务器状态检查维护、磁带更换和发送磁带等技术支持。其中，包括确定客户系统问题、解决问题、系统管理和编写小程序等监控重要参数服务和监控进程服务。防火墙服务：包括本地的负载均衡服务，缓存加速服务，内容分发和智能管理服务，入侵监测/安全漏洞扫描服务，存储管理服务，基本共享空间设施与管理服务，基本的共享空间型服务是提供并管理 Internet 设备、Internet 带宽和基本的监控与报告服务。空间是指机柜（半机柜或全机柜）或包间。无论是全机柜空间还是共享空间，都具有锁定保护。主机托管设备由 UPS 电源进行不间断供电，并有一系列物理安全设施，如警报系统、可视监控系统、移动探测器和保护客户租用空间服务等。

4.2 服务流程结构

服务流程结构最主要的两个特征就是复杂性（complexity）与差异性（divergence）。复杂性是指服务流程结构中评估服务步骤数量和复杂度的指标，如服装行业服务流程的复杂度就高于餐饮业（如肯德基）。差异性是指服务流程结构中服务人员顾客化的程度和主观判断空间的多少，如律师事务所的服务差异性就远大于娱乐场所。

综合复杂性和差异性指标，并对相关服务行业分析，利用表 4-1 进行对比，可以进行相应的战略定位。

表 4-1 部分相关服务行业服务流程复杂性和差异性对比

服务面向		相关行业	特色
复杂性	高	大型购物中心	1. 增加市场占有率 2. 增加收入
	低	葡萄酒专卖店、品牌蛋糕专卖店	1. 只卖固定产品 2. 质量必须卓越超群
差异性	高	医疗美容法律服务	1. 提供个人化服务 2. 顾客须支付较高费用
	低	报税服务	1. 例行性服务 2. 可降低成本

 小资料

瞭望：服务流程再造

中华医院管理学会首批命名的"全国百姓放心示范医院"之一——齐鲁石化医院集团中心医院，它的服务质量享誉国内，病人对该医院服务质量的满意度比较高，究其原因，是齐鲁石化医院集团中心医院在再造服务流程工作上下了功夫。以门诊工作为例，齐鲁石化医院集团中心医院在一切以病人为中心的指导原则下，通过服务流程再造，彻底地改变了门诊就诊服务流程，在门诊药房提出了一站式服务流程的新思路，即划价、收费、取药一条龙服务，患者凭处方到药房，划价、收费、取药在一个窗口，无须多次排队就能完成整个取药过程。

1. 合并中西药房

把传统模式的西药房、中药房分设窗口，改变为将中药房中的中成药部分分离出来与西药部分合二为一，统一管理，建立门诊大药房，草药房设到中医门诊旁，是"一站式服务"流程的第一步。

2. 门诊取药处方改革

医院出台规定，西药和中成药可以写在一张处方上，既节省了医生开处方时间，又便于中西药审核，避免中西药不合理配药使用，也免去患者东奔西走多次排队取药的麻烦。

3. 改善门诊药房的形象

将原有的封闭式药剂调剂工作改为柜台式，药师与患者面对面地进行交流沟通，大大拉近了医院与患者之间的距离，提高了调剂工作的透明度，有利于药师更好地为患者服务，同时也改善了门诊药房的形象，使门诊药房和药师的地位在患者心目中有了一定程度的提高。

4. 计算机化管理

当患者在收费处划价、收费时，处方即被输入计算机，包括患者姓名、日期、药品名称、规格、剂量和医生签名等信息，同时对应各单元药房的计算机，通过计算机自动配药，打印该处方，生成药品清单，药师根据药品清单调配药品，送至窗口发药人员，工作人员在核对原始处方和药品清单准确无误后，点击确认，药品和清单一起发出。这样，药品在计算机账上和实物同时进行消耗，药品清单包括患者姓名、药品名称、数量、用法和费用，患者可根据清单核对自己的药品，极大地方便了患者，也保证了药房的账物相符。方便患者了解药品价格、使用方法等信息，使他们明明白白消费。

5. 设置门诊药房咨询服务窗口

医院专门设置门诊药房咨询服务窗口，随时解答患者及医生所提出的有关药品知识方面的问题。

经过不断的服务流程改革试验和调控，齐鲁石化医院集团中心医院"一站式""一条龙"柜台服务管理模式得到了广大患者的称赞，被淄博市命名为首批"规范药房"称号，这种"一站式""一条龙"的柜台服务管理模式得到山东省卫生系统的大力推广和应用。

相比较而言，其他的很多医院却不注重服务流程再造和细节处理。长期以来，一般医院的门诊药房传统发药服务流程存在诸多弊端，如完成门诊取药需经过一次划价排队、二次交费排队、三至四次取药（中西药分处方）排队等过程，多次排队等候劳累，无形中给患者造成了不便。一家医院管理水平的高低往往体现在流程的细节上和能否实现流程的不断再造。

4.3　服务过程流程图

服务过程流程图实质上就是服务过程的分解细化图，它的目的是要准确地描述服务过程的各个程序，使得参与服务过程的员工、顾客，以及管理者能够客观地认识服务过程，清楚自己在服务过程中的角色，以使服务能够顺利地完成，服务过程流程如图4-4所示。

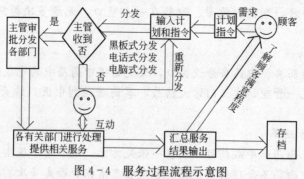

图4-4　服务过程流程示意图

服务过程流程图与服务蓝图有许多相似之处，但是两者的侧重点不同。服务蓝图重点强调服务管理的宏观方面，是计划性的蓝图；服务过程流程图则侧重雇员和顾客之间发生的行为，如服务距离等，以及发生这些行为的时间。因此，服务距离和服务时间是衡量服务效率的两个标准。

结合服务过程流程图，我们可以寻求最优化的服务流程，利用服务距离和服务时间两个指标来控制服务过程，通过可视性的过程描述减少非必要性的行为，以提高效率。以电信企业为例，其"提供某项电信服务"的部分流程如图4-5所示。

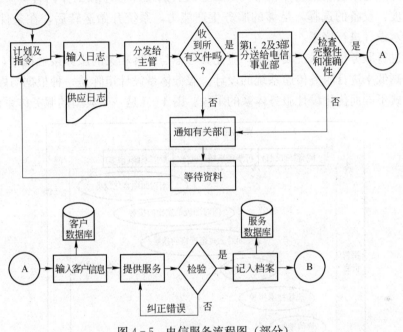

图4-5 电信服务流程图（部分）

通过对该过程流程图进行分析，可以找出：服务连续过程的每个阶段；过程的两者间的关系；问题点或区域；不必要的环节和复杂的程序；可以简化的地方。

利用过程流程图来说明服务（产品）形成全过程时，为了说明过程所有可能的波动偏差，应把所有人力资源、文件、程序方法、设备、设备部件和测量仪器等都包括在过程的说明中。

 管理误区

服务过程流程图应注意的问题

服务过程流程图一旦制定出来，就会形成一个固定的服务模式，企业的资源、人员将会随之配置。因此为保证服务过程的顺利进行，服务流程设计必须完整，不能遗漏关键的活动。假如顾客某项活动被遗漏，等到顾客执行该活动时，就会出现企业暂时没有服务人员或物质资源来满足顾客活动的现象，导致服务过程的混乱甚至终止。

另外，应拓展服务过程流程图的功能。服务流程图在实际工作中有很多作用，根据不同的使用目的，它可以提供不同的参考价值，如指导管理、简化管理过程、完善服务等。

4.4 服务传递系统设计

服务传递系统，即服务产生与传递到顾客手中的系统，包括成本、质量控制及顾客满意的产生。设计服务传递系统是一项富有创造性的工作，它需要从能够在将来提供一种与竞争对手有所不同的服务概念和战略开始。设计服务传递系统涉及以下几个问题：地点，使顾客和工作流程更加有效的设施设计和布局，服务人员的工作程序和工作内容，质量保证措施，顾客参与程度，设备的选择，足够的服务生产能力。系统开始运转后，在条件允许的情况下，要不断对设计进行修正。

通常在进行服务传递系统设计时，应充分考虑与顾客相关的服务接触程序，根据与顾客接触程度的高低来进行服务传递系统的设计。服务体系设计矩阵是一种根据与顾客接触的服务事件的方式不同而优化设计服务体系的手段。图 4-6 是一个典型的服务体系设计矩阵。

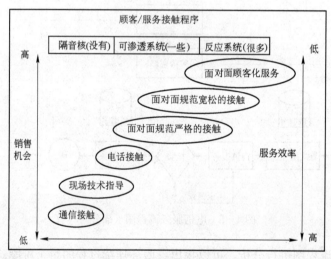

图 4-6　服务体系设计矩阵

矩阵的最上端表示顾客与服务接触的程度：① 隔离方式表示服务与顾客是分离的；② 渗透方式表示与顾客的接触是利用电话或面对面沟通；③ 反应方式既要接受又要回应顾客的要求。矩阵的左边表示一个符合逻辑的市场，也就是说，与顾客接触得越多，卖出商品的机会也就越多；矩阵的右边表示随着顾客施加影响的增加，服务效率的变化。

从图 4-6 可以看出，随着接触程度的提高，服务提供的方式由通信转化为面对面的服务。然而，它们各有优点和缺点：通信方式与顾客接触比较少，工作效率比较高，与生产制造业类似，服务的营销机会比较低；反之，虽然面对面服务的工作效率低，但是工作效果比较好，销售机会比较高。作为服务型企业的管理者，更关心的是针对不同顾客接触的程度，选择一定的服务方式。同时，根据这种服务方式的需要，对整个服务系统进行设计。例如对员工的要求、对工作程序的要求、对企业的创新性的要求等，根据这些要求，构成了服务业运作中最终要求的服务设计矩阵（表 4-2），依此矩阵，企业决策者可以确定对服务设计要素的最佳安排。

表 4－2　服务设计矩阵表

衡量、检查指标	较低接触程度	一般接触程度	高接触程度
企业对员工的要求	文字和语言能力	手工艺方面的能力	良好的沟通判断能力
服务运作的重点	文字处理的一般介绍	能够控制整个流程	侧重点在于用户
服务管理创新的重点	计算机办公自动化	计算机辅助作用	用户与员工沟通

由服务体系设计矩阵可知，整个服务传递系统的设计实际包括以下过程。

① 确定企业本身服务的类型，形成企业的核心服务。各个企业对于服务的选择是相异的，有的企业选择了规范化服务，如麦当劳快餐店；而有的则以个性化的服务作为企业的宗旨，尤其崇尚与顾客的直接沟通，如雅芳化妆品。

② 根据所确定服务类型接触顾客的程度，决定企业运作过程中的要素配置与组合。对于规范性强的企业而言，要以员工按规章及时、按量完成任务为主，并不需要员工有太强的沟通能力；对于接触程度高的企业而言，则要求员工有良好的沟通能力。

③ 依据所确定的服务，与相关的竞争对手进行比较，确定企业与竞争对手的差异。若面对的是同一市场，则要对本企业的服务要素进行更新和组合，保持一定的竞争力；若对手非常强大，企业就要考虑选择差别市场，避免和对手的正面竞争。

④ 在实际运作过程中，企业竞争策略的制定需要有一定的灵活性，并非完全像矩阵那样确定。同时，视企业内部管理情况，也可用"柔性管理"。

⑤ 对服务系统的设计趋向动态化。因此在设计中，应该保证设计的系统能够根据变化做出恰当的反应。

 小资料

宝洁公司成功的关键在于对消费者的深入了解，重视对每位消费者的信任，并不断专注于研究手段的突破，倾听消费者的要求和内心的渴望，把顾客的意愿引入到企业的产品开发和营销策略中。宝洁公司每年都会对全球超过 700 万的消费者进行近距离的接触，仅仅在头发护理方面，宝洁公司都会对超过 4 000 名的亚洲女性展开市场调查。除专业的市场调查外，宝洁公司更积极动员员工充当市场调查员的角色，鼓励他们经常到附近的超市或商场了解产品的陈设和销售情况。与消费者近距离的接触，使宝洁公司更加了解消费者的需求并不断研发更多贴近消费者需求的优质产品。

4.5　服务系统设计的方法

 小资料

铡刀的"尴尬服务"

三名囚犯站在断头台下等待行刑。第一个上去的是法国人，当铡刀落下时，刚好在离他脖子不足 1 英寸处停住了，围观的人群要求给他自由，因为显然是奇迹出现了。第二个上去的是英国人，铡刀再次在距离他脖子几英寸的地方停住。围观者也要求将他释放，因为奇迹再次出现。第三个囚犯是德国人，也被送上了断头台，他站直了身子对刽子手说："在你们把这台劣质的机器修好之前，我拒绝将我的脖子放在这个板子上。"

这个幽默故事展现了服务设施中显性服务的重要性。服务设施包括设施的质量和数量两方面，设施的质量直接决定你给顾客提供的服务是好是坏，设施的数量则决定你提供服务能力的大小。

服务系统设计的方法主要取决于服务包（service package）的定位，根据服务包的定位和服务过程设计的分类方式，可以从 4 个方向来思考服务系统设计的原则，包括：生产线方法、将顾客视为共同生产者方法、顾客参与方法及信息授权方法。

1. 生产线方法

采用生产线方式的服务是试图将成功的制造概念及导致其成功的数个重要特征转化成服务系统设计的考虑因素，以赢得成本领先策略上的竞争优势。

① 有限的个人差异性：
- 讲究标准化与质量；
- 如果想要提供个人化的服务，员工必须授权。

② 切割工作流程。将整个流程划分成数个例行的工作。

③ 应用科技取代人力。

④ 服务标准化。

2. 将顾客视为共同生产者方法

顾客参与会增加顾客化程度，而且针对愿意采用自助式服务的顾客，这种方式也可以通过一些顾客化的方式来支持成本领先的竞争策略。

① 应用顾客本身的劳力来取代服务提供者的劳力。

② 分散服务需求。采取分散需求策略，顾客必须参与，同时应因服务的可得性调整他们的需求时效—预约；服务过程中需考虑顾客等待的时间；训练顾客扮演主动积极的、独立的参与者角色。

3. 顾客参与方法

服务传递系统可以划分为高度或低度接触顾客的作业方式，思考在创造服务的过程中需要顾客接触的服务数量及不需高度顾客接触即可通过技术辅助的能力。

（1）顾客接触程度

顾客接触指整个服务系统中，需与顾客直接接触的活动。其程度可以通过在整个服务时间中顾客实际出现在这个服务系统中时间的百分比来计算。

（2）划分高度接触与低度接触的作业

① 高度接触的作业需要服务提供者具有良好的人际沟通技巧，而且往往因为顾客需求的时效与此类服务的本质，通常具有不确定性。

② 在区分高度接触与低度接触的作业后，为了维持高服务能量，可以将后台作业视为一个工厂来运作。

（3）销售机会与服务提供的功能

4. 信息授权方法

运用信息技术（IT），同时针对员工与顾客授权。信息授权有员工授权与顾客授权两种。信息技术使顾客得以在服务过程中采取较为主动的角色。

案例分析

野农优品：如何让顾客参与农产品生鲜这块蛋糕市场

基于目前农产品生鲜行业，大家都在抱团，相互进行合作，来满足消费市场的需求，但大家考虑的都是如何把产品卖出去、如何优化各个环节点，而对于真正的渗透却往往忽视了参与，忽略了大批投身于农产品行业的创业者和消费者、农民（产品拥有者）的参与性，而野农优品近期刚刚上线的野农市集分销平台就是要把大家拉在一起，共同参与，让消费者参与农产品的买卖，不用开店，不用寻找货源，不用担心产品运输，一边可以挑选优质的农产品进行买卖分销赚钱，一边可以满足自己的家庭食用需求。对于农民——农产品的拥有者，可以把自己最具特色优质的农产品放到平台进行销售，也可以挑选其他农产品进行销售，可以销售自己的产品，也可以销售别人的产品。

目前生鲜电商为了提升顾客的体验，不惜投入巨额成本，建立冷库仓储，自己的物流配送，线下O2O体验等。但是这些成本的增加，往往只能由消费者来买单。农产品从原产地到进入消费者手中，中间会经历很多流通环节，价格也会随之上涨几倍，为了保证新鲜、储存时间长、降低产品的损耗，还会增加大量的保鲜剂，在食品安全上往往很难达标。而野农优品目前已签约的原产地合作社已达到200多家，去除所有中间环节，要让每一个农产品从原产地直接配送到消费者的手里。消费者从平台下单预订，原产地根据订单当天现摘，再进行标准化包装，直接发送到顾客手里。这样不用储存，产品可以零损耗，食品安全性可以全方位把控。

野农优品接下来的战略主要集中在打造一个农产品品牌化参与性的生鲜电商平台，让所有的顾客一起参与进来，分销代言农产品，在成为买家的同时，也可以成为卖家来赚钱。让所有人都可以参与进来，搭建一个农产品可参与性的健康生态圈，使优质、健康的食品食材可以分享和传递到每一个家庭。

资料来源：http://b2b.toocle.com/detail-6328313.html.

回答问题

1. 以上案例体现了服务传递系统设计方法中的哪种方法？

2. 在进行服务传递系统设计时，如何考虑顾客满意这一要求？

本 章 习 题

一、判断题

1. 服务蓝图是一种准确地描述服务体系的工具，顾客同服务人员的接触点在服务蓝图中被清晰地加以识别，从而达到控制和改进服务质量的目的。 （　　）

2. 服务过程流程图与服务蓝图有许多相似之处，而且两者的侧重点也完全相同。

（　　）

3. 服务过程流程图实质上就是服务过程的分解细化图，它的目的是要准确地描述服务过程的各个程序，使得参与服务过程的员工和顾客，以及管理者能够客观地认识服务过程，清楚自己在服务过程中的角色，使服务能够顺利地完成。　　　　　　　　　　　（　　　）

4. 服务体系设计矩阵是一种根据与顾客接触的服务事件的方式不同而进行优化设计服务体系的手段。　　　　　　　　　　　　　　　　　　　　　　　　　　　　　（　　　）

5. 从服务体系设计矩阵可以看出，随着接触程度的提高，服务提供的方式由通信转化为面对面的服务。　　　　　　　　　　　　　　　　　　　　　　　　　　　　（　　　）

二、选择题

1. 在服务蓝图中，后台员工是通过（　　　）与前台员工产生接触的。

　　A. 外部相互作用线　　　　　　　　B. 内部相互作用线

　　C. 支持过程　　　　　　　　　　　D. 可见性线

2. 在服务过程中，评估服务人员顾客化的程度和主观判断空间多少的指标是服务流程结构的（　　　）特征。

　　A. 复杂性　　　B. 差异性　　　　C. 异质性　　　　　D. 同步性

3. 服务传递系统设计的方法主要有（　　　）。

　　A. 生产线方法　　　　　　　　　　B. 将顾客视为共同生产者方法

　　C. 顾客参与方法　　　　　　　　　D. 信息授权方法

4. 设计服务传递系统时，主要应该考虑以下几个问题：（　　　）。

　　A. 地点，以及使顾客和工作流程更加有效的设施设计和布局

　　B. 服务人员的工作程序和工作内容

　　C. 质量保证措施和顾客参与程度

　　D. 设备的选择和足够的服务生产能力

5. 服务蓝图具有（　　　）等优点。

　　A. 直观性强　　　B. 易于沟通　　　　C. 易于理解　　　　D. 易于操作

三、思考题

1. 设计服务作业系统的蓝图需要考虑哪些因素？

2. 怎样运用差异性和复杂性来描述服务流程结构？

3. 阐述与比较服务系统设计的一般方法。

4. 结合开章案例，试分析在服务交易中促销涉及哪些伦理问题。

第5章

服务设施设计与定位

学习目标

✓ 系统地分析服务设施设计的相关因素；

✓ 掌握服务设施设计的方法，并能利用相关标准进行服务设施设计优化；

✓ 准确有效地进行服务设施设计与定位；

✓ 了解服务设施定位新策略，并根据实际情况对该策略做出科学的、系统的分析。

开章案例

郑州沃尔玛选址布局分析

沃尔玛于 1996 年进入中国，在深圳开设了第一家沃尔玛购物广场和山姆会员商店。经过 19 年在中国的发展，沃尔玛已拥有超过 10 万名员工。目前沃尔玛在中国经营多种业态和品牌，包括购物广场、山姆会员商店等。

截至 2015 年 7 月 31 日，沃尔玛已经在全国 19 个省、2 个自治区、4 个直辖市的 166 个城市开设了 416 家商场、9 家干仓配送中心和 11 家鲜食配送中心。沃尔玛在中国的经营始终坚持本地采购原则。目前，沃尔玛中国与超过 7 000 家供应商建立了合作关系，销售的产品中本地产品超过 95％。

2015—2017 年，沃尔玛将加大对中国市场不同业务的投资，计划新增 115 家门店，包括大卖场和山姆会员商店，预计创造 3 万多个就业岗位。同时，沃尔玛将继续升级现有门店、加强食品安全，与本土供应商共赢发展。

（1）选址因素

第一，政策导向。随着政府机构的相继迁入，郑东新区已经成为郑州未来的核心地区。曼哈顿广场位于郑东新区的经济繁华地区，符合沃尔玛的长期发展战略。

第二，交通便利。曼哈顿广场位于有着"郑州城市名片"之称的金水路和重要的南北交通要道——未来大道的交会处，东临郑州市重点规划道路中州大道（老 107 国道），是老郑州与郑东新区的衔接处。按照规划，曼哈顿广场所在地是未来郑州的中心，早已吸引了众多金融、商业等机构的聚集，未来大道也被称为"财富大道"。曼哈顿广场位于金水路和未来大道的交叉口，有多路公交经过，交通四通八达，每天人流量和车流量多。

第三，人口密集。曼哈顿广场涵盖了高档住宅、公寓、商务办公、商业等多种形态，众多党政机关云集，金融商业机构繁多，商品交易所等其他一些大型商业机构也设置于此。人口分布极为密集，固定的潜在顾客较多，而且离市场较近。

第四，商业集群。曼哈顿商业广场上分布着国美、苏宁、麦当劳、赛博数码广场等知名商店，吸引着各种消费者，这在客观上也为沃尔玛超市提供了大量的潜在顾客。同时，商业集群可以共用消防、卫生等市政设施，节约了这方面的成本投入。

（2）内部布局分析

第一，天天低价区。超市每天都开展"省心价""天天双十一""买买买不停"等促销活动。天天低价不是通过天天降价来实现的，而是通过本地化的采购、完善的物流配送、大单位的快速销售、高效的库存控制和实行"反损耗战"来降低成本从而实现的。

第二，免费送货区。单张小票满188元免费送货到家。增加顾客大量消费，给顾客提供便利。

第三，合理规划超市货物分区的布局。将货物按类别放置，一便于消费者根据事先的消费目的找到要购买的物品；二便于消费者在集中货区同类商品中比较和筛选，当看见划算的商品时会促进消费者的购买欲；三便于员工配货和进行正确的引导。

第四，关联排列。狗粮和女性用品放在一起；男装、女装，日用品放在一起；蔬菜、生肉区、酒类和调味品区的位置靠在一起；熟食区、面包点心区和面食区靠在一起可以方便消费者的搭配。

第五，促销商品设置。超市还会在入口和通道上设置促销品的货架，这样集中陈列不但能使购买方便，而且促进消费者的购买欲望。在超市入口看到折扣较低的商品会对消费者产生吸引。

第六，质量检测站设置。使消费者放心购买商品，监督超市注重商品质量。

第七，联名信用卡享受优惠。多种消费渠道，促进消费者方便消费。

资料来源：http://wenku.baidu.com/view/7455da92a26925c52dc5bfdc.html? from=search.

5.1　服务设施设计

服务企业是一个以顾客为主角的舞台，对于服务提供者来说，以顾客为中心并满足他们的需求是非常重要的日常活动，而顾客对哪些问题最关心呢？日本的一家连锁超市曾经做过一次市场调查，得出的结果是：消费者对商品价格的重视程度只占5%，而分别占前三位的是，开放易入的超市占25%，商品丰富、选择方便的占15%，明亮清洁的占14%。由此不难看出，服务设施的设计将影响着服务企业的命运。把服务设施设计作为差别化战略的一部分现在已经是非常普遍的现象。

 小资料

星巴克的神奇

星巴克服务设施的设计则是他们瞄准特定的消费人群，建立竞争优势集中战略的关键。星巴克真正成功之处不在于它们的咖啡有多美味，有多特别，而是星巴克文化更加富有魅力。"如果我不在办公室，就在星巴克；如果我不在星巴克，就在去星巴克的路上。"不知从何时起，这句话俨然成了都市白领的流行语。就像麦当劳一直倡导售卖欢乐一样，星巴克把美式文化逐步分解成可以体验的东西，强调气氛的管理、个性化的店内设计、暖色的灯光、柔和的音乐。顾客可以随意谈笑，甚至挪动桌椅，任意组合。这样的体验也是星巴克营销风格的一部分。王朝龙说："星巴克所要传递的信息是一种家和朋友的形象。顾客到星巴克消费，就好像来到了一个很熟悉的地方，而星巴克咖啡就像是一个你熟悉的老朋友一样，非常亲切。星巴克希望顾客喜爱这个店，多坐一会儿，把这里当成他们的另一个家，一个休闲的地方，在这里坐上一整天都没有关系。"

服务设施的设计会直接影响到服务企业的服务运营。良好的设计和布局会带给顾客舒适感和安全感，一般在考虑设施设计时主要从以下几个因素出发：服务组织的使命，土地资源和空间的合理利用，灵活性和艺术性因素。

1. 服务组织的使命

服务组织的使命决定其设计参数。一切设计参数都是从服务组织的使命出发的。比如，一家饭店必须要设计足够大的餐厅，以接纳用餐的顾客，加油站必须有足够的空间容纳来加油的车辆，而医院必须设计合理的病房接待住院的病人。当然这些都只是一些最基本的要求，服务设施设计还会对定义性服务做出进一步的贡献，使顾客对服务企业形成直接的认同，就像肯德基门面上的那位微笑的美国大叔和哈根达斯的框架营造出的浪漫氛围那样，都是设施设计方面很成功的例子。

除此之外，还要考虑到外部的设计，外部设计不仅会对服务企业的服务性质提供一些暗示作用。比如，经营便利商品的商店没有必要装饰得十分豪华，它更需要在外观上创造出使顾客感到亲切、简洁、明快的感觉；而以经营高档商品为方针的商场，就必须在外观上多下功夫。另外，外部设计一般也是传递给顾客的第一印象，是吸引顾客眼球的第一因素。

2. 土地资源和空间的合理利用

由于成本，规划要求及实际面积等诸多方面的要求，使用于服务企业的土地资源受到很多的限制，这就要求服务企业在考虑设施设计时能将这些限制很好地考虑在内。在市区，土地资源是很有限的，服务企业就必须考虑向上或向下发展，有效地利用有限的空间。例如，亚惠、麦当劳、肯德基等快餐店往往都是扩建第二层楼或者是地下的空间以增加就餐面积。

3. 灵活性

服务设施设计中的灵活性是指当前完成的设施设计具有一定的预见性以便使服务企业能够适应未来的发展需求，服务企业对未来需求的适应如何，在很大程度上取决于当初设计时的灵活性，所以也称设施设计中的灵活性为"为未来而设计"。设施设计中的灵活性往往能够转化为资金上的节约，例如，很多早期的快餐店在最初设计时没有考虑到汽车会迅速地进入人们的日常生活，所以没有设置为驾车顾客提供服务的外卖窗口，现在这些快餐店不得不重新改造店内的设施，以满足驾车顾客的需求，这对服务企业来说就是一笔额外的花费，假如当初设计时能考虑到这一点现在就可以节约这笔资金。

怎么样才能在设施设计阶段把灵活性很好地融入其中呢？需要从以下两个方面来考虑：当前的设施设计能够满足目前的需要并且在一定程度上能够适应未来服务扩展的需求，如顾客数量的增加等问题；当前的设施设计考虑了能适用将来的新服务的需要。

4. 艺术性

服务企业环境设计的艺术性影响着消费者的感觉和行为，所以在其布置上应该有创意，具有独特的面貌和出奇制胜的效果，易于捕捉顾客的视觉从而引起注意，产生强烈的感染力，这就要求必须遵循艺术的规律。

在设计中必须把握一个"美"字。美并不等于豪华。美应该是一种和谐。高档商场的豪华，廉价商场的简朴，只要设计合理，均体现着不同的美。新奇美好的寓意，新颖别致的构思都要通过结构、造型、布局表现出来。

 小资料

家乐福的招牌设计典故

家乐福的招牌用法文"Carrefour"和船锚图案作为标志，并且将红白蓝三色作标记。这个标志第一次出现是 1966 年，设计理念取自 Carrefour 的首字母 C，C 的右端延伸一个蓝色箭头，左端一个红色箭头，象征四面八方的客源不断向 Carrefour 聚集。

5.2　服务设施的布局

服务设施的布局是否合理，能否最大限度地为顾客提供方便，已经成为服务企业现代营销思想的核心之所在。所以服务企业在考虑服务设施的布局时，必须要坚持以顾客为中心，尽可能满足顾客所需为原则。以商场这种服务企业为例，今天的顾客已经不再把逛商店作为一种纯粹的购物行为，而是把它作为一种集购物、休息、消遣、娱乐和社会交往为一体的综合性活动。这样，丰富、优质的商品，方便、快捷、舒适的购物环境就显得尤为重要，这就要求在购物环境设计、商品布局、购物点的设置等方面符合顾客的购物特点和规律。

以下以家乐福卖场布局为例，了解零售业服务部门的设施布局特点。

 小资料

卖场规划的主要工作是门店内部的布置，有些卖场是多层的，如家乐福，门店上下两层，进入卖场后先是随扶梯上二楼，然后才能下一楼交款，不能直接在一层购物，这样的目的在于将顾客在卖场内的逗留时间延长，以便有更多的机会向顾客展示商品。卖场的设计也是本着这一目的，就是要让顾客在门店内滞留时间最大化。

超市的规划设置仍是通过将高购买率、最吸引顾客的商品或区域放在门店的最深处或主要的通道上，以便吸引顾客完全地将自己的门店光顾一遍。在家乐福二楼主要是展示一些非食品的商品。从二楼卖场入口进入的最右边主要是家电（电视机、空调、电扇等）和手机售卖区。在卖场中部主要划分为四部分：音像制品（书籍、VCD 等）、家居用品（睡衣、拖鞋、拖把等）、日常用品（电池、水杯、饭盒等）、衣物（有品牌和无牌子的成衣、内衣）。在卖场的最靠后的左手位置主要是卫生洗涤用品（如皂类、卫生纸、牙刷等）；中间位置主要是 10 排左右的落地货架，主要放置化工品（洗发水、洗面奶等类似品）；最右边（即最里面）主要是雅芳、美宝莲等化妆品的销售，有醒目的品牌标志。接下去是一楼食品类的布局。熟食、生鲜、速冻等最吸引顾客的区域设置在门店的最内部，一方面靠近后场的作业区，另一方面还可以吸引顾客走遍全场。果蔬区一般被认为是高利润部门，通常的布局是满足顾客的相关购物需求，安排在肉食品的旁边。由于奶制品和冷冻品具有易融化、易腐败的特点，所以一般它们被安排在顾客购买流程的最后，临近出口，同时奶制品和冷冻品通常在一起，这样有利于设备的利用。烘焙品的主力商品是面包，销量大，毛利高，大多被安排在第一货架和靠近入口的地方，这样不仅会刺激高价位面包的出售，而且还会避免顾客遗忘。杂品部分主要在超市卖场的中央，采取落地货架形式，布局为纵向陈列，这样顾客就可以透视纵深。

还有一项商品规划的设置就是一般部门的设置规划本着防盗防损的目的，一些丢失率较高的商品会专门安排在一些特定的角落，例如，口香糖总是在收银台前，化妆品总是在门店内醒目的地方。

5.3　服务设施定位的相关因素

服务设施定位的相关因素很多，从对其具有决定性影响的方面来看，主要有设施定位决策、需求管理和集中化等因素。除此之外，还要考虑其他的具体因素，这些因素主要有：地理位置、设施数量和优化标准等。

5.3.1　设施定位决策

设施定位决策通常是建立在直觉的基础上的，成功的变数很大。定位决策对定位的弹性程度、竞争位置都有一定的影响。

① 定位的弹性程度是服务对经济条件改变反映程度的一种测量方法。进行定位选择时，要将未来的经济、人口和竞争变化等变数考虑在内，以便服务企业将来能够应对经济条件在一定程度上的改变。

② 竞争位置是指公司相对于竞争对手的状态。每一个企业的资源都是有限的，不管它是多大或者多小；同时，每一个企业都有它的独特性，不管它是多大或多小。为了克服这种有限性，发挥独特性，很多企业采取了目标聚集的战略：将自己的优势资源向一个了解的、熟悉的市场集中，获取竞争的优势。对专门的、细分的市场采取聚集战略，有两个基本前提，如果没有这两个前提，实施这一战略的风险很大。

第一个前提是，这个专门的、细分的市场具有发展前途，如果没有发展前途，甚至是逐渐萎缩或消失的市场，采取这一战略将会带来灾难性的后果。

法国的科蒂香水公司就是一个很好的例子。法国的科蒂香水公司创建了现代香水工业。它的成功之处在于，认识到第一次世界大战改变了人们对化妆品的态度。尽管在战前只有"放荡的女人"才会使用化妆品，或经特许才能使用，但战后化妆品被大众接受，并受到喜爱。到 20 世纪 20 年代中期，科蒂香水在大西洋两岸几乎树立了自己的垄断地位，一直到 1929 年，化妆品市场成为一个"专门市场"——中上层阶级的市场。但大萧条时期，它发展成了一个大众市场，而且还一分为二：一个是以昂贵的价格、专门的分销渠道及特别的包装为特色的名牌市场；另一个是价位普通，在任何商场，包括超市、专卖店和药店都可以买到的大众品牌市场。但是，科蒂没有确定是成为大众化妆品市场中的一员，还是成为名牌生产商，它试图留在已不存在的市场中，结果，最终失败了。在短短几年里，由科蒂统治的专门市场消失了。

第二个前提是，要有歧异性，能够明显区别于其他的竞争者。这种歧异性使自己能够满足这个市场的特殊需求，而其他竞争者不能满足这种需求，或者不能很好地满足这种需求。如果没有这种歧异性，就会在这个市场中被更强大的竞争对手打败。

哈默密尔造纸公司在强手如林的造纸市场上，曾用生产过程中的差别为不同的细分市场提供最优服务来获利。在造纸公司纷纷崛起的时候，哈默密尔逐渐转为生产相对小批量、高质量的特殊用纸，那些更大的造纸公司由于拥有更大规模的生产机器而不敢承担短生产周期造成的高成本的恶果。哈默密尔的设备适合于短生产周期、频繁调整的生产，最后获得了竞争优势。

 管理误区

聚集战略的定位

当一个公司要采取聚集战略的时候，一定要确定自己在什么位置上开始竞争。一定要回答清楚这样几个问题：选择的专门市场是有前途的吗？与其他竞争者相比，自己有歧异性吗？自己的资源是否能支持这种歧异性？这种歧异性是否能持续地发展下去？只有回答好了这些问题，才能在专门市场的竞争中获胜。许多的定位可以通过建立公司的竞争位置和市场认知起到竞争障碍的作用。在市场发展起来之前，获得并保持最佳定位，能创造人为的进入障碍（类似产品的专利），有效地阻止对手进入有利地点。

5.3.2 需求管理

需求管理是指控制服务需求的数量、质量和时间的能力，就是协调、控制企业的各种需求的来源，从而有效地利用服务系统。企业需求有两个基本来源：非独立需求和独立需求。这些需求既有来自企业内部的，也有来自企业外部的，比如，产品服务中修理已售出产品所需的零部件数、企业仓库的补充库存、为服务提供的各种部件等。企业管理这些独立和非独立、主动和被动的需求需要大量的协调工作。

（1）非独立需求

非独立需求是指由对其他产品或服务的需求所导致的对某种产品或服务的需求。比如，如果一家公司出售了2 000辆三轮车，那么相应就需要2 000个前轮和4 000个后轮。对这种非独立需求没有必要去预测，只需简单列表计算即可。

（2）需求的构成

一般情况下，对产品或服务的需求可以分解为6个组成部分：一段时期内平均需求、需求趋势、季节因素、周期性因素、随机误差及自相关。

周期性因素是很难确定的，因为周期时间可能未知，或者周期的原因可能未考虑到。对需求的周期影响还可能来自政治大选、战争、经济条件或社会压力，等等。

随机误差是由于偶发时间造成的。从统计学角度来讲，当需求的所有已知成因（平均值、趋势、季节、周期和自相关）都从总需求中排除后，剩余的就是需求的不可知部分。如果人们无法确定这些剩余部分的成因，就假定其为纯随机原因。

自相关表明了事件的持续性。细言之，即某一数据的期望值与其自身的历史值高度相关。例如，在排队理论中，所排队列的长度就是高度自相关的。即，如果某一队列在某一个时刻较长，则在这之后较短的一段时间内，该队列仍将是长队列。

如果需求是随机的，则各周期的需求变化可能非常大。如果存在高度自相关，则此需求变化就不会很大。

需求通常呈一定的趋势性，常见的趋势有：线性趋势、S形趋势、渐进趋势和指数趋势等。对需求趋势的分析即趋势分析通常是预测的起点，然后根据季节效果、周期和可能影响最终预测结果的其他事件，对这些趋势曲线加以调整。

（3）独立需求

独立需求是指企业的与其他产品或服务的需求无关的对某种产品或服务的需求。独立需求不能直接从其他产品的需求中派生出来。典型的独立需求，如公司在一定时期内的销售量等。

对于独立需求，企业可以有以下管理办法。

① 发挥积极作用，影响需求。企业可以实行增加提供服务人员压力、奖励员工、对顾客进行有奖促销、将工资与服务效果挂钩、降价等活动，这些行为会使需求增加。反之，抬高价位会使需求减少。

② 被动、简单的适应市场需求。由一些原因导致企业可能不是试图去改变需求状况，而只是简单地接受所发生的一切。如果企业正满负荷运营，它也许就不想去改变需求状况。其他可能的原因包括：广告费用过高，企业无力改变需求；市场规模一定且处于稳定状态，需求超出其控制范围（如只有唯一的供应商）。此外，诸如竞争、法律、环境、道德伦理等因素也是企业只能被动地接受市场需求的原因。

5.3.3 集中化

集中化可以通过在众多定位点提供相同范围狭小的特定服务得到发展。许多的多定位点服务公司都开发一种标准（或正式）的设施，该设施可以在许多定位点进行复制。虽然这种"一刀切"的方法有利于企业的扩张，但在邻近的经营单位间可能相互争抢业务。如果企业对于其多定位扩张建立一种理想的成长模式的话，这种问题就可以避免。

5.3.4 地理位置

地理位置的选择和距离可以在平面上（图5-1）或者网络上（图5-2）来表述。平面上的位置（如平坦的表面）可以概括在一个具有无限扩展性的空间里，设施可以位于平面上的任一地方，并且可以通过一个二维的笛卡尔坐标来确定（或者在一地球仪中，通过经纬来确定）。不同位置之间的距离可以通过两种方法来测量。其一为欧几里得距离或向量法，按毕达哥拉斯行进距离定义为

$$d_{ij}=[(x_i-x_j)^2+(y_i-y_j)^2]^{1/2}$$

式中：d_{ij}——点 i 和点 j 之间的距离；x_i，y_i——第 i 个点的坐标；x_j，y_j——第 j 个点的坐标。

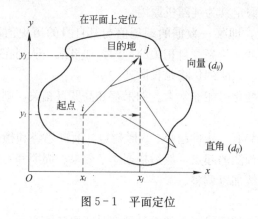

图 5-1   平面定位

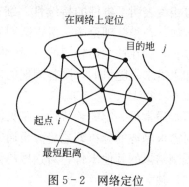

图 5-2   网络定位

例如，如果始点 (x_i, y_i) 为 $(2, 2)$，终点 (x_j, y_j) 为 $(4, 4)$，那么

$$d_{ij} = [(2-4)^2 + (2-4)^2]^{1/2} = 2.83$$

另一方法是直角距离法，例如，城市中的南北与东西方向距离，其距离定义为：

$$d_{ij} = |x_i - x_j| + |y_i - y_j|$$

用上面同一例子，采用直角距离计算出的距离为：$d_{ij} = |2-4| + |2-4| = 4.0$

网络上的位置特征是所有位置用网络节点来表示。例如，一公路系统可视为一个网络，主要的公路交叉点均可看作节点，网络节点之间的弧代表了行进距离（或时间），它是按最短路径法计算出来的。

5.3.5   设施数量

总体来讲，一个单独设施的定位基本上可以毫不费力地用数学方法来进行处理。但是，当设施定位数量增多时，用于单一设施定位的方法不能保证用于多个设施时能取得理想的结果。通过给每个位置分配节点来寻找一个独一无二的位置组合是非常复杂的（例如，定义每一位置的服务区域），如果每个位置上的服务能力不同，那么问题将会更加复杂。此外，如健康护理这样的一些服务，还会存在等级。私人医生和诊所提供最基本的护理，大的医院除提供基本护理外，还提供住院医疗服务，康复中心还提供特殊服务。因此，可提供服务的选择在复合定位研究中是变化的。

5.3.6   优化标准

私有和公共部门的定位问题在追求某种利益最大化的目标方面是近乎一致的。然而，由于"所有权"不同，因而可供选择的优化标准也是不同的。在私人部门内部，位置选择受成本最小化（例如，分销中心）或利润最大化（例如，零售定位）所支配。相比较而言，公共设施的决策是由整个社会的整体需要决定的。作为公共决策目标的社会利益最大化是很难进行量化的。

（1）私有部门标准

传统的私有部门的定位分析集中于设施的建造和运营成本及运输的成本。大量的论著已经论述了这个问题，这一问题对于产品分销来说是适当的（例如，仓库的定位问题）。当对消费者进行服务的时候（例如，咨询、审计、警卫及草坪清理服务等），这些模型可以在这些服务中加以应用。当消费者必须亲临设施时，对于生产者不会产生任何直接成本。相反，距离成为一个限制潜在消费需求和产生收益的障碍。因此，像零售中心那样的设施要定位于能最大吸引消费者的地方。

（2）公共部门标准

公共部门的定位决策是非常复杂的，这是由于缺乏统一的目标和设施投资收益衡量的困难性造成的。公共服务的利益很难定义和直接量化，此时可用一些间接（或者代替）的方法。用户到达设施所在地的平均距离是一种常用的替代。数值越小，系统越接近它的消费者。因此，问题变成了在设施数量有限的前提下，总平均距离的最小化。此外，问题还受一些对于用户的最大距离的限制。另一种可能性是需求的弹性。在这里，用户的数量被视为是不固定的，是由设施的定位、规模和设施的数量等决定的。产生的需求越大，系统满足该地区的需求效率就越高。效用替代的使用随着投资限制而达到最优化。成本效率分析通常被用来检测投资与效用的替代。替代的转化是：每增加 1 000 美元的投资所引起的平均使用距离的减少；每增加 1 000 美元的投资所引起的需求的增加。

（3）定位标准的功效

优化标准的选择将影响服务设施的定位。例如，William J. Abernathy 和 John C. Hershey 曾对一个服务于 3 个城区的健康中心的定位进行研究，在部分研究中，他们注意到健康中心的定位效果和以下定位标准相关。

① 最大程度的利用。使来中心就医的人数最大化。

② 每区距离最小化。使每个人到最近健康中心的平均距离最小化。

③ 每次距离最小化。平均每次到最近中心的距离最小化。

问题之所以被提出来是为了每个城市都有一个具有不同健康护理特征的消费人群。这些特征可以从两个角度去衡量：距离作为一个障碍对健康护理的影响；健康护理中心就近的利用率。图 5－3 是在 3 个不同的标准下，3 个城市和单一健康护理中心定位的关系图。因为 3 个城市不同的行为模式，3 个标准形成了 3 个不同的定位。拿标准①来说，健康中心定位于城市 C，因为这个城市拥有大量的老年人，对他们而言，距离是一个重要的障碍。对应于标准②，城市 B 是最佳选择，因为这个城市位于两个大城市之间。城市 A 是个最大的人口中心，并且拥有大量流动的健康护理消费者人口，因此，按标准③，A 城市是最佳选择。

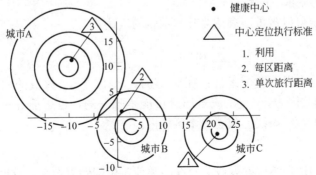

图 5－3　在 3 个不同的标准下，3 个城市和单一健康护理中心定位的关系

5.4　服务设施定位的方法

在考虑服务设施定位的方法时，主要运用设施定位模型来进行分析。

设施定位模型是用来确定仓库、医院、零售商店、加工中心等设施的最佳位置，其目的同样是为了提高服务质量，降低操作费用，以及使利润最大化等。

设施定位模型可以用于确定一个或多个设施的位置。例如在物流系统中，仓库和运输线共同组成了物流网络，仓库处在网络的"节点"上，运输线就是连接各个"节点"的"线路"，从这个意义上看，"节点"决定着"线路"。具体地说，在一个具有若干资源点及若干需求点的经济区域内，物资资源要通过某一个仓库的汇集中转和分发才能供应各个需求点，因此，根据供求的实际需要并结合经济效益等原则，在既定区域内设立多少仓库，每个仓库的地理位置在什么地方，每个仓库应有多大规模（包括吞吐能力和存储能力），这些仓库间的物流关系如何等问题，就显得十分重要。而这些问题运用设施定位模型均能很容易地得到解决。

设施定位模型也可以加入经济或者其他限定条件，运用模型的目的也可以使各服务设施之间的距离最大或使其服务的人数总和最大，同时，也可以在考虑其他已经存在设施影响的情况下，确定设施的最佳位置，等等。

可以从在一条线上进行单一设施的定位中获得对设施定位的理解。以下介绍一些解决不同特征问题的方法：单一设施定位、零售场所定位、多种设施定位。

5.4.1　单一设施定位

1. 直角距离法

在平面上用直角距离法进行单一设施的定位以求所用距离最小化，可直接用中值法。目标函数为

$$z = \sum_{i=1}^{n} w_i \{ \mid x_i - x_s \mid + \mid y_i - y_s \mid \} \qquad (5-1)$$

式中：w_i 为第 i 点的近似权重（例如人口）；x_i，y_i 为第 i 个需求点的坐标；x_s，y_s 为服务设施的坐标；n 为需求点的数目。

因此，目标函数可以被重新表达为独立项目的表达式

$$\min\{z\} = \sum_{i=1}^{n} w_i \mid x_i - x_s \mid + \sum_{i=1}^{n} w_i \mid y_i - y_s \mid \qquad (5-2)$$

最佳位置必须符合以下两个条件：在 x 方向，x_s 位于 w_i 数值的中间；在 y 方向，y_s 位于 w_i 数值的中间。因为 x_s，y_s 或者两者可能是唯一的，也可能在一个范围内变动，最佳位置可能在一点上，一条线上或者一个区域内。

2. 欧几里得法

把点与点之间的地理结构问题改为直线距离使定位问题复杂化。这时目标函数变为

$$\min\{z\} = \sum_{i=1}^{n} w_i \left[(x_i - x_s)^2 + (y_i - y_s)^2 \right]^{1/2} \qquad (5-3)$$

把部分结果代入 x_s 和 y_s 之中，然后让它们同时等于零，就衍生两个等式。对 x_s 和 y_s 求解就得出下面一对确定最佳定位的等式，即

$$x_s = \frac{\sum\limits_{i=1}^{n} \dfrac{w_i x_i}{d_{is}}}{\sum\limits_{i=1}^{n} \dfrac{w_i}{d_{is}}}$$

$$y_s = \frac{\sum\limits_{i=1}^{n} \dfrac{w_i y_i}{d_{is}}}{\sum\limits_{i=1}^{n} \dfrac{w_i}{d_{is}}} \tag{5-4}$$

$$d_{is} = [(x_i - x_s)^2 + (y_i - y_s)^2]^{1/2} \tag{5-5}$$

这些方程没有直接的解，解方程只能用 x_s 和 y_s 的试解法，直到 x_s 和 y_s 之间的区别可以忽略不计为止。

5.4.2　零售场所定位

当对一个像超级市场这样的零售店进行定位时，目标是利润最大化。因此，必须对不同定位的各种数据进行评估，以寻找利润最大的定位点。

"引力模型"可用来评估消费者需求，这个模型是以物理类比为依据。也就是说，两个物体之间的万有引力与它们的质量大小成正比，而与它们之间的距离成反比。对于某一服务来说，设施的吸引力可表示为

$$A_{ij} = \frac{S_j}{T_{ij}^{\lambda}} \tag{5-6}$$

式中：A_{ij} 为设施 j 对消费者 i 的吸引力；S_j 为设施 j 的大小；T_{ij} 为消费者 i 到设施 j 的时间；λ 为一个用经验估计的参数，它反映各种购货顾客行走时间的效应（例如，对于一个大规模的购物中心其 λ 值为 2，而一个便利店的 λ 值为 10 或更大一点）。

戴卫·L. 哈夫利用"引力模型"建立了一个零售场所定位模型来预测一名消费者从具有特定规模和位置的商场所能获得的利益。由于必须考虑到其他竞争者的吸引，他提供了一个比率 P_{ij}。假设有 n 家商店，P_{ij} 表明了一个来自 i 统计地区的消费者到特定购物场所 j 的可能性或概率，即

$$P_{ij} = \frac{A_{ij}}{\sum\limits_{i=1}^{n} A_{ij}} \tag{5-7}$$

估计值 E_{jk} 表示在某一商店 j 所有消费者每年在产品等级 k 的商品上所有的消费支出总和，它可以用公式表示为

$$E_{jk} = \sum_{i=1}^{m} (P_{ij} C_i B_{ik}) \tag{5-8}$$

式中：P_{ij} 为顾客从一特定的地区 i 到设施地 j 的可能性，可通过方程计算；C_i 为 i 地区的消费者数量；B_{ik} 为 i 地区的消费者消费等级为 k 的产品的平均总预算值；m 为统计地区数量。

于是，用 M_{jk} 表示商店 j 在产品等级为 k 的销售份额，则有

$$M_{jk} = \frac{E_{jk}}{\sum_{i=1}^{m} C_i B_{ik}} \tag{5-9}$$

可以用一个可重复程序来计算在某一位置上各种潜在的各种规模商场的每年预期利润。税前净经营利润用根据商场规模调整的销售额的百分比来计算。其结果是得出一系列某一规模商场具有最大利润的潜在定位点。余下的工作是，选择能够带来最大利润的场地与房地产商谈判。

5.4.3 多种设施定位

1. 定位覆盖问题

对公共设施定位评估决策的困难导致了对替代性测度的研究和设施定位效果的评估测量。一种测量就是顾客到达设施所必需的最远距离测量，这就是人们所知的设施最大服务距离。对在一些特定的最大服务距离内能满足所有需求点的设施的最小需要数量和设施的定位的研究，就是定位集合的覆盖问题。定位覆盖问题往往可以得出一个以上的解。

2. 最大覆盖定位问题

定位组合覆盖问题的一种变化形式就是最大覆盖。这个问题基于一个非常有吸引力的目标：在特定覆盖服务距离内的人口最大化。比如，对某一个网络，在给定每一社区用户数量的信息基础上进行讨论。使用一种"疯狂添加法"来解决这个问题。这种方法是建立在定位组合覆盖分析基础上的。该算法从一个空方案组合开始，每一次往组合上添加一个最好设施位置。首先选中的位置覆盖了最多的人口，再次选择的位置覆盖了未覆盖的最多人口数量。如此添加，直到所有人口都被覆盖或达到位置数量的限额为止。

5.5　服务设施定位的新策略

服务设施的定位固然有一定的规则可以遵循，可是并不是必然的。仍然有一些例外的定位获得了成功。到目前为止，定位目标集中于为用户提供便利，这种便利是用到达计划设施的距离来表示的。但是，也可以定位于为顾客提供地理便利。

以下将关注"竞争群络"的营销观念。这种观念应用于商店购物当中，还有用于在城镇零售中取得成功的针对同类产品的饱和营销策略。营销中介这一概念用来拓展服务市场，超出了地理的限制。

5.5.1 竞争群络

"竞争群络"是对消费者在众多竞争对手之间选择时表现出来的消费行为的反应。当消费者购买一些比较昂贵的商品时，他们喜欢进行比较。为了便利，他们更乐意在众多竞争者集中的地方进行搜寻。

5.5.2　饱和营销

"饱和营销"策略的主导思想是在城市和其他交通流动比较大的地区集中定位许多相同的公司或商店。虽然对同类产品营销会影响销售额，但具有降低广告费用、便于监督及便于顾客识别等优势，特别是当这些优点集中在一起的时候，将会提高竞争能力。这种策略在一些人口密集的地区或闹市区的定位中会发挥出更大作用。

我国服务企业现在面临的市场环境已是越来越多变，消费者每天都接触到大量的广告，在众多的服务信息中，消费者面临众多的选择。如何提高企业知名度，扩大在消费者心中的影响，使消费者了解并购买自己的服务，是我国服务企业获得成功、提高业绩水平的关键，然而大多数的服务企业规模相对较小，且受地域限制，难以开展大规模的广告行动，一些传统的宣传手段又难以达到预期的效果。如何解决这个问题是许多服务企业经常考虑的问题。美国学者詹姆斯·A. 菲茨西蒙斯在《服务管理》中提出的饱和营销的思想，为我国改善服务企业的经营业绩，提高服务企业的知名度，树立服务企业形象提供了一种有益的思路。

詹姆斯·A. 菲茨西蒙斯认为饱和营销是一种公司为发挥明显形象效应来吸引消费者注意力的独特的市场定位。该策略的指导思想是在城市和其他交通流动大的地区集中定位许多相同的公司或商店，使消费者在这些地段能多次接触到企业的标志，给消费者留下深刻的印象，使消费者一旦产生消费的需求首先想到的就是该企业。

在国外运用饱和营销的例子很多，詹姆斯·A. 菲茨西蒙斯在《服务管理》中给出的典型案例是美国的 Au Bon Pain 公司。Au Bon Pain 公司是一家以其独特的三明治、法国面包和月牙形面包出名的咖啡店。该公司仅在波士顿的闹市区就开设了 16 家快餐店，其中许多面积不足 9 平方米。实际上，仅在 Filene 公寓商厦的不同楼层就开设了 5 家店铺。虽然在我国饱和营销提得并不是很多，但有许多企业已经在实行这种策略。例如，著名的可口可乐公司。它在我国各个地方都有大量的经销店，只要我们感到口渴便能找到可口可乐。随便在任意一个城市都可以见到大量的可口可乐贩卖机，无时无刻不在我们的视野之中。

饱和营销具有以下几个优点。

① 降低广告费用。商店可以代替广告，就仿佛在每个街区上都有户外广告牌一样。

② 便于监督。公司经理可以步行从一家商店走到另一家商店，在一天内察看当地所有的商店。

③ 便于顾客识别和吸引顾客。消费者喜欢在竞争者集中的地方进行搜寻，这种定位的商店更能在有限的时间内将顾客"拉"去消费。

④ 品牌识别促进了公司的成长，有利于建立消费者忠诚度。

⑤ 可以占据有利的竞争位置，起到竞争屏障和有效阻止竞争对手进入有利地点的作用。如果没有新店开立，竞争对手就会有可乘之机，类似的店铺就可能占据这个位置，那么竞争对手将获得额外的销售额。

⑥ 减少供销矛盾。由于一些代销商很难对付，企业自己经营可以减少矛盾，降低费用。

以上这些都是饱和营销的优点，特别当这些优点集中在一起时，将会提高竞争力，使企业获得丰厚的回报，同时使企业得到发展壮大。

当然，饱和营销也有一些缺点，它不能在郊区或居民区发挥作用，而且把太多的店铺聚集在一起可能会降低销售，造成同业竞争。例如，麦当劳公司就不会将两个店建得太近，因为它们不想发生无谓的自我竞争。麦当劳的发言人查克·艾伯苓说："当我们面对 20 个街区并发问下一个店要建在哪里时，我们的回答是不建立新店，我们感兴趣的是利用现有的商店赢利，那就是我们的成长策略。"但是该策略的优点已经超过了缺点，远远比这些缺点更有价值。即使老店的销售额不能完全恢复，新店获得的收益也会超过老店的边际损失，企业还是将获利。

5.5.3　营销中介

服务的生产和消费同时发生，使从有形产品生产所开发出来的"分销渠道"的概念必须加以扩充。因为服务是无形的，而且不能进行存储或运输，服务又受到地理区域的限制。然而，服务的分销渠道可以利用存在于生产商和消费者之间的不同组织中介来进行扩展。比如，在银行业，一个开展银行信用卡业务的零售商就是信用卡的分销中介。

5.5.4　通信对运输的替代

由于 20 世纪 90 年代互联网的引进，电子商务的潜在优势成为一个现实。根据研究表明，对个人而言，只有在初次和周期性业务更新时才需要进行面对面的交谈，而一些决策和日常的工作都可通过网络来完成。对于保险公司和其他一些信息行业来说，雇主进行授权是较好的选择。雇主的授权计划可以带来以下好处：

① 减少了对员工的需要；

② 减少了员工的流动和培训；

③ 降低了文员的薪水；

④ 免除了午餐；

⑤ 因总部场所出租而增加了收入。

　小资料

沃尔玛的信息化之路

沃尔玛的信息化之路可由表 5-1 概括出来。

表 5-1　沃尔玛的信息化之路

年　份	供 应 管 理	订 单 管 理
1985	地区的分销中心开始采用 EDI	集中采购
1986	保持每周的订货和送货周期 交叉使用账台	
1988	全面推广 EDI 无线扫描枪	多层次采购
1989	72 小时订货到送货的时间	
1990		IT 供应商通过网络进行销售分析
1992	如果要求可以每天/当天送货	
1995	减少店员	加快供应链速度
1997	实时销售和库存数据	

续表

年 份	供 应 管 理	订 单 管 理
1998		用于小型/当地供应商自动化供应链
2000	年网站的访问量增长了570%	感恩节获得了11亿美元的历史上最大单日销售量
2001	10月31日重新启动了经过改造后的网站	网站改进搜索引擎后，消费者能够很容易地找到50万种商品中的任何一种

20世纪80年代末，沃尔玛开始利用电子数据交换系统（EDI）与供应商建立自动订货系统。该系统又称为无纸贸易系统，通过计算机联网，向供应商提供商业文件，发出采购指令，获取收据和装运清单等，同时也使供应商及时精确地把握其产品销售情况。1990年沃尔玛已与1800家供应商实现了电子数据交换，成为EDI技术的全美国最大用户。

沃尔玛还利用更先进的快速反应系统代替采购指令，真正实现了自动订货，此系统利用条码扫描和卫星通信，与供应商每日交换商品销售、运输和订货信息。

正是依靠先进的电子通信手段，沃尔玛才做到了商品的销售与配送中心保持同步，配送中心与供应商保持同步。

案例分析

人人乐文苑路店选址分析

人人乐文苑路购物广场位于西安市长安区长安新房郭杜街办樱花广场东侧，处郭杜教育科技产业开发区开发新区中心，东临大学城，是郭杜教育科技产业开发区有史以来营业面积最大、营业品种最多的综合性购物中心。人人乐文苑路购物广场营业面积1.7万平方米，全场商品近25 000余种，其中美乐电器的营业面积为2 000平方米，超市营业面积为7 000平方米，百货区营业面积为3 000平方米。

1. 选址原则

① 贯彻便利顾客的原则。选址以便利顾客为首要原则，从节省顾客的购买时间、节省市内交通费用角度出发，以最大限度满足顾客的需要。否则失去顾客的信赖、支持，企业也就失去存在的基础。

② 便于运输货物原则。选址以方便进出货物为原则，这不仅能降低运输成本，使经济效益得到较大发挥，还能提高超市的利润率。

③ 着眼长远发展的原则。店址选择是一项大的、长期性投资，关系着企业的发展前途。一经确定，就需要大量的资金投入。当外部环境发生变化时，它不像人、财、物等经营要素可以作相应调整，而具有长期性、固定性特点。因此，店址选择要作深入调查，周密考虑，妥善规划。

2. 选址标准

① 单层面积不小于4 000平方米，总面积不小于10 000平方米。

② 可选负一层至地上三层。不选择四层以上作物业。

③ 物业层高不低于5米，柱距不小于8米，进深不小于40米。局部区域荷载为1 kN。

④ 总面积 10 000～40 000 平方米。

⑤ 拟选址周边 2 千米范围内人口不低于 8 万人为宜的地区。地区主营业态为超市、百货。

资料来源：http://wenku.baidu.com/view/3b99ffddfc4ffe473268abb1.html？from＝search.

回答问题

1. 人人乐选址考虑的主要因素是什么？

2. 人人乐选址这一案例给我们的启示是什么？

本 章 习 题

一、判断题

1. 服务设施设计的影响因素很多，"影响着消费者的感觉和行为，所以在其布置上应该有创意，应该具有独特的面貌和出奇制胜的效果。"这是影响因素"灵活性"的含义。

（   ）

2. 服务组织的使命决定其服务设施设计的参数，但并不是所有设计参数都是从服务组织的使命出发的。

（   ）

3. 公共部门的定位决策是非常复杂的，这是由于缺乏统一的目标和设施投资收益衡量的困难性造成的。

（   ）

4. 服务企业在考虑服务设施的布局时，必须要坚持：以顾客为中心，尽可能满足顾客所需为原则。

（   ）

5. 服务设施定位的集中化不能通过在众多定位点提供相同范围狭小的特定服务得到发展。

（   ）

二、选择题

1. 一般在进行服务设施设计时主要考虑以下几个影响因素（   ）。

    A. 服务组织的使命　　　　　　　　B. 土地资源和空间的合理利用

    C. 灵活性　　　　　　　　　　　　D. 艺术性

2. 服务设施定位的相关因素很多，但从对其具有决定性影响的方面来看，主要有以下因素（   ）。

    A. 设施定位决策　　B. 集中化　　　　　C. 需求管理　　　　D. 同步性

3. 服务设施选择的影响因素主要有（   ）。

    A. 信息授权　　　　B. 设施数量　　　　C. 地理位置　　　　D. 优化标准

4. 公共部门的优化标准的选择将影响服务设施的定位。例如，有学者曾对一个服务于 3 个城区的健康中心的定位进行了研究，在部分研究中，他们注意到健康中心的定位效果和下列定位标准相关：（   ）。

    A. 每区距离最小化。使每个人到最近健康中心的平均距离最小化

    B. 最大程度的利用。使来健康中心就医的人数最大化

    C. 质量保证措施和顾客参与程度

    D. 每次距离最小化。平均每次到最近的健康中心的距离最小化

5. 服务设施定位常用的策略有（　　）。

　　A. 竞争群络　　　　　　　　　　　B. 饱和营销

　　C. 营销中介　　　　　　　　　　　D. 通信对运输的替代

三、思考题

1. 服务设施设计应考虑哪些因素？

2. 服务设施定位的方法有哪些？

3. 服务设施定位的影响因素有哪些？

4. 请展望本章所述之外的服务设施定位新策略。

第 3 篇　服务运营管理

- 学习目标
- 开章案例
- 案例分析
- 本章习题

第 6 章

服 务 接 触

学习目标

✓ 认识服务接触的重要性和分类；

✓ 运用服务接触三元组合描述服务企业的服务传递过程；

✓ 掌握服务接触中顾客愉快或者不愉快的来源；

✓ 了解达到顾客满意目标，企业需要采取的措施；

✓ 分析服务利润链要素是如何提高收入和利润的。

开章案例

优衣库的全球化之路——这些日式服务，你喜欢吗？

华人喜爱去日本观光、购物，除了觉得有美景美食、商品价廉物美外，也对日式服务非常赞赏，甚至有人认为日式服务跟日本料理一样可以列入世界文化遗产。

日式服务非常体贴，也因此会很贴近客人。然而这样的做法，也会让人有不舒服的感觉，尤其是现在有的日式服务非常手册化、非常呆板，在日本国内也出现许多毛病，在国外当然更不容易得到好评。像是客人明明只有 2 人，店员端来饮料后，非常客气地问了"点咖啡的是哪位"后，又续问"点红茶的是哪位"让客人哭笑不得。

优衣库最近在澳大利亚出现了一个问题。凡是对进门的客人，只要眼神相接触，就要不断说："欢迎光临！"或客人在物色商品时，问客人："您今天想要什么？您找到您想要的东西了吗？让您久候，谢谢！"这些话翻译成原本就没有对照说法的英语，让当地人觉得很烦，或有点莫名其妙。又或是客人翻乱的衣服，店员马上就去折叠好，让客人觉得紧张，无法安心选购。因此优衣库在亚洲虽然很成功，但在美国、澳大利亚则收反效果。

对于日本人而言，日式服务也常觉得有过剩之处。像只要看到客人就会微笑，原本这也是日本普通人的习惯，笑容是必杀绝技，但店员营业式的笑容时间一长，会让人觉得很假很累，不过华人是"伸手不打笑脸人"，日式服务里的笑容还是受欢迎的；或现在许多居酒屋等店员也都半跪下来伺候点餐等，很多华人欣赏，但许多日本人会觉得不自在；或购物完毕，店员要帮客人拿袋子，一直送到门口，让许多客人觉得很不自在，有时离店后想从右边去，但店员从左边送客，变成无法右转等尴尬。

每种民族或每个个人都有自己跟别人最舒服的距离感，手册化、英语化的日式招呼若无法精确传递其精髓的话，就会显得啰唆累人了。

资料来源：http://mt.sohu.com/20150715/n416851615.shtml。

6.1　服务接触概述

在顾客与服务提供者之间存在着一系列的互动关系，包括不同的关键时刻，这一系列的关键时刻就构成了服务接触。在对服务接触进行研究时，首先应该明确服务接触的概念、重要性和分类。

6.1.1　服务接触概念

大多数服务企业的特征是服务提供者和顾客之间发生接触。这种决定顾客头脑中对服务质量优劣评价的交互作用称为服务接触，也称关键时刻（真实瞬间）（moment of truth）。

从顾客的角度来看，当客户与服务企业接触时，一项服务在服务接触或是"真实瞬间"中能够给其带来最生动的印象。这种短暂的接触往往发生在顾客评估服务的一瞬间，同时也形成了对服务质量好坏的评价。例如，旅客在一家饭店所经历的服务接触包括登记住宿、由服务人员引导至房间、在房间就餐、要求提供唤醒服务及结账等。乘客乘飞机旅行也有一系列的服务接触，从开始打电话预订机票到取票，再到候机厅里接受行李检查，以及在乘机飞行中的服务体验，到达目的地取回行李的过程。这一系列的真实瞬间连接起来可以想象成一个服务接触层次，见图6-1，顾客通过这一系列的服务接触，最终决定了该航空公司在顾客心目中信誉的好坏。

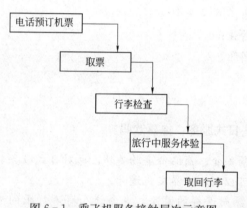

图6-1　乘飞机服务接触层次示意图

有些服务的服务接触很少，有些服务的服务接触则很多。据迪士尼公司估计，到其主题公园游玩的每位游客平均要经历74种不同的服务接触，而其中任何一次不愉快的接触都可能导致对其整体否定的评价。在服务接触层次比较靠前的几级中所发生的错误和问题尤为重要，因为一次接触中的失败很可能导致顾客对随之而来的各次接触的否定。

由于关键时刻对获取高质量的声誉所起的至关重要的作用，许多组织摒弃把与顾客接触的员工置于组织结构最底层的传统做法，而将其放在组织结构的最顶端。组织中每个员工的职责是为这些一线员工服务，后者直接为顾客服务。改变组织结构图表明对顾客满意的关注，同时也是对关键时刻管理的重视。但实行这种理念通常要求将企业分解成不同的利润中心，允许那些接近顾客的管理人员根据自己的想法做出相应的决策。

6.1.2　服务接触的重要性

虽然说服务接触层次比较靠前的几级特别重要，但是在决定顾客满意度和忠诚度方面，任何阶段的接触都可能成为潜在的决定性因素。顾客和公司的第一次接触会使该顾客留下对公司的第一印象。在这种第一次接触情形下，顾客往往没有评价该组织的其他标准。与该公司代表的一次电话或者面对面的接触会对客户关于服务质量的看法产生额外影响。在一位客户打电话要求提供家用电器的维修服务时，如果受到客户服务代表的粗鲁对待，很长时间无人反应或者被通知最快也要两周才有可能派出维修人员上门服务，他很有可能挂断电话，另寻其他服务公司。即使该公司维修服务的技术质量首屈一指，但如果第一次电话接触就把客户赶走，它将根本没有机会显示其优良的技术。

即使客户与公司有很多联系，每一次接触对于在客户心目中建立公司的完整形象也起着重要作用。许多积极的经验积累起来会树立起高质量的整体形象，而负面接触则会产生相反效果。另一方面，既有积极经验又有消极经验会使客户对公司的质量产生不信任感，怀疑其服务的一致性，更容易被竞争对手拉拢过去。例如，一位保健组织的顾客可能和预约电话接线员有一个不愉快的接触，和护理人员关系良好，和实验室技术人员及医师关系一般，所有这些印象的综合会使客户怀疑该组织的质量，不能确认下一次会得到什么样的待遇。每一次接触都会增进或者削弱持续稳定的关系。

从逻辑上说，在建立关系方面并不是所有的接触都同等重要。对每一个组织来说，都有一些特定的接触是实现顾客满意的关键。对于一家医院来说，对病人的研究表明，就病人满意度而言，与护理人员的接触要比与膳食人员或收费人员的接触重要得多。

除了普通的关键性接触外，还有一些重要的接触，它们就像是"一个苹果毁掉一筐苹果"的谚语所说的那样，会把顾客赶走，毁掉在这之前的所有努力。它们可能与一些非常重要的事件相联系（如没能在最后截止期限之前发出一件重要设备），或者看上去根本没有因果关系，像开章案例所描述的银行职员那样。同样，重要的积极接触可能令客户对组织一生忠诚。

6.1.3　服务接触分类

客户与服务组织相联系的任何时刻都可能发生服务接触。通常来说服务接触可以分为三大类：远程接触、电话接触和面对面接触。在与服务公司打交道时，一位客户可能经历任何一类或者是三类综合的接触。

1. 远程接触

首先，接触可能并不发生在人与人之间（远程接触），例如，客户通过 ATM 机与银行进行的接触，或者是通过自动售票机与售票处的接触，以及通过自动电话订购系统与邮购服务机构的接触等。当公司通过邮件系统把账单寄给客户，或是与客户发生其他信息交流时也会出现远程接触。在这些远程接触中，虽然没有直接的人与人之间的接触，但是对于公司来说，每一次接触都是增强客户对公司质量看法的机会。在远程接触中，有形服务及技术过程和系统的质量成为判断整体质量的主要标准。

越来越多的服务通过技术，特别是通过互联网进行传递。零售采购、航空订票、修理和解决麻烦及包裹和运输追踪仅是可以通过互联网实现服务的几个例子。所有这些服务的接触都可以看成是远程接触。

 小案例

目前在星级饭店中普遍采用计算机客房管理系统，当旅客办理完入住手续后，前台服务员即将旅客姓名、性别、入住的时间、准备逗留的时间及房间号等信息输入计算机系统，并发给旅客一张磁卡。旅客持卡可以用来打开客房的电子门锁，还可以持卡在饭店中消费，待旅客退房结账时根据磁卡中的记录很快打印出账单。应用该系统，饭店的客房部能够随时统计客房的入住率，并对饭店未来几天甚至几周内可提供的客房数量作出预测，为饭店经营计划的制订提供技术支持。

2. 电话接触

在很多组织中，例如保险公司、公共事业和电信公司，最终用户与公司之间接触的常规形式是电话接触。差不多所有公司（不管是制造业公司还是服务业公司）都要依靠以客户服务、常规调查及下订单等功能形式存在的电话接触。在电话接触中对质量的判断同在远程接触中的不同，因为在这种接触形式中有更为重大的潜在变量。接电话的语气、雇员的知识、处理客户问题的速度和效率成为在这些接触中判断质量的重要标准。

3. 面对面接触

第三类接触形式是雇员和顾客直接接触（面对面接触）。在迪士尼的主题公园里，面对面接触发生在游客和售票员、维护员、身穿迪士尼人物服装的演员、游乐场乘坐装置操作人员、食品和饮料销售人员及其他人员之间。对于像 IBM 这样的公司，在业务伙伴和销售人员、运输人员、维修代表及服务专家之间存在着公务形式的面对面接触。在面对面接触中，决定和理解服务质量问题是最为复杂的。在决定质量的时候，语言和非语言的行为都很重要，如实际的员工服装和其他服务标志（诸如设备、信息手册和物理设备等）。在面对面接触中顾客通过互动行为在为自身创造高质量的服务中也扮演重要角色。

 前沿展望

服务接触网络化

最初的国际电子网络规划的实验是在 20 世纪 60 年代末期。美国的国防部搞了一个与主要大学的中央电脑相连通的项目，目的是在遇到入侵时还能掌握一个替代的电信网络。这个网络要替代教育系统，而互联网很快就变成了一笔生意。到 20 世纪 90 年代中期，已经有大约 135 个国家和地区的 3 000 万个人和机构通过互联网收发信息。通过电子邮件、互联网广告、新闻、搜索等都能相互沟通。互联网的营销专家很快就因其灵活性和快速而被称作"营销游击战士"的工具。2000 年互联网的用户达到上亿，其中 75% 与企业直接或间接相连。互联网的第一个好处就是以很低的成本达到全球沟通。这对于小企业特别有利。第二个好处就是可以 24 小时全天候联系购买者或者供应者。第三个好处是可以针对标的顾客群，针对他们决定联系的时间和方式。与已经很混乱的其他沟通方式相比，这实在是一个优势：大众营销、直接营销、电子营销，这是一个不断升级的过程。第四个好处是沟通的效果好，因为可以按照标的的不同而选择不同的时间和信息进行沟通。有了新的通信技术，互联网成了少数广告宣传的载体，使用范围很广，针对的细分市场也很多。另外，互联网能表示出有多少用户接受了信息，甚至是什么时候（月、日、年）接受的信息。第五个好处是把地球村里的中小企业相互联系起来。最后，可以迅速得到顾客对所提出的服务的反应，因此能够抓住机遇，对服务感受、价格、销售和促销形式的结果都有所掌握，有利于决策。

6.1.4　服务接触成功因素分析

前面我们讨论了服务接触的分类，在这里将根据服务提供者的不同对服务接触进行再次分类，从而找出影响每类服务接触成功的因素。图6-2表明了服务提供者可能是为人服务的机器（例如ATM），为机器服务的机器（如电子数据交换）或者为机器服务的人（例如电梯修理或维护）。在互联网时代，对人类服务提供商的技术替代（即互联网）变得越来越普遍。几乎所有的企业都为其顾客构建一个网站——提供商业服务的网站引导这种趋势。图6-2就表明了每类服务接触的成功因素。

顾客	服务提供者	
	人	机器
人	● 仔细进行雇员选拔 ● 员工具有良好的人际交往技巧 ● 容易接近 ● 适合的环境 ● 良好的技术支持 ● 员工信任	● 简单的用户界面 ● 顾客确认 ● 交易安全 ● 操作简单 ● 必要时可以使用人
机器	● 容易进入 ● 快速响应 ● 交易确认 ● 远程监控	● 硬件和软件兼容 ● 能力跟踪 ● 自动确认 ● 交易记录 ● 交易安全 ● 自动防故障装置

图6-2　影响不同类型服务接触的成功因素①

6.2　服务接触中的三元组合

服务接触一定是要涉及服务过程中人的要素，而人的要素可以归结为：服务组织、与顾客接触的员工、顾客。这三者构成了服务接触中的三元组合。

服务的独有特征之一是顾客主动参与服务生产过程。每一个关键时刻都涉及顾客和服务提供者之间的交互作用，双方在服务组织设计的环境中扮演不同的角色。图6-3描述了服务接触中的三元组合，反映三个要素中的两两关系，并提出了冲突的可能来源。

一个以利润为目标的服务组织，其管理人员为了维持边际利润和保持竞争力，会尽可能地提高服务传递的效率。而非营利性组织可能以其工作效果来代替效率，当然，它的工作仍须控

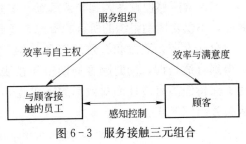

图6-3　服务接触三元组合

---

① 泽丝曼尔，比特纳. 服务营销［M］. 张金成，白长虹，译. 3版. 北京：机械工业出版社，2004.

制在预算之内。为了控制服务传递过程，管理人员常常会利用规定或程序来限制与顾客接触的员工服务时的自主权和判断。这些规定和程序也限制了为顾客提供的服务，导致服务缺乏针对性，从而导致顾客不满。最后，员工和顾客都试图对交互过程实施可感知的控制。员工希望通过控制顾客的行为使其工作易于管理和轻松自如；而顾客希望控制服务接触的进程来获得更多的利益。

理想的情况是，服务接触中的三要素协同合作，从而创造出更大的利益。然而，事实往往不是那么尽善尽美，常常是其中一个要素为了自身的利益来控制整个服务接触的进程。一个要素在服务接触进程中起支配作用而引发的冲突主要表现在以下几个方面。

1. 服务组织支配的服务接触

出于效率或者实施成本领先战略的考虑，组织可能通过建立一系列严格的操作规程使服务系统标准化，结果严重地限制了员工与顾客接触时所拥有的自主权。顾客只能从仅有的几种标准化的服务中进行选择，而不存在个性化的服务。例如，麦当劳、肯德基等服务企业通过一套结构化的组织体系的服务接触实施了成功的控制。它们成功主要是告诉顾客它们不提供什么服务。然而，顾客在与其他企业接触中所感受到的大多数不快，或被人们蔑称为"官僚作风"的东西，主要源于与顾客接触的员工缺乏自主权而不能满足顾客的特殊需求。这些组织中的员工同情顾客的处境，但是必须执行"规定"，他们的工作满意度也随之降低。

2. 与顾客接触的员工支配的服务接触

通常来讲，服务人员大都希望降低其服务接触的范围，从而减少在满足顾客需求中所遇到的压力。如果与顾客接触的员工被赋予足够的自主权，他们就会感到自身对顾客具有很大程度的控制权力。由于服务提供者具有一定的专业知识，所以顾客可能非常信赖他们的判断力。医生和患者之间的关系很好地说明了这一点，还从来没有被称为"顾客"的患者，在医患接触过程中处于对接触过程毫无控制的从属位置。不仅如此，作为一个联合体的组织，比如这种情形下的医院，受制于那些不关心效率而对医院有诸多要求的医生。

3. 顾客支配的服务接触

极端的标准化服务和定制服务代表了顾客对服务接触控制的机会。对于标准化服务来说，自助服务是使得顾客可以完全控制所提供的有限服务的选择。例如，在一个装有信用卡读取机的自助加油站，顾客不需要和任何人接触。这种高级的服务方式在无须提供"服务"的情况下就能够使顾客感到非常满意。然而，类似对一个犯罪案件的法律辩护这样的定制化服务，不仅要调动组织的所有的资源，还要花费很高的成本。

由此看来，满意和有效的服务接触应该保证三方控制需要的平衡，当与顾客接触人员得到合适培训，同时顾客的期望和在服务传递过程中的角色得到有效的沟通时，组织为了保持经济有效性而对效率的需求也可以得到满足。因此，对服务接触的管理首先要从服务组织谈起。

6.3 服务接触中愉快或者不愉快的来源

由于服务接触在建立服务质量印象方面非常重要，并最终影响顾客满意度，研究者已经广泛分析服务接触的许多方面，以期找到服务接触中顾客满意或者不满意的来源。该研究采用关键事件技术让顾客和雇员提供关于其经历的满意或者不满意的服务接触的详细故事。最终研究者总结出客户满意或者不满意来源的4个方面：补救（失误之后）、适应能力、自发性和应对。

6.3.1 补救

补救是指服务传递系统发生故障，同时雇员被要求采取某种方式对顾客的投诉和失望做出反应。这种故障包括饭店房间被预订满、飞机航班延迟了6个小时、邮购公司发送了不正确的货物，或者内部文件出现关键性错误等。雇员反应的内容和形式是引起客户对这一事件好或者不好记忆的关键。以下的小案例给出了成功及失败的补救措施的例子。

 小案例

补救的满意与不满意

1. 满意

他们没有为我保留预订的房间，但却以同样的价格为我提供了VIP套间。（外部顾客）

虽然我并没为等了一个半小时而投诉，但是女服务员不停地道歉并告诉我单据正在处理。（外部顾客）

我与负责更正月度报表问题的部门联系，我遇到的那位雇员放下了所有手头工作完成了一个新报表，我被这位雇员的热心所感动，虽然这份报表不是由他直接负责。（内部顾客）

一位绅士把鞋放在房门外晾晒，当他想收回时发现鞋不见了，饭店服务人员主动承担责任，一小时之内，诺德斯特罗姆公司的代表为这位绅士带来6双鞋子供其挑选。（雇员）

2. 不满意

我们在饭店预先订了房间，到了以后却发现没有房间可住——没人解释、没人道歉，也没有人帮我们另找一家饭店。（外部顾客）

我等了几个星期也没有收到医疗诊断卡，于是我就到诊所去了一趟。他们让我等一下，让他们查一查，10分钟之后他们告诉我："已经在邮寄途中了。"我之所以不满，是因为没有人知道发生了什么事，他们把我当成皮球踢来踢去。（外部顾客）

我的一个手提箱被磕得到处是坑，看起来就像是从30 000英尺高空扔下来的一样，当我为被损坏的行李提出抗议时，那个雇员居然暗示是我说谎，并损坏了箱子。（外部顾客）

一份新的维萨（VISA）卡申请书上缺了一位贷款处官员的签字，我与发出这份文件的贷款处官员联系，她说这份文件并不必要，并拒绝将其补充完整。她的态度非常傲慢，并且拒绝帮助我。（内部顾客）

6.3.2 适应能力：雇员对客户需求和要求的反应

在服务接触中满意或者不满意来源的第二个方面是，当客户对过程有特殊需要和要求时，服务传递系统如何适应。这时，顾客依据雇员和系统的灵活性判断服务接触的质量。被划归到这方面的案例都包含了明示的或者暗含的以客户为导向满足需求的要求。许多在客户看来是应其个人要求的特殊需要和要求，而在雇员看来是非常常规的要求，重要的是，让客户感到公司提供了一些从客户角度看是应其个人要求提供的特殊服务。当服务提供者努力调整系统以满足其需要时，无论是内部客户还是外部客户都会感到很满意。相反，不适应他们的需求或者对其许下从来都不会兑现的承诺会令顾客非常生气和心灰意冷。一线员工也把其调整系统的能力视为顾客满意的主要来源，那些限制一线员工灵活性的制度同样会令一线员工感到心灰意冷。以下给出了关于适应能力的案例。

 小案例

适应能力的满意与不满意

1. 满意

我并没有和医生提前预约，但是，机敏的护士说服了医生的助手，把我安排到了计划中，我只等了 10 分钟就接受了治疗。我对这次接受的特别治疗感到很满意，只等了片刻就得到了优质的服务。（外部顾客）

外面下着雪，我的车抛锚了。我找了 10 家旅馆都没有空房间。最后，一名服务员理解我的处境，租给我一张床并把它搭在一间小会客室内。（外部顾客）

虽然现在不是例行的订货时间，但我现在缺货，急需供应。我给供货部门的办公室打了个电话，接电话的男士回答："没问题，我们将在今天通过内部系统寄给你。"第二天我就收到了货物。他的话简直价值千金。（内部顾客）

天气十分寒冷，作为夜间守卫我在早上 7 点钟下班。3 家旅馆的客人正在严寒中发动汽车，他们遇到了麻烦。我告诉他们，如果他们愿意坐在休息室里喝点咖啡，我会帮助他们发动汽车。（雇员）

2. 不满意

我的小儿子独自一人坐飞机，自始至终都应得到空中小姐的照顾。然而到了奥尔巴尼，空中小姐把他一个人留在了机场，没有送他转乘下一班机。（外部顾客）

尽管我一再请求旅馆服务生设法解决凌晨 3 点还在大厅开派对的一群吵闹家伙，他却没有理睬我的要求。（外部顾客）

我给一个部门打电话，想得到顾客 NSF 账户的细节。结果我们搞错了密码，但 NSF 的费用将由另一个部门来承担。那个部门的雇员说："噢，是你们搞错了，却由我们来付费。"即使是我们部门的失误，我仍然是这家银行的雇员，应该得到尊重。（内部顾客）

一位客人向侍者解释他必须在 10 分钟内赶到机场。这是一个很小的请求。侍者联系行李车司机查克，查克却说："不行！"最后，这名侍者不得不为客人叫了出租车。（雇员）

6.3.3　自发性：未经鼓动的、雇员主动提供的服务行为

即使不存在系统故障和客户的特殊需求，有时候客户也会对一次服务接触产生特别满意或者不满意的印象。在向客户传递好或者不好的服务时，雇员的自发性是第三个方面。划分到这一组的好的案例一般都是客户得到惊喜（受到特别重视、享受一流待遇以及提出要求就获得了好东西），而不好的案例一般都是消极的或者是不受欢迎的雇员行为（态度粗暴、偷窃、歧视而且忽视顾客），相应例子在以下的案例中阐述。

小案例

自发性的满意与不满意

1. 满意

我们总是带着我们的泰迪熊（一种玩具）一起旅行。当我们回到旅馆房间时，看见服务员把泰迪熊放在一把舒适的椅子上，它正举手致敬呢。（外部顾客）

麻醉师占用额外的时间向我说明应该注意的事情，并许诺会特别照顾我，使我不会感到疼痛。我很感激麻醉师消除我的紧张，并解释我正在服用的感冒药物的区别。这些他本不必做的额外工作效果很好。（外部顾客）

我正准备一份（产品）介绍，需要另一个部门的数据资料。该部门的一名雇员提供了我所需要的资料，并同意复查这份介绍。我很感激，因为：① 这名雇员热情提供数据；② 他为改进这份介绍而提出了富有建设性的附加意见。（内部顾客）

根据电话记录，一名购物中心的经理打电话来订购货物。她回复这名经理将尽快采购，但这得等一会儿，因为现在非常忙。当她的食物准备好时，我让服务小姐放在我的桌上，我亲自送给她。（雇员）

2. 不满意

前台服务小姐的表现就好像我们在打扰她。她正在看电视，把更多的注意力放在电视上而不是酒店的客人身上。（外部顾客）

我需要一点时间来决定要哪些菜。服务小姐说："如果你看的是菜单而不是地图，你就会知道你想要些什么菜了。"（外部顾客）

维多利亚好像根本不明白我说的话，她让我重复每一句话。经过几次相同的情形后，我很生气。我再一次平静地问她，是否我应该保持相同的号码。她面无表情地回答："看情况。"她给我一个服务包（通知等待/进行），我婉言谢绝了。她又给我，并说她不理解为什么每一个人都不想等候通知。现在我真生气了。（外部顾客）

一位妇女每天早晨都来餐厅吃饭，一楼的服务小姐却不喜欢她，提供给她尽可能少的服务。这名妇女要求再加点面包和果酱，但服务小姐没有理睬。最后，我给她送来她需要的食物，服务小姐回到后台开始辱骂那位顾客。（雇员）

6.3.4 应对：雇员对问题客户的反应

这一组的例子是在雇员描述客户满意或者不满意的服务接触时提出的。除了前面归纳的三个方面的例子，雇员们还讲述了许多由于顾客自身原因而引起的不满意。这种顾客根本不打算合作，也就是说，不愿意和服务提供者、其他客户、行业规则甚至法律合作。在这些例子中，无论雇员做什么都不会使其感到满意。因为这种行为一般需要雇员去解决顾客遇到的问题。正如下面的案例所提到的那样，从顾客角度看这种接触很少令人满意。有意思的是，顾客自己不讲述任何"问题顾客"事件。也就是说，顾客或者没有看见，或者不去想，不去讲述由于他们自己不合理的行为所引起的令其不满意的故事。

小案例

应对的满意与不满意

1. 满意

一个喝醉酒的人在飞机上叫嚷,使其他乘客很生气。这时,空中小姐问这名顾客当飞机降落后他是否要开车,并给他送来了咖啡。他喝了咖啡后变得安静和友好了。(雇员)

2. 不满意

五名房客在结账之后仍在客房滞留了两个小时,他们既不接电话也不让服务人员进入房间。最后酒店保安破门而入,他们发现客人正在吸毒,就叫来了警察。(雇员)

一名男士看到他预订的位置时,发现这里看不到餐厅外面的景色,他非常生气并要求换一个靠窗户的位置。餐厅的生意很忙,但女老板仍许诺半个小时后给他一个靠窗的位置。这位男士不想等待,只好坐在他预订的座位,但他吃饭时不停抱怨,离开时也没有给小费。

对于以上提到的 4 个主题,表 6-1 对服务接触中引起满意和不满意的具体行为进行了概括。表中左半部分揭示出雇员行为导致的正面接触,而右半部分则概括了每一主题下的负面行为。

表 6-1　一般服务行为——做还是不做①

主　题	做	不　做
补救	承认问题 解释原因 道歉 给出选择方案 承担责任	不理睬顾客 责备顾客 让顾客"自己照料自己" 降低档次 不承认错误 "玩锯木游戏"(推卸责任)
适应能力	认识到顾客需求的重要性 承认 预期 努力去容纳 调整系统 解释规则/策略 承担责任	忽视(顾客需求) 承诺,但自始至终都没能履行 流露出不愿努力的情绪 使顾客尴尬 嘲笑顾客 回避责任 "玩锯木游戏"
自发性	注意时间性 集中注意力 预测顾客的需求 倾听 提供信息 表示同情	流露出不耐烦的情绪 忽视(顾客要求) 喊叫/嘲笑/咒骂 从顾客身边偷偷溜走 歧视(顾客)
应对	倾听 试图去容纳 解释 给予顾客自由的时间	仅仅个人接受顾客的不满 让顾客的不满影响他人

---

① 泽丝曼尔,比特纳.服务营销 [M].张金成,白长虹,译.3 版.北京:机械工业出版社,2004.

6.4 顾客满意目标

由于每一次服务接触对于能否保留住顾客非常重要，所以许多公司都以"零缺陷"和100％满意为目标。为了达到该目标，首先，要对组织和顾客发生关系的所有方面进行资料整理。其次，研究顾客在每一次服务接触中的期望，并将战略构建在满足顾客期望的基础上。6.3节提到了服务接触中的4个主题：补救、适应能力、自发性、应对，每一个主题下的满意/不满意示例都显示了组织达到零缺陷目标的具体行动方式。

 小资料

年仅39岁的北欧航空公司总经理卡尔森是重视顾客"接触点"、取得不俗业绩的典范。在世界航空业因不景气而大幅度削减人员经费的时候，卡尔森不但没有裁减一名员工，反而在员工教育、新旅客等级的设定、起降时刻的管理、服务改革等方面不惜投资推出一系列大规模的改革行动。他的观念是，一线员工每天在顾客"接触点"上发生5万次的接触，他们服务质量的好坏，事关整个公司的经营。顾客满意不仅仅是在一个方面提高100％，而应在100个方面提升，哪怕只提升1％，卡尔森的新观念改变了整个公司的经营观念，使北欧航空在衰退中取得了良好的经营业绩。

1. 为有效补救做计划

在顾客第一次尝试后感到失望时，"第二次要做得更好"对保持顾客忠诚来说十分重要。这说明需要对服务过程和服务系统进行分析，找出服务失误的根本原因，以便使重新设计的服务系统更加可靠。然而，由于服务内在的变化性，即使最好的公司也难免失误。因此，组织需要服务补救系统，允许雇员弥补过失，让顾客感到满意。

2. 使适应能力和灵活性更加便利

顾客感知在服务接触中对组织的适应能力和灵活性也产生了满意或者不满意。适应能力这个接触主题的存在表明组织需要知道系统什么时候、怎样才能充满灵活性，以及什么时候、怎样向顾客解释为何特殊需求不能被满足。服务概念的知识、服务传递系统及其运作方式，以及系统的标准能使雇员通知顾客发生了什么，可以做什么，为什么他们的需要或要求能（不能）被满足。即使顾客的需求没能得到满足，这种知识和解释也能给顾客留下肯定的印象。

3. 鼓励自发性

即使没有系统错误和特殊要求，顾客仍然会经历难忘的服务接触。在自发性的主题下，雇员行为似乎是随机的，很难控制，但组织仍然有办法鼓励正面自发行为或阻止负面行为。招聘和选择过程可以雇用那些具有强烈服务导向，本性中就有服务意识的新雇员。强有力的服务文化、雇员被赋予的权力、有效的监督和监测，以及快速反馈给雇员的信息，都将在一定程度上控制似乎是随机的自发行为。因为这些人力资源方面的问题对服务质量极其重要。

4. 帮助雇员应对问题顾客

在应对主题下，顾客本身是造成其不满意的因素。应对主题暗示了几个可以采取的管理战略。首先，经理和顾客都需要承认顾客并不总是对的，其行为也不能全部接受。具有这方面工作经历的一线员工都知道这一点，但是他们不断被告知"顾客就是上帝"，他们也没有得到适当培训以致不知道应对问题的方法。在应对问题顾客的过程中，雇员不仅要依赖自己的感觉，而且需要正确的解决问题的方法，另外还需要"培训顾客"，使其知道可以期望什么，以及在这种情况下适当的行为是什么。

5. 根据接触的水平管理质量维度

当服务质量的 5 个维度——可靠性、响应性、安全性、移情性和有形性（见 7.1 节相关内容）被应用到公司整体服务质量时，很自然它们将与每一次接触相联系。如果根据这 5 个维度考虑每一次接触，能使"真实瞬间"确保顾客满意战略程序化，围绕以上讨论的 4 个主题增加广泛的战略。与 4 个接触主题相联系的许多战略将直接增强质量维度。例如，以提高雇员的服务适应能力为目的的战略将增加对响应性和移情性的感知。

6.5　服务利润链

服务利润链提出了一系列相关因素之间的关系，如获利性、顾客忠诚度、员工满意度、能力和生产力，见图 6-4。利润和回报的增长来自忠诚的顾客，顾客忠诚又来源于顾客满意，而顾客满意受感知服务价值的影响。服务价值是由那些满意的、投入的、生产性的员工创造的，员工满意产生于对信息技术和培训的投资及员工授权的政策。满意和忠诚的员工来源于挑选和培训，但是需要提高信息技术和其他工作场所支持的投资以提高在服务过程中决策的自由度。

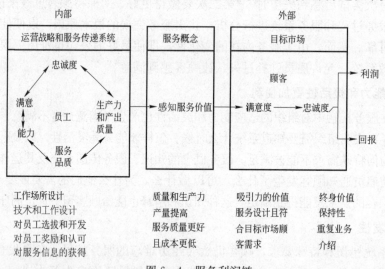

图 6-4　服务利润链

1. 内部质量驱动员工满意

内部质量描述了员工的工作环境，它包括工作场所设计、技术和工作设计、对员工的选拔和开发、对员工的奖励和认可、对服务信息的获得。例如，一家金融服务公司，电话客户代表得到了一套先进的信息系统的支持。当一个顾客拥有会员号码后，该系统就能在监视器上显示顾客完整的信息档案。另外，这家公司还具备完整的培训系统，拥有专门用于培训的教室。

2. 员工满意度提高员工保留率和生产率

在大多数服务工作中，员工跳槽的真正成本是生产率的损失和顾客满意度的降低。在个性化的服务企业中，低员工流动率是与高顾客满意度密切相关的。例如，证券公司失去一位有价值的经纪人的损失可以用顶替他的人与顾客建立关系期间所损失的佣金来衡量。员工的满意度对生产率也有影响。西南航空公司一直是利润最高的航空公司，部分原因是该公司拥有较高的员工保留率，它的小于5%的员工流动率在该行业是最低的。

3. 员工保留率和生产率影响服务价值

尽管西南航空公司不指定座位、不提供餐饭并与其他航线共用预订系统，但是顾客对该公司的评价仍很高。顾客看中的是频繁的离港班次、准时服务、友好的员工和低的票价（低于市场60%～70%的票价）。该公司可以实行低票价的部分原因是，训练有素、灵活性强的员工可以执行几种类型的工作，并能够在15分钟以内转向另一架次的班机。这种员工的内部扩展被称为"能力周期"，见图6-5。

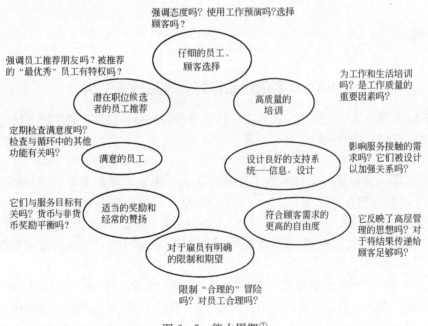

图6-5 能力周期①

4. 服务价值提升顾客满意度

对于顾客来说，服务价值可以通过比较获得服务所付出的总成本与得到的总收益来衡量。"进取公司"是一家伤害保险公司，通过让保单持有者毫不费力地快速办理手续和赔付为顾客创造价值。一旦出现保险事故，该公司的理赔员迅速飞抵事故现场，马上办理赔偿，提供支持性服务，减少了法律费用，实际上让受损方得到了更多的实惠。

---

① HESKETT J J，SASSER W E，ASCHLESINGER L A. The Service Profit Chain [M]. New York：The Free Press，1997.

5. 顾客满意度影响顾客忠诚

施乐公司等对其顾客进行过一次调查，使用的是 5 分制，从"非常不满意"到"非常满意"。调查发现，"非常满意"的顾客再次购买施乐产品的可能性是"满意"顾客的 6 倍。该公司称这些非常满意的顾客为"传道者"，因为他们会转变那些不接受公司产品的人的看法。另一极端为"恐怖分子"，这些非常不满意的顾客会产生不好的口碑。应竭力避免产生这类顾客。

6. 顾客忠诚影响获利性与成长

因为顾客忠诚度增加 5%，利润可以增长 25%～85%，因此，市场份额的质量（可根据顾客忠诚度来衡量）应得到与市场份额的数量一样的关注。有一句推销名言：满意了的顾客是最好的广告。任何一个顾客在购买某种商品之后，都会把自己的体会告诉别人，形成购买商品的连锁反应。如果能够掌握这种连锁反应的规律，那么就能找到新的推销对象。曾获得"世界最伟大的推销员"称号的美国推销专家乔·吉拉德在其自传中写道："每一个用户的背后都有'250'人，推销员若得罪一个人，也就意味着得罪了 250 人；相反，如果推销员能够充分发挥自己的才智利用一个顾客，也就得到了 250 个关系。"

案例分析

MINISO 名创优品推行"神秘顾客"制

MINISO 名创优品一直坚持为顾客提供优质低价的产品和愉悦周到的服务体验，把"尊重顾客"放在首位，适时推出"神秘顾客"的管理模式，借力全民监督以进一步提升产品和服务质量。

作为时尚休闲百货品牌，MINISO 名创优品除了注重产品的质量、价格以及创意外，"尊重顾客"的服务理念也受到了推崇。为了更好地落实这个服务理念，MINISO 名创优品根据自身经营管理的特点，把"神秘顾客"这个先进而又有效的监督方式推行到管理当中，目的是为了提供更优质的产品和服务给消费者，让每一个亲临店铺的顾客都能获得愉快的购物体验。

最近，不少 MINISO 名创优品门店都迎来了一些"特殊的顾客"。这些顾客装扮普通，有学生、白领、家庭主妇、甚至一些中年的男士，但他们对店里的产品选择很挑剔，仿佛每一样产品都想要细细研究；对于店员的服务，他们耐心倾听，十分"好学"，总喜欢提出一些问题来"刁难"工作人员。他们是谁？他们就是 MINISO 名创优品的"神秘顾客"。

MINISO 名创优品一直坚持为顾客提供优质的产品和服务，把建立品牌形象放在首位，适时推出"神秘顾客"的管理模式，对品牌的发展有正面的作用。品牌能否受到消费者的信任和喜欢，优质的服务是关键。为了更好地提供优质的服务，MINISO 名创优品不断为此做出努力。品牌一向秉承顾客至上宗旨，在推出"神秘顾客"的全新管理方式前，已经有相关的举措。此前推出的"手机贴膜"活动，在为顾客提供更贴心的服务同时，也收获了顾客的赞赏。

MINISO 名创优品提供的是休闲百货产品，面向的消费者范围很广，要真正了解不同消费者群体的需要，就要从不同的角度入手研究。MINISO 名创优品的"神秘顾客"来自不同的行业，有不同的消费力和消费需要，他们对产品和服务的要求也不尽相同。因此，在挑选神秘顾客的过程中，除了让内部的员工参与外，也邀请了 MINISO 名创优品的忠实消费者和粉丝"客串"。这样的互动对于品牌和消费者是双赢的，消费者在担任神秘顾客的过程中，增加了与品牌直接的对话，更客观直接地提出建议。品牌在提高自身服务的同时，消费者也能获得更好的购物体验。

　　神秘顾客在参与购物后，从不同的角度分析需要改进的问题，为品牌的进步提供客观可靠的依据。MINISO 名创优品推行全新监督方式，通过神秘顾客暗访，真正从购物者的角度，了解顾客最根本的需要，产品适合不适合消费者，只有真正使用过才有发言权。品牌通过收集神秘顾客的意见，在调查的过程中，不断更新市场所需，紧贴需求，以持续不断为消费者提供具有生活质感及丰富的产品选择为职责。

　　拥有丰富多样并能满足不同需要的产品后，相应的服务也不能落后。MINISO 名创优品旨在为顾客提供全面优质的服务，"尊重顾客"是服务的根本。尊重顾客就是对自己品牌的尊重，MINISO 名创优品的员工站在顾客角度着想，像尊重自己一样尊重顾客，发自内心地为顾客排忧解难，处处为顾客着想、处处尊重顾客，把顾客当作朋友，千方百计满足顾客的要求。"神秘顾客"让品牌从提供服务转变成被服务的对象，在接受服务的过程中进行调整，完善原有的服务，改变其中的不足，增加更贴心更专业的服务，让顾客踏进 MINISO 名创优品的每间店铺，与产品和服务人员互动，在舒适的环境中购物，获得美好的购物体验。在 MINISO 名创优品店铺的购物过程中，你会发现：快乐的生活，就是这么简单。

　　"神秘顾客"的推行，不但更好地满足顾客的需要，也提升了品牌的内部管理能力，大大弥补了内部管理过程中可能存在的不足。"神秘顾客"以中立的身份，在购买商品和消费服务同时，又以顾客和管理者的两种眼光观察服务表现，所观察到的是服务人员无意识的表现。神秘顾客监督方式对企业发展的作用会是显著的。"神秘顾客"的暗访监督，在与奖罚制度结合以后，能带给每间 MINISO 店铺的服务人员无形的压力，引发他们主动提高自身的业务素质、服务技能和服务态度，促使其为顾客提供优质的服务，而且效果持续的时间较长。这种作用又是多方面的，来到 MINISO 名创优品的店铺中，"神秘顾客"就是一位特殊的消费者，他们可以从顾客的角度，及时发现、改正商品和服务中的不足之处，提高客户满意度，留住老顾客，发展新顾客。

资料来源：http://www.jia360.com/2014/0717/1405583628119.html.
回答问题
1. 名创优品为什么要推行"神秘顾客"制？
2. 结合本案例内容，说说名创优品"神秘顾客"体现了顾客接触的哪方面？

本 章 习 题

一、判断题

1. 大多数服务企业的特征是服务提供者和顾客之间发生接触。这种决定顾客头脑中对服务质量优劣的评价的交互作用称为服务接触。　　　　　　　　　　　　（　　）

2. 在服务接触中顾客愉快或者不愉快的主要来源之一的"应对"主题下，服务员工本

身是造成其不满意的因素。　　　　　　　　　　　　　　　　　　　　　（　　）

3. 服务利润链提出了一系列相关因素之间的关系，如获利性、顾客忠诚度、员工满意度、能力和生产率。　　　　　　　　　　　　　　　　　　　　　　　　　　　　　　（　　）

4. 服务接触中顾客满意或者不满意来源的"适应能力"的含义是：当客户对过程有特殊需要和要求时，服务传递系统如何适应。　　　　　　　　　　　　　　　　　　　（　　）

5. 服务企业的最终利润来源主要是那些满意的顾客群体，而不是忠诚的顾客群体。

　　　　　　　　　　　　　　　　　　　　　　　　　　　　　　　　　　　（　　）

二、选择题

1. 服务接触三元组合模型由 3 个元素构成，它们是（　　　）。
　　A. 服务设施　　　　　　　　　　　　B. 服务组织
　　C. 顾客　　　　　　　　　　　　　　D. 与顾客接触的员工

2. 通常来说，服务接触可以分为（　　　）。
　　A. 远程接触　　　B. 电话接触　　　　C. 面对面接触　　　D. 虚拟接触

3. 服务接触中顾客愉快或者不愉快的主要来源是（　　　）。
　　A. 补救（失误之后）　　　　　　　　B. 适应能力
　　C. 自发性　　　　　　　　　　　　　D. 应对

4. 服务利润链由以下的（　　　）等部分构成。
　　A. 企业运营战略和服务传递系统　　　B. 同行业的竞争者
　　C. 服务概念　　　　　　　　　　　　D. 目标市场

5. 服务接触产生冲突的主要来源是（　　　）。
　　A. 服务组织支配的服务接触　　　　　B. 与顾客接触的员工支配的服务接触
　　C. 顾客支配的服务接触　　　　　　　D. 服务接触中的三要素协同合作

三、思考题

1. 为什么服务接触如此重要？

2. 如何才能使顾客满意？

3. 描述你最近的一次远程接触、电话接触和面对面接触，你如何评价这次接触？

4. 描述一次去住旅馆的接触层次，你认为该层次中决定你对旅馆服务质量整体印象的最重要的接触是什么？

5. 描述服务利润链一系列因素之间的相互关系。

→ 第 7 章

服 务 质 量

学习目标

✓ 掌握服务质量的概念和维度；

✓ 使用服务质量差距模型诊断企业服务质量存在的问题；

✓ 运用服务质量测量方法，尤其是 SERVQUAL 方法来测量企业的服务质量；

✓ 了解如何运用各种方法来改善服务质量。

开章案例

锦江之星保障服务质量有秘诀

秘诀 1：安全、卫生很重要

安全和卫生是客人入住酒店最基本的需求，同时也是顾客挑选经济型酒店的一项重要指标。因此，安全、卫生、性价比高的经济型酒店能够吸引大量年轻的消费群体。

酒店卫生状况如何，只要看一看它的客房打扫即可。如果看见酒店的床单、枕套被随意地扔到地上，作为客人的你一定感受极差，甚至已经在心里给这家酒店的卫生"判了死刑"！

锦江之星要求服务员打扫客房时，房门敞开，清洁车就停放在门外，所有路过的客人都能清楚看到服务员是怎样打扫的。在客房清洁中，最重要的一项规范就是，替换下来的床单不能落地。同时，每年不定期抽检洗衣厂的卫生状况，将他们清洗过的布料拿出去让第三方机构检验，这样才能保证客人享用到安全、卫生、放心的酒店用品。

秘诀 2：床上用品花功夫

锦江之星作为经济型酒店的领头羊，它的定位是，不管你是睡在五星级酒店还是在锦江之星，你今天晚上一定有一个好的睡眠。所以锦江之星在床上花了很多功夫：升高的床架、加厚的席梦思、双层床垫、安睡宝 7 孔纤维被子枕头及高支全棉的床上用品等，通过全面提升床品的品质，为客人创造了更加健康舒适的睡眠环境。

秘诀 3：四大维度抓质控

锦江之星在去年顺利通过上海市级服务标准化示范试点工作验收。作为国内经济型酒店的首创者，其主要从以下四大维度做好质量管控。

第一，减少顾客投诉。目前在酒店客诉率方面，国际标准为 0.3‰以下，锦江之星自创办以来就对这个数字非常敏感，所以通过这些年的努力，客诉率一直维持在 0.11‰左右，远远优于国际标准。

第二，每年都要对每个酒店进行打分，75 分以下的酒店就要关门或者退品牌。

第三，专门请第三方公司进行暗访，从顾客的角度体验酒店的产品和服务。每次暗访都有报告，指出优点和不足，据此整改。不配合整改的，就要求其退出。

第四，对于酒店在网上的客户点评，公司也是有要求的。

通过以上四大维度进行产品和服务质量管控，锦江之星在消费者中赢得了良好的口碑。2014 年，由国际知名酒店市场第三方调研公司 Market metrix 发布的全球酒店客户满意度调查中，锦江之星荣登了冠军榜宝座，这是中国唯一上榜的民族酒店品牌，也是亚太地区唯一上榜的经济型酒店品牌。

资料来源：http：//news. ifeng. com/a/20160217/47457977 _ 0. shtml.

7.1　服务质量概述

服务质量是顾客感知服务的关键。在纯粹服务的情况下，服务质量是顾客评价服务的主要因素；在无形服务与有形产品混合在一起提供给顾客的情况下，服务质量在决定顾客满意与否时也非常关键。基于服务质量的重要性，在本节中首先对服务质量研究概况、服务质量定义予以明确，然后讨论服务质量的构成要素和 5 个维度。

7.1.1　服务质量研究概况

国外对服务质量的研究始于 20 世纪 70 年代后期。早期的研究主要集中在服务营销领域，后来逐步扩展到服务作业、人力资源管理等相关领域，呈现出多学科交叉研究的特点。20 世纪 80 年代初，北欧学者对服务质量的内涵和实质进行了开创性的研究。美国营销学研究院也从那时起开始资助一项为期 10 年的服务质量专项研究。另外，欧美已有不少大学成立了服务质量研究机构。以服务质量研讨会（quality in service，QUIS）为代表的一系列国际性学术会议相继召开，一批颇具影响的研究成果陆续问世。服务质量成为自 20 世纪 80 年代以来，管理学科中一个很有活力的研究课题。

格罗鲁斯于 1982 年率先提出了顾客感知服务质量（perceived service quality，PSQ）的概念和总的感知服务质量模型。格罗鲁斯创建的感知服务质量评价方法与顾客差异结构（disconfirmation construct，用来衡量顾客的服务体验、服务结果与顾客期望吻合程度的方法）至今仍然是服务质量管理研究领域最为重要的理论基础。

在 1988 年，Berry 和他的同事 Parasuraman、Zeithaml 就开始对服务质量决定因素和顾客如何对服务质量进行感知等问题进行研究，他们开发出一个叫作 SERVQUAL 的多项量表方法来测量服务质量的 5 大要素。后来 Liljander 在对服务质量进行研究时，采用多种标准与服务体验进行比较，美国的学者也对此问题进行了研究，为了克服 SERVQUAL 的弊端，他们提出一系列的涵盖要素来衡量顾客服务体验并对这些要素本身进行衡量，即 SERVPERF（只衡量绩效）的评价方法。这种测量模型主要基于顾客对服务实际表现的感知，而与服务期望没有关系。

国内对服务质量的关注是从 20 世纪 90 年代开始的，服务质量的理论研究和企业实践成为当时的一股热潮。而对服务质量测量的研究大多都是借鉴了国外研究成果 SERVQUAL

的方法，创新点很少。有一少部分学者认为对服务质量测量应该从管理者的角度进行，这一观点比较新颖，但缺少定量方法和实践理论的支持。

7.1.2 服务质量的定义

企业在改进服务质量时，首先应该对服务质量的内涵予以明确。在服务业中，服务质量是顾客感知的质量。

对服务企业而言，质量评估是在服务传递过程中进行的。每一次的顾客接触都是一个使顾客满意或者不满意的机会。也就是说服务质量是顾客对特定产品和服务所感知的质量。

将质量定义得过于狭窄是有一定风险的，因为这将导致质量管理计划范围的狭窄。例如，服务或产品的技术特性常常被认为是产品或服务唯一或最重要的特性，越是重视技术的企业，就越是如此。事实上，顾客关于质量的概念是很宽泛的，而不仅仅是局限于技术这一项指标上。企业对质量的理解必须和顾客的理解相吻合，否则，在制定质量改进计划时，就会出现错误的行为，金钱和时间就会白白地浪费掉。应当记住，重要的是顾客对质量如何理解，而不是企业对质量如何诠释。

7.1.3 服务质量构成要素

顾客感知服务质量包括两部分：技术质量和功能质量。

1. 技术质量

技术质量是顾客在服务过程结束后的"所得"。顾客从他们与企业的互动关系中所得到的东西对于评价服务质量具有重要意义。企业常常认为这就是服务，但事实不是这样，这些只是服务质量的一部分，即服务生产过程的结果所形成的技术质量（technical quality）。在服务管理中，也称其为结果质量（outcome quality）。通常，顾客对结果质量的衡量是比较客观的，因为结果质量牵涉的主要是技术方面的有形内容。例如，在酒店中住宿者将得到一间屋子和用以睡眠的一张床，在饭店中顾客得到他所要的饭菜，飞机乘客被航空公司的飞机从一个地方运到另外一个地方，企业咨询公司的客户会得到一份公司发展规划，工厂中的产品从仓库被运到顾客那里，银行客户可以得到一笔贷款，设备制造商会对其所生产的设备进行维修，商店会努力去解决顾客的抱怨等，所有这些都是服务的结果，它们无疑是顾客服务体验的一个重要组成部分。

2. 功能质量

顾客接受服务的方式及其在服务生产和服务消费过程中的体验，都会对顾客所感知的服务质量产生影响，这就是服务质量的另外一个组成部分。这个部分与服务接触中的关键时刻紧密相关，它所说明的是服务提供者是如何工作。因此，将其称为服务过程的功能质量（functional quality）。在服务营销著作中，也将其称为过程质量（process quality）。

在顾客与服务提供者之间存在着一系列的互动关系，包括不同的关键时刻，所以，技术质量只是顾客感知服务质量的一部分，而不是全部。除了服务结果外，服务结果传递给顾客的方式，对于顾客感知服务质量也起到很重要的作用。例如，自动提款机是否易于使用，网站是否易于进入，饭店或管理咨询是否易于获得，以及饭店服务员、银行职员、旅行社职员、公交车驾驶员、客轮服务员和维修人员的行为、外貌和工作、言行方式，都会对顾客服务印象的形成产生影响。在电信行业中，服务质量是如何提高的也非常重要，如接线员态度的好坏、技术熟练程度和网吧的可信性等都会对顾客服务体验产生影响。

从更深层次上来看，如果顾客能够亲自参与以前必须由企业提供的服务过程，那么，他对服务质量的评价可能会更高。当然，其他同时消费的顾客也会对顾客感知服务质量的形成产生影响，例如，顾客排长队等候服务或者顾客之间的相互干扰。但在另一些情况下，他们也许会在服务接触中对顾客与企业的互动关系产生正面的影响。

3. 服务质量要素之间关系

服务质量是由技术质量和功能质量两个部分组成（图7-1），这两个部分表明的是"顾客得到了什么服务"（what）和"顾客是如何得到服务的"（how）这样两个问题。我们很容易理解，与技术质量不同，功能质量一般是不能用客观标准来衡量的，顾客通常会采用主观的方式来感知功能服务质量。

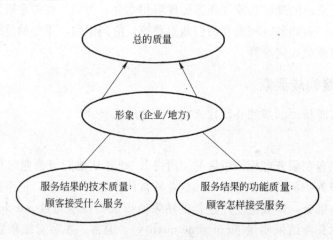

图7-1　服务质量的两个构成要素①

在制造业中的多数情况下，消费者是看不到企业生产的；但在服务业中，服务提供者无法躲到品牌或分销商的背后。在多数情况下，顾客能够看到企业、企业的资源及企业的运营方式。企业形象（而不是品牌形象）对于服务企业来说是最重要的，它可以从许多方面影响顾客感知服务质量的形成。如果在顾客的心目中企业是优秀的，也就是说企业形象良好，那么即使企业的服务出现了一些微小的失误，顾客也会予以原谅。但如果失误频频发生，企业的形象将遭到损害。进一步说，如果企业形象很糟，那么服务失误对顾客感知服务质量的影响就会很大。在服务质量形成过程中，我们可以将企业形象视为服务质量的"过滤器"。

许多服务，如运输、物流与物资管理、技术服务、顾客抱怨处理、顾客培训等，都可以增加产品的附加价值，因为它们可以起到同时提高技术质量和功能质量的作用。例如，如果通过顾客抱怨处理达到了顾客满意，那么顾客所接受的服务结果就是良好的，即技术质量良

---

① 格罗鲁斯. 服务管理与营销：基于顾客关系的管理策略［M］. 韩经纶，等译. 2版. 北京：电子工业出版社，2002.

好；相反，如果花费很大努力和很多时间才能解决顾客抱怨问题，那么顾客所感知的功能质量就是低下的，而功能质量低下会降低总的感知服务质量，由此也会影响对技术质量的感知。

7.1.4　服务质量维度

服务质量维度是在对几类不同的服务进行充分研究后识别出来的。这些服务包括机械修理、零售业、银行、长话服务、证券经纪人和信用卡。他们确定了顾客按相对重要性由高到低用来判断服务质量的5个基本方面：可靠性、响应性、保证性、移情性和有形性。

(1) 可靠性：按照承诺行事

可靠性是指准确可靠地执行所承诺服务的能力。从更广泛的意义上说，可靠性意味着公司按照其承诺行事——包括送货、提供服务、问题解决及定价方面的承诺。顾客喜欢与信守承诺的公司打交道，特别是那些能信守关于核心服务方面承诺的公司。

联邦快递是一家在可靠性维度方面进行了有效宣传并执行较好的公司。联邦快递的可靠性信息——在某时绝对、必须到达某地，反映了公司的服务定位。对于在可靠性方面不像联邦快递那样公开定位的公司，该维度对其顾客来说也非常重要。所有的公司都需要意识到顾客对可靠性的预期，如果提供给顾客与感知不相符的核心服务，会直接导致顾客失望。

(2) 响应性：主动帮助顾客

响应性是指帮助顾客及提供便捷服务的自发性。该维度强调在处理顾客要求、询问、投诉和问题时的专注和快捷。响应性表现在顾客在获得帮助、询问的答案及对问题的解决前等待的时间上。响应性也包括为顾客提供其所需要服务的柔性和能力。

(3) 保证性：激发信任感

保证性是指雇员的知识和谦恭态度，及其能使顾客信任的能力。在顾客感知的服务包含高风险或其不能确定自己有能力评价服务的产出时，比如，银行、保险、证券交易、医疗和法律服务，该维度可能特别重要。

信任和信心能通过使顾客和公司联系在一起的人员得到体现，例如股票经纪人、保险代理人、律师和顾问。在上述几种情况下，公司尽量在关键的一线人员与顾客之间建立信任与忠诚。

在其他情况下，信任和信心由组织本身体现。诸如 Allstate 和 Prudential 等公司已做出努力，建立用户和公司之间作为一个整体的信任关系。在关系形成的早期阶段，用户可能使用有形的证据来评估安全性维度。学位、尊敬、奖励和特别证书等有形的证明可能使新用户对专业服务提供者产生信心。

(4) 移情性：将顾客作为个体对待

移情性是指企业给予顾客的关心和个性化的服务。移情性的本质是通过个性化的或者顾客化的服务使每个用户感到自己是唯一的和特殊的，用户能够感到为他们提供服务的公司对他们的理解和重视。小服务公司的人员通常知道每个用户的姓名，并且与用户建立了表示了解用户需要和偏好的关系。当这种小公司与大公司竞争时，移情能力可能使其具有明显的优势。

在公司对公司服务的情况下，用户想要供应商理解他们所处的行业和面临的问题。许多小计算机公司通过把自己定位于特殊行业中的专家，成功地与大公司竞争。即使大公司有较丰富的资源，小公司仍被认为更了解用户的问题和需要，并且能够提供更加顾客化的服务。

（5）有形性：以有形物来代表服务

有形性被定义为有形的工具、设备、人员和书面材料的外表。所有这些都被提供给顾客，特别是新顾客用它来评价服务的质量。在战略中强调有形展示的服务行业主要包括顾客到企业所在地接受服务的服务类型，如餐馆、饭店、零售商店和娱乐公司。

尽管有形性经常被服务公司用来提高形象，保持一致性及向顾客标明质量，但是大多数公司还是把有形性和质量维度结合起来建立服务质量战略。相比之下，不注意服务策略中有形性维度的公司可能混淆，甚至破坏原本好的策略。

 小资料

关于顾客如何评价服务质量的 5 个维度，见表 7-1。

表 7-1　关于顾客如何评价服务质量 5 个维度的例子[1]

	可靠性	响应性	保证性	移情性	有形性
航空（消费者）	到达指定地点的航班，按时刻表起飞和抵达	迅捷快速的售票系统，空运行李的处理	真实姓名，良好的安全记录，胜任的雇员	理解特殊的个人需要，预测顾客需要	飞机、订票柜台、行李区、制服
医疗（消费者）	按约定时间会面，诊断准确	可进入：不用等待，愿意倾听	知识、技能、证书和声誉	承认病人是人，记得以前的问题，良好的倾听能力	候诊室、检测室、设备和书面材料
建筑（企业）	按承诺提出方案并使之在预测范围内	回电、能适应变化	资格、声誉、社会上的名气、知识和技能	明白顾客的行业，适应顾客特殊需求，逐渐了解顾客	办公区、报告、计划本身、费用报告及员工着装
信息处理（内部）	按要求提供所需服务	对要求及时做出反应，杜绝"官僚主义"，及时处理问题	具有丰富知识的员工，良好的培训、资格	将内部顾客以不同个人来看待，明白个人及部门的需求	内部报告、办公区域及员工着装
网上经济（消费者和企业）	提供正确信息，准确执行顾客要求	快速、易进入且无障碍的网站	网站上可信的信息来源，品牌识别、明显的网站资格	根据需要与人配合做出反应的能力	网站及附属物的外观

7.2　服务质量差距模型

在 7.1 节讨论了服务质量的定义，即服务质量实际上是顾客感知到的质量。还讨论了服务质量的两个基本构成要素，即技术质量和功能质量。但实际上，顾客对服务质量的感知是

---

[1]　泽丝曼尔，比特纳. 服务营销 [M]. 张金成，白长虹，译. 3 版. 北京：机械工业出版社，2004.

很复杂的，在很大程度上是顾客主观意志的产物，顾客实际所接受的服务并不能决定感知质量的好坏，真正的服务质量满意度是服务期望与服务感知之间进行的比较。

在本节将探讨服务期望与服务感知之间的比较，这一比较的理论基础就是服务质量差距模型，这一模型也是服务企业运营管理的主线，在研究这一模型之前首先要明确感知服务质量模型和顾客满意度的概念。

7.2.1 感知服务质量模型

顾客对服务质量的满意可以定义为：将所感知到的服务与对服务的期望相比较。当感知超出期望时，服务被认为是具有特别质量，也就是一种高兴和惊讶。当没有达到期望时，服务注定是不可能接受的。当期望与感知一致时，质量是令人满意的。见图 7-2（图中 ES 为感知服务质量，PS 为期望服务质量），服务期望受到口碑、个人需要和过去经历的影响。

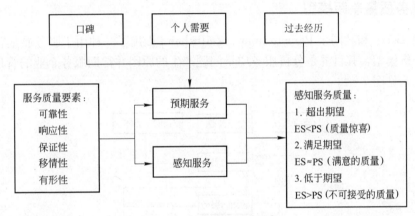

图 7-2　感知服务质量①

7.2.2 顾客满意度

很多学者和管理者将满意和服务质量互相替换使用，其实，它们从根本上是不同的；虽然也有一些共同点，总体来说，满意是一个更广义的概念，而服务质量评估则专门研究服务的几个方面。因此，服务质量只是顾客满意的一部分。

如图 7-3 所示，服务质量作为评估的焦点，反映顾客对服务的几个特殊方面的感知：可靠性、响应性、保证性、移情性、有形性。另一方面，满意的含义更丰富：服务质量、产品质量、价格及环境因素、个人因素的感知都会对顾客满意产生影响。例如，判断一家健康俱乐部的服务质量的标准包括：设备是否齐全，需要时是否能正常工作；工作人员对顾客的需求如何应答；训练员技术的娴熟程度；设备是否保养得当。健康俱乐部的顾客满意是一个比较广义的概念，它当然受到对服务质量感知的影响，同时也包含着对产品质量的感知（举例来说，在店面出售的产品的质量），对会员价格的感知，对消费者情绪状态等个人因素的感知，甚至还有对天气条件、驾车前往或离开健康俱乐部的过程等不可控因素的感知。

———————
　① 詹姆斯·A. 菲茨西蒙斯，莫娜·J. 菲茨西蒙斯. 服务管理：运作、战略和信息技术 ［M］. 张金成，范秀成，译. 3 版. 北京：机械工业出版社，2003.

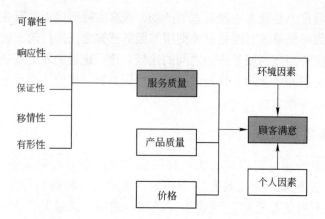

图 7 - 3 　消费者对质量的感知和消费者满意①

7.2.3 　服务质量差距模型

1988 年 Berry 和其同事 Parasuraman、Zeiththaml 提出了一种用于服务质量管理的服务质量差距分析模型，其目的是分析服务质量问题产生的原因并帮助服务企业的管理者如何改进服务质量，见图 7 - 4。

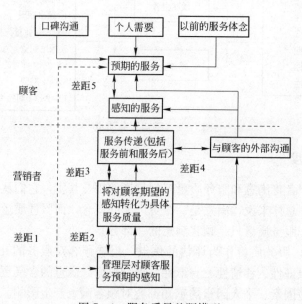

图 7 - 4 　服务质量差距模型

1. 顾客差距

差距模型的核心是顾客差距，也就是顾客期望与顾客感知的服务之间的差距（见图 7 - 4 中差距 5）。期望的服务是顾客在一次服务体验中的参考点；感知的服务是对受到服务的实际反映。中心思想在于公司想弥合所期望服务与所感知服务之间的差距，以使顾客满意并与

---

① 　泽丝曼尔，比特纳. 服务营销 [M]. 张金成，白长虹，译. 3 版. 北京：机械工业出版社，2004.

他们建立长期的关系。为了缩小这个重要的顾客差距，模型提出了 4 个其他需要缩小的差距——服务供应商差距。

2. 服务供应商差距

差距 1：质量感知差距。该差距是指顾客期望与管理者对这些期望的感知之间的差距。导致这一差距的原因是，管理者对顾客如何形成他们的期望缺乏了解。例如，金融服务机构通常认为隐私和保密性相对不太重要，而顾客却认为它们非常重要。顾客期望的形成来源于广告、过去的经历、个人需要和朋友介绍。缩小这一差距的战略包括：改进市场调查、增进管理者和员工间的交流、减少管理层次、缩短与顾客的距离。

差距 2：质量标准差距。该差距是指服务提供者所制定的服务标准与管理层认知的顾客服务预期不一致而产生的差距。也就是说管理层没有构造一个能满足顾客期望的服务质量指标并将这些目标转化到工作计划书中。例如，许多服务企业把重点更多地放在技术质量上，而事实上顾客感觉到有关交付服务的功能质量更加重要。差距 2 是由以下原因造成的：缺乏管理者对服务质量的支持，认为满足顾客期望是无法实现的。然而，设定目标和服务传递工作标准化可以弥补这一差距。

差距 3：服务传递差距。该差距是指服务生产与传递过程没有按照企业所设定的标准来进行，没有达到管理制定的要求。当服务交付体系严重依赖于人员时，这对服务就是最重要的。一个服务若包含顾客在场时立刻执行和交付，就特别难以保证质量规格得到满足。这是许多服务行业的常见情况，例如，医学实践依赖于全体行政人员、办事人员和医务人员根据某种标准进行他们的工作。这一活动可能设置一个病人等候最长时间为 15 分钟那样的目标，但是，一个日程安排糟糕的医生可能会把整个员工系统搞乱。

差距 4：市场沟通差距。该差距是指服务企业在市场宣传中所作出的承诺与企业自身实际提供的服务不一致。由于服务期望来自于媒体广告和与组织的各种交互过程，对外沟通中可能提出过度的承诺，而又没有与一线的服务人员很好地沟通。

7.3　测量服务质量

人们常说："如果你不衡量，你就无法管理。"我们总在改进服务质量，但实际上对服务质量的内涵并不了解。如果只片面地强调提高服务质量，而对服务质量是如何被顾客感知的，顾客对服务质量的优劣是如何衡量的不加以界定，这种强调是没有意义的。

对于管理者来说，服务质量体现在哪些方面？测量服务质量的指标体系是如何构成的？如何能够准确、有效地获得顾客对服务质量的真实评价？如何利用评价所得到的结果改进服务工作，进而提高服务质量？这些都是非常现实而又亟待解决的问题。

7.3.1　服务质量测量的困难性

由于服务具有有形产品所不具有的特性，例如无形性、异质性、易逝性等，其生产和消费相伴发生，因此其质量的测量比有形产品复杂得多。

另外，顾客满意是由许多无形因素决定的。与具有物理特性的、客观可测的物质产品不同（如装配和完成一辆汽车），服务质量包括许多心理因素（如饭店的气氛）。另外，服务质量的影响不仅限于直接的接触，如医疗服务对人的未来生活质量会产生影响。

7.3.2 SERVQUAL 评价法

SERVQUAL 是用来衡量顾客感知服务质量的一种工具。它建立在服务质量 5 个维度的基础上，通过对顾客服务预期（应当怎样）与顾客服务体验（实际怎样）之间差距的比较分析（即前面所说的期望差距分析）来衡量。具体的评估步骤分为以下两步。

1. 进行调查问卷，由顾客打分

通常选择 22 个指标，被调查者根据其服务体验来回答问题（每个指标的分值在 1～7 分之间，分别代表"完全同意"至"完全不同意"），说明他们期望的服务质量和感知的服务质量，由此确定总的感知服务质量的分值。分值越高，表明顾客服务体验与服务预期距离越远，即顾客感知的服务质量越低。事实上，计算每个服务质量决定的分数比总的顾客感知服务质量分数更为重要。表 7-2 为利用这种方法评价服务质量时使用的标准问卷。其中，第一部分评价顾客对某类服务（如经济型旅馆）的服务期望；第二部分反映顾客对某个服务企业的感知。调查表中的 22 条分别描述了服务质量的 5 个方面。

表 7-2　评估服务质量的调查问卷

说明：这项调查旨在了解你对＿＿＿服务的看法。你认为提供这种服务的企业在多大程度上符合以下陈述所描述的特征。从每个陈述后面的 7 个数字中选出你认为最合适的。完全同意选 7，完全不同意选 1。如果感觉适中，请选择中间的数字。回答没有对错，我们关心的是你对＿＿＿服务的看法。

1 …… 2 …… 3 …… 4 …… 5 …… 6 …… 7
完全不同意　　　　　　　　　　　　　　　　　完全同意

E1	他们应该有最新的设备和技术。
E2	他们的有形设备应具有视觉上的吸引力。
E3	他们的员工应穿着得体、整洁。
E4	这些机构有形设备的外观应与所提供的服务类型相匹配。
E5	这些机构承诺了在一定的时间内做某事，就应该信守承诺。
E6	当顾客遇到困难时，这些机构应给予帮助并尽力使顾客消除顾虑。
E7	这些机构应是顾客可信赖的。
E8	他们应遵照承诺的时间为顾客提供服务。
E9	他们应准确地进行情况记录。
E10	他们不应该被期望准确地通报顾客什么时候开始提供服务。
E11	对于顾客来说，期望从这些机构的员工那儿得到迅速及时的服务是不现实的。
E12	员工并不总是必须乐意地帮助顾客。
E13	如果服务人员太忙以致不能及时回应顾客的要求，这是可以接受的。
E14	顾客应该能够相信这些机构的员工。
E15	顾客与这些机构的员工交往时应该能够产生安全感。
E16	服务人员应该有礼貌。
E17	服务人员应该从这些机构中得到足够的支持以做好服务工作。
E18	这些机构不应该被期望对顾客给予特别的关照。
E19	这些机构的员工不应该被期望对顾客给予针对个人的关照。
E20	期望服务人员知道顾客需求是不现实的。
E21	期望这些机构了解它们的顾客最感兴趣的东西是不现实的。
E22	他们不应该被期望能根据不同的顾客需要调整服务的时间。

说明：以下陈述与你对×公司的看法有关。请根据你对×公司的了解，指出你对每个陈述同意的程度。完全同意选7，完全不同意选1。你也可以选任何中间的数字，表示你对该公司的感觉。回答没有对错，我们想了解的是你对×公司的看法。

1 ······ 2 ······ 3 ······ 4 ······ 5 ······ 6 ······ 7
完全不同意　　　　　　　　　　　完全同意

P1　×公司有最新的设备和技术。
P2　×公司的设备有视觉上的吸引力。
P3　×公司的员工穿着得体、整洁。
P4　×公司有形设备的外观与所提供的服务相适合。
P5　×公司承诺了在一定的时间内做某事就会做到。
P6　当您遇到问题时，×公司给予您帮助并尽力使您消除顾虑。
P7　×公司是可信赖的。
P8　×公司遵守承诺的时间提供服务。
P9　×公司准确地进行情况记录。
P10　×公司没有向它的顾客通报什么时候开始提供服务。
P11　您没有从×公司的员工那儿得到迅速及时的服务。
P12　×公司的员工并不总是乐于帮助顾客。
P13　×公司的员工很忙以至于不能及时回应顾客的要求。
P14　您信任×公司的员工。
P15　在您与×公司的员工交往时您有安全感。
P16　×公司的员工态度礼貌。
P17　服务人员从×公司那里得到足够的支持以做好服务工作。
P18　×公司没有给予您特别的关照。
P19　×公司的员工没有给予您针对您个人情况的关照。
P20　×公司的员工不知道您的需求。
P21　×公司不了解什么是您最感兴趣的。
P22　×公司没有根据不同的顾客需要调整服务的时间。

2. 计算服务质量的分数

评估服务质量实际上就是对所得到的分数进行计算。顾客的实际感受与期望往往不同，因此，对同一个问题的打分存在差异，这一差异就是在这个问题上服务质量的分数。用式（7-1）表示。

$$SQ = \sum_{i=1}^{22}(P_i - E_i) \tag{7-1}$$

式中：SQ——SERVQUAL模式中的总的感知服务质量；

P_i——第i个问题在顾客感受方面的分数；

E_i——第i个问题在顾客期望方面的分数。

式（7-1）表示的是单个顾客的总的感知质量。所得的总分数再除以22（问题的数目）就得到了单个顾客的SERVQUAL分数。然后把调查中所有顾客的SERVQUAL分数加总再除以顾客的数目就得到企业的平均SERVQUAL分数。

式（7-1）存在一个假定条件，即对于企业提供服务的5个属性来说，其在顾客心目中的重要性是相同的，不存在哪个属性更重要的情况。但在实际生活中，不同的服务其5个属性的重要性是不同的。例如，计算机公司的顾客认为顾客心目中可靠性是最重要的属性。而服装店的顾客就不一定会认为可靠性是最重要的属性。考虑到这一情况，在评估企业服务质量时可进行加权平均。SERVQUAL 分数的计算，在式（7-1）的基础上，可得到加权计算公式，见式（7-2）。

$$SQ = \sum_{j=1}^{5} W_j \sum_{i=1}^{R} (P_i - E_i) \qquad (7-2)$$

式中：SQ——SERVQUAL 模式中的总的感知服务质量；

　　　W_j——每个属性的权重；

　　　R——每个属性的问题数目；

　　　P_i——第 i 个问题在顾客感受方面的分数；

　　　E_i——第 i 个问题在顾客期望方面的分数。

Parasuraman 等三人同时指出，"感受—期望"差异理论不同于传统意义上的"顾客满意/不满意"模型中的"期望不一致观点"。"感受—期望"差异理论体现的是一种与特定标准的比较关系，而不是描述预想的服务与获得的服务之间的具体差别。该理论及上述的式（7-1）和式（7-2）不是用来预测的模型，是一套用来评估与"感受减期望"相关的感知服务质量的评估方法。

随着研究的深入，Parasuraman 等三人也在不断发现自己研究中存在的问题，比如说与期望相关的概念上的不明确等。1990 年他们提出了"修正的期望评估"，把顾客期望较为明确地定义在卓越质量水平，在问卷调查中，要求回答者更集中于"提供卓越服务的公司"和某一特征是否对于卓越服务是"重要的"，等等。

SERVQUAL 模型提供了较为科学、实用的服务质量评估方法，但也存在一些不足，在今后的研究发展中仍需不断完善、发展。例如，很多研究表明，决定服务质量的 5 个因素对于某些服务企业可能是有意义的，但对于另外一些服务企业可能意义并不大。SERVQUAL 所选择的 22 个指标也存在着同样的问题。因此，应用 SERVQUAL 方法必须十分慎重，究竟选择哪些指标要根据具体情况来加以确定，因为服务内容、市场和文化环境存在着差异。在有些情况下，可能要增加或减少一些指标以满足不同的要求。

7.3.3　SERVQUAL 方法对服务质量测量范围的界定

由于测量对象的复杂性，不可能对测量对象的所有方面进行全面测量，因此，可以利用 SERVQUAL 方法对服务质量范围的 4 个方面进行测量，因为这 4 个方面质量的好坏基本上能反映整体服务质量的优劣。

1. 服务质量范围

（1）过程

过程是指服务传递给顾客的方式，它是由一系列的关键事件构成的。在服务过程中，基本的原理是要保持活动的逻辑顺序和对服务资源的协调利用。过程对顾客感知服务质量起到很重要的作用。自动取款机是否易于使用，网站是否易于进入，饭店或管理咨询是否易于获得，以及饭店服务员、银行职员、旅行社职员、公交车驾驶员、维修人员的行为、外貌和工作、言行方式，都会对顾客服务印象的形成产生影响。

（2）结构

对服务企业而言，结构是指有形设施和组织设计是否完备，有形设备的外观是否与所提供的服务类型相匹配。不过，有形设施和辅助设备只是结构的一部分，人员资格和组织设计也是重要的结构因素。如以小组为单位的活动过程，现场化验室和 X 光设备可以提高药物治疗的质量。更重要的是，组织可以促进相关医生之间的相互磋商。以小组为单位的医疗过程使医生间产生压力，因而便于控制由全体人员提供的医疗质量。通过与设定的质量标准相比较，可以决定有形设施是否完备。例如，人员雇佣、晋升资格等都要达到标准。在大学中，评估教授的资格，只有在指定刊物上发表论文的能力才被认为是反映研究质量的证据。

（3）结果

结果是指顾客在服务过程结束后的所得。如乘客被航空公司从一个地方运到另外一个地方，客户从银行得到一笔贷款。服务质量的最终测量要反映最终结果。顾客满意吗？顾客抱怨是否上升？通过跟踪一些指标（如抱怨数量），就可以监视服务结果质量的变化。例如，通过与行业平均水平的对比来监控医院的工作；使用每千名外科手术感染率来评定医院，医院又可用不同级指标来评定病房。

（4）影响

影响是指服务过程结束后对客户短期或长期的影响。社区居民夜间在街道散步是否有安全感？对这些问题的民意测验的结果可以衡量警察工作的影响。医疗工作总的影响应当用人口寿命和婴儿死亡率来衡量；教育的影响常用识字率和国家标准测试结果来衡量。

2. 利用服务质量的 5 个维度对服务质量范围进行测量

服务质量范围包括过程、结构、结果和影响。对范围的测量的含义是对每一个范围根据可靠性、保证性、响应性、移情性、有形性的标准制定调查问卷，依据 SERVQUAL 方法，找到到底是范围中的哪一方面存在问题，从而有针对性地提出改进措施，提高服务质量。这种依据 SERVQUAL 方法的逐一测量，能够发现服务质量中的具体问题。缺点是具体的实践检验工作比较复杂。由于前面已经详细介绍了 SERVQUAL 方法的整体运用，在这里就不逐一赘述。

 小资料

美国联邦速递公司（Federal Express）从 20 世纪 80 年代起记录客户的投诉，并根据这一信息，改进内部管理。记录客户投诉，有助于管理人员采取补救性措施，解决客户不满的问题，但管理人员却无法根据这类信息，预见并防止服务差错。为了实现"100% 客户满意"的目标，该公司从 1988 年起开始采用统计分析方法，编制 12 个项目组成的服务质量指数，全面地衡量服务质量和顾客满意程度。该公司还指定 12 位高层管理人员分别负责这 12 个服务属性的质量管理工作，并根据服务质量指数，确定每一位员工的奖金。此外，该公司每周向所有员工分发一次服务质量指数报告，要求员工分析服务差错产生的原因，改进服务质量管理工作，使该公司赢得美国波多里奇国家质量奖。

7.4　改善服务质量

企业对服务质量的规定和执行始终贯穿于整个服务传递系统的设计与运作过程，而不是仅仅依赖事后的检查和控制，因此，服务过程、服务设施、服务装备与工作设计等都将体现出服务水平的高低。而且，顾客对服务质量的评价是一种感知认可的过程，他们往往习惯根据服务传递系统中服务人员的表现及其与顾客的互动关系来进行评价，因此，人的因素对于服务质量的提高至关重要。在改善服务质量方面，企业应根据服务的特性，真正地理解顾客眼中的服务质量，有效地激励员工并采取相应步骤制定服务质量标准和服务系统，使企业的服务质量有所改善。

改善企业的服务质量，有几种常用的方法，即标杆管理、流程分析、田口式模型。

7.4.1　标杆管理

企业提高服务质量的最终目的是在市场上获得竞争优势，而获得竞争优势的简捷办法就是向自己的竞争对手学习。标杆管理是指企业将自己的产品/服务和市场营销过程等同市场上的竞争对手尤其是最强的竞争对手的标准进行对比，在比较和检验的过程中逐步提高自身的水平。施乐公司是较早采用这种方法的公司之一。

尽管标杆管理最初主要应用于生产性企业。但它在服务行业中的作用也是显而易见的。服务企业在运用这一方法时可以从战略、经营和业务管理等方面着手。

① 在战略方面，企业应该将自身的市场战略同竞争者成功的战略进行比较，寻找它们的相互关系，比如，竞争者主要集中在哪些子市场，竞争者追求的是低成本战略还是价值附加战略，竞争者的投资水平如何及投资是如何分配在产品、设备和市场开发等方面的等。通过这一系列的比较和研究企业将会发现过去可能被忽略的成功的战略因素，从而制定出新的、符合市场条件和自身资源水平的战略。

② 在经营方面，企业主要集中于从降低竞争成本和增强竞争差异化的角度了解竞争对手的做法，并制定自己的经营战略。

③ 在业务管理方面，企业应该根据竞争对手的做法，重新评估那些支持性职能部门对整个企业的作用。比如，在一些服务企业中，与顾客相脱离的后勤部门，缺乏应有的灵活性而无法同前台的质量管理相适应。学习竞争对手的经验，让二者步调一致无疑是企业提高服务质量的重要保证。

7.4.2　流程分析

服务企业要想提供较高水平的服务质量，还必须理解影响顾客认知服务产品的各种因素。而流程分析（又称服务过程分析，见 4.1~4.3 节）为企业有效地分析和理解这些因素提供了便利。流程分析是指通过分解组织系统和架构，鉴别顾客同服务人员的接触点并从这些接触点出发来改进企业服务质量的一种方法。

流程分析借助服务蓝图流程图来分析服务传递过程的各个方面，包括从前台服务到后勤服务的全过程、它通常涉及以下 4 个步骤。

① 把服务的各项内容用服务蓝图流程图的方式画出来，使服务过程能够清楚、客观地展现出来。

② 把那些容易导致服务失败的点找出来。

③ 确立执行标准和规范，而这些标准和规范应体现到企业的服务质量标准。

④ 找出顾客能够看得见的服务展示，而每一个展示将被视为企业与顾客的服务接

触点。

　　在运用流程分析的过程中，识别和管理这些服务接触点具有重要意义。因为在每一个接触点，服务人员都要向顾客提供不同的功能质量和技术质量。而在这一点上，顾客对服务质量的感知情况将影响到他们对企业服务质量的整体印象。

7.4.3　田口式模型

　　田口式模型是以田口的名字命名的。田口倡导产品要"超强设计"，以保证在不利的条件下产品具有适当的功能。其基本观点是：对一个顾客而言，产品质量最有力的证明是当它被滥用时的表现。电话机的设计要比要求的更耐用，因为它会被不止一次地从桌上拉下来。在经济型旅馆中，建筑由水泥块构成并使用耐用的家具。

　　田口也将超强概念用于制造过程。如在奶糖制造过程中，重新设计奶糖配方，使之更柔软、更耐揉，并对烘烤的高温不敏感。旅馆使用在线计算机，自动提醒服务员在房间没人的时候去清扫。让服务员标出哪一个房间可以打扫，使这一工作在全天任何时候都可进去，从而避免了在下午突然闯入而引起的质量下降。

案例分析

全聚德：细化服务进行时

　　餐厅服务员的服务是否令人满意，很多情况下与个人素质有关。而全聚德打造的服务体系，从基础服务入手，以梳理流程、健全制度规范为切入点，建立集投诉处理、信息咨询、顾客管理等多功能为一体的客户服务中心，制定星级服务员评定标准和奖励措施，加大新员工的入职培训力度，从"以我身边的顾客需求"入手，创新服务方式，使顾客体会到亲情服务和物超所值。

　　1. 标准化服务：全聚德婚宴细则超 60 条

　　吃热闹还是吃文化，这恐怕是到其他餐厅就餐和到全聚德就餐客群不一样的原因。选择全聚德的顾客更多想体验的是其纯粹的宴请标准化服务。

　　全聚德集团公司的服务理念是"一切从顾客出发，一切让顾客满意"。在围绕这一理念建设的服务体系中，本着"国际水平、本土特色、物超所值"构建全聚德式的服务规范。凭借全聚德的特色服务，一炉烤鸭火延续了 150 年，新中国成立至今接待了 200 多位国家元首和政要，每年接待中外宾客近 2 000 万人次，销售烤鸭数百万只。

　　北京商报记者发现，全聚德为餐厅列出的服务规范有 25 项。从仪表仪容、迎宾服务、VIP 服务到宴会服务规范、宴会备餐服务规范；从零点服务、零点备餐到服务操作规范；从点菜、传菜、退菜到结账、收银服务规范……详细至极。以烤鸭服务规范为例，全聚德就制定了堂食烤鸭、外卖烤鸭等不同的服务规范。

　　2. 半年一集训：培养年轻员工眼力见儿

　　餐饮服务是勤行，服务员首先要有眼力见儿。全聚德品牌之所以能长盛，主要是靠一代代全聚德人遵循着"鸭要好、人要能、话要甜"的老生意经续写全聚德神话。

据全聚德集团副总服务师刘嵩介绍，集团现有的服务员工中45％是外埠进京的服务员，各店首先要培训这些初来乍到的服务员说好普通话，并且掌握全聚德烤鸭独特的文化。在此基础上，全聚德集团每隔半年召集各店新员工集中培训。为加快培养年轻服务员的眼力见儿，各店服务经理都有培训高招。2015年，全聚德前门店发动员工参与"我身边的顾客需求"建议征集工作，一线员工提出的建议比例达40％，应运而生的细微服务包括为点餐顾客送上手机套、为雨（雪）天买烤鸭顾客准备"防雨（雪）套"、为顾客携带剩饮品定制打包杯、为孕妇准备座椅靠垫和线毯、方便候餐客人了解菜品的立式菜单阅读架、具有多种充电插头的手机专用充电箱等。

3. 精准化服务：今年目标锁定细化分类

"宴请，就到全聚德"是今年全聚德战略转型的主旋律。聚焦家庭宴请、朋友宴请、商务宴请、生日宴请等多方面，立足于宴请消费的菜品、服务、销售等工作的完善，切实改进服务内涵，完善服务流程。

据介绍，目前全聚德集团正研判市场，对顾客群细化分类制定相应的服务规范细则，让原来书本式的服务规范演变成精准定位的个性化服务规范。如把以前的宴会服务规范细分为婚宴服务、寿宴服务、商务宴请服务等不同的标准，围绕宴请需求，提高服务水平和品质。

据了解，全聚德集团已经完成了《婚宴服务规范》和《寿宴服务规范》的制定。以《婚宴服务规范》为例，餐前服务、婚礼仪式服务、餐中服务、餐后服务归纳出了60多条操作细则，从接到婚宴通知单到送走客人后的关闭电源，规范得事无巨细。

近期，全聚德将从服务程序、服务规范、服务内涵三方面完善服务工作。围绕宴请需求健全培训机制，建立餐厅服务人才储备库。同时，借助秘密顾客、电话回访、满意度测评、第三方机构评价等方式，制定服务的量化考评机制，打造三位一体的全聚德服务体系，为宾客提供更专业、更热情周到的服务。

资料来源：http：//finance.qq.com/a/20140422/000352.htm.

回答问题

1. 结合本案例内容，说说全聚德是怎么提高服务质量的？
2. 除了本章提到的改善服务质量的方法，谈谈是否还有其他的方法来改善全聚德服务质量？

本章习题

一、判断题

1. 很多学者和管理者将顾客满意和服务质量互相替换，其实，它们从根本上是不同的。

（　　）

2. "服务中的事件顺序是否得当"是服务质量测量范围之一"过程"的含义。（　　）

3. 服务质量由技术质量和功能质量构成。其中的功能质量是指顾客在服务过程结束后的"所得"。

（　　）

4. 顾客对服务质量的感知是很复杂的，在很大程度上是顾客主观意志的产物，顾客实际所接受的服务并不能决定感知质量的好坏，真正的服务质量满意度是服务期望与服务感知

之间进行的比较。　　　　　　　　　　　　　　　　　　　　　　　　　　　　　　　（　　）

5. 服务质量维度之一的"安全性"，含义被意为准确可靠地执行所承诺服务的能力。

　　　　　　　　　　　　　　　　　　　　　　　　　　　　　　　　　　　　　　（　　）

二、选择题

1. 顾客对服务质量的满意可以定义为：将所感知到的服务与对服务的期望相比较。而服务的期望受到（　　）的影响。

　　A. 学历　　　　　　B. 口碑　　　　　　　C. 个人需要　　　　　D. 过去经历

2. 服务质量差距分析模型由"顾客差距"和"服务供应商差距"构成。其中"服务供应商差距"指的是（　　）。

　　A. 质量感知差距　B. 质量标准差距　　　C. 服务传递差距　　　D. 市场沟通差距

3. 由于服务质量测量的复杂性，不可能对测量对象的所有方面进行全面测量，因此可以利用 SERVQUAL 方法对服务质量范围（　　）进行测量，因为这几个方面质量的好与坏基本上能反映整体服务质量的优劣。

　　A. 过程　　　　　　B. 结构　　　　　　　C. 结果　　　　　　　D. 影响

4. 改善企业的服务质量常用的方法有（　　）。

　　A. 标杆管理　　　　B. 顾客参与　　　　　C. 流程分析　　　　　D. 田口式模型

5. 服务质量维度是服务营销人员在对几类不同的服务进行充分研究后识别出来的。它们确定了顾客用来判断服务质量的基本方面，即（　　）。

　　A. 可靠性　　　　　B. 响应性　　　　　　C. 保证性　　　　　　D. 移情性

　　E. 有形性

三、思考题

1. 服务质量的 5 个维度与产品质量有什么不同？

2. 为什么说测量服务质量十分困难？

3. 利用 SERVQUAL 方法测量服务质量存在哪些优缺点？

4. 除了本章提到的改善服务质量的方法，谈谈是否还有其他方法？

第 8 章

服务补救

学习目标

✓ 描述在建立顾客忠诚方面对服务失误进行补救的重要性；

✓ 讨论为什么有些人投诉而有些人没有投诉；

✓ 说明顾客对服务失误的几种反应；

✓ 举出服务补救策略起作用和不起作用的案例；

✓ 掌握服务承诺的内容和如何采取服务承诺。

开章案例

加拿大丰业银行服务补救

加拿大丰业银行根据服务补救数据库提供的信息了解最容易发生服务失误的环节，并根据顾客的信用记录在服务中采取不同的服务方式。银行要求一旦发生服务失误，前台员工要立即采取措施，并向顾客阐明解决问题需要经过的程序，让顾客及时了解问题解决的进度。在问题不能当场解决的情况下，告诉顾客银行将计划如何行动，表明银行正在采取修复性的措施。同时，要把问题解决的进度及时告诉顾客，以减轻顾客的心理成本。然后通过深入调查的形式了解补救的效果以及服务失误发生的原因，为改进工作提供依据。最后建立服务补救数据库，保证顾客信息和服务补救信息的不断更新，以帮助更好地预测潜在的服务失误。

在这一服务补救过程中，加拿大丰业银行对员工仪容仪表、服务用语、环境状况、设备设施都确定了统一的标准。银行重视对员工的培训，培训包括职前培训和入职后培训；培训的内容分为服务培训和业务培训。银行在服务补救方面最突出的表现是积极鼓励顾客投诉，并帮助顾客开辟投诉渠道。银行在其分支机构中放置了小册子，说明投诉的五个步骤，顾客最初应向谁投诉，若不满意还可以向谁上诉，小册子中还有一位副总裁的电话号码。这些措施鼓励了不满意的顾客进行投诉，并且向员工传达了企业对服务补救的重视。这样便使服务补救的理念在企业中得到很好的传递，无形中促进了员工的组织学习。

资料来源：http://www.doc88.com/p—342625206158.html.

8.1 服务补救的归因和结果

对所有的服务业而言，无论是客户服务、消费者服务或者 B2B 服务，服务失误都是不可避免的。企业所要做的主要是找出服务失误的原因并对服务失误进行补救。服务补救能产生企业意想不到的结果。以下就服务补救的归因和结果进行阐述，以期对服务企业制定服务策略有所启示。

8.1.1 服务补救的归因

众所周知，没有毫无缺陷的服务系统，失误是难免的。关键问题是，意识到服务的失败并不意味着自动放弃顾客。当服务失败时，顾客对企业的信心需要公司采取措施来恢复。公司可以采取行动使顾客在一定程度上感觉好一些，但也可能使事情变得更糟。据说，服务补救有这么一种奇怪的特性：一项成功的服务补救可能产生比第一次就正确服务还要好的效果。为了更好地挽留住顾客，服务人员必须认识到顾客接受服务补救的条件和方式。

服务补救绝对是划算的。因为，减少5％的顾客流失率就能增加25％～95％的利润，长期顾客会随着时间的推进产生越来越多的利润。

8.1.2 服务补救的结果

服务补救会产生4种结果，包括可估量的结果或行为结果两类。服务补救的可估量结果是顾客感知质量和顾客满意；服务补救的行为结果是口碑效应和重购意图。

1. 4种结果的含义

① 顾客感知质量。通常把质量分成两种类型。第一种类型的质量是技术质量，是指服务完成后顾客的评价质量。技术质量是服务被满足后的结果。第二种类型的质量即感知质量，涉及服务在完成过程中顾客需要被满足时的经历。在此关注的是服务补救过程的顾客感知质量。

② 顾客满意。满意的顾客有一场与消费有关的快乐经历，顾客将心中的期望与服务实际完成情况相比较从而得出对服务的评价，在服务补救过程中也是如此。

③ 口碑效应。口碑交流被认为是服务提供者与顾客交流的普遍重要的一环，大多数不满的顾客会把不满隐瞒不说，但优质的服务会带来好的口碑效应。

④ 重购意图。顾客的长期价值已受到服务提供者的关注。评估顾客的忠诚和保持的可能性是用他们的重购意图来衡量的。

2. 论证分析

研究表明，对服务补救有以下论证分析。

① 服务补救质量在补救过程中是很重要的，但必须要有与顾客稳定的相互交流。

② 口碑效应在服务补救中也很重要。要确保雇员和顾客相信服务补救过程是以一种持续的方式完成的。当完成服务补救时，要向顾客保证服务补救是由公司组织的代表始终如一地完成的，要让他们相信公司的服务失败是极少发生的。在服务补救同样稳定地进行时，补救服务感知质量是不同的，正如各种服务失败是由不同的原因造成的一样。当一个服务企业错误地占用了顾客的资源后（如丢失行李、丢失干洗的衣物、装潢错误的房间），顾客关注的是服务补救完成的时间，即所有物何时归还；当涉及有形物体时，顾客更加关心问题解决的连贯性。

③ 另一个值得探讨的问题是由谁来完成服务补救。根据实证研究，看起来无论何时由第一线的员工来完成补救都比较合适。在补救感知质量中服务人员的关键作用是稳定。合适的培训和适当的分权对成功地完成服务补救程序是非常重要的。

以员工为基础的服务补救对感知质量、顾客满意、口碑效应是很重要的，但对重购意图并非如此。

首先，让实施服务的员工参加服务补救必须十分谨慎。因为补救会对感知质量、顾客满意和口碑效应产生重要影响。但当一线员工不能成功补救时经理们也不必沮丧。无论是由企业、雇员还是顾客对补救未来负责，未来的重购意图并不受很大影响。对经理来说，感兴趣的是如何获得一个经历了失败服务的顾客的未来重购，至于谁应该对服务补救负责并不重要，重要的是如何提供合适的服务补救。

服务补救时间和复杂性对4个补救结果会产生重大影响。航空公司的补救时间最长、复杂性最高，所以补救效果不好；有线电视公司的补救时间和复杂性中等，产生了中等满意的补救效果；而信用卡公司的补救最简单，因此产生了非常好的补救结果。这也验证了前面所说的简单有效的补救才会为公司带来积极的顾客评价。

因此，服务经理们需要考虑他所在具体行业的服务补救过程的复杂性和时间长短。如果服务补救过程简单且花费很短时间，顾客对补救的积极评价将会超过对失败服务的消极评价。所以，对由服务的复杂性和时间过长造成的失败，就需要在补救过程中给予特别精心的补救措施。另外，简单迅速的服务补救能为公司提供一种相对于竞争者的优势定位策略。

 小案例

希尔顿酒店在服务补救方面的措施主要有：酒店首先对员工进行 CRM 入门培训，告知服务补救的重要性，使服务补救理念融入企业文化之中。酒店还制定严格统一的服务标准，设立宾客档案经理的职位，负责顾客信息的汇总并建立数据库，从而保障在每个宾客接触环节都可以识别他及其个人偏好。同时，结合顾客反馈消息不断改良顾客信息库，这样在失误发生后，能根据客人的个人偏好、特殊要求以及在各个接触点的过往的服务失误采取针对性的补救措施。

在上述补救过程中，酒店积极开发顾客投诉渠道，建立了"服务补救工具箱"供顾客投诉和反馈消息，以保证服务补救的成效，消除客人因为服务失误造成的不快。在希尔顿酒店，员工被授权可以花费 2 000 美元为顾客解决问题。尽管这笔钱很少用到，但公司的这一激励措施使员工行使其补救权力时不用担心受罚。

8.2　顾客对服务失误的反应

8.2.1　对服务失误之后的顾客反应

当服务失误时，顾客会产生各种反应，见图 8-1。这些反应会对客户如何评价服务补救的作用产生影响。许多顾客对其不满采取消极态度，只是说说而已，他们是否采取行动，在某种程度上取决于顾客是想保持其原有供应商还是转向新的供应商。

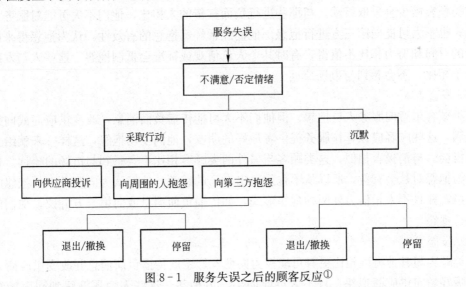

图8-1 服务失误之后的顾客反应①

如前所述，那些没有投诉的顾客最不可能再次光顾。对于公司来说，消极面对不满意的顾客对公司今后的成功是一种威胁。

8.2.2 顾客行为的种类

在服务失误后，若顾客采取行动，其种类会是各种各样的。一位不满的顾客可能选择当场对服务人员进行投诉，给公司一个立即反应的机会。对公司来说，这往往是最好的情况，因为公司有第二次机会当场满足顾客需要，保留其未来的生意，并潜在地避免了任何负面口头宣传。如果没有马上投诉，顾客可能选择以后通过电话或信件向公司投诉，甚至写信或打电话给公司的办公室，这样公司也有机会进行补救。

一些顾客不直接向服务人员抱怨，而是宁愿向朋友、亲戚及同事传播关于公司的负面消息。这种负面宣传非常有害，因为它会加强顾客的消极情绪，并将这种负面影响传给他人。另外，如果负面宣传没有与投诉一起传递给公司，公司就没有机会进行补救。

最后，顾客可以向第三方抱怨，如消费者协会、许可证发放部门、行业协会甚至可能向私人律师等。不管采取哪种行动（或者没有任何行动），最终客户都会决定是否再次惠顾服务供应商或者转向其他供应商。

8.2.3 抱怨者的种类

研究表明，根据人们对服务失误作出的反应，可将其进行分类。根据一项对零售业、汽车修理业、医护业、银行及金融服务业的研究，可划分出4种反应类型：消极者、发言者、发怒者及积极分子。尽管这4种类型在不同的行业背景中可能有不同的比例，但其划分是相对一致的，并且每种都能在所有公司或行业中找到。

---

① 泽丝曼尔，比特纳. 服务营销［M］. 张金成，白长虹，译. 3版. 北京：机械工业出版社，2004.

（1）消极者

这类顾客极少会采取行动。与那些进行负面宣传的人相比，他们不大可能对服务人员说任何事，也不大可能向第三方进行抱怨。他们经常怀疑抱怨的有效性，认为抱怨得来的结果与花费的时间和努力相比不值得，有时其个人价值观或标准会抵制抱怨。这些人与发怒者和积极分子相比，不会感到与市场疏远。

（2）发言者

这类顾客乐意向服务人员抱怨。但他们不大可能传播负面消息，改变供应商或向第三方讲述不满。这些顾客应该算作服务提供者最好的朋友，他们主动抱怨，这样一来就给公司以改正的机会。与消极者相似，这类顾客与另外两类顾客相比不会感到与市场的疏远。他们倾向于认为抱怨对社会有益，所以从不犹豫说出自己的感觉。他们认为向服务人员抱怨的结果非常积极，并且不太相信另外两种抱怨形式，如传播负面消息或向第三方诉说。他们的个人标准支持抱怨。

（3）发怒者

这类顾客与其他类型相比更有可能极力向朋友、亲戚传播负面消息并改变供应商。他们的普遍嗜好是向供应商抱怨，且不太可能向第三方抱怨。这些人会逐渐感到同市场有些疏远。就像其绰号表示的那样，他们对供应商更加愤怒，虽然他们确实相信向供应商抱怨会带来社会利益。他们不可能给服务提供者第二次机会，取而代之的是转向原供应商的竞争对手，并且一直向朋友、亲戚传播负面消息。

（4）积极分子

这类顾客的特点是在各方面更加具有抱怨的习惯：他们向供应商抱怨，还会告诉其他人，并且比其他类型更可能向第三方抱怨。抱怨符合他们的个人标准。就像发怒者那样，这类顾客会比其他群体更疏远市场。他们对所有类型抱怨的潜在正面结果都感到非常乐观。

 小案例

星巴克咖啡店公司已经在其行业处于领先地位——20世纪70年代早期华盛顿州西雅图不起眼的小公司现在已发展成在全美拥有超过4 000家商店的咖啡零售巨人。该公司及其传奇的执行官霍华德·舒尔茨（Howard Schulz）因具有世界级的服务水平和杰出的员工关系及利益享有极高声誉。但是即使像星巴克这样的巨人也会跌倒，在服务行业没有谁能在长期服务中避免犯错误。并且，有时候一个看似无害的错误可能会升级，就像星巴克在下面的故事中一样。

故事是从一个星巴克的顾客购买了一台有毛病的卡普奇诺咖啡制造机开始的。他把机器退回去想换个新的，当换机器时，他又买了一台作为礼物送给朋友。可是，他没有得到应随机赠送的半磅咖啡，并且该顾客抱怨员工的态度很粗鲁。不幸的是，那台作为礼物的机器也出现了毛病。于是该顾客要求星巴克公司给他换一台当时顶尖的卡普奇诺咖啡制造机，这比他原来准备送礼的机器价值高出近2 000美元。该顾客威胁如果其要求被拒绝，他会在《华尔街日报》上刊登整版的广告来揭发公司。公司当然拒绝了他的要求，于是一整版攻击星巴克公司的广告出现在《华尔街日报》上，同时该顾客通过其800免费电话征求其他人的抱怨。当星巴克公司向他道歉并试图更换其两台机器时，顾客表示这还不够，并向星巴克公司提出了更多的要求。他要求公司在《华尔街日报》上刊登整版广告向他道歉并感谢他的仁慈和慷慨。不用说，整个事件引起了全国媒体的关注。

虽然顾客中这种愤怒分子确实很少，但该例子表明什么事情都可能发生并难以预料这些顾客中愤怒分子会做出什么事来。

在事件发生期间，专家们被请来为星巴克公司的处境提些建议，所有专家都提到顾客与星巴克公司员工的第一次接触对以后事情的发展进程是多么重要。一名专家确信星巴克公司应该当顾客来退换第一台有毛病的机器时就给他2磅咖啡，并且在一周后打一个追踪电话以确认是否所有机器都工作正常。另一名专家建议把遇到问题的顾客列入VIP名单，以便将来同这些顾客有生意往来时可以引发所有警示，提醒员工和管理层要绝对小心和优先处理随后的交易。另外还有人认为星巴克公司应该立即毫无疑问地用高出近2 000美元的机器来更换那台有毛病的机器。这些专家相信，提出这类要求的顾客百分比非常小，所以值得用任何必要的做法来避免类似该例子中顾客中的愤怒分子的潜在行为。另一位专家认为，《华尔街日报》上的广告刚一出现时，公司就应该派人同顾客进行面对面的交流、道歉并倾听顾客的投诉，看看他想要什么。部分专家承认，越过某个限度后，控制损失是唯一的选择，但由此不断升级却难以避免。

这个故事说明，即使是世界级的服务提供者也可能陷入困境。

8.3 顾客抱怨的原因及期望

8.3.1 顾客抱怨或不抱怨的原因

顾客抱怨或不抱怨是基于多方面原因的。

有一些顾客比其他人更可能抱怨。作为个体，这些消费者相信投诉总会有积极的结果且对社会有益，而且其个人标准支持其抱怨行为。他们相信自己将会并且应该由于服务失误而获得某种形式的赔偿。他们相信得到公正的对待和良好的服务是应该的，并且在服务失误时，某些人本应该把它做好。在有些情况下他们认为有一种社会责任在促使其抱怨，帮助其他人避免遇到相似的情况或者惩罚这家服务供应商。只有极少数消费者拥有"抱怨"的个性，他们仅仅是喜欢抱怨或是制造麻烦。

那些不大可能采取任何行动的消费者怀有相反的信念，他们通常将抱怨看作对其时间和精力的浪费。他们不相信经过其行动，对自己或对别人会有任何积极的事情发生。有时候他们甚至不知道怎样抱怨，他们不理解或可能没意识到还有倾听其抱怨的开放渠道。在有些例子中，未抱怨者可能会使用"感情对抗"来处理其消极活动，这种对抗类型包括自责、否定和可能寻求社会帮助。他们可能感到那些错误某种程度上是由其自身的原因造成并且得不到赔偿。

服务失误的重要程度同样会影响人们是否抱怨。如果服务失误不是真的重要，没有给顾客带来致命的后果或者顾客与服务没有什么牵涉，那么他或她就不大可能抱怨。举例来说，消费者对那些昂贵、高风险和涉及自我的服务（比如度假服务、航空旅行和医药服务）的投诉多于那些廉价的频繁购买的服务（比如汽车快餐服务、出租车服务和电话服务）的投诉。后面这些服务显然不很重要，不足以花费时间抱怨。不过，虽然这种经历对顾客可能一时不重要，但当他再次需要这些服务时，一次不满意的经历可能驱使他转向竞争者。

 小案例①

　　美国宾夕法尼亚州有一家公司叫"新猪公司"（New Pig Crop），名字很土，但成长很快。新猪公司的产品是能吸取大量油污的长筒型尼龙袋，几乎所有修车厂、化学公司及环境清洁人员都用这些"猪"来吸油。创办人毕佛说他喜欢听顾客抱怨："你应该喜欢抱怨，抱怨比赞美好。抱怨是别人要你知道，你还没有满足他们。"毕佛认为：每一个顾客的抱怨都使他有机会拉开跟其他企业的差距，有时可是细小的差距，帮助他做一些他的对手还没有做的事。例如，曾有一些客户抱怨新猪公司的"猪"一旦碰上酸性物质或其他溶剂就会变成一摊烂泥。其实毕佛大可对这些抱怨者说："谁叫你不看标签说明？这个产品的设计本来就不是用来处理酸性物质的。"但是他没有这么说，反而跟一个顾客共同开发出高价位的"有害物质专业猪"（hazardous materials pig），毕佛还根据另外一个顾客的抱怨，开发出可浮在水面并且能吸油的"脱脂猪"（pig skimmer）。

8.3.2　顾客抱怨时的期望

　　当顾客确实花费时间和精力来抱怨时，他们一般抱有很高期望。他们期望能迅速得到帮助，期望对其不幸遭遇及引起的不便进行补偿，期望在服务过程中得到亲切对待，尤其想要正义和公平，服务补救专家史蒂夫·布朗（Steve Brown）和史蒂夫·塔克斯（Steve Tax）总结出 3 种顾客在投诉后所寻求的特别公平类型：结果公平、过程公平和相互对待公平。

1. 结果公平

　　顾客希望结果或赔偿能与其不满意水平相匹配。这种赔偿可采用实际货币赔偿、一次正式道歉、未来免费服务、折价、修理或更换等形式。顾客希望公平的交换，也就是说，他们有以下期待。

　　① 他们期待公司为其错误而采取某种行动的付出至少等于他们已经遭受的损失，对公司来讲必须是"罪有应得"。

　　② 他们希望的公平还包括他们希望得到的赔偿与其他顾客经历同样类型服务失误时得到的一样，他们同时赞赏公司给其一些赔偿选择。例如，一名酒店客人到达酒店时发现预订的房间已经没有了，作为补偿，这时他可以选择是退款还是更换到更好的房间。

　　③ 如果顾客得到过度赔偿，他们也会不舒服。在达美乐比萨公司早先服务承诺的经验中，如果送货司机比承诺的晚到 30 min，公司将不收取比萨的价款。许多顾客对要求这种水平的补偿感到不舒服，尤其是在送货司机仅仅晚到几分钟的情况下。这个案例中，"惩罚大于罪行"。一段时间后，达美乐公司曾将其补偿变得更加合理，即送货迟到降价 3 美元。再后来，时间保证也降低了，因为员工为及时送货而开快车，结果引发了许多问题。

2. 过程公平

　　过程公平是指使顾客希望抱怨过程的政策、规定和时限公平。他们希望很容易进入投诉过程，并且希望事情被快速处理，最好是通过他们第一个接触的人，他们欣赏那些适应能力

---

① 黄磊. 顾客忠诚［M］. 上海：上海财经大学出版社，2000.

强，能努力迎合其个人状况的公司。

过程公平的特点包括清晰、快速和无争吵。不公平过程使顾客感觉到缓慢、拖延和不方便。以下情况也会使顾客感到不公平：要求客户必须提供证明，否则就是错的或是在撒谎。

3. 相互对待公平

除对公平赔偿、无须争吵及快速程序的期望之外，顾客们希望得到有礼貌的、细心的和诚实的对待。为什么在某些情况下员工会漠不关心或者粗暴地对待顾客？多数情况是由于缺乏培训和授权。一名沮丧的、无权补偿顾客的一线员工很容易做出漠不关心的反应，尤其是如果顾客本身就很愤怒或粗暴。

8.4　服务补救策略

现在很多企业已经认识到了服务补救的重要性，可是怎样做好服务补救呢，一般来说，失败的服务补救和不采取任何补救措施是同样糟糕的，有时甚至会产生更坏的影响。因此企业要尽一切努力避免对服务质量和顾客期望的双倍背离。企业若想挽回在服务提供方面已经失望的顾客，可以采用以下的几种方式：道歉、紧急复原、移情、象征性赎罪和动态追踪访问。每一个方式都是建立在上一个方式的基础上的。另外，还应该注意服务补救的方法。

8.4.1　服务补救的方式

1. 道歉

向顾客道歉是服务补救的开始，当企业意识到顾客的不满时，就应该有人向其道歉，道歉在一定程度上就是意味着承认错误。例如，对于在快餐店长时间排队等候的顾客，在顾客刚要开口发火时，服务人员可以先道歉，并表示理解他此时的心情。另外，将顾客点的小包薯条换成大包以表示对顾客的补偿。

但这对于一些企业来说是很陌生的，它们常常不这么做。但是企业必须承认的是它们有时确实是无能为力的。如因计算机故障，银行不能对顾客进行服务等。服务失败的危险在企业经营中是存在的，因为服务是易变的，只有企业接受失败有时是会发生的这一客观存在的事实，它才能向员工阐明向失望的顾客道歉的必要性。道歉的举动虽然很小，但是顾客就会深切地感受到他们对于公司的重要性，这也为重新赢得顾客的好感所做的后续工作做好铺垫。

2. 紧急复原

紧急复原是道歉的自然延伸，也是那些不满意的顾客所期望的。顾客在对服务不满后，就会希望企业可以做一些事情以消除引起不满的根源。紧急不仅说明企业采取行动迅速，也表明了企业对顾客的重视和对自身错误的深刻认识及企业自身的纠错能力很强。复原就意味着企业为纠正错误而做的努力。当一个企业采取紧急复原措施的时候，它就向顾客表明了企业是很重视顾客的抱怨的。与得体的道歉一样，紧急复原行动令顾客知道顾客满意对企业很重要。如果一个企业对顾客的不满或抱怨视而不见或反应迟钝，或无法向顾客表明它正在对此采取一些行动，那么顾客就会感到企业并不重视他们的感受，顾客也就会和其他不满顾客一起成为企业的流失顾客。

3. 移情

当完成紧急复原的工作以后，这时就需要对顾客表示一点移情，这也是成功的服务补救所不可缺少的。企业要对愤怒的顾客表示理解，理解因企业的服务未能满足顾客的要求而给他们带来的损失。但是要注意的是，移情不仅仅是简单地承认失败（这项工作可以由道歉来完成），移情要做的更重要的是努力地去理解为什么顾客会对企业失望，找出失望的具体原因，如果服务人员能够站在顾客的角度，他们就能很好地理解顾客的失望，并对顾客表示理解。移情的回报是令顾客意识到企业实际上是很关心他的困境的，而且也在积极地采取措施来减小损失。一般顾客只要能意识到这一点，许多愤怒就会烟消云散，这也可以为企业和顾客的相互理解和尊重打下良好的基础。倘若移情努力不是真诚的，它就会使顾客重燃怒火。伪装的移情就好似恩惠或施舍，它只会使顾客更加愤怒。因此企业也要注意提高员工的倾听和移情技巧。

4. 象征性赎罪

对顾客表示理解和同情是很重要的，但是这时顾客仍未得到补偿。所以，在移情之后还要以一种有形的方式来对顾客进行一定程度的补偿。或许可以把送个礼物当作象征性赎罪的形式。礼物可以以赠券或其他的形式来赠与，如一张免费的电影票或音乐会的入场券、一次免费旅行等。之所以叫象征性赎罪，是因为企业提供给顾客的不是服务的替代品，而只是告诉顾客企业愿意为他的失望负责，愿意为因为服务的不周对顾客造成的损失做出一定的补偿。但是如果企业赎罪的成本相对过高，就会对组织的底线有负面影响，而如果赎罪的支出过小，则又无法发挥它的象征性的价值。所以对于企业来说，确定顾客的接受临界点也是一项重要的工作。

小案例

一个良好的服务补救措施可以将愤怒、失望的顾客转变为忠诚的顾客。想一想巴黎的Med - Cancun俱乐部是怎样从服务的噩梦中恢复并赢得一群休假者的忠诚的。

休假者从纽约到了墨西哥除了麻烦什么都没有得到。航班晚了6个小时才起飞，中途有两次意想不到的停留，飞机在落地之前在空中盘旋了30分钟，结果飞行旅途比预计多了10个小时，且饮料和食物都耗尽。飞机终于在深夜两点到达，但着陆时又很粗糙，以致氧气罩和行李都从头落下，旅客几乎被气昏了，飞机上的一名律师都已联系好诉讼的名称和地址。

Silvio Bortol是Cancun度假区的主管人员，他立即将手下一半工作人员带到了飞机场，那里排列着一桌子的零食和饮料，并且还播放音乐。当客人走过大门时，每个人都受到了欢迎，有人帮着拿行李，得到了同情的话语，还有司机送他们去度假区。

在Med俱乐部等待这些旅客的是丰富的宴会，而且宴会以墨西哥巡回乐队的演出和香槟结束。很多客人说这是他们大学毕业以来最开心的一次。最后，旅行者得到了比从纽约起飞就问题不断的更顺畅的经历；同时，公司也赢得了市场份额。

5. 动态追踪访问

在作了一定的补救后，企业还要看其挽回顾客好感的努力是否有效。通过对象征性赎罪进行动态追踪访问，企业可以测量出其采取的措施是否得到了顾客的认可，是否在一定程度上缓解了顾客的不满，如果表明企业的努力并没有达到预期的目标，那么在服务补救程序中就要加入新的手段。动态追踪访问有多种形式，因服务的类型和服务补救的情景而定。如可以是象征性赎罪以后的电话回访或者是一封信或电子邮件，还可以是服务结束后对顾客的口头询问等。这样做的目的就是确定企业的赎罪努力是否得到了认可，顾客的不满或抱怨是不是得到了扭转。而且，动态追踪访问使企业获得了一次对补救计划的自我评估的机会，并可以找出哪些环节需要进一步的改进。

　　一般而言，采取上述方式的企业是能够期望在克服顾客不满的道路上阔步前进的。当然以上这5种方式不是在每一次顾客不满时都要全部用到。有时，顾客的不满只是对一点点问题感到失望，比如餐厅的洗手间过于拥挤等，这就只要成功地运用前两个方式，就能做好服务补救了。如果服务失败的结果对顾客造成了伤害，那么就可能要用到这5种方式，这就要视具体情况而定了。但是不管是哪种情况，企业都要让顾客意识到企业对他们关心的问题是很重视的。

8.4.2　服务补救的方法

　　服务补救有4种基本的方法：逐件处理法、系统响应法、早期干预法和替代品服务补救法。

1. 逐件处理法

　　逐件处理法强调顾客投诉各不相同。这种方法容易执行且成本较低，但是它也具有随意性。例如，最固执或者最好斗的投诉者经常会得到比通情达理的投诉者更令人满意的答复。这种方法的随意性会产生不公平。

2. 系统响应法

　　系统响应法使用规定来处理顾客投诉。由于采用了识别关键失败点和优先补救标准这一计划性方法，它比逐件处理法更加可靠。只要响应规定不断更新，这种方法就非常有益，因为它提供了一致和及时的响应。

3. 早期干预法

　　早期干预法是系统响应法的另一项内容，它试图在影响顾客以前干预和解决服务流程问题。例如，一名发货人发现由于卡车故障影响了出货，他就可以马上通知顾客，在必要时顾客可以采取其他方案。

4. 替代品服务补救法

　　通过提供替代品服务补救，从而利用竞争者的错误去赢得其顾客。有时，处于竞争中的企业愿意采取这种做法。例如，在一家超额预订旅馆的工作人员将顾客送到与其竞争的旅馆。如果对手可以提供及时和优质的服务，它就可以利用这个机会。由于竞争者的服务失败通常是保密的，因此这种方法实行起来比较困难。

8.5　服务承诺

　　服务承诺也称服务保证，是一种以顾客为尊、以顾客满意为导向，在服务产品销售前对顾客许诺若干服务项目以引起顾客的好感和兴趣，招徕顾客积极购买服务产品，并在服务活动中忠实履行承诺的制度和营销行为。服务承诺制是我国服务行业近年推行的一种把自我约束和社会监督相结合的一种新型管理和服务机制。

8.5.1　服务承诺的内容

服务承诺通常对服务的以下内容进行承诺：

① 服务质量的保证；

② 服务时限的保证；

③ 服务附加值的保证；

④ 服务满意度的保证。

企业常常进行的服务承诺有：

① 顾客只要不满意，无论何种原因，都可以全额退款；

② 误点绝不超过 5 分钟，否则退钱（如交通企业）；

③ 存取款只用 1 分钟，保证不延误时间。

8.5.2　实现服务承诺的意义

服务承诺制的实行有利于企业提高服务质量，满足消费者需求并令其满意，改善企业自身的形象。服务承诺的优化设计包括顾客满意引发的经营革命，触及行销导向、社会性导向两个层次，将触角广泛伸入市场及整个社会，试图通过种种努力，掌握顾客爱好、市场需求这种由微而巨、抽象而复杂的不同层次。例如，1994 年 9 月，西班牙马德里和赛维尔之间的高速铁路发生故障，延误了 7 个小时才恢复通车，铁路公司因此付出了高达 500 万西元的赔偿给遭受不便的顾客，因为他们曾经保证：“误点绝不超过 5 分钟，否则退钱。”铁路公司的服务保证，为西班牙的铁路树立了全新的标准，成功地挽回了乘客的忠诚度。在美国的罕普顿连锁旅馆，尽管 1993 年全部退款高达 110 万美元，但罕普顿连锁旅馆的大胆保证，却为他们带来了 1 100 万美元的额外收入。尤其让人惊讶的是，员工士气因此大增，他们开始主动发现、积极回应各种服务品质上的问题。服务承诺的实质是保持与顾客的联系和沟通，并着眼于为顾客谋利。“与顾客保持的联系多 5%，便可使企业多赢利 50%。”获得新顾客与保持现有顾客相比，前者的成本比后者多 56 倍，对内部顾客的无知也会导致成本猛增。一个错误发现得越晚，其代价就越高。质量专家认为在这里有一种所谓的 10 倍规则：一个错误到顾客手中才发现，要花去 1 000 马克，在产品出厂最终检验时消除这一错误，只需花100 马克，如果一开始就查出问题，消除它只用 10 马克。德国魏恩海因一家生产热塑性成型部件的公司经理卡尔·弗罗伊登贝格也认识到这一点，企业整体的运作过程都着眼于为顾客谋利的宗旨。专业部门基本上被解散，每一笔订货都交由尽可能小的项目小组管理，在生产线上称王称霸的头头退位了，完成各项订货的项目负责人代替了车间主任。从这些案例中可以看出，服务承诺直接影响着一个企业的成功和失败，而把服务保证落到实处就会拥有顾客的信任，同时，企业也会获得意想不到的收入。

8.5.3　实行服务承诺制的措施

1. 制定高标准

可以是无条件的满意度保证，也可以针对如运送时间等的单项服务，提供高标准保证。无条件的满意度保证的好处是，不论时间如何变化，顾客所期待的与实际得到的服务都能保持一致。

2. 不惜付出相当的赔偿代价

不管提出什么保证，赔偿代价都要有相当的意义，才能吸引心存不满的顾客主动前来抱怨、有效地挽回失望的顾客，刺激企业汲取失败的教训。不痛不痒的保证，等于没有保证。

3. 特别情况特别处理

美国波士顿一家餐厅的员工，在客人食物中毒之后，拿着免费餐券要补偿对方，结果严重得罪了客人。可想而知，餐厅如果还想跟这些火冒三丈的客人重修旧好，需要的当然是比免费餐券更有意义的东西，这时，应随时通知较高层次的主管出面处理，他们一方面可采取适当措施，更可以借此机会，实际了解顾客所遭受的不幸。

4. 提供简洁的保证

企业的服务保证，必须言简意赅，让顾客一目了然。

5. 简化顾客申诉的程序

提供服务要多花一些心思与代价，尽量减少申诉过程的不便，才不致既流失顾客，又失去从申诉中学习改善的机会。

6. 将服务满意度列入企业发展的经济指标

在现代服务管理活动中，由于人们的价值观、时间观的进步，企业推行服务承诺的必要性更强烈，顾客对企业推行服务承诺的期待也更强烈，服务承诺成为企业提高服务质量不可分割的组成部分。例如，2000 年 8 月，武汉市东方大酒店等 17 家优选出来的酒店，为迎接武汉机电产品世界博览会的召开而做出的优质服务的承诺是：

① 设立武博会专门咨询服务台，指定武博会联络员；

② 为嘉宾提供 VIP 服务；

③ 实行明码标价，保证质价相符、交易公平；

④ 总服务台与值班经理 24 小时接待客人；

⑤ 提供不少于 12 小时的餐厅服务和 24 小时送餐服务；

⑥ 当日处理宾客投诉并给予答复等。

又如，武汉市 118 家房地产中介机构签署联合宣言，郑重地做出以下 8 条承诺：

① 提供房地产信息真实、准确，广告宣传不夸大、不误导；

② 保证按照政府定价收费，不多收中介费；

③ 保证不成交不收服务费；

④ 因中介原因产生纠纷的，无条件退房款、利息和中介费；

⑤ 提供客观公正的房地产估价结果；

⑥ 保证在约定的时限内提供承诺服务；

⑦ 保证代理销售的新建商品房工程质量合格，因中介原因造成当事人经济损失的，中介机构承担连带赔偿责任；

⑧ 经有关部门认定属于不正当方式从事经纪、代理、估价业务，按所收费用的 3 倍退赔当事人。

肯德基餐厅处理顾客抱怨引发的思考

近年来，肯德基顾客的忠诚度很高，一个重要的因素就是肯德基非常善于处理顾客的抱怨，肯德基拥有完善的处理顾客抱怨的制度流程。

肯德基非常重视顾客的抱怨，认为如果没有达到顾客对美、真、准、优、高、快的期望，顾客将会成为不满意的顾客，并且不再光临肯德基餐厅，顾客抱怨让肯德基有机会改善问题，重新赢得顾客。所以处理顾客抱怨时，时效性以及专业性非常重要。

肯德基认为顾客抱怨通常采用的方式有以下四种方式：面对面、电话、书面、第三者交涉。

肯德基将顾客抱怨分为两种类别，并针对不同类别采取对应的处理方式。

第一类顾客抱怨：性质较轻的抱怨，餐厅内任何一位员工都可以立即处理，包括以下几种。

① 餐点不正确。

② 包装不正确。

③ 产品质量差。

④ 服务态度冷淡或是服务速度缓慢。

⑤ 餐桌不干净。

针对第一类顾客抱怨，采取的处理步骤如下。

（1）专注倾听

① 仔细倾听，让顾客感受到我们是真诚的了解以及处理问题。

② 目光注视顾客，表示尊重。

③ 确认完全了解顾客的问题。

④ 了解事实。

⑤ 用肢体语言表达我们对问题的关心。

⑥ 千万不要动怒，将问题转化成私人冲突。

⑦ 表现出感同身受，并有意愿解决问题。

⑧ 判断抱怨属于何种性质。

（2）表示关心

① 无论谁对谁错，一定要表示我们对此问题的关心。

② 表示真诚的态度。

③ 表达如"我很遗憾发生这种事情"之类的话语。

④ 建议合理的解决方式，征求顾客的意见。

⑤ 在可能的情况下，为顾客更换产品，或更正错误的餐点，或退款给顾客。

（3）采取行动

① 使顾客满意，立即解决问题。

② 如果员工不能解决问题的话，应请值班经理处理。

（4）感谢顾客

① 感谢顾客提出抱怨，使我们有机会解决问题。

② 再次表达我们对事件的关心。

③ 将顾客的抱怨以及我们采取的解决方式通知值班经理。

第二类顾客抱怨：性质较为严重的抱怨，不是任何一个餐厅人员都适合去处理，必须要由值班经理、餐厅经理或相当于公司主管级别的人来处理，才能使问题得以解决，第二类抱怨包括以下几种。

① 食品中毒或食品安全所引起的疾病。

② 食品污染。

③ 食品中发现异物。

④ 突发事件、伤害或受伤。

⑤ 任何在第一类中员工或经理人员在处理时，未能使顾客满意的抱怨，顾客要求公司管理部门出面解决的抱怨。

第二类抱怨的处理步骤如下。

① 目光注视顾客，表示尊重。

② 耐心听顾客抱怨后，请顾客稍后，告诉他们你立即去找值班经理来处理。

③ 如顾客对你非常生气，你绝对不要与顾客顶撞，应该有礼貌，并且请值班经理前来服务顾客。

④ 立即报告值班经理，并简单叙述经过，带值班经理到顾客面前，然后回到你的工作岗位，你的经理会处理此事。

注意：绝对不能让顾客不高兴地离开餐厅。

同时，针对于顾客提出抱怨的方式，肯德基也采取针对性的处理方式予以解决。

对于面对面的顾客抱怨，肯德基采取的处理方式如下。

① 倾听。

② 道歉。

③ 立即重诉。

④ 同理心。

⑤ 赔偿。

⑥ 务必确定顾客是满意的。

对于遇到顾客的抱怨书信，肯德基处理书信抱怨的写信技巧如下。

① 承认自己的失误，并向顾客道歉。

② 尊重顾客的抱怨，承认顾客是对的。

③ 提出解决问题的方法。

④ 引起顾客愉快的回忆，或描绘美好的未来。

⑤ 向顾客致谢，感谢他的抱怨。

资料来源：http：//www.chinadmd.com/file/wxzsrwxaucizsixcwo6zaapc＿1.html.

回答问题

1. 肯德基服务补救的措施有哪些？

2. 根据案例内容说明服务补救的几种方式。

本 章 习 题

一、判断题

1. 对服务失误做出反应的"消极者"类型的顾客，极少采取行动，也不对服务人员说任何事，也不向第三方进行抱怨。 （   ）

2. 许多顾客对其不满采取消极态度，只是说说而已，他们是否采取行动，在某种程度上取决于顾客是想保持其原有供应商还是转向新的供应商。 （   ）

3. 服务出现失误后，对顾客表示理解和同情是很重要的，但是，在移情之后以一种有形化的方式来对顾客进行一定程度的补偿也很重要。 （   ）

4. 向顾客道歉是服务补救的结束，当企业意识到顾客的不满时，就应该有人向其道歉。 （   ）

5. 服务补救并不划算，因为一项成功的服务补救也不可能产生比第一次就正确服务还要好的效果。 （   ）

二、选择题

1. 服务补救会产生以下的 （   ） 等结果。

A. 顾客满意　　　　B. 顾客感知质量　　　C. 口碑效应　　　　　D. 重购意图

2. 服务出现失误后，根据人们对服务失误做出的反应，可将其进行分类。这些类型包括：（   ）。

A. 发言者　　　　　B. 消极者　　　　　　C. 发怒者　　　　　　D. 积极分子

3. 当服务失误时，顾客会产生如（   ）的各种反应。这些反应会对客户如何评价服务补救的作用产生影响。

A. 向供应商投诉　B. 沉默　　　　　　　C. 向周围的人抱怨　　D. 向第三方抱怨

4. 顾客抱怨后所期望得到的是 （   ）。

A. 结果公平　　　　B. 过程公平　　　　　C. 耐心等待　　　　　D. 相互对待公平

5. 服务补救常用的基本方法有 （   ）。

A. 逐件处理法　　　　　　　　　　　B. 系统响应法

C. 早期干预法　　　　　　　　　　　D. 替代品服务补救法

三、思考题

1. 为什么一项完善的服务补救策略对于一家服务公司很重要？

2. 如何将服务失败转变为一件有利的事情？

3. 阐述应对一项服务失误时顾客可能采取的行动，你属于什么类型的抱怨者？为什么？

4. 列举书中提到的服务补救方法，除了这些方法，是否还有其他的补救方法？

5. 为什么服务企业在提供服务保证时犹豫不决？

第 9 章

排队管理

学习目标

✓ 了解等待的普遍性和必然性；

✓ 理解排队问题的经济意义；

✓ 掌握排队系统的特征及排队模型；

✓ 描述排队等待者的心理，并提出相应的管理战略建议。

开章案例

餐饮排队叫号系统：外婆家是如何创造餐饮传奇的！

外婆家可以称得上是餐饮界的传奇，他们的店铺是"开一家火一家"而且"店店排队，餐餐排队"，那么他们是怎样做到让"食客喜爱排队"的呢？面对这么多排队的食客，外婆家是怎么做到井然有序，让顾客乐于等位的呢？

外婆家首先在排队区设立优雅的等位环境，有饮料小吃，所以顾客不会因为太饿而选择放弃等待。

最重要的一点：外婆家选择了"呼财宝"智能排队叫号系统。客人可以通过微信远程排队，可以到店里自助打印排队小票，设备是双面触摸的，客人可以自主取票，一个服务轻松搞定排队现场上百人的等位。拿到小票后客人可以先去逛街，快到号时，设备会自动发送短信到顾客手机上提醒顾客"前面只有两位了请您回到餐厅准备就餐吧！"。

顾客也可以登录微信查询排队情况。店里等位区，服务员操作叫号时，电视机屏幕立即显示叫号内容，外婆家特别录制的童音"外婆喊您吃饭咯！"从声音上抓住了顾客的兴趣，谁家小孩这么可爱？不叫号时电视机上轮番播放宣传视频：让人垂涎三尺的美味新菜品、动画片、球赛、电影等。

忙碌的一天即将结束，服务员轻松操作打印当天排队情况报表。而且系统会自动储存顾客信息，节日时短信群发打折、优惠、新品等信息到客户手机上，自动进行客户维护。

资料来源：http：//sd.ce.cn/xw/sh/201409/19/t20140919_1825543.shtml.

以上实例展示了部分企业，尤其是服务型企业的发展趋势。为了持续地提供快速服务，在一些情况下，正如以上实例所述，企业要进行有效的服务管理，甚至需要完全消除顾客的等待时间。

9.1 排队等待的普遍性和必然性

在服务管理的术语中,所谓排队就是等候消费服务的顾客在进入服务前排队。排队等待在服务中是普遍存在的,毫无疑问,排队等待是在那些需要密切接触顾客的服务中常见的问题。事实上,排队等待是每个人生活中的一部分。我们每天都要在各种排队等待上花费很多时间。在每天清早上班途中,需要排队交付过路费、排队停车,需要排队等车或者排队乘地铁,在餐馆中需要等待餐位就餐,在超市中需要等待结账付款,在电话购物中需要等待电话订购等。表9-1表明,人在一生中有许多时间是花在排队等待上的。

表9-1 人们如何花费他们的时间

活　动	时　间	活　动	时　间
红灯等待时间	6个月	做家务	4年
打开垃圾邮件	8个月	排队等待	5年
寻找乱放的物品	1年	吃	6年
回电话不成功	2年		

小资料

一位著名的俄罗斯问题专家海德瑞克·史密斯观察到,在俄罗斯,排队问题已经成为一项全国性的现象。

"就我所知,人们会排90分钟的队买4个菠萝,花3个小时排队去坐一次2分钟的过山车,花3个半小时排队买3颗大卷心菜,但是当他们快要排到的时候却发现卷心菜已经卖完了,他们还会花18个小时去预订要过一段时期才能到货的毛毯,在12月的寒夜里,用整整一夜的时间排队登记购买一辆汽车,然后再等待18个月才能拿到手,而他们还会觉得这是了不起的幸运。队伍的长度从几码到长达半个街区的将近一英里长不等,而且通常以令人难以忍受的速度慢慢蠕动。"

排队并不一定是一个服务台前面的一列有形的个体,排队可能是散布于大学校园网的计算机终端前的学生,或者是被电话接线员告知"请稍候"的拨打电话者。典型的排队——人们排成一队等待服务经常可以在超级市场的收银台和银行的出纳窗口处见到。但是排队系统有着各种各样的形式。顾客排队问题是每个服务企业的管理者都需要面对的问题。现在,由于技术的飞速发展,特别是互联网的发展,使得企业需要离顾客越来越近,在产品交货及售后服务支持中,顾客排队问题也越来越重要。

为什么会出现排队等待的问题呢?一般来说,在需求超过服务企业的运作能力时就会出现排队问题。另外,顾客到达时间的随机性与服务时间的差异性也是产生排队问题的重要因素,当难以预料顾客要求服务的时间时,当无法预料服务的持续时间时,排队现象就容易出现。以下通过一个例子说明为什么会出现排队问题。

某大学图书馆借书处的柜台前,在一段时间内服务人员可能是空闲的,然而,大部分时间借书柜台前会出现排队现象。为什么会出现这种现象呢？假设一个服务人员平均每小时可以处理 20 个学生借书的请求，而每小时有 10 个学生来借书。从表面上看，这将不会出现排队现象。然而，当服务时间和学生到达的间隔时间都存在一定的变异性时，情况将会有所不同。例如，尽管每处理一个学生的借书请求平均需要 3 分钟（每小时 60 分钟处理 20 个借书请求），然而每个借书的请求可能存在显著的不同。同样，学生的平均到达的间隔时间为 6 分钟（每小时 60 分钟到达 10 个学生），但每个间隔时间可能是不同的。

如果记录某一天图书馆借书柜台前的有关数据，可以很快看出这种变异性对系统绩效的影响。假设图书馆从早上 8:00 开馆，第 1 位学生 8:30 来到柜台前，他办理借书手续用了 3 min，并于 8:33 离开柜台。第 2 位学生在第 1 位学生到达后的 6 min 到达，即 8:36，他用了 2 min 办理完借书手续，于 8:38 离开。第 3 位学生在第 2 位学生到达后的 1 min 后到达，即 8:37。第 3 位学生到达时，服务人员正在为第 2 位学生办理借书手续，第 3 位要等待 1 min 时间，于 8:38 开始才能办理借书手续。第 3 位学生的借书手续相对比较复杂，用了 7 min 才完成，所以一直到 8:45 服务人员都在为第 3 位学生办理借书手续。第 4 位学生于 8:39 到达，与第 3 位学生到达的间隔时间相差 2 min，他要等 6 min 才能接受服务。从表 9 - 2 中可以看出，9 位学生中有 4 位必须等待，服务人员有 5 次空闲发生。由此可以看出，这一服务系统中，存在着顾客（学生）的排队问题和服务人员的空闲问题。

表 9 - 2　学生到达借书柜台和接受服务的情况

到达间隔时间/min	服务时间/min	学　生	学生到达柜台时间	服务开始时间	服务完成时间	学生等待时间/min	服务人员空闲时间/min
6	3	1	8:38	8:30	8:33	0	——
1	2	2	8:36	8:36	8:38	0	3
2	7	3	8:37	8:38	8:45	1	0
1	5	4	8:39	8:45	8:50	6	0
12	1	5	8:51	8:51	8:52	0	1
18	4	6	9:09	9:09	9:13	0	17
1	3	7	9:10	9:13	9:16	3	0
1	2	8	9:11	9:16	9:18	5	0
10	1	9	9:21	9:21	9:22	0	3

出现排队现象的原因是服务机构（服务台等）的能力不能满足服务的需求，使得到达的顾客不能立即得到服务，或者由于顾客的到达规律和提供服务所需消耗的时间难以精确测定，所以完全消除排队现象几乎是不可能的。

9.2　排队问题的经济含义

小资料

1972 年 6 月 14 日，美利坚合众国银行（芝加哥）举办一次周年销售活动。销售的商品是货币，前 35 位顾客每人可以花 80 美元现金"买到"一张 100 美元的存单。排在后面的顾客也可以享受这样的优惠，只不过优惠金额逐渐减少：接下来的 50 位顾客每人可以赚得 10 美元；再往后的 75 位顾客每人可以赚得 4 美元；再往后 100 人，每人 2 美元；再往后 100 人，每人 1 美元。接下来的 100 位顾客，每人可以花 1.60 美元获得一张 2 美元的存单，再后面的 800 人（后来似乎扩至 1 800 人），每人可以赚 0.50 美元。在这样一次非比寻常的事件中，需要等待的时间很难预料；但另一方面，它使我们很容易评估出被分配的商品的货币价值。

排在队伍最前面的是四兄弟，分别为 16 岁、17 岁、19 岁和 24 岁。因为最快的一个人用了 6 分 2 秒，所以他们的优先权是有保证的。最小的兄弟卡尔说："我算过了，我们花了 17 个小时，赚到 20 美元，平均每小时约 1.29 美元。"

另一个兄弟补充说："这要比洗盘子合算得多。"如果他们得到的消息更准确的话，等待的时间会更短。第 35 位顾客是大约午夜前后来排队的，她是最后一名赚得 20 美元的顾客，她等了 9 个小时，平均每小时 2.22 美元。她记下了所有排在她前面的人的名字，以保障其权利。

她说："我为什么会来这儿？瞧，这 20 美元相当于我一天的工资。而且我还不必为此缴纳个人所得税。这是一份礼物，不是吗？"

这个事例证明，排队等候的人们把用来等待的时间看作是获得一份免费"利益"要付出的代价。等待的经济意义可以有多种解释，故而其真实的成本通常很难确定。鉴于这个原因，等待成本与提供服务的成本二者之间的转换很少能分辨清楚，尽管如此，提供服务者在作出决策时，要考虑到企业成本问题，还必须考虑到顾客在等待时生理方面、行为方面和经济方面的因素。

服务企业的管理者研究排队问题的目的实质上是使总成本最小。排队情形下的成本分为两类：与顾客等候时间相关的成本和与服务能力相关的成本。服务能力成本是指为保持服务提供能力所需花费的成本，例如，超级市场的收款台数、处理设备故障的维修工数、高速公路通道数等有关的成本。当服务场所空闲时，服务能力就失去了，因为服务无法储存。顾客等待成本包括付给等候服务的员工（机修工等候工具、卡车司机等候卸货）的工资，为等候着的空间（医生的候诊室大小、洗车间的车道长度、等候着陆飞机的燃料消耗）付出的成本，以及由于顾客拒绝等候并有可能以后转向其他商家而造成的商业损失。对于外部的顾客来说，等待的成本还包括放弃了在这段时间里可以做的其他事情。另外，还会有厌烦、焦急和其他心理反应的成本。

排队等待分析的传统经济目标是平衡提供特定水平服务能力的成本和顾客等候服务的成本，这个概念见图 9-1。注意，当服务能力上升时，其成本也相应上升。为简化起见，用线性关系表示上升。尽管阶梯形函数往往更适宜，但使用直线对图像的扭曲也还不算太大。当服务能力上升时，顾客等候数及其等候时间趋于下降，从而使等候成本降低。作为一种典型的平衡关系，总成本被表示成了 U 形曲线，分析的目的是为了找到总成本最低的服务能力水平。理想的最优化（最小）成本位于服务能力成本曲线和顾客等待成本曲线的交点上。

服务企业的管理者必须衡量为提供更快捷服务（更多的车道、额外的降落跑道、更多的收银台）而增加的成本和等待费用之间的关系。

当排队等待的顾客是外部顾客（与员工相对），等候队列的存在能消极反映组织的质量情况。相反，有些组织把注意力集中在提供更快捷的服务上——加快服务交付速度，而不是增加服务者数量。这种努力会使总成本线下移，因为顾客等候成本下降了。

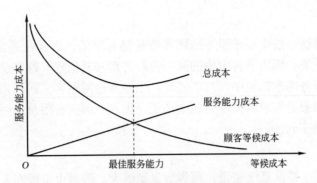

图 9-1　排队等待分析的目的是使顾客等候成本与
服务能力成本这两项成本之和最小

　　另外，对于企业，等候着的消费者可以用来改善运作能力。可以说，等候中的顾客类似于一个制造性企业的在制品存货。服务企业实际上是将顾客作为存货来提高服务过程的整体效率。在服务系统中，服务设施的超负荷使用是以顾客的等待为代价的。典型的例子有邮局、诊所和福利部门，这些利用率很高的场所总是排着长队。一方面，企业在权衡加大运作能力的好处；另一方面，在考虑顾客等候的成本。这个成本就是顾客的不满意，顾客的不方便，致使顾客离开，产生销售下降的危险。为了避免这种丢失销售额的情形发生，一种战略是把队伍隐藏起来，使到达的顾客看不见。餐厅采用这种战略的具体做法是让顾客坐在酒吧里等待座位，这样经常能增加其销售收入。像迪士尼乐园之类的游乐场则要求游客在园外购票，而在外面是看不见园内等待的长队的。赌场在顾客等待观看夜总会节目的地方设置了许多老虎机，这样既隐藏了队伍的真实长度，又刺激了冲动赌博。

9.3　排队系统特征

　　排队系统基本由 6 个主要部分构成：顾客源；顾客到达服务机构的特性；排队结构；排队规则（从队列中选择顾客的方式）；服务机构本身特性（如顾客接受服务的优先规则以及对每个顾客的服务时间）；顾客离开系统的方式（是否回到顾客源中）。这 6 个主要部分的相互关系见图 9-2。

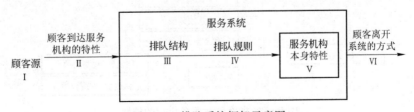

图 9-2　排队系统框架示意图

9.3.1　顾客源

　　到达服务系统的顾客源可以分为有限总体和无限总体两类。作这一区分很重要，因为对这两类问题的分析是建立在不同的前提之上，而且解决方式不一样。

1. 有限总体

有限总体是指排队系统中要求服务的顾客数量是有限的，而且在通常情况下排成一队。有限总体的分类很重要，因为顾客源中的某一位顾客离开其位置，顾客总体就少了一个，同时也减少了顾客对服务需求的概率；与之相反，当服务过的顾客又回到顾客源中，顾客总体增加了，同时顾客对服务需求的概率也就增加了。因此，解决有限总体问题的公式和解决无限总体问题的公式是不同的。

2. 无限总体

无限总体是指对于排队系统来说，顾客数量足够大，因而由于顾客人数增减（如需求服务的顾客或服务过的顾客又回到顾客源中）而引起的顾客总体规模的变化不会对系统的概率分布产生显著影响。举例来说，如果一个维修工负责维修100台机器，若其中一两台机器出现故障停机需要维修的话，那么下一次故障停机的概率将不会有太大变化，这样就可以认为总体是无限的。同样的，如果将解决无限总体的公式应用于有1 000名病人的医院和10 000名顾客的商场，也不会产生太大的误差。

9.3.2　顾客到达服务机构的特性

在排队论中，另一个需要确定的就是顾客到达服务机构的特性。图9-3显示了顾客到达特性的4个主要方面：到达方式（是否可以控制到达）；到达规模（成批到达还是单个到达）；分布方式（相邻两个顾客到达的时间间隔是固定的还是服从某一统计分布，如泊松分布、指数分布或是埃尔朗分布）；耐心程度（到达的顾客是留在队列中等待还是离开队列）。下面将详细讨论这些到达特性。

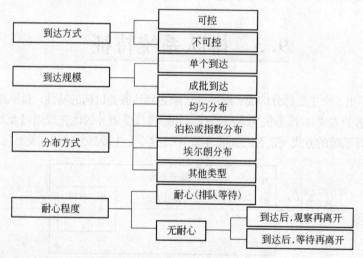

图9-3　顾客到达服务机构的特性

1. 到达方式

系统中顾客到达要比人们想象的更容易控制。美发师可以通过向成年顾客多收1美元或者以成年人的价格向未成年人收费，来减少星期六顾客的到达率（假定顾客分散到一星期中其余各天）；百货商场采取季节性削价或者偶尔进行"每日特价"，在某种程度上也是为了控制顾客到达人数。出于同样原因，航空公司也提供了短途旅游折扣和反季节折扣，而营业时间公告是最简易的顾客到达控制策略。

某些服务的需求明显是不可控制的，例如对某一城市医疗设施的急救医疗需求。但即使是这种情况，在一定程度上，到达指定医院急救的患者人数也是可控的，比如说，可以通过告诉救护车司机其所去医院的急诊状况进行调控。

2. 到达规模

单个到达是指每次只到达 1 单位顾客（1 个单位是可服务的最小数量）。纽约股票交易所中 1 个单位是指 100 股股票；而在蛋类加工厂则有可能是一打鸡蛋或一排（30 个）鸡蛋；在餐馆中，1 个单位指 1 个人。

成批到达是指每次到达系统的数量是单位数量的倍数，例如，在纽约股票交易所中，一次交易 1 000 股股票，蛋加工厂一次加工一箱鸡蛋或是餐馆中一次到达 5 人。

3. 分布方式

排队问题的公式中通常需要一个到达率或者单位时间到达数（如平均每小时有 10 个到达）。固定到达的分布是均匀的，即相继到达的两个顾客之间的时间间隔几乎相同。在生产过程中，只有那些属于机械控制的到达分布才真正符合固定时间间隔的分布。多数情况下，顾客到达呈随机分布。随机分布在排队系统模型中最为常见，比如泊松分布、指数分布或是埃尔朗分布。

4. 耐心程度

耐心的顾客是指在接受服务之前一直在等待的顾客（即使是到达的顾客有所抱怨或者不耐烦的举动，但是一直等待这一事实足以将其归为排队论中耐心的顾客这一类）。

排队论认为有两类不够耐心的顾客：第一类顾客到达后，先观察服务机构和队长，然后再决定离开；第二类顾客到达后，通过观察，进入队列中，经过一段时间等待后才离开。第一类行为称为望而却步，第二类行为称为中途离队。

9.3.3 排队结构

排队结构是指排队的数量、位置、空间要求及其对顾客行为的影响。图 9-4 列出了在银行、邮局或机场的检票口等设置多个服务台的地方，可供选择的 3 种排队结构。

图 9-4（a）中有很多条队伍，到达的顾客必须决定要加入哪一条队伍。但是这个并不是不可撤销的，因为顾客可以再转移到另一条队伍的尾端，这种队伍转换行为称为移动。看到自己排的这条队不如旁边的队伍移动得快，无论如何都是一件令人恼火的事情，不过多条队伍的排队结构确实具有以下优点。

① 可以提供差别服务。超级市场的快速结账口就是一个例子。购买少量商品的顾客可以在快速结账口得到较快的服务，避免了为很少的商品而等待很长的时间。

② 可以进行劳动分工。例如，服务到车上的路边银行安排比较有经验的出纳员负责商业窗口。

③ 顾客可以选择其偏好的某一特定服务台。

④ 有助于减少不加入队伍的现象。如果顾客到达时，看到只在一个服务台前排了长长的队伍，他们通常会认为，这说明需要等待很长的时间，于是决定不加入队伍。

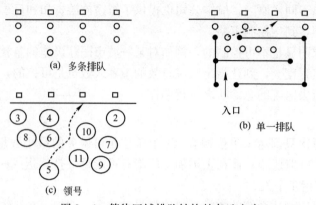

(a) 多条排队

(b) 单一排队

入口

(c) 领号

图9-4　等待区域排队结构的备选方案

图9-4（b）描绘出另一种常见的安排方式，用红色天鹅绒的缆索连接在铜柱之间，使到达的顾客排成一条蜿蜒曲折的队伍。一旦有一个服务台出现空闲，队首的第一位顾客就上前接受服务。这种方式在银行的大厅、邮局和游乐场中都很常见。它具有以下优点。

① 使所有顾客都遵循先到达者先服务的规则，从而保证了公平性。

② 只有一条队伍，因此顾客不会因看到别的队伍移动得更快而着急。

③ 只在队伍的尾端有一个入口，这使得插队和退出队伍变得困难。

④ 当每位顾客进行交易的时候，他身后没有人紧随着他，所以提高了服务的私密性。

⑤ 由于缩短了顾客排队等待的时间，所以这种安排方式的效率比较高。

图9-4（c）是一种不同的单一排队方式，即到达的顾客领取一个号码，表明他在队伍中的位置，这样就无须形成一条正式的队伍。顾客可以自由地四处走动，与人聊天，坐在椅子上休息，或者寻找其他的消遣。但是，正如前面提到的那样，顾客必须随时警觉自己的号码被叫到，否则就有可能错过接受服务的机会。面包店巧妙地运用"领号"系统来增加顾客的冲动购物，当顾客领到号码后去浏览那些撩人食欲的糕点时，通常都会多买一些回去，而他们来这里的目的只不过是想买一些新鲜的面包而已。

如果等待场所无法容纳所有需要服务的顾客，一些人就会离去。这种情况被称为有限排队，只有有限个停车位的餐厅都或多或少地遇到过这种情况。公共停车场是一个典型的例子，一旦最后一个车位也被占用，停车场就摆出"车位已满"的牌子，拒绝此后到达的顾客，直到又有空车位为止。

隐藏等待队伍也有助于减少顾客不加入队伍的可能性。游乐场通常会将游客等待的时间分成几个阶段。首先是在游乐项目的大门外排队，接下来是进门后在前厅等待，最后才是在发车处等待空的游览车绕园观赏。图9-5为排队结构的分类。

9.3.4　排队原则

排队原则是指队列中决定顾客接受服务次序的一个或一系列优先规则，见图9-6。这些优先规则对整个系统的运行有巨大的影响。队列中的顾客人数、平均等待时间、等待时间变化范围及服务机构的效率正是受排队规则影响的几个因素。

最常用的优先规则是先到先服务规则（first come，first served，FCFS），也称为先进先出规则（first in，first out，FIFO）。FCFS规则是指队列中的顾客接受服务的次序以其到达

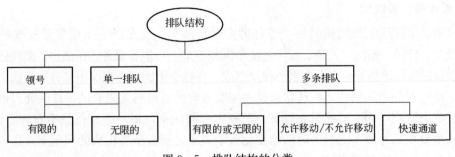

图 9-5　排队结构的分类

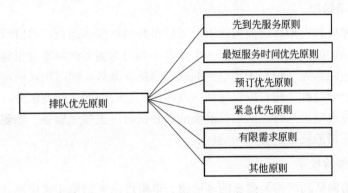

图 9-6　排队优先原则

顺序为根据，而与其他特性无关。尽管在实际情况中，FCFS 规则作为最公平的规则而被广泛使用，但是 FCFS 规则实际上忽视了要求较短时间服务的顾客的公平。

其他的优先规则有预订优先规则、紧急优先规则、最大赢利顾客优先规则、最大订单优先规则、最优顾客优先规则、最长队列中等待时间优先规则和最短允诺期优先规则等，而且每种优先规则都各有优劣。

诸如指明仅限于"单交易"（银行中）或是"现金"（超市中）专用通道看起来很像是优先规则，但实际上这些只是构造队列的方法，这样的队列只限于向那些具有同样特征的特殊一类顾客提供服务。然而，在排队系统中，优先规则一直用于选择下一个要求服务的顾客。构造队列的典型例子就是超市收银台前等待付款的 12 列顾客长队。

9.3.5　服务机构本身特性

不同类型的服务机构的队列结构不同，以下将详细讨论 4 类。要求服务的顾客可以经过单通道、多通道或单通道与多通道相混合的通道。这些形式的选择一方面取决于要求服务的顾客人数，另一方面还取决于顾客对接受服务次序的特殊要求。

1. 单通道、单阶段

单通道、单阶段是最简单的队列结构形式，通过简单的公式，可以解决到达人数和服务时间的标准分布问题，利用计算机仿真就很容易解决。单通道、单阶段典型的例子是单人美发店。

2. 单通道、多阶段

单通道、多阶段队列结构的一个很好的实例是洗车。洗车以一系列非常标准的服务程序——吸尘、打湿、擦洗、冲洗、晾干、洗车窗和停车——进行服务。单通道、多阶段系统中的一个重要因素是该服务由多少个服务程序组成，在各个不同服务程序中又分别形成了队列。

由于服务时间的波动性，最优状态是一个服务台前可以有无限长的等待队列。最差的状态是不允许有队列，同一时间只允许有一名顾客。如洗车，每一个车位是不允许有队列的，但管理者需要根据每辆车的服务时间的变化概率来决定所有服务机构的利用率。这一问题在产品专业化的系统中是常见的，如装配线。

3. 多通道、单阶段

银行的出纳窗口和大型百货商城收银台可以很好地解释多通道、单阶段队列结构。多通道、单阶段队列结构的困难在于：任何一个顾客不均匀的服务时间都会引起队列流动的不均匀。这就导致某些顾客先于相对于他早到的顾客而接受服务，同时也在一定程度上影响顾客挪动队列。若要改变这种结构，以保证到达顾客按到达时间顺序接受服务，则要排列成一个单队，当一个服务台空出来时，队里最前面的顾客就可以去接受服务。像现在的机场里的检票台及柜台通常使用的就是这种队列结构。

4. 多通道、多阶段

多通道、多阶段队列结构与前面的多通道、单阶段队列结构非常相似，只不过这种结构由两个或多个服务台组成。医院接待病人的系统就是这种结构，其具体的程序一般是：与登记处联系、填表、领取病历卡、安排病房、护送病人住进病房等。由于在服务过程中通常可以有多个服务台，因而可以有多个病人同时接受服务。

5. 服务率

排队论公式通常将服务率定义为单位时间内可以服务的顾客数（例如，每小时服务 12 个顾客），而不是指每个顾客的服务时间（例如，平均每个顾客 5 分钟）。固定的服务时间规则是指每一个顾客的服务时间都完全相同（即均匀分布）。正如固定到达一样，只有那些属于机械控制的到达分布才真正符合均匀分布特性。当服务时间呈随机分布时，通常近似埃尔朗分布和指数分布。

埃尔朗分布常常应用在单通道、多阶段的情况下，然而，服从埃尔朗分布的条件是很严格的，所以很少有此方面的应用实例。

指数分布常用来描述近似现实的服务时间分布。但是，这种方法可能导致不正确的结果。因为服从指数分布的服务机构必须在比平均服务时间更短的时间内提供服务，所以现实世界中很少有严格服从指数分布的服务情况。

许多其他服务也存在实际的最短时间。一个银行职员可以有 3 分钟的平均服务时间，而其最短服务时间只有 1 分钟，而另一个快速通道可能提供更为快捷的服务。同样的，在美发店，平均服务时间可以是 30 分钟，一个人很少在 20 分钟以内或是 1 小时以上完成服务。因此，这类服务就不太符合时间规律，也就不太可能用指数曲线来表示。

6. 能力利用率

一个服务机构忙于提供服务而占用的时间比值就是服务机构的能力利用率。能力利用率描述了服务机构的繁忙程度，而剩余的时间没有顾客，因而可视为空闲的时间。对于单通道服务系统，通常采用到达率与服务率之比来表示能力利用率。例如，如果顾客到达系统的速率是每小时 8 个顾客，而服务率是每小时 12 个顾客，那么能力利用率就是 8/12，即66.7%，说明该服务系统有 66.7%的时间是繁忙的，而 33.3%的时间是空闲的。重要的是，在确定服务机构的能力利用率时，要注意到达率与服务率的度量单位需要相同。

9.3.6 顾客离开系统的方式

顾客接受服务后，顾客离开的情况基本上有两种：一是顾客马上回到顾客源，变成一名新的顾客要求服务；二是顾客重新要求服务的可能性极小。第一种情况的例子是机器例行维护后重新使用，但它可能会再次出现故障而需要维修；第二种情况的例子是机器进行彻底检查和维护后，在最近一段时间内不需要再进行维护。通常称第一种情况为经常性事件，第二种情况为一次性事件。

很显然，当顾客源有限时，对回头客服务的任何改变都会改变顾客到达率。这样会引起所研究的排队问题的特性的改变，因而需要重新分析这一问题。

9.4 排队模型

为了强调排队分析的重要性和广泛应用，这一部分将讨论 6 种典型排队模型及其特征，见表 9-3，并介绍两个在稳态条件下的求解公式。

表 9-3 6 种典型排队模型的特性

模型	分布	服务阶段	顾客源	到达方式	排队规则	服务时间分布	队列允许长度	典型例子
1	单通道	单阶段	无限	泊松	FCFS	指数	无限	银行出纳服务系统，单通道收费桥收费系统
2	单通道	单阶段	无限	泊松	FCFS	均匀分布	无限	游乐园的滑行车道
3	单通道	单阶段	无限	泊松	FCFS	指数	有限	冰淇淋店，餐馆收银员
4	单通道	单阶段	无限	泊松	FCFS	离散分布	无限	洲际飞行航班
5	单通道	单阶段	无限	泊松	FCFS	埃尔朗	无限	单人美发店
6	多通道	单阶段	无限	泊松	FCFS	指数	无限	汽车经销商零部件供应柜台，双通道收费桥收费系统

有两个重要的公式用于理解在稳态条件下的绩效。首先，系统中的平均总时间等于系统中的平均等待时间加上平均服务时间，即

$$\bar{t}_s = \bar{t}_v + \frac{1}{\mu}$$

其次，系统中平均总顾客数与系统中平均总时间直接相关，即

$$\bar{n}_s = \lambda \bar{t}_s$$

这一著名的关系式就是李特尔定律。

为了说明这些模型是如何应用的，下面列举一个例子及其解法。在实际中随着问题的复杂程度的增加，其求解公式也会变得非常复杂，往往需要借助于计算机仿真技术来求解。此

外，在应用这些求解公式的过程中，应记住这些求解公式是稳态条件下的求解公式。因此，对于一些新产品的产出和服务型企业的新业务的推行，其到达率或服务率是随时间变化而变化的，那么运用这些求解公式所得出的结果就不会很精确。

排队系统中顾客等待实例如下。

西部国家银行（WNB）正考虑开设一个免下车银行服务窗口。管理者估计顾客驾驶他们汽车的到达速度为每小时 15 辆，出纳员的窗口服务速度是每小时服务 20 辆。假设到达方式是泊松分布，服务时间是指数分布，试求：

(1) 出纳员的平均利用率；

(2) 平均等待顾客数（汽车数）；

(3) 系统中平均顾客数（汽车数）；

(4) 平均等待时间；

(5) 顾客在系统中的平均逗留时间（包括服务时间）。

解

(1) 出纳员的平均利用率

$$\rho = \lambda / \mu = 15/20 = 75\%$$

(2) 平均等待顾客数

$$\overline{n}_v = \lambda^2 / [\mu(\mu - \lambda)] = 15^2 / [20 \times (20 - 15)] = 2.25 (辆)$$

(3) 系统中平均顾客数

$$\overline{n}_s = \lambda / (\mu - \lambda) = 15/(20 - 15) = 3 (辆)$$

(4) 平均等待时间

$$\overline{t}_v = \lambda / [\mu(\mu - \lambda)] = 15 / [20 \times (20 - 15)] = 0.15 (小时)$$

(5) 顾客在系统中的平均逗留时间

$$\overline{t}_s = 1/(\mu - \lambda) = 1/(20 - 15) = 0.2 (小时)$$

9.5 等待心理与排队管理策略权衡

梅斯特（Maister）是最先研究人们对排队问题态度的理论的。他的工作集中在"服务的法则"上。按照该法则，顾客的满意首先是对服务的感受中没有等候。他强调管理者要十分注意等候的心理和对排队的管理。

高效的排队管理可以加快队列运行的进程，但排队仍然是令人厌倦的。要想将等待转化为一段令人愉快的经历，甚至是等待过程中顾客的某些需求得以满足，需要富于创造力和竞争性的服务管理者在探索研究等待心理之后制定有效的排队接触管理策略。

大量服务营销调研表明，在排队等待的顾客中存在着一些共性的心理特征。而这样的特征是可以通过创造性的管理策略使之转向有利于服务企业的方向的。了解这些心理特征和管理经验，并从中汲取灵感和思路是服务管理者提高服务企业运营能力和效果的必经之路。

 小资料

心理学的研究表明，人们感觉到的等待服务时间往往比他们实际等待的时间要长，引用著名哲学家威廉·詹姆斯的话就是"烦躁产生于对时间流逝本身的关注"。梅斯特也系统地阐述了有关等待时间的一些原则：

(1) 等待时无事可干比有事可干感觉时间更长；

(2) 过程前等待的时间感觉比过程中等待的时间更长；

(3) 焦虑使等待看起来时间更长；

(4) 不确定的等待比已知的、有限的等待时间更长；

(5) 没有说明理由的等待比说明了理由的等待时间更长；

(6) 顾客感受的服务质量越高，就越心甘情愿地等待；

(7) 孤独的等候比集体等候显得更长。

1. 空虚无聊使等待更难忍

人们对空虚与无聊的等待有一种天然的畏惧。因为近乎无所事事的等待过程是从我们可自由支配的时间（可用于娱乐、学习、休息、工作等）中活生生扣除的，而且无聊状态下排队的姿势、环境，以及对局面无法控制的感受都会让顾客觉得难以忍受。因此，从顾客意识中删除这种空虚无聊的感觉是管理的重要目标。

首先，管理者应根据本企业服务属性，合理估计细分市场顾客可接受的等待时间。在超级市场等待10分钟也许为多数顾客所司空见惯，但在电话机前"聆听"10分钟的忙音恐怕会令人发疯。超出可接受范围内的等待时间便可能给人以空虚无聊的感受。

其次，要用积极的方式去填充空虚的等待时间，使之不再令人难以忍受。这显然需要管理者费一番脑筋。最简单的管理方案莫过于为等待的顾客提供一些舒适的座椅；在等待区域内渲染一种活泼、振奋的气氛（如色彩明丽的布景、新型产品的展示、优雅促销小姐的穿梭、轻快的背景音乐等）；播放一些娱乐节目或与服务相关的科普节目。这些管理策略大都普遍适用，核心手段在于分散顾客注意力，平和顾客心态，促进顾客间的交流，从而在顾客的意识中去除空虚。管理者的观察和探索会创造一批更加别具匠心的管理方案，它们适用性不强，但很有针对性。比如，在电话占线时导入一套音乐点播系统，远比忙音让人愉快；在电梯旁镶嵌供等待者整理衣冠的镜子会使电梯太慢的抱怨减少很多。

最后，管理者还可以更为有效地利用这段等待时间，使消费者效用提升，企业从中受益。当然，这对管理者而言是不小的挑战。对打电话占线的人们，不再播放音乐，而播放一些本企业的宣传材料和促销通告；对等待金融服务的顾客播放财经信息、商务通知；让等待理发的顾客欣赏发型样本。这样顾客会觉得这段时间被有效地用于信息搜集和知识学习，企业也取得了广告效益。但其中也蕴涵着风险，将服务与等待持续地联系在一起，会使顾客一直处于某种消费心理压力下，有时这对企业是不利的。另外还有一些极富创造性的经验，比如，让等待就餐的客人在操作间的玻璃窗外欣赏厨师烹制美味的菜肴，对食欲是一番莫大的刺激。当客人落座时，他除了原来打算要的食物之外，一定还要加上那道眼看着出锅的喷香菜肴；在期待一顿惬意的美餐时，他早已忘了去抱怨："又让我等了这么久！"

2. "心中没数"使等待更难忍

排队中的"心中没数"是普遍存在的现象。"我是不是排错队呢？""队伍怎么一直不动？""前面有人插队吗？""我的号难道已经叫过了？"无论这些疑问是否合乎逻辑，都会给找不到答案的顾客带来焦虑。顾客希望在等待过程中始终受到服务人员的关注，直到服务接触的到来。

管理者必须及时识别各种"心中没数"的来源和起因，制定相应的对策以缓解焦虑。与老式的交通灯相比，增加了红绿灯持续时间显示功能，让驾驶员对等待时间心中有数，大大减轻了焦虑。让一名员工置身于排队区域内，与顾客沟通、解决疑问，让顾客觉得自己排队受到关注，排队成果有保障，会使得接下来的等候心平气和。

预约能在一定程度上解决"心中没数"的问题，让企业和顾客都可提前为服务做好物质和心理上的准备。但当预约时间已到，顾客已完全准备好接受服务时，却发现前一个预约延长了，此时的"心中没数"是加倍的。适时地解释和道歉，并继而提供令客人满意的服务，才能抵消这种风险，重树良好形象。

另外，有以下3点值得注意。一是言而无信，使等待更长。对预约时间（或通知顾客等待的时间）连续地推后，比一次性推后大段时间更令顾客焦虑。因为每次时间推后都会给顾客一个新的等待预期，预期的连续破灭要比等上一大段时间更令人有被排队"受骗"的感觉。二是不确切使等待更长。排队信息的沟通一定要尽量确切。只说"不会等太久"和什么都不说效果几乎是相当的。明确的排队时间能大幅"释放"等待的压力，并给顾客从容安排这段时间提供了可能。三是不解释使等待更长。解释能消除心中的疑虑。当机长通知乘客飞机因机场要求推迟15分钟着陆，乘客们会认为这是小事一桩，而不会因为产生"飞机出故障""飞机失控"的联想而紧张不已。

3."进入角色"使等待容易接受

大多数等待顾客的理解是，服务的开始与等待的结束是同一个概念。利用这一感知上的误差，管理者可以做不少文章。把菜单递给等待的顾客，把病历发给待诊的病人，这些举动似乎传递了一种良好的预期——服务马上开始了。一旦顾客觉得等候的服务已切实出现在面前，焦虑感便会大幅减退。比如，当乘客排在一条长队尾部等候登机时，有机场管理人员上前提醒手续要齐备、行李要挂牌、钱物管理好，在相互寒暄问候中顾客走上舷梯要比看着前面人的后脑勺向前挪步子更轻松。

4. 公平公正使等待容易接受

当一名顾客在排队过程中发现比自己后来的人更早地接受了服务，那么这种不公平马上会转化为对排队的焦虑和对服务提供者的抱怨，并以之为发泄对象。

为确保"先到者先服务"的公平排队规则得以执行，最常用的管理策略是引入发号系统。这种简单的管理办法可以轻松地保证这种不公平对待现象被避免，又能使顾客预见自己的等待时间，还可以带来一些额外的收益。例如，领到号的顾客可以在等待区域内闲逛，这无疑是对"冲动购买"的鼓励；而被拘泥于队列中的顾客是很难有这种冲动的。

蛇行队列也同样可以保证足够的公平。一条队列的形式使排队者无须担心"插队"的存在。这使其心理压力能有所放松；同时，与队列中前后几人"同舟共济"的友谊会有效地填补了无聊的等待，这正是服务企业所希望的。

但是优先权的存在使这种简单的公平受到致命冲击，于是公正的原则成为支撑排队者等待的核心力量。公正原则体现在排队规则的制定中，并可转化为以下3条具体的操作原则。

① 对于明显有助于提高排队效率的优先权设定，要用明确的规范制度公之于众，并严格执行。比如，超市中购物较少的顾客单独组成一条"快队"在专门的交款台结账，对购物

较多的顾客而言是不"公平"的，但他们并不会认为这种优先权的存在有失公平。

② 出于效益（而非效率）的考虑为某些细分市场顾客保留的具有优先权的"专线"（如头等舱乘客候机室、金卡会员结账处、富豪快速登记入住制度等）往往存在着特权待遇的倾向。虽然这些规则本身无可厚非，但让"专线"远离普通服务顾客的队列，"隐藏"这种"不公正"优先权对减轻顾客因被歧视而产生的忧虑很有好处。

③ 对于那些无须设定便极可能严重影响服务质量的优先权，应通过解释、灌输，使之在普通排队者心中成为一种理所当然的"公平"。比如，丢失自行车的案件因为突发的杀人案件而被暂时搁置，报案的都会认为是天经地义的；而闯红灯的违章司机没有谁会把"刚才一辆救护车也闯了红灯"当作自己辩护的理由。

5. 更高"价值"使等待容易接受

更高"价值"在此处是一个广义的概念，它涵盖了以下几种情况。

① 服务本身的绝对价值越高，则摊在单位价值上的等待时间就越少，顾客便会觉得等待更值得。

② 服务本身的绝对价值不太高，但由于"物以稀为贵"的法则，对于那些耗时的复杂服务和限量供应的服务，顾客会觉得排队能获得别人无法获得的服务，从而耐心地接受等待。

③ 专业性强的服务在顾客看来比那些"自己在家也能做"的服务有价值，也许两者在绝对价值上相当，但顾客等待的情愿度会差异很大。我们会在证券营业部为打印一份免费的交割单等上半天，却不会为发放免费汽水而浪费时间。

另外，获得与预期相对应的服务价值会使顾客在回味排队经历时增加许多排队"经验"。当顾客获得了高于预期的"超值服务"时，服务中获得的效用会抵消排队过程中的不满，而使之在下次排队时对服务信心十足；当顾客获得了低于预期的"劣质服务"时，排队中的不满会由此被强化，"为这种服务排队，简直是在侮辱自己！"

6. "高效率"形象使等待容易接受

当排队的顾客看到工作人员都在紧张忙碌，那么他们便会对接下来的等待信心十足；而松松垮垮的低效率工作氛围，会使顾客觉得排队是无止境的。所以向顾客展示企业高效率的形象是劝说其加入队列、等待服务的有效手段。

"高效率"形象在现实中会转化为以下3种具体的服务形象策略。

① "无形象"。将服务全部转移到后台，让顾客无形中获得高效的服务，自然会引发顾客对"高效率"形象的认同。科学技术的发展为服务者走向后台提供了可能。预约是这一策略的最初形式；银行的自动柜员机使这一策略走向成功；而随着 Internet 的发展，EDI（电子数据交换）会将这一策略发扬光大。

② "省时的形象"。将服务企业节约时间、提高效率的努力让顾客看到，会强化他们等待的意志，因为他们感到了企业对其排队的关注。条形码扫描仪、自动对账机、计算机点菜记账系统等的广泛运用，会使顾客觉得企业的投资是为自己节约时间。这是一种服务之外的附加效用。

③ "忙碌的形象"。顾客最讨厌无所事事的服务员工，仿佛是他们使自己排起了长队，所以员工必须营造一种"忙碌"的氛围使顾客安心排队。第一，把没有工作的人员临时抽调到人手紧张的服务台支援工作，或者干脆让他们回避到顾客视线之外的后台；第二，把与顾

客无关的工作安排到视线之外，因为这会使顾客觉得正是为完成这些"无关紧要"的事，企业才让顾客排长队；第三，把与服务无关的东西移出排队区域，以免妨碍排队进程，影响排队感受——试想，在超级市场中排长队的顾客最痛恨什么？应该是那排"关闭"着的收款台吧！

案例分析

上海迪士尼乐园推出"快速通行证"大幅缩减游客排队时长

2016年6月16日，上海迪士尼乐园开园迎客，但是很多人其实都有顾虑——开园后游客会非常多。大家既想第一时间体验最新最好玩的项目，又害怕一大半的时间都浪费在排队上。上海迪士尼乐园早就猜到了大家的顾虑，为此专门推出了一项服务——迪士尼快速通行证。那么这项服务到底是怎样帮大家节约时间成本的呢？

1. 迪士尼快速通行证是什么？

迪士尼快速通行证是为大幅缩减游客的等待时间，让大家在同样的时间内能玩到更多的景点而推出的一项服务。当你发现在某个景点前排队队伍很长，不想排队等待，希望可在指定时间回到景点，这种情况就可以在适用景点的游客服务中心领取迪士尼快速通行证，只需按照通行证上标明的返回时间返回预约景点即可，不用缴纳任何的额外费用。

2. 怎样使用迪士尼快速通行证？

第一步：去适用主题园区游客服务中心的迪士尼快速通行证分发亭扫描主题乐园门票。

第二步：选择想要游览的景点，你可以拿到标明指定返回时间的迪士尼快速通行证。然后你就可以先体验其他景点，不用排队等待。

第三步：在指定返回时间回到景点入口，向演职人员出示迪士尼快速通行证，将排队时间缩至最短。

当然，除此之外迪士尼还推出了许多人性化的服务，把对游客的关怀和服务放在第一位，让人感触颇深。

（1）租赁服务

① 童车租赁。对于携带幼童的游客，乐园提供童车租赁服务，先到先得，额满即止。

② 轮椅租赁。乐园为行动不便的游客提供手动轮椅租赁服务，先到先得，租完即止。

（2）乐园无障碍服务

几乎所有餐厅、商店、景点和演出的主要入口处都向轮椅使用者开放。游玩某些景点时，轮椅使用者需要换乘游乐设备。请注意：演职人员不得擅自帮助轮椅使用者进行换乘。如需协助，建议您随同伴出游。

（3）医疗服务

① 医务室。乐园设有3个医务室。医务室提供绷带等急救用品，还可替游客保管需要冷藏的药品，并提供专门容器处理皮下注射针头。

② 医疗急救。在上海迪士尼乐园，如果突发急症，可以找到离你身边最近的演职人员，告知他们你身体状况不佳。乐园各区域内均配备了自动体外除颤器（AED）供训练有素的医护人员使用，以应对突发心脏急症。

③ 配置 AED 的场所。在上海迪士尼乐园内多处均配备有 AED。在主题乐园内，可以查看导览图，了解 AED 的具体位置。

④ 护婴中心。在上海迪士尼乐园，游客可在护婴中心喂哺、照料婴儿、更换尿片等。护婴中心人员齐备，将在乐园常规运营期间为游客提供免费服务和一系列便利设施，包括配备电视机和桌椅的客厅、配备椅子的母婴室、配备桌子的更衣室、配备高脚椅的喂哺室、微波炉和水槽等。同时护婴中心也有相关婴儿用品出售，包括婴儿配方食品、尿布、湿巾、奶瓶等。

⑤ 走失儿童认领处。如有需要，园区的演职人员会护送在乐园内与父母走散的儿童至护婴中心。孩子送抵护婴中心后，在父母前来认领前，会得到演职人员的照料。父母也可至护婴中心询问走失儿童的消息。

(4) 停车服务

① 驱车前往。驱车前往上海迪士尼乐园，白天把车停放在游客停车场，可按天收费。请注意，驾驶小型摩托车前来的游客可将车辆停在独立的非机动车停车场内。

② 混合动力车及电动汽车。为了满足驾驶混合动力车及电动汽车前来的游客的需求，上海迪士尼度假区将提供有限的电动汽车充电桩。

③ 无障碍服务。有特殊需求的客人在迪士尼游客停车场提供数量有限的无障碍停车位。

④ 酒店停车服务。为所有下榻上海迪士尼乐园内酒店的宾客免费提供停车服务。

资料来源：http：//sh.qq.com/a/20160511/026994_all.htm#page1.

回答问题

1. 结合本案例内容，谈谈上海迪士尼乐园排队管理的成功之处。

3. 根据上海迪士尼乐园的排队管理方法，说说有效减少等待时间在服务业中的重要性。

本章习题

一、判断题

1. 一个服务机构忙于提供服务而占用的时间比值称为服务机构的"能力利用率"。

（　　）

2. 排队就是一个服务台前面的一列有形的个体。散布于大学校园网的计算机终端前的学生，或者是被电话接线员告知"请稍候"的拨打电话者等不是排队。（　　）

3. 排队分析的传统经济目标是平衡服务能力成本和顾客等候服务的成本。（　　）

4. 在实际情况中，FCFS 规则作为最公平的规则而被广泛使用，它也没有忽视要求较短时间服务的顾客的公平性。（　　）

5. 排队结构是指排队的数量、位置、空间要求及其对顾客行为的影响。（　　）

二、选择题

1. 服务企业排队情形下的成本由（　　）构成。

　　A. 内部顾客等待成本　　　　　　　　B. 服务能力成本

　　C. 服务企业固定成本　　　　　　　　D. 顾客等候成本

2. "服务机构单位时间内可以服务的顾客数"称为服务机构的（　　）。

A. 顾客保留率　　　B. 顾客到达率　　　　C. 服务率　　　　　D. 能力利用率

3. 在排队论中，顾客的到达特性由 4 个方面构成，"成批达到还是单个到达"是（　　）方面的含义。

A. 到达规模　　　B. 到达方式　　　　C. 分布方式　　　　D. 耐心程度

4. 多条队伍的排队结构具有以下优点：（　　）。

A. 可以提供差别服务

B. 可以进行劳动分工

C. 顾客可以选择其偏好的某一特定服务台

D. 有助于减少不加入队伍的现象

5. 排队系统的基本构成是：（　　）。

A. 顾客源（到达特性）　　　　　　B. 服务系统

C. 顾客离开　　　　　　　　　　　D. 服务特征

三、思考题

1. 为什么即使在服务能力多于接待顾客所需时，等待队列仍然会形成？

2. 在等待队列的情形中，管理者要考虑的主要成本权衡是什么？

3. 如何转移注意力，以使等待变得不那么痛苦？

第 10 章

人力资源管理

学习目标

✓ 了解服务员工在服务企业的关键作用；

✓ 学习如何选择和开发服务员工这一重要的资源；

✓ 掌握如何构建优秀的企业服务文化。

开章案例

华为成功的秘密是什么？外媒称是企业文化

如今，华为是 91 家跻身福布斯全球 500 强的中国大陆企业中唯一一家海外收入超过本国业务收入的公司。2005 年，华为海外市场收入首次超过国内市场收入。2012 年，华为的销售收入和净利润均超过了爱立信，成为全球电信和网络领导者。几年来，它一直保持这一良好势头。华为 2014 财年销售收入为 465 亿美元，净利润达到 44.9 亿美元，均创历史新高。

华为如此成功，秘密是什么？成功往往由多个因素促成，像许多优秀公司一样，华为的成功源自能彰显其文化的特定价值观。

1. 成就客户

优秀领袖都会为其员工提出明确的奋斗目标，任正非也不例外。他将客户放在首位。许多公司都宣扬以客户为中心的理念，但又有多少公司真正把这一理念落到了实处？正因为真正做到了以客户为中心，华为在竞争中脱颖而出。

2. 艰苦奋斗

华为强调唯有艰苦奋斗才能获得机会。员工艰苦奋斗能使公司更具竞争力，这一理念并不难理解。但华为要弘扬艰苦奋斗的精神，让每位员工都能接受这一价值观却并非易事。华为将价值观的落实纳入员工激励体系。华为不是一家上市公司，而是由员工持股。华为 2014 年年报显示，任正非拥有公司接近 1.4% 的股份，82 471 名员工持有剩余股份。这种员工持股机制被称为"银手铐"，它与更常见的"金手铐"——期权制度有所不同。员工持股制度背后的理念是任正非想与员工分担责任、分享利益，让大家"一起做老板，共同打天下"。然而，值得一提的是，只有绩效优异的员工才有资格获得股票。

3. 高瞻远瞩

员工持股制度不仅能助力华为吸引并留住艰苦奋斗的员工，还能使公司作出长远规划。

任正非认为这一制度也能让员工朝着他们的目标和公司的长远愿景不断努力。例如，华为通常制定 5～10 年发展方案，而爱立信和摩托罗拉等大多数华为友商则按照财政季度或财政年度制订计划。民营企业的身份让华为可以制定 10 年发展规划，而其友商则需竭力应对资本市场的各种短期变动。

4. 审慎决策

任正非一向不主张在重大战略上快速决策，他总是迫使自己多花时间进行反思，华为公司也是如此。这样的决策风格也是由公司的员工持股制度所决定的。员工持股制度能确保决策权处于公司控制之下，任何外部投资者都无权左右公司决策。华为在制定未来规划时有更大的自由度，受市场的影响也更小。而轮值 CEO 制度也有助于实现更审慎、更民主的公司决策。

华为还强调"思考的力量"。华为的哲学是"思考能力是一个公司最可贵的品质"。然而，更重要的是，公司也及时收集员工的反馈，完善高层思想和公司的各项决策，这样的举措彰显了中国本土公司的国际化特征。

资料来源：http://tech.163.com/15/0616/16/AS8CQLBK000915BE.html.

10.1　服务员工的关键作用

服务的一大特征是服务提供人与顾客密不可分。在提供服务产品的过程中，服务企业的员工是一个不可或缺的因素，尽管有些服务产品是由机器和设备来提供的，如自动售货服务、提款服务等，但零售企业和银行的员工在这些服务的提供过程中仍起着十分重要的作用。

服务组织通常是"劳动密集"型组织。"公司—员工—顾客"之间的链式关系正说明了员工在服务管理中的地位和作用。在保健、医疗与法律咨询等服务提供过程中，顾客必须与服务提供者发生有序的相互作用，以保证服务的有效发生。例如，一个不与医疗工作者发生互动的病人，就不可能得到医疗服务；同样，如果一个用餐者不与服务者发生互动，他也无法完成进餐。总之，服务是顾客与员工之间发生互动的一系列过程，员工的形象与举止处在顾客的密切关注之下。与顾客发生接触的员工的服务，是顾客所购买的整体服务中不可分割的一部分，且会极大地影响顾客对服务的评价。服务员工的形象（即他们的着装、服饰、魅力等）与举止（即他们的服务意识、专业技能、谦逊等）会影响顾客对所接受服务的感知，另外，由于服务不能被看见，且其效果经常难以确定，故顾客经常把服务员工作为评价服务质量的线索。

负责与顾客接触的服务企业的员工，对顾客和企业都起着决定性作用，对于服务机构，他们可以是唯一的使服务有别于竞争对手的方式，也可能是失去顾客的原因所在。他们是顾客眼中的公司代表，同时也扮演了营销者的角色，能够直接影响顾客的满意度。

 小资料

本杰明·施耐德（Benjamin Schneider）与戴维·鲍恩对 28 家银行支行的顾客与员工进行研究，发现服务氛围和为员工谋求福利的氛围与顾客总体服务质量感知高度相关。类似地，希尔斯公司也发现顾客满意与员工的流失率密切相关。在顾客满意度高的商店，员工离职率是54%；而在满意度低的商店，员工离职率是83%。其他的研究表明，认为得到公司公平对待的员工将更好地对待顾客，并将带来更高的顾客满意度。

10.1.1 员工满意、顾客满意和利润

研究表明，满意的员工有助于产生满意的顾客，同时顾客在接受服务过程中满意度的提高也能够增强员工工作中的满意度及成就感。如果员工在工作中感受不愉快，在一种不佳的状态下服务顾客，顾客的满意很难得到实现。

员工满意度和忠诚度与顾客的满意度和忠诚度之间存在着一种逻辑关系，也影响着最终的利润。这一点可以从对图6-4（服务利润链）稍作修改后的图10-1中得到更详细的展示。服务利润链所展示的是内部服务质量、员工满意度/生产率、内部服务价值、最终顾客满意度、顾客忠诚（持久性）和盈利/收入增加之间的至关重要的联系。

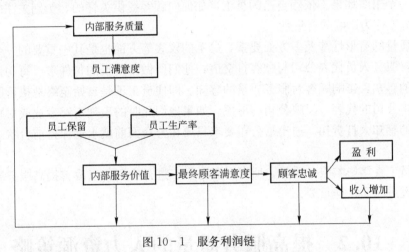

图10-1 服务利润链

但是，服务利润链这一模型并不意味着因果关系的存在，也就是说，员工满意不一定导致顾客满意，只是两者相互关联、相互反馈。服务利润链模型意味着，公司在模型要素上如果有高水平的表现，主要是对服务员工的正确管理及引导提升了员工的满意度，就比其他没能做得更好的公司将获得的利润更多。在相关的研究中，斯坦福商学院的杰弗里·普费弗在报告中指出，能够正确管理人员的公司会以30%~40%的优势击败未能如此的公司。

10.1.2 员工行为影响服务质量维度

服务质量维度是服务质量的属性，也是评估服务质量的标准。服务质量维度指的是服务的可靠性、响应性、保证性、移情性和有形性（有关内容见7.1节）。在服务过程中，这5个维度可能直接受员工的影响。

（1）员工行为影响的可靠性

这一维度几乎完全受一线员工的控制。在对顾客的服务过程中，员工能否按照企业制定的服务标准为顾客提供所需的服务，影响着顾客感知的服务的可靠性，即使是在自动化服务的情况下，幕后员工的工作也对确保系统正常运作起着至关重要的作用。

（2）员工行为影响的响应性

服务员工的响应性，直接影响着顾客对该企业服务质量的感知。例如，顾客恰好需要商场某样缺货的商品，不同商场的服务员做出的响应会截然不同。有人会一带而过，漠不关心；有人会立刻打电话向分店要货或向厂商订购，并在货到后通知顾客。服务员工及时有效的帮助会大大提升顾客的满意度。

（3）员工行为影响的保证性

服务质量的保证性也叫安全维度，它依赖于雇员传递的可信性，建立信任和自信的能力。虽然，组织的信誉会对此有所帮助，但最终与顾客互动的员工个人将为组织确保并建立信誉，或者其行为与组织信誉相反，最终损坏信誉。对刚起步或不知名的企业，可信性、信任感及自信心将完全与员工行为联系在一起。

（4）员工行为影响的移情性

服务员工的移情性是指员工在为顾客服务时，要专注聆听，适应顾客及保持灵活性。很难设想，一个组织如果不依赖自己的员工，如何向顾客提供关怀的、个别关注的服务。

（5）员工行为影响的有形性

服务质量的有形性涉及多方面要素，员工的仪表等方面也是其中重要的一个项目。

总之，服务人员代表公司与顾客打交道，他们所做、所说的每件事、每句话都会影响顾客对组织的感知，影响顾客对服务质量的感知。即便员工不是自始至终地执行服务，他们也是顾客眼中公司的代表，反映公司的形象。如果他们此时的表现不够专业或对顾客不恭，也会使顾客的感知大打折扣。迪士尼公司要求只要在公众面前就永远保持前台状态，其原因就在于此。

服务员工直接影响服务质量，所以对服务员工进行投资，以改善提高服务质量，就像投资制造品改进品质一样重要。

10.2　提高服务质量的人力资源策略

服务质量的提高，必须确保服务员工愿意并且有能力实施优质服务，而且需要不断激励员工以顾客为导向，以服务为理念。为了实现这一目标，企业管理者必须开发综合战略，通过人力资源决策和制定战略，激励和促使员工成功实现顾客导向的服务承诺，逐步缩小服务提供水平和服务标准之间的差距（即服务执行差距）。

提高服务质量的人力资源策略主要围绕5个方面建立，即招聘正确的人员；培训人员，保证服务质量；提供所需的支持系统；通过内部营销策略，保留最好的员工；授权给员工。

10.2.1　招聘正确的人员

服务企业人力资源管理必须从招聘做起，企业应根据市场竞争的需要及企业的发展目标，确立招聘的标准，引入多样化的招聘方式，发现应聘者的潜能，严格把关，挑选人才。在招聘过程中，企业不仅应考虑应聘者的专业知识和专业技能，更应重视应聘者的择业价值取向，选聘那些积极进取、奋发向上、有事业心、有互助合作能力、能够不断学习，有敬业乐业精神的人员。

尽管全球的服务企业一直在探索一种尽善尽美的人员选拔机制，但截至目前还没有一种绝对可靠的评测人员服务导向素质的方法令人信服。不过，经验表明，长期为服务企业采用的几种面试技术有助于深层次地展现候选人的潜力与品质，而这些潜力和品质会对其是否适合于一线岗位有一定的证明作用。

1. 抽象提问

在服务员工选拔面试中进行抽象提问，问题是开放式的，是对候选人是否能对问题提供的信息与知识和经验相联系并能分析问题实质的能力考察。比如，"在你看来，哪种顾客最难应付？为什么？"这个问题可以用来评价求职者对服务对象的关注程度和对顾客态度的宽容度。"顾客最多的抱怨和不满指向服务的什么要素？"这个问题可以用来评价求职者对信息收集的主动性。"你怎样处理顾客要求？""你认为理想的顾客接触方式是什么？"这些问题将展现求职者处理人际关系的风格和能力……

抽象提问从另一个侧面也可以考察求职者的适应能力。因为心理学认为习惯性地注意自己生活和工作中的细节，继而对这些细节深入思考并理性解释的人对新环境也会有较强的适应性。他们能比一般人更快地学到新知识、适应新岗位。

另外，由于求职竞争的加剧，不少求职者开始精心准备面试，他们会广泛收集别人的服务经验以应付提问。面试人应仔细倾听并探察回答中的矛盾与漏洞，从而降低被精彩的表面所蒙蔽的风险。另外，抽象提问侧重于考察求职者对过去经验的反思能力，而反思能力强并不代表在新的工作中能体现出足够的灵活性和洞察力。这些方面需要其他面试技术加以弥补。

2. 情景小品

情景小品作为一种面试方式要求求职者就一定的服务情景信息提出自己的行为设想或作出决策。这一面试技术仍停留在问答形式上，但由于情景的随机性远比一般的经验性问题大得多，故而不易为求职者事先准备，所以比抽象提问更能检测求职者的水平。

以下是一个用于面试的情景小品。

在为一次大型聚会提供食物后的一天，一个顾客要求退一些小蛋糕，理由是蛋糕不新鲜。但你会发现他的口气并不很硬，话语含糊不清。经检查，你心中已确信这蛋糕并非本店产品，因为蛋糕的规格和纹理与本店烹饪师的手法不符。那么你该怎么办呢？

这样一个针对性很强的情景设置，能揭示求职者"设身处地"的思考能力和判断能力；对其人际关系能力、业务常识和决策反应也有所体现。如果要进一步探究求职者的应变力和处事的镇静度，以情景小品为基础，加问一句："如果他突然变得异常恼火，且语气变得十分坚定，你该如何加以弥补？"便能有所发现。

情景小品方式提供了一个机会，让求职者站在他人的立场去思考服务接触，开创性的决策比经验性的总结更能表现人的创造力和适应性。而且，由于情景小品仍然是回答形式，所以沟通能力的强弱仍然主宰着面试时场面的冷热。但值得注意的是，由于"眼高手低"者的普遍存在，将"纸上谈兵"者选入服务岗位的风险仍然存在。情景小品的真实模拟性有待提高。

3. 角色扮演

角色扮演是以情景模拟为基础的一种面试技术。它要求求职者参与到一个模拟情景当中，切实扮演一个服务者的角色，真实地展现求职者的工作能力。角色扮演通常是人员选拔的最后阶段，是考察应聘者的实际"动手"能力和协调合作能力。

尽管角色扮演希望能再现一个真实的场景，但它仍然是在面试者观察与评审的压力下表演，而且求职者的表演效果与实际能力也可能存在或大或小的差距。所以面试者可随着进程选择多种情景演变方案，并更多地注重求职者的反应能力和处理服务问题的方式。不过，角色扮演还是考察了比抽象提问或情景小品更多的对现实的应变，也更理论联系实践，所以能有更多的机会权衡应聘者在与现实顾客交往时的长短优劣。

10.2.2　培训人员，保证服务质量

要维护和发展一支实现顾客导向、关注服务质量的员工队伍，组织必须为提供优质的服务开发员工。一旦招聘到正确的员工，组织必须着手培训并与这些员工一起工作，从而确保服务绩效。服务培训，是服务企业生存的基石，是企业发展的助推器，是企业在未来的竞争中创造奇迹的最佳动力。服务企业应该重点培训其员工的下面几种能力，以保证为顾客提供优质的服务。

（1）交际能力

善于与他人交往是服务人员应具备的首要能力，专业服务人员必须懂得怎样与顾客接触、建立和维持关系，学会倾听别人的意见，表达自己的想法，注重交往艺术，能够区别与不同性格、不同场合、不同年龄、不同文化背景的人相联系时应采取的交往方式，有正确的服务意识和服务态度，才能为顾客提供优质的服务。

（2）合作能力

服务工作不像某些物质生产那样工序分明，无论是前台还是后台的服务人员，都必须与上司、下属、同事、顾客、供应商等进行合作。专业服务人员应有全局的观念，较强的协调、沟通意识，学会与供应商协商，与同事合作，充分发挥不同角色的作用，利用现有各种因素，为顾客提供满意的服务，真正发挥其纽带、中介作用。

（3）学习能力

服务人员为顾客提供服务的过程，也是一个学习的过程。服务人员必须根据顾客的具体需要确立服务方式。服务人员越了解顾客的期望，就越能为顾客提供优质服务。市场需求的不断变化，要求服务人员应有不断学习新知识、新技能的能力，有较强的适应性。

（4）教育、说服能力

在服务过程中，顾客往往必须参与服务过程，配合服务人员的工作，因此，顾客在消费过程中应学习必要的知识和技能。然而，不少顾客，特别是第一次接受服务的顾客，却缺乏消费经验和足够的知识，这就要求专业服务人员做好这类顾客的指导和培训工作。服务人员应具备通过语言去吸引人、打动人、说服人的能力，懂得清晰、简洁、明了地表达自己的思想，为顾客提供准确、易懂的信息，服务的过程也是一个信息沟通的过程，个人沟通能力直接影响到服务的效果。

（5）企业环境、顾客知识

在服务过程中，对企业内部环境、市场情况、顾客的特点掌握得越全面，就越能为顾客提供满意的服务。例如，服务人员善于观察顾客的消费行为，设身处地为顾客着想，根据企业本身的特点，调整自己的服务方式，可以使服务工作更顺利地完成。

（6）文化修养

有时服务过程不仅是一项物质享受，更是一项高尚的精神文化享受，服务人员无疑应具备一定的文化修养，才能够与顾客更融洽、更有效地沟通。服务人员若能"上知天文，下晓地理"，具备广博的知识和良好的精神面貌，将有利于与顾客之间的感情交流。

（7）技术性能力

技术性能力是完成某一具体服务活动所需要的本领。服务企业往往可以通过培训，使服务人员掌握一定的操作程序，适应岗位的需要。对于某些新招聘的人员来说，具备某方面的技术性能力往往是进入某一行业的最起码的要求。随着高新科技的飞速发展，服务企业不断地推出新的服务项目，服务技术越来越复杂，如果服务人员缺乏技术知识和技能，就无法为顾客提供优质的服务，技术性能力是服务人员为顾客提供服务的基础。

10.2.3　提供所需的支持系统

要使服务员工的工作高效并有成果，必须建立内部的支持系统，并与以顾客为中心的需要相一致。实际上，没有以顾客为中心的内部支持和顾客导向的系统，无论员工意愿如何强烈，也几乎不可能执行优质服务。举例来说，一位以病人为中心的医生要有效率地工作，就必须得到医院内部系统的支持，了解病人的资料，配备现代化的手术和检查设备。同样，一位银行出纳员要在银行业务中分毫不差，同时使顾客满意，需要能很容易地得到顾客的近期资信资料和一支精干的人员队伍（这样他就不必经常面对排着长队的不耐烦的顾客），以及愿意支持他的顾客导向的上司和后勤人员。这些内部支持系统同使顾客满意的服务员工必备的技能一样至关重要。下面给出了确保顾客导向的内部支持的一些方法。

① 评估内部服务质量。内部顾客服务核查和内部服务承诺是评估内部服务质量的两种方法。通过核查，内部组织可以识别自己的顾客，确定他们的需求，评估自身服务情况及改进服务；内部服务承诺能够增强内部服务质量评估的效果。比如，某教育中心实行的100%满意度承诺，帮助组织确保提供内部顾客要求的优质教育。

评估并集中精力于内部服务质量和内部顾客的风险是，人们可能会在满足内部顾客的需求中迷失方向，以至于忘记了他们是在为最终的外部顾客服务。因此，在评估内部服务时，一定要注意时时把内部服务的执行与其如何支持对顾客的最终服务联系在一起。

② 提供支持性的技术和设施。服务员工要进行有效率、有效果的工作，就需要合适的设施与技术。如果员工得不到合适的设施或者使用设施时不能得心应手，他们执行优质服务的愿望就可能受挫。

③ 开发服务导向的内部过程。服务组织应该按照顾客的价值和满意度设计内部服务流程，这样就能支持服务人员在一线执行优质服务。内部过程必须为顾客导向的服务提供支持。

10.2.4　通过内部营销策略，保留最好的员工

1. 内部营销的基本概念及其内容

企业的内部营销作为一种管理策略，其核心是培养有服务意识和顾客意识的员工。企业的服务及特定的对外营销活动在推向市场之前必须先在内部员工中展开营销。每个企业和组织都拥有一个由该组织内部员工构成的内部市场，它应该首先得到重视。如果企业内部的市

场营销活动做得不够好，企业的外部市场运作也会受到制约。

内部营销是一种全面的管理过程，它会对服务企业的各项职能进行整合，确保企业各阶层的员工，包括管理者，在有利于提高顾客服务的自觉性的环境里，理解和检验业务及有关的各种行为和活动，每个员工都具有双重角色——既是内部顾客，又是外部顾客所需服务的供应商。

内部营销通过采取开放式的管理风格，在企业竞争的差异化方面起到了关键作用。

内部营销包含了两种类型的管理过程：态度管理和沟通管理。

（1）态度管理

内部营销的态度管理主要体现在对员工态度的有效管理和对员工的顾客意识和服务自觉性的激励上。态度管理是内部营销的关键性组成部分。服务企业需要员工具备远见的服务意识，他们将能够帮助企业创造未来，赢得竞争优势。

（2）沟通管理

沟通管理是指企业内部员工之间相互交流各自的要求，对于如何提高工作业绩的看法，以及如何界定顾客需求的方法等。组织的管理者、后勤人员和服务员工需要有足够的信息去完成他们的工作，为内部和外部的员工提供服务。他们所需要的信息很多，例如，岗位规章制度，产品和服务的性能，向顾客做出的承诺，或者是广告宣传及促销过程中作出的承诺与保证等。这就需要员工之间进行沟通。

在实施内部营销的过程中，态度管理和沟通管理必须双管齐下，才能获得良好的效果。

2. 内部营销的目标及具体策略

内部营销具有一套整体目标。这套目标是双重的：首先，内部营销的目的是激励员工，促使他们主动积极地追求顾客导向和服务意识，并在互动营销过程中以兼职营销者的身份成功地完成工作；其次，内部营销要吸引和留住素质良好的员工。在这双重目标中，首要的目标是实现对员工的有效管理和激励，这方面做得越好，对员工的吸引力就越大，从而实现第二个目标。为了更好地激励员工，增强员工的主人翁意识，提高企业的员工服务活力，留住最好的员工，应采用下面几种内部营销策略。

（1）将员工当作顾客

把员工当作组织顾客，把基本的营销观点直接应用于员工。如果员工感到他们有价值，他们的需求被组织重视，会更愿意留在组织当中。组织提供给员工的产品主要是工作岗位和工作生活的质量。管理者应该满足员工对工作岗位和工作生活质量的需求，并评估员工的满意度。

美国运通公司在为员工提供最好的工作场所的过程中，采取的策略有：管理者要从思想上真正意识到员工也是企业的顾客；在有关人力资源策略、项目和过程的设计与实施决策中，以员工投入和事实为基础；评估顾客的满意度并不断改善工作方法；采用标杆学习并采用最好的方法。

组织应该给予员工合适的工作环境、合适的工具和合适的领导；消除担心、沮丧、官僚作风。另外，还应该给予员工嘉奖，尊重员工，帮助员工。

组织还可以把各种营销方法运用到对员工的管理中。比如，对员工进行细分从而制订灵活的利益计划，也可以为员工职业生涯提供选择，因为员工的需求会随着时间变化，具体细分员工的需求，随着员工需求的发展而调整，会不断增加员工的忠诚度。直接面向随着员工需求的发展而调整，也会不断增加员工的忠诚度。直接面向员工的广告和其他形式的沟通也会增加员工的价值感和对组织的投入。

（2）将员工纳入公司的共同愿景之中

"共同愿景"是企业经营理念中的组成部分，是组织中人们所公认的意向或景象，它创造出众人一体的感觉，并深入组织的所有活动中。企业要想有效地实施服务战略，提高服务质量，需要所有的员工具有一个共同愿景。

要激励并使员工对追随和支持组织目标感兴趣，就必须让他们理解和分享企业的愿景。整天执行服务的员工需要理解他们的行为如何嵌入组织的宏大蓝图之中，如何为组织的目标贡献力量。员工在某种程度上受到工资和其他利益的激励，而没有把自己和组织的愿景联系在一起，就极有可能被其他的机会吸引。组织的管理者应当注重与员工的沟通，当愿景和方向明确并富有激励性之后，员工会更愿意留在组织愿景的道路上与组织共风雨。

管理者希望服务人员用投入与奉献的精神对待顾客服务，必须起到引导作用：自身必须投入，同时对顾客服务功能的描述必须简单、诚实、诚恳，不能夸大好的方面而隐藏有问题的方面，还要让员工有选择的自由。

（3）评估并奖励优秀员工

如果公司希望留住最好的员工，就必须奖励和提升他们。奖励可能发生在生产率、数量、销售额或其他一些对优质服务有潜在影响的方面。如果努力不被重视，得不到回报，会挫伤员工的服务欲望，他们可能不再提供高水平服务，降低服务水平，只达到最一般的水平。研究表明，当员工感到奖励与提供给顾客的服务和品质相符时，就会减少角色压力，对工作更满意，他们希望提供优质服务，并因此受到奖励时，会感觉无比幸福。

 小资料

宝洁的激励制度

宝洁的激励包括两部分：物质上的和精神上的。物质上的包括升职和提薪两个主要的措施，同时还有平时一些及时的奖励。比如，某个雇员在一些工作上有突出表现的时候，经理就会及时地给一些小的物质奖励。还有一种叫模拟股票制，就是通过给成绩突出的雇员若干认可的模拟股票，鼓励他保留若干年后再去卖出，股票增值部分就属于雇员。

当一个人在物质上基本满足之后，来自精神上的奖励就成为需要。尊重和认可也许就是最基本的精神奖励。在宝洁公司，上级会经常过问下属的工作，尊重下属的意见，及时沟通。同时，当下属的工作取得成绩时，上级经理会及时致谢，通过感谢信或表扬信的方式来表扬下属。

不希望员工因为金钱的缘故而离开宝洁，但宝洁决不把它作为唯一机制。内部升职，特设培训和富有竞争力的薪酬福利制度等一整套人力资源体系的有机结合，也许是宝洁能够持续吸收和留住人才的关键。

10.2.5　授权给员工

许多服务组织已经发现要真正做到顾客满意，就必须授权给一线员工，使其能对顾客需求做出灵活反应并在出现差错时及时补救。授权意味着把为顾客服务的意愿、技能、工具和权力交给员工。实践表明，一线人员对企业成功的贡献很大，除了职业能力和不断培训之外，员工对顾客关系上的授权也是影响最终服务效果的重要因素。如果员工赞同组织的目标和战略，他们有权力决定如何创造性地有效解决顾客的问题，企业成功的可能性就会大大提高。

1. 授权的收益

授权可以为组织带来几项重大收益，其中包括在服务提供过程中更快速地对顾客需求做出反应，在服务补救过程中更快速地对不满意顾客做出反应，取得更高的员工满意度，取得更高的员工工作热情，更好地发挥员工的创造性，提高员工及顾客忠诚度等。

① 在服务提供过程中更快速地对顾客需求做出反应。被授权的员工，在帮助顾客时无须过多的请示。基于对顾客需求的识别，员工可迅速采取行动，为顾客提供最好的服务。

② 在服务补救过程中更快速地对不满意顾客做出反应。错误一旦发生，被授权的员工能迅速地采取补救措施。欲缓解因服务失败而引发的顾客焦虑与愤怒，快速地对不满顾客做出反应特别有效；而不是令顾客长时间地等待问题的圆满解决，顾客本来已经心存不满，如果再让他们焦急地等待，结果很可能是顾客的愤怒立即爆发。对顾客做出快速的反应，甚至会起到强调顾客对组织的重要性的作用。

③ 取得更高的员工满意度。允许员工对他们的工作表现拥有更大的自主权，不仅可提高员工的工作满意度，而且可增强员工的自信心。通过授权，可扩大员工的工作范围，使他们愈发感觉自身对组织良好运转的重要性，而不仅仅是组织产出过程中的一个次要部分。被授权的员工，会有意地在整体服务表现中扮演重要的角色。

④ 取得更高的员工工作热情。满意且拥有权力的员工，会更多地表现其对顾客的关心。进一步说，因为员工心情很好，故他们对顾客的态度也会有所提高和改善。目前，被授权的员工能独立解决那些曾经很可怕但又无法回避的问题。顾客不再被看作令员工讨厌但又必须忍受的，而是真正像客人一样受到欢迎。

⑤ 更好地发挥员工的创造性。被授权的员工，经常会及时地提出一些新思想和新建议，因为他们具备一种强烈的主人翁意识。另外，由于被授权员工经常出现在一线岗位，故他们是一个特别好的创新思想的来源，借助这些新思想可改善顾客接待和提高服务提供的效率与效果。

⑥ 提高员工及顾客的忠诚度。通过授权给员工而赢得出色的服务，也能提高顾客对组织的忠诚度，并有可能借顾客之口来宣传组织。一个顾客，如果其从被授权员工那里得到出色的服务，他通常会与其他人分享其经历，甚至有可能成为联系组织与其他顾客的纽带。因为毕竟组织曾把他作为一位特殊的客人予以接待。

2. 授权的成本

尽管授权的收益确实很诱人，但它并非毫无缺点或不需要任何投入。授权也会带来众多的不利影响，其中较为突出的有：员工选择与培训费用的增加、劳动力成本的提高、速度缓慢或缺乏一致性的服务、可能违反公平竞争、过分或错误的决定。

① 员工选择与培训费用的增加。对被授权员工的期望和要求，显然要高于那些按照服务标准来提供服务的员工的要求。因而，需要在被授权员工的选择与培训方面投入更大的精

力。类似这些努力，都会增加组织的员工招聘与培训的总成本。确定与发展被授权员工的成本很高，因为他们必须有能力完成多种行为。而另一方面，假若授权于一个无能的人，他缺乏行使其权力的必要知识与能力，那更是一场灾难。

② 劳动力成本的提高。由于对被授权员工的培训费用较高，故组织如再使用那些通常为组织服务期较短的兼职员工，显然已不再可行。相反，组织应该使用和招收一些全职员工予以替代，而组织通常也要为全职员工支付较多的薪水与其他福利。另外，被授权员工也最有可能提出提高工资的要求，因为他们比传统组织内的同类人员素质高且经过严格的培训。

③ 速度缓慢或缺乏一致性的服务。当行使其权力时，被授权员工习惯在每位顾客身上多花点时间，或者对不同的顾客采取不一致的服务方式。更可怕的是，被授权员工可能用不同的方式来显示其权力。因此，服务提供的效率会打折扣，对不同顾客的反应也会有所不同。

④ 可能违反公平竞争。那些发现被授权员工给予其他顾客特殊照顾的顾客，会把这些关照看作不公平的事情，并奇怪自己为什么不能受到如此关照。如此情境，会引发顾客与顾客的纷争，会引发顾客对组织的不满，因为就横向比较而言，有些顾客得到的服务很差。

⑤ 过分或错误的决定。被授权员工可能做出错误的决定和建议，也可能为使顾客满意而做出超越合理的服务标准的事情。经验和认真培训也许能降低上述风险，但要想彻底根除它们，却不可能。一些不必要或过量满足顾客需求的行为，实际上在所难免。

3. 授权的选择

授权的方式是要员工最大限度地卷入管理，问题出现在哪里，决定权就下放到哪里。授权的前提是员工动机明确、掌握信息和素质良好，具有自我控制能力，而结果是使他们对企业做出重大贡献。博文和劳勒两位学者认为可以按照四大要素水平对一线授权：信息、知识、权利和报酬。授权的选择有 3 种：员工参与；更宽的职权；更多的介入。

① 员工参与。让他们向机构提出改进服务和组织的建议。管理者决定是否采纳建议。

② 更宽的职权。扩大员工的职权范围，使他们具有更明确的动机，提供更好的服务。复杂服务的生产机构要靠"团队"实现这种模式，因为凭个人是难以独立完成复杂工作的。医院、律师事务所和学校都是如此。显然，为了行使更宽的职权，要对人员进行很好的培训，而机构的高层领导负有更大的管理协调责任。

③ 更多的介入。服务企业使员工不仅有权影响各种操作结果，而且激励他们相信自己能为企业的成功做出贡献。这种模式实际上是放弃了集中控制的模式，信息向所有合作者开放，问题通过集体讨论解决。员工对整个企业的经济活动都参与其中。

10.3　培育服务文化

10.3.1　服务组织中文化的重要性

在服务业中建设强有力、良好的文化可以巩固优质服务和顾客导向，而且可能比在传统的制造业环境中重要得多。这源于服务生产和消费的本质，通常服务生产无法用生产线的方式进行标准化，因为人的因素对销售者与购买者的关系有很大影响。由于环境的不同，顾客行为也无法标准化，因此需要有鲜明的服务导向的文化告诉员工如何对新的、无法预知的、甚至可怕的环境作出回应。

因为服务质量是许多资源——人力资源和技术资源合作的结果，所以可以巩固质量的强有力的文化是在服务业中成功进行质量管理的先决条件。因为在服务业中控制质量难于制造业，所以组织必须明确服务导向、质量意识的价值。

员工的服务表现受到组织文化的深刻影响。管理者必须意识到，除非在服务组织内部倡导和建立一种顾客导向的服务文化，将整个组织的共同价值观、信念和行为规范明确地聚焦在被服务的顾客（包括内部和外部顾客）身上，并使其员工能够得到支持和激励，从而发自内心地重视顾客的需求，自发地向顾客提供优质服务；否则，服务组织不可能稳定地提供高品质的服务，也不可能培育出一贯良好的服务声誉。芬兰学者 Gronroos 认为，顾客导向的服务文化意味着在服务组织内部以一种潜移默化的方式鼓励优质服务的存在，给予内部和外部顾客优质服务，并把这种文化当作自然而然的生活方式和每个人最重要的行为标准。

10.3.2 服务文化的类型

近年来，企业管理理论者和实践工作者都非常重视企业服务文化的研究，提出了一系列企业服务文化建设的指导原则。然而，在企业服务文化建设的实践和理论探索中，不少人虽然比较重视企业内部凝聚力的增强，却往往忽视企业服务文化建设与企业经营业绩之间的关系。而在当前竞争日益激烈的市场环境中，要取得竞争优势，提高经济效益，企业服务文化建设就必须以市场为导向，适应市场环境变化。

美国著名企业管理学家奎因（Robert E. Quinn）认为企业服务文化有以下 4 种类型。

① 市场导向型：企业管理人员强调市场竞争，激励全体员工努力实现企业的目标。这类企业采用市场导向的服务经营管理原则，迅速适应市场变化，并采取一系列有效的竞争措施，实现企业的财务目标和市场占有率目标。

② 创新型：企业管理人员强调创新精神、创造性、适应性等价值观念，不断努力发展新的市场，确定新的服务发展方向，敢于承担风险，愿意接受市场的挑战。

③ 家族型：企业管理人员强调凝聚力、归属感、员工参与管理、各个部门之间相互协作。在这类企业里，凝聚力和员工满意程度比企业的财务目标和市场占有率目标更加重要。

④ 等级型：企业管理人员强调等级观念和规章制度。这些企业的服务活动是在各级管理人员的监督、评估和指导之下进行的。

这 4 类企业服务文化并不是相互排斥的。大多数企业可能同时具有几类服务文化成分。然而，在某一个时期里，主要的企业服务文化却只能是其中一种类型。在不同时期里，占支配地位的企业服务文化也可能会发生变化。

因为企业服务文化不同，企业的经营业绩（投资收益率、盈利率、增长率、市场占有率、客户忠诚度、产品和服务的市场声誉等）也会有所差别。市场导向型服务企业文化强调竞争优势和市场优势；创新型企业服务文化的核心是创新精神、创业精神、敢于承担风险。这两类企业服务文化都强调企业对市场的适应性，都能使企业取得较好的经营业绩。家族型企业服务文化强调员工忠诚度、传统习惯和内部稳定，却往往忽视外部市场环境变化；等级型企业服务文化强调稳定性、一致性，企业内部机构臃肿、等级层次过多，工作效率较低。这两类企业服务文化都强调内部管理，忽视企业外部市场环境变化，企业的经营业绩一般较差。

10.3.3　服务文化的功能

 小资料

服务文化的第一层含义是服务理念。企业能否提供满意的品牌服务，不仅取决于它是否具有健全的服务网络、娴熟的服务技能，更取决于它是否拥有先进而独特的服务理念。企业能否拥有健全的服务网络也取决于企业服务理念的指导。服务文化的第二层含义是服务艺术。服务不仅是一种经济行为，更是一种文化行为。一方面，服务要能体现出浓郁的文化情愫和情感色彩，在无形中形成一种亲和力，达到提升品牌形象的目的；另一方面，企业要善于洞察顾客潜在心理，想顾客之所想，提供切合顾客潜在心理期望的服务。

1. 导向功能

服务文化能够引导组织成员的服务，会影响员工同其顾客相互交流的态度和行为。具备服务导向观念的员工对顾客有兴趣，为顾客做得更多，行动中更加谦恭，更加灵活，并努力尝试寻找满足顾客期望的恰当方法，以便能有效应付尴尬的或未曾想到的情境。由于顾客感受的质量才是企业效益的决定性因素，所以由顾客导向观念出发才能增加企业收益。

2. 约束功能

服务文化对每个企业成员的思想和行动都具有约束和规范作用。有形的规章制度对员工行为进行硬约束固然是必要的，但是它的调节范围和功能是有限的。服务文化理论注重的是管理中企业精神、价值观、传统等对员工的软约束。通过服务文化的塑造，企业在组织中培养与制度相协调的环境氛围，包括群体意识、社会舆论、共同礼仪和习俗等内容，从而形成强大的心理压力，这种心理约束进而会对企业成员的行为产生自我控制。服务文化这种无形的约束力量事实上比有形的约束力量更为强大。

3. 凝聚功能

服务文化可以产生一种巨大的向心力和凝聚力，把企业成员团结起来。服务文化是全体成员共同创造的群体意识，寄托了企业成员的群体理想、希望和要求，因而企业成员对这种群体意识产生了"认同感"。这就促使企业成员积极地参与企业事务，为企业发展贡献自身的力量，逐渐形成对企业的"归属感"。

服务文化的凝聚功能还表现在企业文化的排他性上。对外的排他性在某种意义上是对内的凝聚力，外部的排斥和压力的存在，使个体产生对群体内部的依赖；同时，也使个体对外部压力增添敏感性和竞争性，促使个体凝聚于群体中，形成"命运共同体"。

10.3.4　服务文化建设的基本要求

企业的服务文化不是自然而然产生的，它发育于市场，来源于客户，依靠企业全体成员，以创新的、高质量的服务产品来满足客户需要，并从中提升企业形象，增加企业美誉度。服务文化的建设是一个广泛而长期的过程，各企业应努力挖掘营造具有本企业特色的服务文化，同时立足于服务文化建设的基本要求。

1. 应具有市场适应性

国内外许多成功企业的经验证明，要长期保持卓越的经营业绩，服务文化建设必须强调企业对市场环境的适应性。管理人员应善于预见并密切注视市场环境中的有关变化，抓住机遇，主动改变竞争战略和经营管理方法，不断提高企业的竞争实力。服务文化的适应性特别强调价值观念，管理人员必须具有公仆意识，无微不至地关心顾客、员工和投资者的利益，满足他们的合理要求。这类服务文化高度重视企业家精神和应变能力。管理人员应乐于接受多变的市场环境的挑战，敢于承担必要的风险，善于创新，不断地推出与市场环境变化相适应的经营管理措施，并通过内部沟通和激励机制，使全体员工接受各种改革措施，不断地提高企业的经营效果。

2. 应具有合理的组织结构

良好服务的先决条件是组织结构的改进。组织结构越复杂，提供良好服务时就会遇到越多的问题。良好服务需要服务的设计、改进、实施部门密切合作，形成共同的价值观念和良好的关系，改善运作体系、日常规程和工作流程，使处理方法简单易行，从而可以避免由于过度复杂而形成不必要的错误和信息沟通的中断。

3. 应具有强大的领导体系

建立服务导向的领导体系，是促进良好服务的前提。管理工作必须是支持性的、激励性的，并且同其所管理的人员相适应。假如没有来自经理和管理人员积极持久的支持，有着真正服务文化特点的价值观念就不可能渗透到组织的各个角落中去。即使文化已经形成，也不可能长期保持下来。如果服务导向的价值观念被员工所接受，并通过强化成为其日常工作的一部分，则会对管理效果产生巨大的影响。

领导必须明确服务战略，必须长期重视服务战略并持续而积极地给予战略执行者以有力的支持。因此，每个经理和监管者都必须担当起作为其下属训导员的责任，时常鼓励下属，并强化他们对服务活动的主动性。

案例分析

阿里巴巴：造就万名千万富翁的 HR 管理

在阿里巴巴，任何资历、背景都不重要，只要你具有相应职位的能力就会得到提拔。一家中国公司登陆纽交所，并创下美股史上最大规模 IPO（首次公开发行上市）的记录，这注定被国人视为"走向世界"的骄傲、被世界视为"中国崛起"的信号。在阿里巴巴成功的背后，是数万名员工的付出与贡献。阿里巴巴的人力资源管理在其中起了很大的作用。作为阿里巴巴的 HR，其挑战在于，在如此快速成长而多变的业务形态下，要如何能够兜底，托得住并稳住整个团队，同时引进人才。

1. 让员工自主学习的培训才有效

在阿里巴巴，会根据员工不同的偏好，分为三个职业阶梯，使性格不同、对自己未来规划不同的员工都能够满意。比方说，你希望平衡生活，按部就班，照顾家庭，不需要有太多挑战，太多压力，你可以选择去做S序列。S序列都是标准工作的序列，你只需要按照现有的方式做事就行了。如果这个人很擅长与人打交道，并不喜欢对着机器做事情，你可以选择M序列去发展。其实不同类型的员工，选择各不相同，所以人的发展绝对不是企业一厢情愿的事情，而是企业和个人的主观共同造就的，只有当这种需求是大家都想要的，这个时候才会得到各方面的配合，才能得到认同，才能把"试"转化为"学"。在阿里巴巴，我们鼓励内部教学相长的文化，不断建立内部员工分享的氛围，希望营造一个要学一定要有行动，有了行动一定要带来结果的学习氛围。

先要决定你的目标，再决定你的培训行为，然后评估会带来什么结果。如果想在阿里巴巴做到这一条，先要对不同的人员进行定位，因为定位不同的人，他需要的能力不一样，你给他的东西就不一样。既然有了能力的需求，也有了发展行动的方向，这时候通过设计不一样的学习方法，来推动能力的建设。阿里巴巴学习项目的名称很怪，什么夜校、课堂等，选用这些名字，是希望强化学习这个概念，其实里面的内容还是管理体系，包括阿里巴巴所有的管理人员必须接受的强制性培训，如三A课程等。从低级的员工，到高管级的，给每个员工制定了不同的选修和必修项目。

每年阿里巴巴都会选择公司在管理上最严重的问题，最需要解决的问题为培训主题，请高管配合HR同事，共同完成对员工的训练。在学习的过程中，他们会互相发表自己的看法。在阿里巴巴中国网站，员工还可以根据自己学习的期数，建立自己的群博客，他们会在上面记录自己是黄埔军校第几期的概念，这也是强化一些虚拟组织对员工归属感的提升。所以看培训不只是看培训二字，还看能力提升，看文化氛围建立，看员工的快乐工作，看个人能力和组织能力的认可。年轻的员工营造玩的氛围，好的东西可以贴出来跟人交流与分享，这些都是阿里巴巴特有的学习环境。

2. 以"六脉神剑"考核员工价值观与业绩各占50%

在阿里巴巴"六脉神剑"被归纳成为：客户第一、团队合作、拥抱变化、诚信、激情、敬业。与一般企业只不过是把口号挂在墙上不同，阿里巴巴的价值观是真真切切地落在实处的，因为在阿里巴巴的考核体系中，个人业绩的打分与价值观的打分各占50%。也就是说，即使一个业务员拥有很好的业绩，但是价值观打分不达标，在阿里巴巴依然会面临淘汰。

对一个员工业绩的考核显然更容易，价值观听起来就更虚无缥缈一些。但是阿里巴巴还是有一些办法把比较虚的价值观用一些具体的方法做出衡量。比如把价值观分解成30小条，每小条都对应相对的分值，采取递进制，纳入考核之中。不过马云并不想让他的数千员工变成苦行僧。在阿里巴巴，无处不在地强调着快乐工作。马云说："我们阿里巴巴的LOGO是一张笑脸，我希望每一个员工都是笑脸。"

3. 留住员工秘诀：双重层面激励员工

如何让员工愿意在阿里巴巴工作？在物质层面和精神层面的双重因素都很重要。物质层面，不能让员工每个月拿五百元还很高兴。阿里巴巴每年都请专业公司调查行业薪资，根据这个来确定公司的薪酬是有竞争力的。去年阿里巴巴发现员工的椅子没有扶手，研究之后发现这会额外增加员工的疲劳度，所以即使要花一大笔钱也决定把所有椅子都换成了有扶手的。

做到这些，还只能是留住员工，而不是激励员工，还要让他向上走。激励员工的主要方式是，他的工作能不能得到认可，他的工作能否推动公司的发展。也许很难想象一个一线客服人员，他怎么来理解自己也在推动公司的发展。阿里巴巴经常给员工讲一个故事，三个人在那里砌房子，你问第一个人，他说在那里砌砖头，第二个人说在垒墙，第三个人说他在造世界上最美的教堂，每天钟声会响起。我希望我们的员工像第三个人，每天自己都有进步，公司也在成长，这是多少钱都达不到的。

资料来源：http：//www.chinahrd.net/article/2014/09－24/200053－1.html.

回答问题

1. 结合本案例内容，说说阿里巴巴在员工培训方面有什么创新之处？
2. 根据本案例中阿里巴巴公司对员工进行的培训，论述培训对企业发展的重要性。

本 章 习 题

一、判断题

1. 因为服务质量是人力资源和技术资源合作的结果，所以可以巩固质量的强有力的文化是在服务业中成功进行质量管理的先决条件。　　　　　　　　　（　　）

2. 在实施企业内部营销的过程中，态度管理和沟通管理不必双管齐下，也能获得良好的效果。　　　　　　　　　　　　　　　　　　　　　　　（　　）

3. 与顾客发生接触的员工，是顾客所购买的整体服务中不可分割的一部分，且会极大地影响顾客对服务的评价。因此，服务员工在提供服务过程中起着关键的作用。（　　）

4. 服务人员为顾客提供服务的过程，并不是一个学习的过程。但是，服务人员需要根据顾客的具体需求确立合适的服务方式。　　　　　　　　　　　　　（　　）

5. 服务质量的提高，必须确保服务员工愿意并且有能力实施优质服务，而且需要不断激励员工以顾客为导向，以服务为理念。　　　　　　　　　　　　　（　　）

二、选择题

1. 优秀服务文化的建设的基本要求是（　　）。
　　A. 应具有市场适应性　　　　　　　　B. 应具有合理的组织结构
　　C. 应具有强大的领导体系　　　　　　D. 应具有很好的艺术性

2. 企业服务文化的功能包括（　　）。
　　A. 定位功能　　　B. 导向功能　　　C. 约束功能　　　D. 凝聚功能

3. 企业实施内部营销的具体策略是（　　）。
　　A. 将员工当作顾客　　　　　　　　　B. 将员工纳入公司的共同远景之中
　　C. 评估并奖励优秀员工　　　　　　　D. 授权给员工

4. 要使服务员工的工作高效并有成果，必须建立内部的支持系统，并与以顾客为中心的需要相一致。常用的内部支持系统的方法有（　　）。
　　A. 评估内部服务质量　　　　　　　　B. 忠告
　　C. 提供支持性的技术和设施　　　　　D. 开发服务导向的内部过程

5. 许多服务组织已经发现要真正做到顾客满意，就必须授权给一线员工，使其能对顾客需求做出灵活反应并在出现差错时及时补救。常用的授权选择方式有（　　）。

　　A. 权利完全下放　　B. 员工参与　　　　　C. 更宽的职权　　　　D. 更多的介入

三、思考题

　　1. 为什么服务员工对任何服务组织的成功都是关键因素？你认为服务员工的哪些行为会对企业产生不良影响？

　　2. 描述几种基本的人力资源战略要点，并指出为什么每个要点在建立顾客导向的组织中都至关重要。

　　3. 员工授权有哪些利弊？管理者如何作出授权的选择？

　　4. 对服务企业培育优秀的服务文化，你有何建议？

第 11 章

生产能力与需求管理

学习目标

✓ 掌握需求的几个预测模型；

✓ 了解限制服务能力的因素；

✓ 阐述使服务能力与需求相匹配的两种战略——调节需求以适应能力，使能力变得有弹性以适应需求；

✓ 理解收益管理的相关内容。

开章案例

韩都衣舍模式

韩都衣舍作为知名的淘宝品牌在互联网上一直发展得很好，该公司的商业模式一直被业界所借鉴，其中柔性供应链（基于数据分析的返单机制）最具有代表性。柔性供应链系统的意义是在于灵活调配销售，并实现快速返单。目前，互联网渠道下的品牌与消费者快速互动，需要品牌的高成交额与货品的精准供给相匹配。交易的高成功率和供给的精准率的综合管理链条，也具有互联网下品牌需要及时互动的特点。据韩都副总经理贾鹏介绍说："服装销售一般只有两条路可以走，分别是单品爆款和多款少量。当一个服装企业有一款衣服特别好卖，所有消费者都会去买这款衣服。其实，走这种单品爆款的模式比较适合规模销售的知名企业，比如优衣库。单品爆款的路线对企业的供应链要求特别高。而韩都衣舍对销售库存周转率的要求也比较高，要求每季只能有3％的库存。所以，韩都衣舍选择了多款少量的模式。韩都所有的货品返单都是基于数据化分析，只对有销售潜力的货品进行返单，不做盲目的定制生产计划，如此这样的操作就不会有过多的库存积压。

资料来源：http：//mt. sohu. com/20150703/n416141447. shtml.

11.1　需求预测

11.1.1　需求的类型

需求一般可分为以下几种类型。

①　消极需求。有时购买者不愿意表现需求，但是可以支付某些自己并非是使用者的服务（替家人）。如医院的外科或牙医的服务。这时的服务管理者要弄清消极态度的原因，尽量减轻或消除之。可用的方法很多，要针对具体情况确定。对找外科医生治疗的犹豫可以靠对某些疾病不及时治疗的危害和外科手术效果的宣传解决，也可以请病人或其家人参观手术设施和病房，与住院病人交谈。

②　没有价值的需求。一种服务可能面对几个可能认为服务没有任何价值的顾客，这时的需求就是零。通常年轻人对财产保险表现不积极，而有一定年龄、达到一定收入和一定资产的就比较愿意投保。服务人员可以进行信息宣传，设计专门针对年轻人的保险产品，形成这个细分市场的需求。

③　潜在需求。经常有潜在需求存在着，但市场上还没有提供对应的服务。服务管理者应设计新服务，诱发潜在需求的出现和上升。有时候，只要把服务现有价格降低一些，潜在需求就能变成实际需求。例如，把高尔夫俱乐部或航空俱乐部的价格调低，就能使潜在需求充分表现出来，变成服务销量的实际增长。

④　下降趋势需求。需求的下降可能不是临时性的，而是中长期的。例如，对大商场的需求自 20 世纪 80 年代就开始下降，唯一的办法就是设计新服务。很多其他服务都面临同样的问题。

⑤　不规则需求。一些需求的不规则是和需求的性质有关的，例如，高速公路边的服务站，唯一的办法就是适应需求的不规则性。

⑥　供求平衡。有的需求能达到企业设计的生产能力水平，出现供求相对平衡的局面。一家剧场或餐馆在一开始时就按照需求基本"平台"设计了运作能力（空间和座位），不把"摊子"搞大。这时经理可以设法吸引收入更高层次的顾客群，创造附加价值。

⑦　需求过多。某种服务的供应长期无法满足需求。例如，美术馆限制每批参观者的数量，造成门前排长队。管理者可以设法使需求"降温"一些，但又要不伤及长期的需求水平；也可以扩大运作能力（延长开馆时间），但不可影响企业的独特形象。

⑧　不欢迎的需求。企业可能会面对自己并不愿意理会的需求，这可能是因为法律规定。例如，在机场或饭店排队的出租车不能拒载短程乘客。这时可以采取相对提价或者减少促销活动的做法。

11.1.2　需求走势

需求变化可以分成：每天（公共汽车、健身房、银行），每周（火车、饭店），季节（商业中心），周期（建筑设计），不可预测（消防）几个方面。

需求相对于能力的变化可分为 4 种情况，如图 11-1 所示。

图 11-1 的水平线代表服务能力，曲线代表顾客对服务的需求。在许多服务行业中，能力是固定的，所以在一定时间里可以用水平线表示；然而服务的需求经常变化，用曲线表示。图 11-1 中最高的水平线代表最大能力。第二条与第三条水平线之间的区域代表最佳能力——从顾客和企业的角度来看都是最佳能力。图 11-1 中间的部分可划分为 4 个基本类型，代表能力与需求的不同组合。

①　需求过剩。需求水平超过最大能力，在这种情况下，一些顾客将离开，导致服务机会丢失。对于接受服务的顾客来说，由于顾客过多及员工和设施超负荷运行，质量可能无法

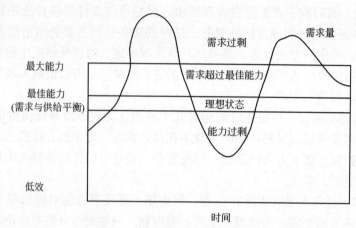

图 11-1　需求相对于能力的变化

达到承诺的水平。

② 需求超过最佳能力。没人会离开，但是由于过度使用、顾客太多或已经超出员工提供稳定质量的能力，服务质量依然会受到损害。

③ 理想状态。员工和设施都处于理想水平，没人过度工作，可以维护设备，顾客可以获得高质量的服务而没有意料之外的等待。

④ 能力过剩。需求低于最佳能力。劳动力、设备和设施等形式的生产资源未充分利用，导致能力闲置，生产力低下，利润减少。顾客可以获得质量相当高的服务，因为他们可以充分利用设施，不必等待，可以吸引员工的全部注意力。但是，如果服务质量依赖于其他顾客的参与，顾客可能会失望，或担心他们选择了一个比较差的服务提供者。

11.1.3　需求预测模型

对需求水平的预测很难，特别是新服务更难。一些服务可以进行试验，例如，商场开业前可以试营业；另一些服务需要更长时间才能作预测，因为是购买较少的服务。预测的困难影响到生产能力的安排利用，也经常导致质量的下降。所以，服务企业管理者可以采用一些典型的预测模型对需求进行预测。服务需求预测模型在服务管理中的使用，可以使管理者更有效地将从各种统计数据基础上提取的信息转化为提高服务竞争优势的管理策略。下面将简单介绍 3 种基本的需求预测模型。

1. 主观模型

常用的主观模型包括德尔菲法、历史类推法等。

（1）德尔菲法

德尔菲法是建立在专家意见基础上的著名预测方法。其典型的程序是首先对多名某个特定领域内具有专门技能的人进行提问，要求他们作出定量的估算。如未来 10 年石油价格的增长幅度，并杜绝他们之间的讨论；接着将首轮问答的结果列表统计，并反馈给专家们，让他们根据新信息重新作答；然后同样将新一轮的问答信息再次列表反馈给专家们，但要求那些与大多数专家意见相左者为自己的"不合群"提出证据。由此完成了一个德尔菲预测周期。如此将该周期反复进行（轮次根据预测对象复杂程度和预测的进展情况而定），直到专家意见逐渐趋于一致，对未来作出明确而理性的预测。显然，德尔菲法属于劳动密集型预测法，需要投入大量的专业骨干，是一种代价高昂、耗时费力的方法，实践中只有缺少先例的大型项目的长期预测倾向于此法。

(2) 历史类推法

历史类推法基于"一种服务的引进和成长与另一种可获得全面有效数据的产品或服务相类似"的理论假设而进行预测。它是新服务市场渗透力和服务生命周期预测的惯用方法。一个典型的类推实例是根据黑白电视的市场经验来预测彩色电视的市场前景。从这种方法的理论假设可以看出寻找合适的类推对象是预测的关键。比如，曾有人成功地运用物业管理服务与儿童护理服务成长曲线的类似作出了正确的营销决策。而合理恰当的类推并不是显而易见的。类推本身在难度和可靠性方面的缺陷决定了这种预测方法的可信度较低，单纯依赖这种方法作出的预测存在巨大的市场风险。因为市场本身的不可预期性使得找到相关性很高的类推关系难度颇大。即便是有过成功案例的类推关系，也会在新的市场形势和竞争关系影响下产生新的变化。

2. 因果模型

使用相关性强、结构简单的数据进行短期预测并不是件很难的事情。但竞争性的服务企业必须要面对大量复杂的统计信息，而且经常要对一年期的和更远的未来进行预测，这便需要一种能筛选重要信息并据此作出合理推测的方法。

因果模型将帮助企业实现预测目标，它确信客观上我们希望得到的预测信息与某些必要的统计因素之间存在稳定的关系。以此为前提，因果模型能辅助管理者选择与预测有关的因素，明确各因素与预测值之间不变的关系并最终完成合理的预测。

(1) 回归模型

回归模型是描述被预测因素和各种相关因素之间关系的模型。最简单的回归模型是线性回归模型，即被预测因素作为因变量 Y，由几个自变量 x 组成决定因素体系，并且相关性表现为线性函数，即

$$Y = a_0 + a_1 x_1 + a_2 x_2 + \cdots + a_n x_n \quad (a_0, a_1, \cdots, a_n \text{ 为常数})$$

由与该模型相对应的 $n+1$ 组或更多 $(x_1, x_2, \cdots, x_n)$ 的可靠统计数据，可以计算该线性回归模型的参数体系，并得到明确的回归预测模型，代入预测信息决定因素的调查值，便可作出可信度很高的预测了。

(2) 计量经济模型

回归模型是一种基础的因果分析技术。多个回归方程的综合使用，便构成了计量经济模型。一个计量经济模型由一组具有相关关系的回归方程组成。这些方程根据不同的自变量来确定因变量的值。与回归模型相比，它需要更多的数据、更复杂的分析和更烦琐的运算，所以预测成本极高，多用于某个经济体系的长期预测。

11.1.4　时间序列模型

对过去一段时间内观测值的变化进行监控，常常发现实测值间存在着某种稳定有序的关系。这个规律为时间序列模型作短期预测提供了客观依据。如果说因果模型适于做跨越空间的横向预测，那么时间序列模型则更擅长于做贯穿时间的纵向预测。这里简单介绍两种时间序列的常见应用形式。

1. N 时期移动平均法

超级市场的物流管理中存在这样一种惯例：根据前一天某种商品的销售量制订当日的订货计划。这则管理惯例中隐含着这样一个不自觉的预测，即用前一期的实测值对新考察期进行预测。然而，每一期的实测值往往受到各种随机变化的干扰，使在此基础上作出的预测往往失于准确。为了剔除这些偶然因素，将注意力放在长久、显著的影响因素上，引入了 N 时期移动平均法。

预测期的选择对这种方法的预测效率有着关键性的影响。所选的预测期必须与考察量特性相符合，考察量信息在该期内使用也要方便可靠。以一家旅店为例，由于一周内每天的需求要受一些不同的必然因素影响，如平日住客以出差人员为主，而周末住客以旅游者为主，因此要预测周六客房出租率，便不能将周日到周五列入预测期，而应当用以前各周周六的实测出租率作为预测依据。

选择预测期内最近的 N 个连续的实测值 A_t，A_{t-1}，…，A_{t-N+1} 和预测期 t，运用式（11-1）便可计算出该期内的移动平均数 MA_t。

$$\mathrm{MA}_t = (A_t + A_{t-1} + \cdots + A_{t-N+1})/N \tag{11-1}$$

用 MA_t 预测下一考察期 $t+1$ 的情况，已在很大程度上消除了随机偶然因素的干扰，然而它对过去 N 期均存在的偶然因素却无能为力。比如当 $N=2$，且最近两周当地的甲 A 球队连续进行了两个主场比赛而下周球队将移到客场，或者最近两周本地迎来了一年一度的旅游文化节，而文化节恰恰为期两周。如此前提下作出的客房出租率预测还有效吗？所以尽可能大地取 N 的值是消除偶然因素的良策。然而新旧数据相比，新数据能更好地反映出变化的势头和持续影响因素的存在。比如，两周来当地旅游业开始回暖，而 $N=10$，对下一周客房出租率的预测，会由于前八期数据的介入而无法反映旅游旺季到来带来的影响。所以较小的 N 的取值能更灵敏地反应新的变化因素。另外，即便 N 的取值很恰当，但由于这种预测法赋予新旧数据相同的权重（$1/N$），而导致作出的预测很难反映变化的情况，所以希望给新的实测值以更大的权重。当然，任意设定数据的权重会使预测失于主观臆断。由此，下面引入一种更为复杂的预测方法，即指数平滑法。

2. 简单指数平滑法

简单指数平滑法是时间序列模型中用于需求预测的最常用的方法。它和 N 时期移动平均法一样可以剔除数据中的偶然因素，又在很多方面优于后者，表现在：旧数据的权重呈逐渐下降的走势，克服了后者单一权重的缺陷；总是基于最新数据的计算方式远比后者简单便捷。

简单指数平滑法的理论基础来自控制论。它通过不断反馈预测的错误，以纠正以前的平滑值。式（11-2）反映了它处理数据的数理方法。

$$S_t = S_{t-1} + \alpha(A_t - S_{t-1}) \tag{11-2}$$

式中：S_t 是 t 时期的指数平滑值，A_t 是 t 时期的实测值，（$A_t - S_{t-1}$）便表示预测的误差；α 是一般在 [0.1，0.5] 中取值的平滑系数，它决定了各个数据影响的权重。

简单指数平滑法之所以称之为简单，并非由于它的计算简单，而是因为它假定所有数据的分布是围绕一个恒定的均值形成的，从而忽略了长期趋势、季节波动等因素的影响。

时间序列模型除了 N 时期移动平均法、简单指数平滑法外，还包括几种简单指数平滑的扩展方法，如引入长期趋势的指数平滑法、调整季节波动的指数平滑法和综合指数平滑法，这里不作过多介绍。

 小资料

需求预测的重要性

纳贝斯克公司是美国饼干休闲食品的领导者，目前主营数百种饼干——曲奇及点心。所有这些食品都是在纳贝斯克公司超过 30 家自有的及外包的烘烤店中生产的，并运送到全美约 100 家配送中心。通过直接运送网络，纳贝斯克公司可以把食品直接运送到 100 000 家的零售店和超市等网点。顾客的订单通常要求订货提前期仅为一两天，因此，如此短的提前期就使精确地预测食品需求变得至关重要。若食品需求预测得过多，就会产生过量库存甚至可能过期；若食品需求预测得过少，又会导致缺货，从而失去市场竞争力。

于是纳贝斯克公司制定了一种基于客户账户的预测系统来预测每个主要客户的食品要求。根据纳贝斯克公司供应链的需求预测系统主管马克·巴拉什的说法，这个在前期成功试验的基础上建立起来的新预测系统减少了全国范围内 5% 的产品库存。同时，客户服务也有着显著的改善，并增加了纳贝斯克公司的销售额和利润。公司利润的增加也归因于缺货现象的减少，开发这个新预测系统的总成本还不到 200 000 美元。

11.2　明确能力的限制

可以看到，有一些创造性的方法可以在短期内扩展和缩小能力，但是在给定的时刻，企业的服务能力是固定的。时间、劳动力、设备、设施或（在许多情况下）这些因素的组合是限制企业服务能力的主要因素。

11.2.1　时间、劳动力、设备、设施

对许多服务企业来说，根本的限制因素是时间。例如，律师、咨询室、理发室和心理顾问出售的都是他们的时间，如果他们的时间不能有效利用，利润将减少；如果需求过剩，时间也不可能被创造出来以满足需求。从每位服务提供者的角度来说，时间是限制因素。

从公司角度来说，由于雇用大量员工，劳动力和员工水平成为根本的能力限制因素。律师事务所、大学里的院系、咨询公司、税务会计师事务所和维修承包商可能面对的实际情况是，由于员工已经处于能力的高峰，因此不能满足特定时间的需求。而且，如果其他时间的实际需求较低，另外雇用新员工的意义不大（在竞争激烈的劳动力市场上也不太可能）。表 11-1 列举了每种服务类型中最一般的能力限制的例子。实际上，所列的任何服务组织都受多种限制。例如，律师事务所可能同时受劳动力限制（律师太少）和设置限制（没有足够的办公室）。

表 11-1　能力的限制因素

限 制 因 素	服 务 类 型
时间	法律
	咨询
	会计
	医疗
劳动力	律师事务所
	会计师事务所
	咨询公司
	健康诊所
设备	快递服务
	电话沟通
	公共事业
	健康俱乐部
设施	饭店
	餐厅
	医院
	航空公司
	学校
	电影院
	教堂

　　在其他案例中，设备可能是关键的限制因素。对于陆路或航空运输服务来讲，卡车和飞机可能会使其能力受限。在圣诞节期间，一些快递公司和其他运输企业可能面对这一问题。健身俱乐部也面临这一限制，特别是在一天中的某些时间（上班前、午餐时间、下班后）和一年当中的特定月份。

　　最后，许多企业面临设施的限制。酒店只有一定数量的客房可供使用，航空企业受到飞机航班和座位数量的限制，教育机构受房间数量和教室中座位数量的限制，餐厅的接待能力受到餐桌和座位的限制。

　　明确基本的能力限制因素或者限制因素的组合是处理供给与需求问题，制定战略的第一步。

 管理误区

　　服务中生产能力管理的基本问题是缺乏库存能力。不同于制造企业，服务企业不能在需求淡季建立库存以备后来需求增加时使用。缺乏库存能力归因于服务的易逝性及生产与消费的同时性。特定航班上没有销售出去的座位不可能在第二天继续出售，这些座位的生产能力已经消失了。相似的，律师的可用时间也不可能储存到第二天。而且，服务不能从一个地方运输到另一个地方，或由一个人传递给另一个人。

11.2.2 最佳能力与最大能力

要全面了解能力问题，了解最佳能力与最大能力的区别非常重要。最佳能力和最大能力可能不同，最佳能力表示资源有效使用，但没有过度使用，顾客能及时获得高质量服务。最大能力表示服务能力有效性的绝对限制。在足球比赛里最佳能力与最大能力是相同的，比赛的全部价值是全部座位都销售给顾客，在这种情况下，足球队的利润是最大的。有些情况下，最大能力可能导致过多的等待顾客。比如，在受欢迎的餐厅里，从顾客满意的角度出发，餐厅的最佳能力要小于最大能力。

在设备和设施受限制的情况下，任何时刻的最大能力都很明显。健身俱乐部只有一定数量的举重设备，飞机上只有一定数量的座位，交通工具上只有一定数量的存货空间。生产瓶子的公司，当超过组装线的最大能力时，瓶子就会损坏，系统将会崩溃。因而，超过最大设备能力的影响是显而易见的。

当限制因素是人的时间和劳动力时，最大能力很难预测，因为人比设备和设施更灵活。当个人服务提供者的最大能力已经被超过，结果可能使质量降低，顾客不满意，个人服务提供者也会筋疲力尽。而且这些结果即使对于雇员来说，也不可能立即被发现。对咨询公司来说，很容易多签一份合约，超出员工的最大能力；或者医疗协会的诊所每天多接受一些预约，超出员工和医生的最大能力。考虑到质量降低，顾客和雇员的不满意导致的潜在成本，对企业来讲，明确了最佳和最大人力限制非常重要。

11.3 生产能力与需求的平衡

 小资料

银行追踪顾客

一种满足顾客对服务的波动需求的方法是在顾客所在地提供服务。美国至少50家不同的大大小小的金融机构最近都开始这样做。Well Fargo（美国第七大银行）建立了关于灵活的传递方式的完整战略，与过去传统的上午9点到下午5点的银行时间相比可更好地满足顾客的需求。考虑到顾客需求服务的时间及地点的方便和可行性，Well Fargo通过小的分支机构、在线银行和电话银行提供越来越多的服务，本质上是改变能力以适应顾客的需求模式。与星巴克的合作和大学校园内的自动柜员机设施是把服务推进到顾客所在地的另一个例子。

其他银行使用"滚动银行分支机构"来满足对金融服务的需求。国家银行在佛罗里达设置轻便自动柜员机以便游行及其他人员聚集事件中分配现金。轻便自动柜员机也可以应用于自然灾害发生时期，比如飓风发生时期。

美国银行推行一种运动银行，覆盖西部宾夕法尼亚地区，那里的居民分布太广以至于永久性的银行机构很不实用。运动银行对于老年人和无法亲自到银行办理业务的人来说非常有用。对美国银行来说，30万美元定做大篷车的成本远远低于实际银行设施的成本，运营的月成本也远远小于传统的分支机构。

当一个组织清楚地知道能力的限制因素和需求模式时，它就可以很好地制定匹配能力与需求的战略。为实现这种匹配，一般有两种方法：第一种是改变需求以适应现存的供给能力，这表明需求曲线的起伏变化将被平滑以适应最佳能力；第二种方法是改变能力以适应需求的波动，这意味着改变能力曲线，以适应需求的变化，如图11-2所示。

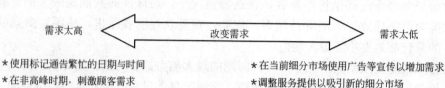

需求太高 ←—— 改变需求 ——→ 需求太低

＊使用标记通告繁忙的日期与时间　　　　＊在当前细分市场使用广告等宣传以增加需求

＊在非高峰时期，刺激顾客需求　　　　　＊调整服务提供以吸引新的细分市场

＊首先关注忠诚顾客或"常客"　　　　　　＊打折或提供价格优惠

＊广告宣传在非高峰时间使用的好处　　　　＊改变运营时间

＊服务价格是全价，不打折　　　　　　　　＊把服务送达给顾客

图11-2　改变需求适应能力的战略

11.3.1　改变需求以适应能力

在这一战略下，组织将使顾客尽量避开需求超过能力的时间，尽可能使其在需求较低的时候接受服务。该方法对一些顾客是可行的，但是对其他一些顾客就不可行。例如，许多商务旅行者不可能改变航班、汽车租赁和酒店服务，而娱乐旅行者却可以改变旅行的时间。对于企业来讲，那些不可改变就不可能获得服务的人，将使企业丧失获取业务的机会。

在需求的低谷，组织将吸引更多的顾客来使用其生产能力。在需求的高峰或需求的低谷改变需求的方法，如图11-2所示。

1. 改变服务的提供

一种方法是根据一年中的每个季节、一周中的每天、一天中的不同时刻改变服务供给。例如，加拿大温哥华的惠斯勒山是有名的滑雪胜地，在夏季提供开发和培训业务，因为此时滑雪是不可能的。如果拍摄电影或电视需要医院的设施，洛杉矶的一家医院可以为剧组提供设施租赁。会计师事务所在每年年末到来年的4月15日，集中力量准备纳税申报，这是美国联邦政府规定的纳税期限。在一年中的其他时间里，他们主要进行账目审计和一般的咨询工作。航空公司甚至改变飞机上的设施以适应不同细分市场的需求，一些飞机上几乎没有一等舱；而在需要大量一等舱的航线上，大部分座位都设置在一等舱里。上述例子都是改变服务供给和此相关的利益，以适应顾客对组织资源的需求。

实施改变服务供给战略时，一定要仔细，因为这些变化很容易实施，而且需要相关的其他营销组合变化，如促销、价格和员工服务的变化，以形成新的供给。如果没有这些额外的组合变化对供给形成支持，匹配战略不可能成功。即使已经成功了，这些变化的消极方面仍可能使顾客对组织的认识产生迷惑，或者丧失对组织和雇员的战略重视。

2. 与顾客沟通

另一种改变需求的方法是与顾客沟通，让他们了解需求的高峰时间，劝他们选择其他时间获得服务，以避免拥挤或等待。例如，银行和邮局的布告牌可以作为一种提醒，旨在让顾客知道繁忙时间，如果可能，使顾客改变获得服务的时间。预先提醒顾客企业的繁忙时间和可能的等待可以增加利润。对银行的研究表明，那些获得预先警告的顾客，即使在不得不等待的情况下，仍然比没有获得预先警告的顾客满意。

除了这些可以先向顾客传达需求高峰时间的信号以外，广告和其他形式的促销活动也可以用于强调需求高低时期不同的服务利益，广告和销售信息可以用来提醒顾客需求的高峰和低谷时间。

3. 改变服务传送的时间和地点

一些企业改变服务传送的时间以更好地适应顾客需求。过去，美国的银行仅仅在工作日上午10点到下午3点的时间里开放，很明显，这段时间很少有人愿意到银行处理个人事务。现在，这些银行在工作日开业更早，并一直营业到下午6点，而且在星期六也开放，更好地适应了消费者的需求模式。电影院在周末或假期人们休闲的时间向顾客提供专场电影，而在工作日则经常把场地出租给业务团体，这是在需求低谷期间改变服务供给的典型例子。

4. 价格差异

在需求低谷时期一般的方法是服务打折，该战略依赖于供给与需求的基本经济规律。然而，为保证其有效，该战略要依靠需求曲线和顾客对价格的刚性敏感度。例如，商务旅行者的价格敏感度要低。

对任何酒店、航空公司、餐厅或其他一些服务来说，如果价格足够低，顾客可以占用所有的服务能力，但企业的目标总是保证高水平的能力利用率而不牺牲利润。过度使用价格差异战略来适应需求风险可能会很高。过分依赖价格可能会在行业中导致价格战，使所有竞争者受伤害。航空业的价格战已是人所共知，各航空公司通过降低价格来吸引顾客的结果是整个行业利润遭到损失。依赖价格的另一个风险是顾客习惯于低价格，并希望在其他时间获得相同价格的服务。如果与顾客的沟通不清楚，顾客会不理解降价原因，并希望在需求高峰时支付同样的价钱。过度依赖价格作为匹配需求的战略对于企业形象和吸引可能的细分市场都会造成潜在风险。

11.3.2 改变能力以适应需求

这种战略方法是集中改变能力，以达到供给与需求的匹配。基本思想是改变、扩展和确定能力，以便与顾客需求相匹配（而不是刚才提到的改变需求来适应能力）。在需求的高峰时期，组织将尽可能扩展能力，在需求低谷时期，将努力压缩能力以便不浪费组织资源。下面将讨论改变4种基本服务资源（时间、劳动力、设备、设施）的一般战略。在需求的高峰和低谷时期调整服务能力的思想如图11-3所示。通常，一系列不同的战略会同时使用。

1. 扩展现存能力

服务资源现存的能力可以暂时被扩展以适应需求。在这种情况下，没有追加新资源，只是人力、设施和设备工作时间更长、强度更大，以适应需求。

2. 延长时间

可以暂时延长时间以满足需求。健康诊所可以在感冒多发季节延长工作时间，零售店可

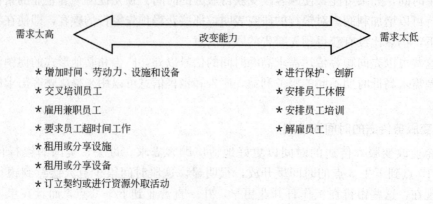

图 11-3　改变能力适应需求的战略

以在圣诞节购物期间延长营业时间，会计师事务所可以在纳税临近期间延长咨询时间（晚上和星期六）。

3. 增加劳动力

在许多服务组织里，在需求高峰时期，雇员被要求工作时间更长、强度更大。例如，咨询组织面临的需求具有宽广的需求高峰和低谷。在需求高峰时，员工要承担额外的项目，并且工作时间更长。银行、酒店、餐厅和电信公司前台工作的员工在需求高峰时期每小时比需求低谷时期服务更多的客户。

4. 增加设施

电影院、餐厅、会议设施和教室有时可以增加桌子、椅子或其他顾客所需的设备。或者如火车一样，汽车可以拥有一些舒适的座位，或者通过设置站立车厢以满足顾客需求。

5. 增加设备

计算机、电话线和维护设备可以在最大能力范围内短期增加负荷以满足顾客需求。

6. 在需求低谷期间安排修整时间

如果人力、设备和设施在需求高峰时处于最大能力状态，那么必须在非高峰时期安排维修、维护和变革。这能保证资源在需求时，处于最佳状态。考虑到员工，这意味着假期和培训应该安排在低需求时期。

7. 交叉培训员工

员工经过交叉培训，就可以接受不同的任务到需要他们的岗位上去，这可以提高整个系统的效率，避免某些部门的员工很清闲而其他部门的员工超负荷工作。许多航空公司都交叉培训员工，使他们既可以售票又可以从事接待工作，如果需要也可以帮助搬运行李。在一些快餐店里，在繁忙时，员工们专注于一项工作，工作小组大约有 10 个人；在低需求时，小组可以缩减到 3 人，每个人从事不同的工作。杂货店也可使用这种战略，多数员工可以从事收款、货架管理和货物包装工作。

11.4 收益管理

小资料

国家汽车租赁公司的收益管理

1993 年，国家汽车租赁公司面临其母公司——通用汽车公司的清算，这给国家汽车租赁公司带来了很大的压力，公司必须要有稳定的、持续的收益。为了实现这个目标，公司管理层决定采用一种综合的收益管理系统，取代过去那种任何时刻租车都是统一价的收费体系。收益管理系统的收费体系非常灵活，随着需求的变化，带来了更高的收益。

这种收益管理系统分两个阶段实施：第一个阶段是在 1993 年 7 月开始实施的，目标是立即实现公司利润的增长，结果是令人满意的；第二个阶段成功实施于 1994 年 7 月，目标是为汽车租赁行业开发一个最先进的收益管理系统。

实施收益管理系统之后，国家汽车租赁公司显著地增加了利润，从而使得通用汽车公司能够于 1995 年以超过 10 亿美元的价格售出国家汽车租赁公司。

服务业的管理者可以采用"积极进取型"的决策，即通过价格诱导、广告、促销等市场营销手段，来设法调节市场需求，使需求尽可能平缓。对于固定成本很高而可变成本很低的企业而言，重要的是如何提高能力利用率。这种通过综合需求管理（通过价格诱导）和供给管理（通过控制能力供给）实现企业收益最大化的新方法就称为收益管理或收入管理。收益管理的目标是尽可能提高企业的能力利用率，同时也尽可能通过价格诱导等手段设法调节市场需求的波动。根据需求的不同而采取不同的价格、提供不同的服务能力水平，设法争取每一个具有相应购买力的顾客。收益管理最初是由航空公司开发的，目的是及时调整不同航线的票价，充分利用每次航班的座位能力，以达到收益最大化。收益管理除了应用于对预订机票打折的航空公司，还应用于周末打折的汽车租赁公司和宾馆酒店。

11.4.1 对服务企业的要求

为了充分发挥收益管理的优势，服务型企业必须具备以下特点：市场细分；高固定成本与低可变成本；服务易逝性；预订能力。

1. 市场细分

要想成功实施收益管理，企业必须能够细分市场。合理的市场细分可以使企业在需求的淡季，通过价格优惠把部分高峰期的需求诱导过来，也可以避免企业的所有顾客都享受价格优惠。

可以通过以下方法来细分市场。首先，给那些享受价格优惠的顾客规定重要的限制条件。例如，航空公司规定，只有星期六晚间过夜的乘客或者是提前 7~30 天预订飞机票的乘客才有资格享受低价票，这些限制条件就将商务乘客排除在享受价格优惠的乘客之外，因为商务乘客通常是在一周的中期、短时间内购票。

其次，只在一周内特定的日期或一天内特定的时间段提供价格优惠。像电影院在非周末时提供低价票，目的就是使老年人可以享受到优惠。同样的，宾馆酒店常常在周末打折，因周末是非工作日，高级商务人员往往不会有商务应酬而会待在家里，因此宾馆酒店通过打折是希望吸引一般低消费者。

2. 高固定成本与低可变成本

固定成本很高而可变成本很低的企业可以在非常优惠的价格下依然能够收回可变成本。如果企业的成本结构是固定成本很高而可变成本很低，那么企业的利润就直接与销售量相关。换言之，就是销售量越大，利润也越大。

例如，如果一家宾馆的可变成本仅仅是清洁整理费 25 美元（包括了清洗客房的人工费用、替换的消费品费用，如肥皂、洗发水、被单、毛巾等），那么任何高于 25 美元的客房收费都是有利可图的（相对于晚上的空房而言）。

3. 服务易逝性

收益管理能够应用在很多服务型企业的一个潜在原因是服务能力的易逝性，即服务能力不能够储存起来以备将来使用（如果航空公司能够把每年的空座位存储到感恩节或圣诞节使用该多好啊）。由于服务具有易逝性，因此只要有可能，服务业经理们就会尽最大可能地提高能力利用率，即使需要非常优惠的折扣来吸引顾客——只要打折后的价格超过可变成本即可。

4. 预订能力

成功实施收益管理最后的一个要求是企业可以为预订的顾客提供价格优惠，这样，没有预订的顾客就享受不了价格优惠。像宾馆通常与会议组织者合作以提前为顾客预订客房，当然价格最低。很多旅行团提前一年就开始制定旅行计划，以享受价格优惠。而未预订的顾客一般需要支付较高的费用。

11.4.2　收益管理的三类决策

收益管理主要有三类决策，即价格决策、服务能力再分配决策、超额预订决策。

1. 价格决策

价格策略是收益管理的核心，其出发点是借助价格策略增加服务机构的收益。其管理的目标是，在保证额外收益大于额外成本的条件下，采用灵活的价格策略实现能力与服务需求的平衡。价格策略是在需求预测的基础上，以适当的价格向特定的顾客群体销售服务产品，它又称为价格歧视。

（1）预订时间不同条件下的价格决策

鼓励顾客提前购买各种服务是许多服务行业普遍采用的方式之一，比如，预售火车票、预售机票等。一般情况下，提前购买的时间越长则价格越低，如美国美洲航空公司相同档次的座位，购买的时间不同，价格可能相差数倍以上。预订策略的基本出发点是通过降低市场需求的不确定性，尽量做到未来服务能力与服务需求达到平衡，最大限度降低因服务设施闲置而带来的经济损失。预订策略的经济界限是在不亏损的条件下尽可能销售出所有服务能力。下面以民航班机机票预订为例，介绍时间不同条件下的价格决策方法。

假定航班预订时间最长达 4 周时间，机票价格与预订时间的关系见图 11-4。

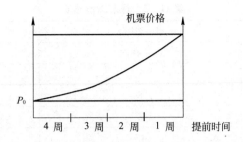

图11-4 机票价格与预订时间的关系

由图11-4可以看出，如果提前4周时间订票，则顾客可以最优惠的价格P_0购买机票；当提前3周时，票价比提前4周的略高；当提前1周订票时，票价将更高；当在飞机起飞前才购票时，票价最高。

 **实例**

美洲航空公司提前预订机票，提高上座率

美洲航空公司在其经营的芝加哥到凤凰城的2015航班上，采用提前订票策略，按照预订提前期的长短将经济舱往返航班机票价格划分为7个等级，最低票价为238美元，最高可到1400美元。采取此种策略之后，在飞机起飞之前三周，所有低于300美元的机票就可以全部售出，并停止受理机票预订。

事实上，这种价格策略可以推广到其他类似领域中，如职业足球或篮球比赛门票的销售，对提前购买球票的观众给以较高的价格折扣，随着比赛日期的临近，票价可以逐步提高。直到比赛当天可以最高的价格向愿意支付高价观看比赛的观众销售球票。当然，这里也可以采取一些灵活的措施，比如，将较好的座位保留到较晚的时候售出，以获取较高的收益。最理想的情况是，比赛当天，能够将90%以上的球票销售给不同需求的观众，实现服务能力与需求的最佳匹配。

（2）服务时间不同条件下的价格决策

所谓服务时间不同条件下的价格决策，是指根据市场需求波动的特点，相同的服务产品在不同的时间阶段收取不同的价格。基本思路是在需求高峰期采取高价格策略，在需求非高峰期采取低价策略，这样做有利于调节需求和增加服务系统的收益。

如人们一般习惯于在晚上打保龄球，因此到保龄球馆的顾客数晚上比白天多，这样可以把晚上的价格定得高些，而白天的价格定得低些，既可以满足不同消费层次顾客的需求，又可以增加收益。表11-2是北京某俱乐部保龄球馆的价格表。从表11-2可以看出，打一局保龄球的价格可以相差3倍以上，事实证明这种价格策略是可行的，为保龄球馆带来不少收益。

表 11 - 2 保龄球价格表

时　段	周一至周五	周六、周日
	元/局	元/局
7:00—10:00	4	5
10:00—13:00	6	8
13:00—20:00	8	10
20:00—0:00	15	15
0:00—2:00	10	10

东航江苏公司增开夜间航班，以较优惠的价格提供服务，同样收到较好的效果。为了吸引更多的乘客，增加收益，东航江苏公司除了对乘坐该公司飞机累计里程达到 6 000 千米的"苏燕俱乐部"的成员，提供在两年内免费乘坐一次飞机的机会外，还增开了夜晚航班，对愿意乘坐夜晚航班出游的顾客提供低价机票。由南京飞往武夷山的航班利用晚上剩余运力接送旅游团队，由南京到武夷山双飞四日游的费用仅为 780 元/人，而南京—武夷山的正常单程机票每张就需要 690 元。由此可见，相同的服务在不同时间制定不同的价格对于提高服务能力的利用率、扩大市场份额是十分有效的。

（3）市场细分条件下的价格决策

若顾客可以划分为不同层次或类型，则可以采取对不同的顾客收取不同价格的策略。例如，乘坐飞机外出旅行的常客可以划分为两类：一类是商务旅行的乘客，这些乘客对机票的价格变化不敏感，而对时间很在意；另一类是一般休闲旅游的乘客，他们对于价格的变化比较敏感，而对时间的要求具有一定的灵活性。航空公司可以针对这两类旅客制定不同的价格策略。例如，对周六在外过夜的旅客购买往返机票时给予折扣，对不在外过夜的商务旅客收取较高的票价。比如，国内航班有时对教师和学生提供打折机票，春运期间部分火车票价格上浮，但是对学生票仍执行原有价格不变的价格策略等，都是市场细分的方法。

根据服务设施的特点对顾客进行市场细分，将民航班机划分为公务舱和经济舱，将旅馆、饭店的客房划分为豪华客房和一般客房，并制定不同的价格，能够有效地增加收益。

2. 服务能力再分配决策

一个有效的服务系统，应该具有能够依据市场需求变化对服务能力进行再分配的能力。服务能力再分配，是指一类可以划分为不同等级的服务设施，在确定各个等级初始分配方案后，随市场需求变化进行调整的过程。例如，一架飞机确定了公务舱和经济舱的比例之后，市场环境发生了变化，公务舱的旅客增加，而经济舱的需求下降，这时就应该适当增加公务舱的比例，而减少经济舱的比例。初始比例的确定和服务能力的再分配必须以服务收益最大化为原则，这方面有专门的优化方法和风险测度技术。比如，可以调整一列火车的卧铺车厢和硬座车厢的比例，在春运高峰期间，由于旅客多，适当减少卧铺车厢的比例，增加硬座车厢的数量，使一列火车能够运送更多的旅客。

旅游胜地的旅馆可以按照所提供的服务划分为高级、中级和经济型 3 类客房，在不同的旅游季节 3 种类型房间所占比例应该不同。如在旅游旺季可以适当扩大高档型客房的比例，压缩经济型客房的比例，可以有效地增加旅馆的收益；而在旅游淡季到来时，为了吸引游客，可以扩大经济型客房的比例，降低高档型客房的比例。

3. 超额预订决策

采用预订策略对于提高服务能力的利用率有积极的作用，但是有些提前预订的顾客不能如期履约，也不承担经济责任，所以有效地防止因未履行预订而出现的损失，降低服务设施的空闲风险是制定预订策略的关键。为此，可以根据实际情况适当扩大预订数量，使预订出的数量大于实际可以提供服务的数量，以保证在一部分顾客未履约的情况下，仍有较高的利用率，这就是所谓的超额预订策略。

超额预订决策的关键是确定超额预订的数量范围，即到底预订的数量以超过服务能力多少为宜。超额预订数量太少，由于履约率低，可能造成服务设施的空闲，丧失获利的机会；超额预订数量太多，由于履约率高则可能出现供不应求的局面，这样不仅使企业的信誉受到损害，而且还因向顾客支付补偿金承受经济损失。这常使决策者陷入两难选择的境地。

解决超额预订的数量界限，可以根据历史资料，运用统计决策分析的方法确定超额预订数量范围。超额预订决策遵循机会损失最小化原则，即使得由于顾客未履约造成服务设施闲置而丧失的机会收益与由于预订数超过服务容量而造成的顾客流失损失（有时需计算支付给顾客的赔偿金）之和为最小。设 i 是超额预订数量，超额预订数可以是 $0, 1, 2, \cdots, n$; j 是未履约的顾客数量，未履约顾客数的取值可以是 $0, 1, 2, \cdots, n$, 令 p_j 为有 j 个人未履约的概率，c_{ij} 为超额预订数为 i 的条件下有 j 个人未履约造成的损失，则在超额预订数为 i 的条件下的期望损失可以用如下模型表示：

$$E_i = \sum_{j=0}^{n} P_j c_{ij} (i = 1, 2, \cdots, n) \tag{11-3}$$

式中：E_i 为超额预订数为 i 条件下的期望损失。

下面以金伦饭店确定超额预订策略的例子说明此方法的使用。金伦饭店是一个三星级的涉外饭店。根据历史资料整理，顾客不履约的概率如表 11-3 所示。已知房间预订后若顾客不履约，每间客房一天损失 500 元；当未履约数量小于超额预订数量时，按规定将把不能入住的客人介绍到附近的饭店，同时要向每位不能入住的客人支付 200 元的赔偿金（用于客人从金伦饭店乘坐出租车到其他饭店的费用、通话费和客人入住其他饭店的住房差价）。很显然，当超额预订与未履约人数相等时，既不会给饭店造成空房损失，也不会造成顾客流失损失，这种情况下的损失为零。表 11-3 反映了在不同超额预订数量下，由于顾客履约情况不同给饭店带来的损失情况。

表 11-3 金伦饭店超额预订损失矩阵

未履约数与期望损失 P_j / 超额预计数	0 E_i	1	2	3	4	5	6	7	8	9
	0.05	0.22	0.18	0.14	0.13	0.12	0.08	0.04	0.03	0.01
0	0 / 1 605	500	1 000	1 500	2 000	2 500	3 000	3 500	4 000	4 500
1	200 / 1 140	0	500	1 000	1 500	2 000	2 500	3 000	3 500	4 000

续表

未履约数与期望损失　P_j 超 额 预 计 数	0 E_i	1	2	3	4	5	6	7	8	9
	0.05	0.22	0.18	0.14	0.13	0.12	0.08	0.04	0.03	0.01
2	400 829	200	0	500	1 000	1 500	2 000	2 500	3 000	3 500
3	600 644	400	200	0	500	1 000	1 500	2 000	2 500	3 000
4	800 557	600	400	200	0	500	1 000	1 500	2 000	2 500
5	1 000 551	800	600	400	200		500	1 000	1 500	2 000
6	1 200 649	1 000	800	600	400	200		500	1 000	1 500
7	1 400 793	1 200	1 000	800	600	400	200		500	1 000
8	1 600 965	1 400	1 200	1 000	800	600	400	200		500
9	1 800 1 158	1 600	1 400	1 200	1 000	800	600	400	200	0

注：E_i：超额预订数为 i 条件下的期望损失。

　　P_j：有 j 个人未履约的概率。

由表 11-3 中的数据可知，超额预订数为 4 时，最小期望损失约 557 元。

案例分析

优衣库：供应链管理打造起来的成功企业

优衣库（UNIQLO）是日本迅销集团旗下的实力核心品牌，是一家以售卖休闲服以及工作套装为主的仓库式零售服饰企业，采用超市型的自助购物方式，在日本本土以低价格高品质占领市场。在中国地区则是以与日本同样的价格或者高于日本本土的价格进行售卖，产品主要针对上班族以上的消费者。

优衣库供应链采用 SPA（specialty retailer of private label apparel）自有品牌服装专营店模式。SPA 模式是指将生产与销售直接连接，消除供应链中介角色，直接面对供应商和顾客的商业模式。从材料采购、设计、产品开发、生产、配送、库存管理到销售形成一体化经营。优衣库供应链特点如下。

1. 直接掌握消费者信息，独特、新颖的商品策划

优衣库具有强大的信息收集系统，不仅可以对世界时尚潮流的发展形势进行信息整合，

还可以对顾客的需求做出快速的反应。在优衣库，有世界一流的时尚设计师，他们密切关注世界各地的时尚发布会及明星的穿着打扮，以便从中得到灵感。优衣库的衣服款式风格百搭，它的服装不仅适合家居风、职业风，还是名媛用来内搭品牌服装的百搭品。所以，优衣库拥有着最广阔的顾客群体。另外，优衣库还特别重视来自顾客的意见，非常重视根据顾客的反馈或者要求来设计出符合顾客需要的产品。企业利用优秀的信息系统，以最快的速度将这些信息传达到设计总部，经过设计师的分析提炼，设计出市场需要的服装。这个设计阶段可以说是精准且快速的。

2. 简化供应链环节，大幅度压缩物流费用和时间

优衣库廉价运作的秘密——完美的"自产自销"体制。在日本，衣料品从工厂到消费者手中要经过多重中间商，而且还有将卖不出去的产品退还厂商的做法。零售商店里标出的价格包括了支付给各级销售商的差价以及退货的风险部分，因此自然要比出厂价高得多。然而优衣库是在本公司内筹划、并预先确保原材料供应，在此基础上向自己的工厂发出产品订单。当然除了这样的直接订货外，也有不少情况下是经由商社订货的，"这是为了利用在贸易中必不可少的信用证发行代理等商社擅长的业务"，而商社并不购进由优衣库筹划的产品。优衣库全部买进自己订购的产品并在其运营的大约 500 家零售店铺中销售。中国的成本竞争力是无与伦比的，去年 Fast Retailing 委托加工大约生产了 3 亿件优衣库产品，其中有九成产自中国。优衣库也正是充分利用了这一成本优势获得了今天的成功，廉价的真正源泉是省略了从生产到销售的中间环节、实行无退货销售。

3. ECR 模式，最大限度降低需求预测风险

渠道扁平化，是规模化企业必须具备的基本功，无论对中国本土企业还是跨国公司都是如此。优衣库的流通管理和传统的服装业不同，绝大多数服装企业采用的是 QR 系统（quick response，快速反应），QR 系统侧重于缩短交货提前期，消除缺货带来的影响，快速响应客户需求。优衣库采用的是食品行业常用的 ECR 系统（efficient consumer response，有效消费者反应），ECR 侧重于建立消费导向型的零售模式，以高效满足消费者的需求为核心，提升供应链和需求链的效率。

优衣库固有低品类、高库存周转率和低利润率的经营模式，在结合 ECR 系统以后，直接分析零售门店即时数据，清除滞销商品，对空缺商品快速补货，评估潜在有效消费需求，制定工厂订单。通过对下放订单节奏的把控，使工厂大量订单依存于"优衣库"门店，或者说"优衣库"可以更好地发挥其订单下放的权利，实现了工厂供给和市场需求之间的调控转换。优衣库通过选择 ECR 系统，不仅能最大限度地满足消费需求，更能灵活应对追加的订单，改进了周转效率、降低了库存，达到了控制成本的可预期效果。

资料来源：http://www.yunbao88.com/wuliuzhinan/show/961.html。

回答问题

1. 结合本案例内容，说说优衣库 ERC 模式的特点。

2. 谈谈优衣库需求预测对我国企业有哪些借鉴之处。

本章习题

一、判断题

1. 需求相对于能力的变化可分为四种情况。在"需求超过最佳能力"的情况下，没人会离开，但是由于过度使用、顾客太多或已经超出员工提供稳定质量的能力，服务质量依然会受到损害。　　　　　　　　　　　　　　　　　　　　　　　（　　）

2. "改变运营时间"是服务企业采用的以改变生产能力来适应需求变化的策略之一。　　　　　　　　　　　　　　　　　　　　　　　　　　　　　　　　　（　　）

3. 最佳能力和最大能力可能不同，最佳能力水平表示资源有效使用，最大能力表示服务能力有效性的绝对限制。　　　　　　　　　　　　　　　　　　　　（　　）

4. 当一个组织清楚地知道能力的限制因素和需求模式时，它就可以很好地制定匹配能力与需求的战略。　　　　　　　　　　　　　　　　　　　　　　　　（　　）

5. 在设备和设施受限制的情况下，任何时刻的服务最大能力都不明显。　（　　）

二、选择题

1. 需求相对于能力的变化可分为四种情况。在（　　）的情况下，一些顾客将离开，导致服务机会丢失。

　　A. 需求低于最佳能力　　　　　　　　B. 需求与供给在最佳能力上平衡
　　C. 需求超过最佳能力　　　　　　　　D. 需求水平超过最大能力

2. （　　）是服务企业采用的以改变需求来适应生产能力的策略之一。

　　A. 交叉培训员工　　　　　　　　　　B. 在非高峰时期刺激顾客需求
　　C. 安排休假　　　　　　　　　　　　D. 雇用兼职员工

3. 在给定的时刻，企业的服务能力是固定的。（　　）或这些因素的组合是限制企业服务能力的主要因素。

　　A. 时间　　　　B. 设施　　　　　　C. 劳动力　　　　D. 设备

4. 为了充分发挥收益管理的优势，成功实施收益管理，服务型企业必须具备以下特点：（　　）。

　　A. 市场可以细分　　　　　　　　　　B. 固定成本很高而可变成本很低
　　C. 服务易逝性　　　　　　　　　　　D. 预订能力

5. 为了制定生产能力和市场需求匹配的战略，以实现生产能力和市场需求的匹配，一般常用的方法有：（　　）。

　　A. 收益管理　　　　　　　　　　　　B. 改变需求以适应能力
　　C. 服务营销　　　　　　　　　　　　D. 改变能力以适应需求

三、思考题

1. 针对你所熟悉的一个服务企业，请指出其服务能力会受到哪些因素的限制？
2. 服务能力与服务需求的平衡有哪些策略？
3. 简要介绍收益管理的3类决策及其运用。

第4篇　信息技术与服务管理

第12章　服务与信息技术
第13章　信息技术在服务管理中的作用与应用

- 学习目标
- 开章案例
- 案例分析
- 本章习题

服务与信息技术

学习目标

✓ 了解信息和信息技术，了解信息技术的基础设施、相关领域基础知识及应用；
✓ 理解服务与信息技术的关系，以及服务企业利用信息技术的原因；
✓ 理解通过信息技术获取竞争优势的几条原则；
✓ 了解信息技术在服务领域中的应用。

开章案例

电子政府

自从 20 世纪 90 年代美国首次提出建设"电子政府"以来，经过近 30 年的不断发展和创新，"电子政府"作为信息时代的政府组织形态和治理模式，已成为世界各国政府改革的重要方向和趋势。

新加坡政府提出了"智慧国 2015"计划，在这个为期十年的蓝图框架下，新加坡提出了两个阶段的电子政府规划，也就是当前的整合政府 2010（iGov2010）计划和下一阶段 2011—2015 年的电子政府总体规划。如今整合政府 2010（iGov2010）计划已近尾声，并取得了里程碑式的成果，推出了 1600 多项电子政府服务。新加坡下一阶段 2011—2015 年的电子政府总体规划将借助新兴技术，顺应社会发展趋势，与私营机构和公共部门采取新的合作模式。新规划的愿景是建立一个与国民互动、共同创新的合作型政府。

欧盟正式启动了名为《欧洲 2011—2015 电子政府管理行动计划：利用信息和通信技术促进智能、可持续和创新的政府管理》的计划。产业信息网发布的《2015—2020 年中国电子政务市场评估及发展趋势报告》显示，25 个国家的电子政务发展指数（EGDI）"非常高"，韩国以其持续的领导力和对电子政务创新的重视，在 2014 年调查报告中仍居榜首，澳大利亚和新加坡分列今年的第二名和第三名，与 2012 年相比都进步明显。

资料来源：www.chyxx.com.

12.1 信息技术概述

伴随着信息技术的快速发展，全球信息化浪潮也席卷了世界的每一个角落。毫无疑问，这股浪潮必将继续对人类的思想观念和生活方式产生深远的影响。目前，我国正推行"以信息化带动工业化"战略，而这一宏观战略的实现有赖于作为微观经济主体的企业实现其自身业务运作的信息化。事实上，我国已经有越来越多的企业，尤其是服务企业认识到，将企业信息化战略融入其总体发展战略对于提升企业业务层次和综合竞争能力是极其重要的。

12.1.1　信息与信息技术

1. 数据与信息

信息究竟是什么？在此不必作学究式的定义，况且目前也还没有一个公认的定义。有一句名言："数据是信息的载体，信息是数据的含义。"不妨作一个浅近的比喻：就像我们通过报纸、电台和电视等各种媒体传输大量消息，而这些消息的媒介工具（载体）如文字、声音和图像等都是数据；这些数据的综合含义就成为对我们有用的消息，即信息。信息是一种重要的资源。

作为一名知识工作者，要运用信息去工作，而且要把信息作为一种产品来生产。可以从信息的维度：时间、空间和形式来确定人们对信息的需要。

① 信息的时间维度包括两方面：当人们需要时及时获得信息；与你正要做的事情相关的信息。

② 信息的空间维度阐述了信息的便利性，即不管人们在哪里，都能够获得信息。

③ 信息的形式维度包括两方面：第一，信息以最适当的形式（声音、叙述、影像和动画等）被提供；第二，信息的准确性，即我们需要的是无差错的信息。

作为一个企业家，应该懂得以下的信息组织维度。

① 信息的流动。组织中的信息面向 4 个方向流动，即向上、向下、水平和向外。

② 信息的粒度。指信息详尽性的程度范围。

③ 信息描述的内容。内部信息（组织中特定业务）、外部信息（组织周围的环境）、客观信息（定量地描述了已被人们所知的事物）和主观信息（试图描述当前还不为人所知的事物）。

2. 信息技术

信息技术是借助计算机对信息进行加工处理和使用的能动技术。加工信息，并支持组织的信息需求和信息处理任务。利用信息技术可以扩展人的信息器官功能，协助人们进行信息处理。

人的信息器官及功能是：

感觉器官（眼耳鼻舌身）——获取信息；

神经网络——传递信息；

思维器官（大脑）——处理信息并再生信息；

效应器官（手脚）——使用信息。

与人的信息器官相对应，有如下基本信息技术：

① 感知与识别技术——扩展感觉器官功能，提高人们的感知范围、感知精度和灵敏度；

② 通信技术与存储技术——扩展神经网络功能，消除人们交流信息的空间和时间障碍；

③ 计算处理技术——扩展思维器官功能，增强人们的信息加工处理能力；

④ 控制与显示技术——扩展效应器官功能，增强人们的信息控制能力。

信息技术的任务和目标包括：提高生产力，加速决策过程，加强团队协作，建立企业间伙伴关系与企业联盟，实现全球化，推动组织改革等。

当今世界以信息技术为主要标志的科技进步日新月异，知识经济预示着人类的社会生活将发生新的巨大变化。经济的全球化使企业为全世界的人们生产产品，提供服务，而企业的管理方式已经随着信息技术的诞生、发展产生了巨大的变革，向着数字化、网络化、高速化、开放性的特征发展。

12.1.2 信息技术的基础设施

信息技术急剧发展的原因是在传输信息方面有了计算机网络这一平台。

1. 信息技术的三大要素

信息技术的三大要素是微电子技术、通信技术和计算机技术。

（1）微电子技术

在一块几平方毫米大小的芯片中，可内藏几十万至几百万个半导体元件，这就是当今超大规模集成电路技术的水平。计算机最核心的部件——微处理器，以 Pentium（奔腾）为例，半导体元件数为 310 万个；以 P6 为例，则为 550 万个。

目前，微处理器的信息处理能力大约每 18 个月增加一倍。有人认为，继续提高微处理器运算能力的主要障碍并不在于技术上，而在于应用是否跟得上。目前微处理器的设计从仅注重运算速度的提高，转向同时重视多媒体信息的处理能力，以提高微处理器处理影像、声音及三维画面的速度。

在存储器方面，64 MB 及以上内存芯片的全球市场规模超过 1 亿片，每年以两位数增长。

随着互联网的发展，特别是电子商务的发展，新一轮增长已开始，将会有更多的芯片用于移动通信、掌上电脑、数字照相机和数字摄像机等。

（2）通信技术

在信息社会中，若把计算机比喻为"人脑"，那么现代通信技术则为"神经中枢"，而"细胞组织"就是微电子技术。

人们习惯地认为，通信的目的是传输信息，通信业务包括电报、电话和传真等；广义地看，广播、电视、雷达及网络通信则都可列入通信的范畴。

传输信号的通道称为信道。如双绞线、同轴电缆、光纤、无线电中继、卫星中继信道等。

信道中传输的信号可以是模拟量（连续的），如电话、电视等，而现今迅猛崛起，且有取而代之之势的是数字量（离散的）。数字通信传输质量高、抗干扰强，便于数字信号处理、加密处理和综合处理，如 IP 电话。

以家用电话机为例：①人们对话交流的是声音，通过电话线、卫星和海底电缆可连通全世界，在电话线中传输的音频电流是模拟量；②计算机"对话交流"的是数字数据，在 PC机与普通电话线之间加接一个调制解调器（modem），电话线上虽然仍是模拟量，但实现了数据传输；③IP 电话——基于互联网的数字通信。还是原来的一台电话机，再购买一张 IP

电话卡（仅仅是有了入网号和卡号），就可以打 IP 电话了。IP 电话价格便宜，而且根据卡号的密码，可查询卡上的余额。此时的通信信道主要是互联网，传输的是数字量。

日常生活中常见的有电话网和有线电视网，现今计算机网也登堂入室。"三网合一"已成为通信技术发展的必然趋势。

（3）计算机技术

计算机诞生之始，其主要功能是科学计算。现今，计算机应用得最广泛的是数据（信息）处理。信息处理进入了计算机世界，也称数据世界，实质上等于进入了二进制数的世界。因此，数据的广义解释为：能够由计算机处理的数字、文字、符号及音频、视频（图形、图像、动画）信息的统称。

2. 信息高速公路

公路是由路基和路面筑成的，公路上由汽车来实现运输。那么，信息高速公路可理解为：以微电子技术、现代通信技术和计算机技术为"路基"；以光纤为"路面"；以计算机、电视、电话甚至融为一体的多媒体机为"汽车"，实现文字、图像、声音和各种多媒体信息的高速传输。伴随而至的是：高科技的创新，各学科的交叉渗透，信息社会与国际经济的大融合，甚至永久改变人的生活、工作和互相沟通的方式。

面对 21 世纪，各国也必然作为战略性的决策来建造国家信息高速公路和发展信息产业，信息高速公路将变成一个国家的基础设施。

3. 信息传输的网络类型

按通信的内容来分，有传统的电话网，有连通千家万户的有线电视网，还有不断创新的各种计算机网等。

按通信的范围来分，有局域网、城域网和广域网等。

按通信的信道来分，有电缆网、短波无线网、微波中继网、卫星网和光纤网等。

还可以按通信网络的结构来分，有星形网、总线网、环形网和复合网等。

4. WWW 及其浏览器

WWW（world wide web，全球万维网，简称 Web、万维网）是大量服务器的集合，可以看作是含有海量的、分布式的超媒体数据库。

WWW 的出现，改变了人们访问和使用网上信息的方式。它把信息检索技术与超文本技术相融合，形成了简单但功能强大的全球信息系统。

12.1.3　信息技术的类型

1. 虚拟制造技术

1994 年 8 月由 Lawrence Associates 公司编辑的"虚拟制造用户研讨会"报告将虚拟制造定义为集成化的合成制造环境下的基于计算机建模和仿真的设计和生产技术。简而言之，是在计算机中实现制造的技术。虚拟制造技术是以计算机支持的仿真技术为前提，对设计、加工、装配、维护等，经过统一建模形成虚拟的环境、虚拟的过程、虚拟的产品。虚拟制造强调在实际投入原材料于产品实现过程之前，完成产品设计与制造过程的相关分析，通过仿真及时地发现产品设计和工艺过程可能出现的错误和陷阱，从而进行产品性能和工艺的优化，以保证制造实施的可行性。其主要目的是为了提高产品设计、过程设计、工艺规划、生产规划及车间控制中的决策与控制水平。企业利用虚拟制造技术带来的优势体现在：提供对产品性能、制造成本、生产周期有重要影响的相关信息，使得组织能够正确地处理产品的性能、制造成本、生产进度等有关方面的问题，使企业作出正确的设计和管理决策；提高业务流程规划和加工过程的合理性，优化制造质量；提高产品的设计质量，减少设计缺陷，优化产品性能；提高生产计划的仿真，优化资源配置和业务流程管理，实现柔性制造和敏捷制造，缩短制造周期，降低生产成本，以适应用户的特殊要求和快速响应市场的变化。虚拟制造技术的提出与计算机技术在产品开发中所取得的显著应用成果和成效是密切相关的。特别是 CAD/CAE/CAM 技术的发展为虚拟制造技术的产生奠定了深厚的技术基础，因此，虚拟制造技术可以看作 CAD/CAE/CAM 技术发展的更高阶段，是数字化制造的具体体现。

2. 企业建模与仿真优化技术

它的提出就是为了满足企业不断增长的动态重整过程的需求，实现管理业务与软件系统的分离（就如同开放的软件系统可以脱离特定的硬件环境一样）。1996 年 BaaN 公司发布的新一代名为 BAAN Ⅳ 的 ERP 应用套件即体现了这样的思想。BAAN Ⅳ 对动态企业建模的实现，使得企业管理者、业务分析人员也包括了系统实施者可以将注意力集中于一系列高层管理职能、最优业务实践和流程，而不是复杂的应用软件调试或没完没了的产品细节配置。

企业进行建模并通过对企业模型的仿真优化方法与分析优化方法解决动态联盟组织建立过程中的主要优化问题是合理建立动态联盟的要求。主要有：建立反映企业动态联盟过程、功能、信息、资源、组织多视图的模型；全面、完整地描述企业动态联盟的构成及盟员企业的信息；建立企业动态联盟的描述和建模工具，提供模型的仿真或与仿真工具的接口；建立系统的企业动态联盟建模方法体系；建立企业动态联盟的参考模型。

3. 计算机网络通信技术

Internet、Intranet、Web 等网络技术的发展使异地的网络信息传输、数据访问成为可能。基于 Internet/Intranet 的信息网络的建立是企业现代管理方式实现的最基本要求之一。

4. 计算机集成制造技术（CIMS）

1987 年，我国 863 计划 CIMS 主题专家组认为："CIMS 是未来工厂自动化的一种模式。它把以往企业间相互分离的技术和人员，通过计算机有机地结合起来，使企业内部各种活动高速度、有节奏、灵活地相互协调进行，以提高企业对多变竞争环境的适应能力，使企业经济效益持续稳定增长。"CIMS 是通过信息集成实现企业内部人、财、物的全面集成。它是CIM 哲理下的一种企业管理模式。敏捷制造与 CIM 的哲理相近、目标一致且领域重叠较大，在很多方面它吸收了 CIM 哲理和技术，因此可以认为 CIMS 为敏捷制造打下了坚实的基础。

5. 并行工程技术

并行工程是一种集成地、并行地设计产品及相关的各种过程的系统方法。是在充分满足用户需求、尽早考虑产品生命周期各阶段所有因素的基础上，对产品及相关过程进行的并行化、一体化设计的新的工作模式。它要求产品开发人员从设计一开始就考虑产品整个生命周期中从概念形成到产品报废的所有因素，支持异地设计、异地制造；建立多功能项目组；强调所有的设计工作在产品开始正式生产之前完成，生产按并行方式进行。企业动态联盟强调管理机构、柔性技术、有知识和技艺的人重组，同时也强调信息流畅通。把并行工程的哲理用于服务企业的运行机制中,将原来以串行方式顺序执行的业务过程并行化,缩短生产周期,提高产品质量,降低产品的全生命周期成本,更好地满足用户需求,可以避免各开发环节的反复,缩短生产时间。

6. 多媒体技术

多媒体技术是将文本、图形、图像、动画、音频和视频等多种媒体信息通过计算机进行数字化采集、获取、压缩或解压缩、编辑、存储等加工处理,使多种媒体信息建立逻辑连接,集成为一个系统并具有交互性。简而言之,多媒体技术就是利用计算机综合处理图、文、声、像信息的技术。从研究和发展的角度来看,多媒体技术具有以下特征。

① 多样性。多样性是指综合处理多种媒体信息,包括文本、图形、图像、动画、音频和视频等。

② 集成性。集成性是指多种媒体信息的集成以及与这些媒体相关的设备集成。前者是指将多种不同的媒体信息有机地进行同步组合,使之成为一个完整的多媒体信息系统;后者是指多媒体设备应该成为一体,包括多媒体硬件设备、多媒体操作系统和创作工具等。

③ 交互性。交互性是指能够为用户提供更加有效的控制和使用信息的手段,交互性可以增加用户对信息的注意和理解,延长信息的保留时间。从数据库中检索出用户需要的文字、照片和声音资料,是多媒体交互性的初级应用;通过交互特征使用户介入信息过程中,则是交互应用的中级阶段;当用户完全进入一个与信息环境一体化的虚拟信息空间遨游时,才达到了交互应用的高级阶段。

④ 实时性。实时性是指当多种媒体集成时,其中的声音和运动图像是与时间密切相关的,甚至是实时的。因此,多媒体技术必然要支持实时处理,如视频会议系统和可视电话等。

7. 自动化技术

自动化技术包括了生产控制自动化和经营管理自动化两个方面。它们相互联系、相互渗透、相互促进。自动化技术在机械加工、采矿冶炼、化学工业、电力系统、交通运输、农业生产、环境保护、医药卫生、军事技术、航空航天、科学研究、办公服务等领域都得到了广泛的应用。

 小资料

实施于 1995 年的乐购会员卡是全球零售业最成功的忠诚计划。参与该活动的每一位顾客都拥有一张独特的产品"DNA 轮廓图"。产品本身被分为 40 个维度,以便于顾客分类,这些维度有包装尺寸、健康、固有标签、环保和即开可食等。在这些基础上,顾客每季度都会收到会员卡报告。追踪顾客的购买记录有助于乐购发现价格弹性和制订促销计划,这使乐购节约了 3 亿多英镑。通过使用顾客数据库,对产品范围、商品性质,甚至商场便利位置的确定,都提供了良好的指导和借鉴。

 小资料

电子货币

一种以电子数据形式存储在计算机中并能通过计算机网络而使用的资金被人们形象地称

为"电子货币"。

电子货币从根本上改变了传统的纸币、支票和手工点钞、大进大出、存贷分流的结算方式。

电子钱包、网络货币的出现不仅从支付方式上进行了变革,而且从货币本质上对现代金融理论以及中央银行的货币政策提出了挑战。

电子货币的主要特征还表现在以下 5 个方面:通用性、安全性、可控性、依附性和起点高。通用性是指电子货币在使用和结算中的特有简便性,电子货币的使用和结算不受金额限制、不受对象限制、不受区域限制,且使用极为简便。安全性是指电子货币在流通过程中对风险的排斥性。可控性是指通过必要的管理手段,将电子货币的流向和流量控制在一定的范围内,从而保证电子货币正常流通。依附性是指电子货币对科技进步和经济发展的依附关系。起点高是指基础高,即经济基础高、科技水平高以及理论起点高。

电子货币主要具有以下功能:

1. 转账结算功能,直接消费结算,代替现金转账;

2. 储蓄功能,使用电子货币存款和取款;

3. 兑现功能,异地使用货币时,进行货币汇兑;

4. 消费贷款功能,先向银行贷款,提前使用货币。

12.2　服务中的技术

众所周知,技术是科学在实践中的运用,包括解决各种问题所需要的知识和方法。服务企业的不断发展与有效管理同样也离不开技术。固然其他技术进步也会对服务领域产生影响,但可以肯定地说,其中信息技术对服务企业产生的影响最为深远,并且逐渐转化为服务企业取得竞争优势的重要武器。

12.2.1　信息技术悖论

过去人们总认为,服务企业是小规模、劳动密集的,而且流程也不复杂,很少或根本不要求对技术的投资。现实表明,这种观点已经过时。自从 20 世纪 80 年代早期以来,就已经有了对信息技术的显著投资。例如,据估计,1997 年单保健服务业在信息技术方面的花费就达 15 亿美元之多,而这个总和到 2001 年已经翻番;同时据估算,信息技术硬件业所有投资的 85% 是来自服务业。

有趣的是,尽管在制造业对资本和技术的投入通常可以带来较高的回报,然而服务企业对信息技术的投资却没有出现类似的情形。尽管对信息技术的投入非常显著,服务企业的增长却非常缓慢。这被称为"信息技术悖论",其原因如下。

① 对信息技术的无效利用。尽管信息技术为各层次的服务人员都提供了强有力的工具,但并不能确保这些工具能正确地使用。在一些情形下,信息技术被用于无效系统和流程的自动化,而没有事前将这些系统合理化。

② 其他问题的影响。可能信息技术已经带来了服务产品的增长,但其他方面的一些问题却引起了服务产品的下降,因为信息技术并不是唯一的一个因素。

③ 服务计量方法过时。1/3 的可能性是信息技术的确对服务生产有一个正的方面的影响，但这些正效应却没有被现行的统计方法所统计。例如，现行的统计数据就没有包括服务质量因素。

④ 滞后效应。也可能信息技术确实对服务生产有正效应，但它需要一定时间才能显现出来。

⑤ 影响层面不同。最后，1/5 的可能性解释是信息技术对服务生产的影响仅限于较低的水平上（如公司层面）而不是在宏观上。

事实上，信息技术的投入和经济产出的相互关系的缺乏并不是技术造成的。这个问题看起来并不取决于技术本身固有的能力，而是取决于如何对它们实施有效的管理和利用。当代最有影响的思想家 Peter F. Drucker 从不同角度思考了这一问题："在知识和服务领域的资本不能被劳动力或人力所代替，同样，新技术本身也不意味着有较高的产出。用经济学家的眼光来看，在制造和运输业中，资本和技术是生产要素；在知识和服务领域，它们是生产工具，它们对生产有利还是有害，主要依赖于人们如何使用它们，用于什么目的，如何提高使用者技能。"

12.2.2　服务企业投资于信息技术的原因

可以说，所有的服务企业都使用一定的技术。然而，技术的复杂水平和利用等级是不同的，这很大程度上是由于企业的性质不同。一些企业像电话公司、软件开发公司和互联网服务商都属于致力于发展信息技术的企业；而其他一些向技术投资的企业都是出于其他一些原因，主要是为了保持竞争优势。如银行，不仅是服务企业的最高投资者，在美国也是企业中的最大投资者。Chase Manhattan 银行的信息主管和行政副总裁 Denis O'sleary 指出："在20 世纪 70 年代，信用是银行业务的中心能力和新收益的主要来源；在 80 年代和 90 年代早期，是资金市场，然后是顾客业务；从 90 年代中期开始，很显然是信息技术和信息管理正在变为成功银行的中心能力，同时也是各种企业的中心能力。"

那么，服务企业投资于信息技术并依赖于信息技术的主要原因是什么呢？Gengin Haksever、Barry Render、Roberfa S. Russel 和 Robert G. Murdick 在其所著的《服务社会中的信息技术》一书中总结了如下几点。

① 维持和扩展市场份额。尽管有时市场份额是一个不合适的、误导的指示器，但它仍被一些公司用作一个关键的业绩衡量指标。市场份额也被用作衡量市场占有能力的根据，是供应商青睐的有利条件，也是提升经济规模的有力指标。一些服务公司感到不得不对信息技术进行大量的投资以保持它们的市场份额，即使这对于提升它们的产出和利润是不必要的。

② 逃避风险或选择成本。一些服务企业投资信息技术以减少或逃避风险。例如，医院可能投资于医疗技术，以提高诊断治疗能力，避免医疗事故，增加利润。机场安装爆炸物检查装置以防止恐怖分子的袭击。同样，一些机场安装先进的雷达系统来检测风力变化，因为它能够在机场和附近地区给航线造成事故。

③ 在变动不定的企业环境中创造柔性。在今天的企业环境中唯一永恒不变的就是变化。政府管制中的诸多变化（也包括解除管制）增加了竞争和操作的复杂性，改变着顾客喜好，所有这些都增添了服务企业运营环境的不确定性和复杂性。柔性的信息技术系统可以帮助服务企业应对迅速变化的环境。

④ 改善内部环境。一些企业进行信息技术投资以消除乏味的工作任务，使工作变得更加有趣，使雇员的工作变得更加容易，创建一个更加愉快的工作环境。信息技术的运用还可以改进数据的收集和处理、组织预测的能力，从而为企业的运营提供一个更加坚实的基础。

⑤ 改进服务质量。很显然，质量和顾客满意度是当今许多服务企业关注的焦点。顾客满意度和服务质量的因素有可靠性、一致性、准确性和服务速度等。如果信息技术能被适当地、有效地使用，它能够帮助服务企业实现以上要素，以建立长期的顾客忠诚。对信息技术的投资也有利于增强顾客和雇员对企业和对企业服务的正面印象。

 实务操作

客户关系管理概况

一、客户关系管理的内涵

客户关系管理（customer relationship management，CRM），是指通过培养企业的最终客户、分销商和合作伙伴对本企业及其产品更积极的偏好，留住他们并以此提升企业业绩的一种营销策略。客户关系管理的目的已经从以一定的成本取得新顾客转向想方设法留住现有顾客，从取得市场份额转向取得顾客份额，从发展一种短期的交易转向开发顾客的终生价值。总之，客户关系管理的目的是从顾客利益和企业利益两个方面实现顾客关系的价值最大化。

首先，客户关系管理的核心思想是将广大客户作为最重要的企业资源，通过完善的客户服务和深入的客户分析来满足客户的需要，保证实现客户的终生价值。

其次，客户关系管理也是一种旨在改善企业与客户之间关系的新型管理机制，它实施于企业的市场营销、销售、服务等与客户相关的领域。通过向企业的销售、市场和客户服务的专业人员提供全面、个性化的客户资料，并强化跟踪服务、信息服务能力，使他们能够协同建立和维护一系列与客户和生意伙伴之间卓有成效的一对一关系，从而使企业能够提供更加快捷周到的优质服务，提高顾客满意程度，吸引和保持更多客户，增加营业额。

再次，客户关系管理的实施，要求以客户为中心来构架企业，完善对客户需求快速反应的组织形式，规范以客户为核心的工作流程，建立客户驱动的商品、服务，进而培养客户的品牌忠诚度，扩大可盈利份额。

最后，客户关系管理又是一种管理软件和技术，它将最佳的商业实践和数据挖掘、数据库、一对一营销、销售自动化及其他信息技术紧密结合在一起，为企业的销售、客户服务和决策支持等领域提供一个业务自动化的解决方案，使企业有一个基于电子商务的面向客户的系统，从而顺利实现由传统企业模式向以电子商务为基础的现代企业模式的转变。

二、客户关系管理兴起的原因

从1999年开始，客户关系管理得到了诸多企业的关注，国内外很多软件商推出了以客户关系管理命名的软件系统，有一些企业开始实施以客户关系管理命名的信息系统。这是有一定必然性的。总的来说，客户关系管理的兴起主要有下述3个方面的原因。

1. 需求的拉动。随着市场竞争的加剧和信息技术的不断发展，越来越多的企业面临以下两个共同的问题：

其一，企业的营销、销售、客户服务部门难以获得所需要的客户互动信息；

其二，来自业务销售、客户服务、配送中心、仓库仓储等部门的信息分散在企业内部，这些零散的信息使营销人员无法对客户进行全面了解，各部门难以在统一的信息基础上面对客户。

这就需要将各部门面向客户的各项信息和活动进行集成，组建一个以客户为中心的企业，实现面向客户活动的全面管理。这是客户关系管理应运而生的需求基础。

2. 技术的推动。计算机、通信技术、网络应用的飞速发展使上面的想法不再停留在梦想阶段。办公自动化程度、员工计算机应用能力、企业信息化水平、企业管理水平的提高等都有利于客户关系管理的真正实现。

3. 管理理念的更新。当前，一些先进企业的经营管理重点正经历着从产品中心向客户中心的转移。有的企业提出了客户联盟的概念，也就是与客户建立共同获胜的关系，达到双赢的结果。引入客户关系管理的理念和技术时，不可避免地要对企业原来的管理方式进行改变。变革、创新的思路将有利于员工接受变革，而业务流程重组则提供了具体的思路和方法。在互联网时代，仅凭传统的管理思想已经不够了。互联网带来的不仅是一种手段，它触发了企业的组织架构、工艺流程的重组及整个社会管理思想的变革。客户关系管理将成为现代企业发展不可或缺的一部分。

12.3　服务企业的竞争利刃——信息技术

尽管存在着"信息技术悖论"，但不能否认信息技术已经并继续通过产品和服务对我们的生活产生了巨大的冲击。因此，即使是信息技术没有带来可观的利润，很显然它已经给数百万人带来了方便。另外，有一些服务企业对信息技术进行了较大的投资并获取了较高的利润。下面主要介绍服务企业如何利用信息技术这把竞争利刃来取得竞争优势。

一个服务企业率先使用新的技术，并且使用得当，那么它便获得超越竞争对手的一个重要武器。信息技术使一个企业和它的竞争对手区别开来。信息技术可以帮助一个服务企业实现提高服务速度、增加服务范围、提高服务质量、调整服务价格及更好地适应顾客等目标。

首先，信息技术可以使一个服务企业把它所提供的服务和竞争对手区别开来。例如，联邦快递的顾客可以在公司的网站上提出请求，填写电子表格，从而自己准备货运文件，稍后，他们还可以通过联邦快递的网页核对货物。又如，United Parcel Service 企业也有一个类似的系统。这些服务企业在信息技术的帮助下，使自己与竞争对手区别开来。

其次，信息技术的先进性也使得一些在以前不可能的商业实践成为可能，如一些大的服务企业之间的战略联盟。这些战略联盟可以是在同行业之间，也可以是在不同行业的企业之间。一个例证是在航空业已经形成非常紧密的航空联盟——西北航空和大陆航空、大陆航空和美国西部航空、西北航空和 KLM 皇家荷兰航空等航空联盟通常涉及建立代码共享系统，代码共享系统还涉及连接飞行计划。通过互相售票为乘客旅行提供方便。代码共享帮助航空公司扩展它的网络到其他地区乃至全世界，而不需要投入新的飞机和航线。这种联盟还可以给乘客带来好处：容易的联系方式、行李传送，常客还可以在联盟内随意选择航空公司。然而，也有证据表明一些联盟减少了乘客的选择，形成较高的价格。另一个例子是战略联盟也可以在不同服务企业间形成。例如，城市银行和美国航空、西北航空和 MINNEAPOLIS 第一银行已经建立了信息伙伴关系。美国航空公司在它的常客程序中对使用城市银行信用卡的顾客们每消费一美元就奖励飞行一英里。

今天，服务企业通过推进信息技术的进步，进行应用性研究，积极寻求新竞争优势。Leonard L. Berry 教授提出了通过信息技术建立获取竞争优势机会的几条原则。

1. 技术本身不是终点

技术应当成为服务企业获取企业目标的工具。换句话说，信息技术的应用应当支持企业的整体战略，这要求对企业的奋斗目标有一个清晰规划，包括它的优势、劣势和能力。

2. 有效的自动化

技术不能使一个无效的服务流程或系统有效。就像一些企业从不成功的技术应用中得出的教训，使一个过时的无效的系统自动化并不能够提升产出或效益。在进行信息技术投资之前，企业应当根据其任务和实践来审视现有的服务系统和它的流程，特别是要注意那些跨越传统的企业或部门边界的流程。带有上述这些人们不希望有的特征的系统和流程，如果不能根据投入资金的多寡在新技术被引进之前进行重新设计，就必须依据顾客和雇员满意的原则进行设计。

3. 有效解决顾客问题

为了做得有效，信息技术应当被用于解决顾客的真正问题，不管是内在的或外在的。这要求对顾客进行辨别，发现他们的需要，获取他们对技术选择和系统设计的意见。为了绝对地降低成本而进行技术投资很难产生出最佳效果。信息技术应当帮助服务提供商做得更加有效，更加权威、自信、有创造性、迅捷和充满智慧，或者信息技术应当提供给外部顾客更多的方便，增加可行性，更多的主动权、更低的价格和其他附加价值。

4. 提供更多的主动权

信息技术被放在第一位发展的基本原因是改进现在技术的益处或为使用者创造新的便利。信息技术能够提供给服务雇员和顾客的最大便利之一是给他们更多的选择和主动权。顾客有更多的选择权使他们能够自由地选择他们需要的东西。服务雇员应该对他们自己的行动有更多的权利和控制权，使他们能够更快捷地为顾客服务解决问题。

5. 充分利用的基础技术

且不说信息技术的复杂层次性，每一个服务系统或流程可能都有一些低技术成分。在这些低技术成分中的错误和无效会明显地降低企业服务顾客的能力。因此，必须充分注意系统的各组成部分，它们是系统生产和递送服务的基础，要保证它们首先得到新技术裨益。即使应用了新的先进技术，系统中仍然保留有低技术成分。信息技术应用必须要确保高技术和低技术成分能够相互融合在一起，较好地集成于为顾客提供产出的活动中。

6. 集成高技术和高接触

当信息技术被适当和有效使用时，信息技术将加快服务的速度，提升服务准确度和顾客一致性。然而，一些顾客却对信息技术持反对态度：他们宁愿和人类而不是机器打交道，即便是使用机器更加便利；也有一些人当他们必须通过某种相关测试或过程时，就感到机器相当没有人情味儿。信息技术可能被认为是这些情况的罪魁祸首，但当企业和服务提供者设法使人接触到高技术环境时，它也会成为强有力的工具。信息技术可能通过减少服务时间和代替服务商做一些乏味的工作，从而为他们节省下更多的时间，把注意力更多地投向顾客。

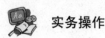 **实务操作**

你想成为一名 CIO 吗

　　不论你身处哪个行业或业务部门，收入最高的 IT 职业之一就是信息主管（CIO）。根据《信息研究周报》2002 年全国信息业薪酬调查显示，信息业经理人员的中值基础年薪为 83 000 美元，而普通从业者中值基础年薪仅为 61 000 美元。这些数字听起来已十分可观，但比起信息主管的中值年薪 119 000 美元来说要少多了。

　　CIO 是微妙的职业人和特殊的管理者，所谓微妙，是指 CIO 这个英文缩写除了可以是首席信息官，还是 Career Is Over 的缩写。IT 部门总是支持业务的，重要甚至必不可少，但不是主营业务，也使得 CIO 这个职业很可能就是一个 IT 职员的职业天花板，因此这个职业甚为微妙。说 CIO 是一个特殊管理者，是因为 CIO 首先是管理者，其次才是技术的领导者。此外，随着信息化越来越深入，业务对技术的依赖性越来越强，CIO 还必须有更多前瞻性的考虑，从某种程度上来说，技术或多或少在引导着企业的发展。

　　一个成功的 CIO 必须首先是一个热情的传教士——基于信息化的使命感，对技术和技术的传播有着偏执的爱好，具有超强的沟通与说服力，推销理念强并善于设想：从一楼到十楼的电梯内能把一个建议说清楚，会议间歇、吃饭等都是一个成功 CIO 传教的舞台。其次，CIO 还必须是一个精明的魔术师——业务需求总在变化，业务部门的期望也总是很理想，而信息部门担当着实现这些理想化期望的重任。这就要求 IT 部门要像魔术师一样，一旦立项，尽快变出系统。但信息化建设又要注意严格控制成本，所以 CIO 还必须精打细算。搞 IT 的人都很苦，要承受限期完成项目、系统安全运行的诸多压力，还有来自管理层和业务部门的压力，但作为一个 CIO 不能也无法解释，只能投入更艰苦的工作，把工作做得更好，这就使得 CIO 更像一个孤独的苦行僧。

　　那么，具备哪些条件才能成为一名 CIO 呢？有两个必备因素：第一是要熟知商业环境运作知识；第二是详细了解信息技术怎样帮助企业工作，才能具有更高效率和更好的效果。

　　如果给你提出第三个条件，那就是新一代 CIO 将从数据仓库领域脱颖而出。为什么呢？因为数据仓库专业人员必须详细了解整个企业情况，他们必须知道怎样运用信息技术。

　　CIO 的尴尬在于，一方面 IT 技术的飞速发展使得应接不暇的新技术、新产品充斥在 CIO 周围，CIO 要了解它们，跟上技术的最新步伐并不是一件容易事；而另一方面，业务部门总是有新的业务需要 IT 做支撑，这使得 CIO 分身乏术，尤其 IT 技术本身与业务的鸿沟总是存在，最新 IT 技术如何才能满足业务部门的新需求，一直是 CIO 思考的问题。

　　从技术角度说，目前用户的 IT 系统不仅面临着用户数增加、存储容量增加、越来越难管理的窘境，而且越来越多的黑客、病毒让 CIO 们胆战心惊。另外，分布式的企业结构必须依靠集中化的统一管理实现集团化。不同分支机构总存在着异构的系统，数据格式、数据库类别、操作系统、应用系统等都不一样，这些都让 CIO 从技术上伤透了脑筋。

　　从业务角度说，越来越多企业管理法规、法律的出台，让企业在流程上必须遵从的规则越来越多；而不断开展的新业务也需要 IT 支持；一些非主营业务外包的趋势，让 IT 必须能够支撑企业对外合作；再加上胃口被吊得越来越高的决策者，要及时的信息反馈，要最好的执行和实施，所有这些都是摆在 CIO 面前的话题。

12.4　信息技术在服务领域中的应用范围

在服务企业中，信息技术可被用于 4 种不同的目的。

1. 处理顾客业务

处理顾客业务是指像保健服务、化妆服务、运输、教育、娱乐等。它是服务企业日益增长的挑战之一。构成这一问题有几种因素：第一个是顾客越来越难以容忍服务过程中的等待；第二个是安排满足高峰需求的服务窗口所需的高成本，因此服务企业有时减少服务窗口以降低服务成本；第三个因素是一天中服务要求的不一致性。这一问题在机场服务中表现得尤其突出。《华尔街杂志》曾这样描述了这种情况："这些天以来，人们等待检查行李和获取登机牌所花费的时间差不多和飞行本身的时间一样长。"

阿拉斯加航空公司正试验一种高技术设施来处理从机场登机的乘客业务。基本的方法是通过不同的程序来处理乘客业务。例如，在互联网上购票的乘客可以到设在机场的计算机服务台自己检票，大约只需花费一分钟；一些服务台也可以发出行李条形码标签；航线已经应用的一些新设施是流动的乘客服务台，他们用手提电脑为乘客提供服务，随时可以为乘客办理登机手续。这些新设施帮助阿拉斯加航空公司减少了服务窗口，也减少了等待的乘客，节约了乘客的时间，这些新设施也都是先进信息技术的应用。

2. 处理货物业务

信息技术应用的第二个领域涉及处理顾客的设备或物资。信息技术应用于处理顾客业务的一个突出例证就是联邦快递的 COSMOS（顾客、运作、服务、支配在线）系统，这是一个世界范围的信息系统网络，传送有关顾客信件或货物的信息到田纳西州 Memphis 的一个中心数据库。每一个被联邦快递投送的包裹都有一个 10 位数字的条形码。当一个信使收到一个包裹时，他用他的手提电脑扫描这组数字，并进入目的地的邮政编码和服务种类。在他的运货车上，他将其计算机连到一个急件计算机上，然后把数据传送到 Memphis。当包裹到达 Memphis 或一个地区中心时，它们被分拣，装上飞往它们目的地的飞机，同时被一台手提电脑再次扫描。到另一个信使在目的地分送这个包裹时，他最后一次扫描这个条形码，并进入当地的分送系统并接收信息，然后把它传送到 Memphis 的 COSMOS 系统。这个系统能够使顾客通过互联网和联邦快递软件查看货物已运送到了什么位置。

3. 处理信息

信息技术被应用于改进服务的第三个领域是数据和信息的处理。一般来说，一个公司收到信息，编辑、转化为一种标准形式，准备出多份复印件，分送到不同的工作程序进行处理，那些复印件最终被形成文件，送到外部的一些机构如消费者和售货点，或者被销毁。改进技术水平的机会是电子数据交换、再生计算机——复印机和决策自动生成——需求电子监控。

4. 创造新的服务

最后，信息技术可能通过新的产品和流程的发展创造全新的服务。电视的发展创造了电视节目、播送及后来的有线电视服务，录放机的发明带来了录像带出租商店的新时代。知识和信息是这些新服务的精髓。如软件、电子游戏，像美国在线等信息服务，都是信息技术进步的产物。还有由于互联网的引入，带来的巨大便利和各种服务，人们通过网络能够获得任何所需要的东西：一辆新的或二手的汽车，一次汽车贷款、抵押贷款，甚至是寻找一所大学。人们能够阅读报纸、杂志，接收政府信息和大量的其他资源。所有这些仅仅是信息技术所创造的新服务的一部分。

未来的景象已经很清晰了。在未来，我们的生活将越来越依赖知识的创新和应用。制造业、矿业和农业将在一定程度上受到技术进步的冲击，但大多数服务将专门依赖智力和知识。正如信息技术专家 Don Tapscott 所预测的："新经济的全部就意味着为了未来而竞争，创造新的产品和服务，把企业带入昨天还难以想象、明天又将过时的新的存在。"只要服务企业掌握通过信息技术来建立竞争优势的原则，并对信息技术的应用实施有效的管理和利用，信息技术必将成为服务企业持续改善服务质量和提高服务生产力的推动力。

 实务操作

项目管理工具

国际标准化组织制定了项目管理的国际标准 ISO 10006。项目管理有如下知识领域，每个领域都有相应的工具供使用。

一、范围管理工具

工作分解结构法（WBS）；

收益成本分析法；

结构管理法。

二、时间管理工具

横道图；

里程碑表；

PERT/CPM 网络图；

挣得值评价技术（BCWS，BCWP，SV，SPI）。

三、成本管理工具

参数成本估算技术；

自下向上参数估算技术；

成本累计曲线（S 曲线）；

生命周期成本；

资金预算工具（NPV，IRR，回收期）；

挣得值评价技术（BCWP，ACWP，CV，CPI）。

四、人力资源管理工具

激励和项目团队建设技术；

目标管理；

责任矩阵；

资源横道图；

资源需求直方图。

五、风险管理工具

风险管理过程分析法；

假定情境演练法；

蒙托卡罗模拟法；

基础统计技术；

决策树。

六、质量管理工具

标准质量控制技术；

Pareto 图；

鱼骨刺图；

基础统计技术。

七、合同管理工具

各种合同的全面掌握（CPIF，CPAF，CPFF…）。

八、沟通管理工具

基本沟通原则。

案例分析

"去哪儿"合理使用信息技术

去哪儿网是一个旅游搜索引擎中文在线旅行网站，创立于 2005 年 2 月，总部在北京。作为一家创新的技术公司，去哪儿网致力于为中国旅游消费者提供全面、准确的旅游信息服务，促进中国旅游行业在线化发展、移动化发展。去哪儿网为消费者提供机票、酒店、度假产品的实时搜索，并提供旅游产品团购以及其他旅游信息服务，为旅游行业合作伙伴提供在线技术、移动技术解决方案。

去哪儿网作为中国首创的旅游搜索引擎，这是中国旅行者第一次可以在线比较国内航班和酒店的价格和功能。2007 年 5 月，去哪儿网独立用户访问量突破 500 万，并被明确定位为中国最热门的旅游新媒体之一。2010 年 3 月去哪儿网推出其第四大旅游搜索平台——火车票搜索频道。2015 年 10 月 26 日，携程公告称，与去哪儿网同意合并，合并后携程将拥有 45％的去哪儿网股份。

微博博客作为时下比较流行的社交工具，自身有着不可替代的功能，而且影响范围更是广泛。去哪网清晰意识到这个商机。他们在热门的微博博主和博客频道大范围发布文章，文章里重点介绍旅游景点的相关情况及一些实用攻略，让博友通过文章去认识景点，并且在博客里最快速度地更新景点信息。同时，博客里的文章都是以第一人称的身份去讲述自己的旅游体验，并且会晒出自己出游景点的图片和精彩瞬间，这从情感角度提高了用户的关注和认可，进而使客户选择去哪网，最终获得了大量的用户。

去哪儿网宣布与国内领先的在线教育网站"新东方在线"强强联手举行"校园 20 秒挑战赛"活动，在全国 11 个城市的 15 所高校进行。参赛者在 20 秒时间内完成抽签所规定的挑战任务，以及在 3 分钟内连续挑战成功者，即可获得相应奖品。这些活动都是主要针对学生群体，并且是在校园内展开的。众所周知，学生群体是旅游消费中不可忽略和小觑的人群，去哪网通过这次在学校开展的活动，加强了去哪网在学生心目中的认可度，也增强了在学生群体中的知名度，当学生选择旅游网站时会第一时间考虑去哪网。

资料来源：http：//www.qikan.com.cn.

回答问题

1. 结合案例谈谈去哪儿网是如何利用信息技术获得竞争优势的？
2. 日常生活中你还经常接触哪些网站，它们是怎样利用信息技术的？

本 章 习 题

一、判断题

1. 信息技术可以使一个服务企业把它所提供的服务和竞争对手区别开来。　　　（　　）
2. 信息技术很难通过新的产品和流程的发展创造全新的服务。　　　（　　）
3. 当信息技术被适当和有效使用的时候，信息技术将加快服务的速度，提升服务准确度和顾客一致性。　　　（　　）
4. 信息技术的先进性也导致了一些在以前不可能的商业实践成为可能。　　　（　　）
5. 信息技术能使一个无效的服务流程或系统变得有效。　　　（　　）

二、选择题

1. 多媒体技术就是利用计算机综合处理图、文、声、像信息的技术。多媒体技术具有以下特征（　　）。
　　A. 多样性　　　　　B. 集成性　　　　　C. 交互性　　　　　D. 实时性
2. 服务企业投资于信息技术并依赖于信息技术的主要原因是（　　）。
　　A. 维持和扩展市场份额　　　　　B. 逃避风险或选择成本
　　C. 在变动不定的企业环境中创造柔性　　　　　D. 改善内部环境和改进服务质量
3. 在服务企业中，信息技术可被用于各种不同的目的，这些目的包括（　　）。
　　A. 处理顾客业务　　　　　B. 处理顾客货物业务
　　C. 处理信息　　　　　D. 创造新的服务
4. 信息技术可以帮助一个服务企业实现以下的目标（　　）。
　　A. 增加的服务范围　　　　　B. 提高的服务质量
　　C. 一定情况下的价格　　　　　D. 更好地适应顾客
5. 尽管对信息技术的投入非常显著，服务企业的增长却非常缓慢。这被称为"信息技术悖论"，原因在于（　　）。
　　A. 对信息技术的无效利用　　　　　B. 产品计量方法过时
　　C. 影响层面不同　　　　　D. 滞后效应和其他问题的影响

三、思考题

1. 列举尽可能多的信息技术，指出其应用领域，并举出实例。

2. 调查服务行业（如金融服务业）利用信息技术的国内外形势，要求每个行业找出一个典型的企业进行说明。

3. 调查电子政务服务，访问地方、城市和省政府的网站。访问时，找出你通常使用的电子服务。这些服务是什么？你能够实际使用这些电子化服务吗？或者只是简单地下载要填写的表格，然后使用正规邮件发送？为什么各种政府机构进入"电子化"运动是非常重要的？

→ 第 13 章

+·+

信息技术在服务管理中的作用与应用

学习目标

✓ 了解并分析信息技术在服务管理中的 3 个作用：创新效用、价值效用和竞争效用；
✓ 认识制约信息技术利用的几个因素；
✓ 评价信息技术对服务领域的影响，理解服务企业利用信息技术的阶段过程；
✓ 理解服务企业合理应用信息技术的基本思想原则；
✓ 了解我国服务企业利用信息技术改变管理的现状及未来。

开章案例

30 万人微信抢购手机

华为通过微信开展的荣耀 3X 的预约活动可称得上是微信营销的经典案例。首先，活动前华为通过微信内容推送和微博进行宣传预热，并联合易迅将活动信息大量曝光。活动前期，华为荣耀、华为商城、花粉俱乐部等官方微博都对此次活动进行大量宣传并用图解的方式说明了具体操作流程，易迅也尝试在微信上做出精选商品的经典案例，当时的微信正想着怎么让更多的用户绑定银行卡，就这样一拍三和达成合作，使本次活动得到大范围的持续曝光，粉丝们蠢蠢欲动准备开抢。其次，预约界面加入奖品驱动，即预约用户关注华为荣耀公众号后可参与抽奖活动，开放预约时用微信支付 1 分钱即可完成预约。最后，付款的灵活便利，预约成功后进入原预约页面即可购买，支付方式也支持微信支付和货到付款。据了解，此次活动华为荣耀 3X 的总销量达到约 30 万台。

资料来源：www. biantai. net.

13.1 信息技术在服务管理中的作用

13.1.1 创新效用

人们可能难以理解信息技术在服务企业管理中的创新作用，但是这种认识至关重要。农业和制造业生产力的大幅度提高来自技术对人力的替代作用。然而，技术不仅只是硬件和机器，它也包括像电子存款转账机和自动多项健康监测仪这样的以信息技术为基础的创新系统。在制造业中，技术创新的引入不会受到顾客的注意，但是这种创新在服务企业却成为所提供服务的组成部分，成为服务企业有效管理的重要因素。

对于制造业企业来说，工程研究往往是产品的创新驱动力。而对于服务企业来说，由于"过程就是产品"，软件工程师及程序设计者成为推动创新的技术管理者。因为顾客直接参与服务过程，所以，对满足顾客需要的技术创新的关注推动了服务企业的创新。即技术创新（特别是在前台）成功与否，取决于顾客能否接受的问题。实际上，信息技术已被当作服务企业最重要的实现技术。

但是，在信息技术对推动服务企业的有效管理上也面对许多挑战。第一，技术创新对于顾客的影响不仅局限于缺少人际关注，顾客必须学习一些新技能，不得不放弃某些利益。当服务传递系统进行改变时，企业必须考虑顾客作为活动的参与者或服务过程的合作生产者的贡献。第二，作为内部顾客的雇员也受到新技术的影响，经常需要再培训。第三，那些并不直接影响顾客的后台技术创新可能产生另一类的复杂问题。例如，在银行业磁墨字符检验设备的使用，这一创新对顾客完全没有影响，它使"隐含的"支票汇划结算过程效率更高。可是，等到所有银行都同意使用通用的字符编码印刷支票时才意识到整体利益的重要。如果没有一个协定，非合作银行就必须以人工分类，这就严重制约了这一技术的有效性。第四，由于许多想法没有取得专利权，这阻碍了企业某些环节创新的积极性。一个就是零售业自助服务的观念，这可能为很多技术和企业的发展创造机会，但由于这类创新很容易被模仿并很快被竞争对手抄袭，因此削弱了对这方面创新的鼓励。第五，服务企业创新面临一个检验尺度的问题。开发新产品时可以先对实验品进行测试以决定是否进行批量生产，但新的服务项目在市场推广之前则很少能够对之进行测试，这也是为什么服务企业创新，尤其是零售业和餐饮业失败率较高的原因。现在，由于服务企业创新通常必须在现场而非实验室里证实其意义，因此必须找到在推广服务创新前模拟该服务过程的具体方法，才能保证服务企业创新的顺利进行。

创新就是要改变传统，对于服务企业来说，新技术的冲击不仅仅局限于企业本身。在服务传递过程中也要求顾客与之相适应。顾客对新技术的反应，可以通过观察或访问来确定，并在设计中加以考虑以防止未来产生顾客能否接受的问题。

13.1.2　价值效用

认识到信息技术在服务企业有效管理过程中所发挥的创造价值的作用十分重要，这是一个创造适合于知识经济时代的新管理方法的问题，而不是简单地把信息技术附加在原企业上面。随着信息技术本身及技术的主导应用的深刻变化，服务企业管理者应该充分认识到竞争的新含义。如果服务企业无法适应新的竞争形势，就会被无情地淘汰。传统上的质量、价格和便利性依然重要，但是考虑下面提到的基于信息技术基础上的创造价值的源泉也十分关键。

1. 规模经济

当新技术的固定成本随着规模的增加而被分摊时就可以实现规模经济，其结果就是单笔交易的成本降低。比如，证券交易自动处理系统改变了整个行业结构，并使每日成千上万的交易处理迅速完成。老系统中由手工完成股票从卖者到买者的转移，现在变成电子清算系统的操作。没有中央电子系统的参与，华尔街就不能成为一个高效率的证券交易市场。又例如，昂贵的新型医疗技术，导致地区性医疗中心的出现和医疗服务向大医院集中。因此可以发现，资本密集型技术导致服务的集中和需求的合并。

2. 范围经济

范围经济是一个全新并带有争议性的概念，它描述了全新的服务产品不需要增加多少成本就可以通过已建立的分销网络销售而带来收益。例如，一旦通信和信息技术处理技术到位，便可在边际成本较低的条件下，将多种服务推广到更广泛的客户群中。另外，这种信息技术基础可以通过加快产品上市和更迅速地对竞争者做出反应而给企业带来战略优势。范围经济的一个典型的例子是，便利店在原来的杂货销售之外增加了自助加油和微波加热食品服务项目。

3. 复杂性

安排成千上万的航班和座位预订全靠先进的计算机系统和软件来支持。这种应用计算机信息来管理易逝的生产能力并使收益最大化的方法被称作收益管理。熟练运用信息系统来管理复杂的问题在零售商店中也有体现。条形码扫描仪可随时反映销售变化情况，据此可及时调整库存以适应顾客需要。同时，这些信息也便于总店根据各地区分店的情况及时调节库存。

4. 界限打破

曾经被认为是不同产业间的服务现在也趋于相同，其中最有力的证明是金融服务领域。当今，许多顾客交叉使用银行和经纪人，因为他们的业务范围没有严格的区分。银行、保险公司和经纪行提供相同的金融产品和服务，并且在一个市场中竞争，从而打破了原有的传统界限。

5. 国际竞争力

全球服务贸易由于越来越便宜、灵活的交通和通信手段而获得长足发展。地理距离已不再是国与国之间的障碍。相比之下，一国市场上种族背景不同带来的挑战和国际服务市场上的文化语言障碍更值得关注。

6. 信息密集型的经营模式

每个服务企业的产品和经营过程都将日益成为信息密集型的，并通过通信和数据网连接起来。因此，不能也不应当只从经营效率角度看待信息技术的价值。一些信息技术资源被用于提高经营效率；而另外一些则将被用来创造业务特色。产品或服务的特点将同潜在的信息系统能力相结合，每个经营过程都将建立在独特的信息特征基础上。关键是如何在信息技术影响经营的不同方式之间进行最佳取舍。

7. 开发虚拟价值链

今天，商业竞争在两个世界进行着：一个是被称为市场的物理现实世界，另一个是被称为市场的空间虚拟世界。创造价值的过程长期以来被描述为连接在一起形成价值链的多个阶段。如图13-1上部所示，传统的物理价值链由一系列阶段组成，这些阶段从内部后勤（如原材料）开始，以销售给顾客而结束；如图13-1下部所示，虚拟的价值链传统地被认为是信息技术支持的物质部分，从而产生附加价值，而信息技术本身并不作为一种价值来源。例如，管理者用库存管理系统所处理的关于库存水平的信息去控制这个过程，但是他们几乎不用信息本身为顾客创造新价值，可是这对于有成就的服务企业来说已经不再是这种情况了。例如，联邦快递公司现在通过让顾客在国际互联网上的该公司站点使用信息数据库来追踪自己的包裹。现在顾客能通过输入邮件号码确定在传送中的包裹，甚至确认投递包裹时的签名。这种方便地跟踪包裹的方式不仅为其顾客创造了附加价值，也成为该公司区别于竞争者的标志。

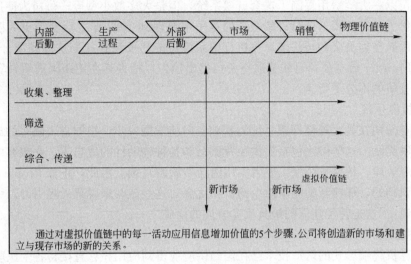

图13-1 开发虚拟价值链

因此，为了用信息技术创造价值，服务企业管理者必须看到市场空间。尽管市场空间的价值链能反映到市场上，但是增值过程必须是信息系统对信息的处理或加工过程：首先收集原始信息，进行加工，最终传递。由于创造价值的步骤是通过使用这样的信息来完成的，所以过程是虚拟的。在虚拟价值链的任何一个阶段创造价值分为5个活动：收集信息、整理信息、筛选信息、综合信息和传递信息。对一家有实物出售的公司来说，这个过程用内部、生产、外部、市场和销售（物理价值链）来完成；然而，对于许多服务公司来说，只能用虚拟价值链来完成。

13.1.3 竞争效用

正如前面所说，作为服务企业竞争利刃的技术是信息技术。从服务管理角度来说，信息技术有助于企业制定竞争战略。图13-2说明了信息技术在支持服务企业有效管理中对制定竞争战略所发挥的作用。

1. 设置进入障碍

市场上存在许多低进入障碍的服务。James L. Heskett列举了各种理由证明如何利用规模经济、增加市场份额、提高转换成本、投资于通信网络和利用数据库与信息技术等战

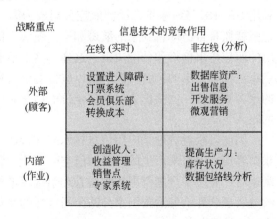

图13-2 信息技术的竞争作用

略优势创造进入障碍。下面讨论 3 种利用信息技术创造进入障碍的事例：订票系统、会员乘客或类似增加顾客信任的方式，以及通过搞好与顾客的关系增加顾客的转换成本等。

（1）订票系统

通过向旅行社等中介机构投资并提供即时订票系统，创造进入障碍。美洲航空公司的SABRE 系统就是通过强有力的信息系统巧妙地制造进入障碍的一个例子。联合航空公司和达美航空公司以一大笔费用复制了这套订票系统，但是大多数小型运输公司为使用这套现成的系统也支付了一定费用。即时订票系统的竞争重要性到 1982 年之后变得更为明显了。当时，美国民用航空委员会和司法部对飞机订票系统可能违反反托拉斯法问题展开联合调查。在调查中，Frontier 航空公司对联合航空公司提出控告，指责其在使用阿波罗计算机应用系统中有限制竞争的不公平行为。

（2）会员俱乐部

美洲航空公司在其大规模订票系统的基础上向前发展一步，根据常飞旅客的旅行信用累计向旅客提供奖励。这些做法包括提供免费旅行和各种辅助性的优惠等，在旅客中间创造了强有力的品牌效应，特别是公费出差者不用为自费旅游付款。因此，正如 People Express 航空公司所认识到的，那些新的竞争对手的折扣优惠对这些旅客来说毫无吸引力。引用一位旅游顾问的话说："这是曾经建立的最具反竞争性的措施之一。"

（3）转换成本

联机计算机终端形式的信息技术已在医药供应业得到应用，它直接将各个医院连接到供应商的分销网络。两家药品分销商 American Hospital Supply 和 McKesson 已经在各医院里安装了它们的联机终端，只要医院一提出要求，就能购买所需的供应品和药品。这种做法降低了大量的转换成本，因为医院能减少库存成本并有了方便的联机补充订购渠道。供应商也从降低销售成本中获益，并且，竞争对手很难诱惑已经进入该系统的客户离开。

2. 创造收入

集中在内部作业的实时信息系统技术在增加收入机会方面起到了竞争作用，体现在以下几个方面。

（1）收益管理

收益管理的概念（见 11.4 节），理解为充分利用服务能力取得收入最大化的战略。通过利用 SABRE 订票系统，美洲航空公司成为第一个实现现在称为收益管理有潜力的公司。通过坚持监督自己即将到来的航班和同一航线上的竞争对手的航班两者的状况，对该公司未售出的座位作出价格和分配决策。这样，这笔节省的费用可以调整给特别航班，以保证剩余的空座位都有售出的机会，但不以座位的全价售出。这一实时定价战略通过确保对讨价还价的旅客和保留一些座位为愿意付全价的后来者的需要而不让座位空着，从而最大化每一航班的收入。

因此，收益管理是应用信息技术来改善收入，并通过随时将消逝的资源（如飞机座位、旅馆客房）出售来产生的。美洲航空公司收益管理的成功为其他企业树立了榜样。例如，万豪饭店已安装了全国范围的收益管理系统以增加客房入住率。此外，美洲航空公司通过出售收益管理软件给像法国国家公路公司这样的非竞争行业，而把它的创新变成资本。

（2）销售点

微型计算机的发展为创新的销售点设备创造了机会。沃尔玛发明了一种为折扣购物者准备的新玩意儿——录像手推车（Videocart）：随着顾客推着这种车逛商店，各类商品信息就会随时显示在电视屏幕上。这种车通过显示出各销售部的数百种商品及在商店的地点来帮助顾客挑选各种商品。有这种车的商店声称，在超级市场的试验中每一访问者可增加1美元的销售额。另外，对于使用掌上计算机发送器装置的餐馆，餐馆里的服务员能把订菜单直接发送到厨房的监控器，同时账单也到了出纳员手里。这节省了不必要的走动，留出更多的时间为顾客提供服务。

（3）专家系统

奥的斯（OTIS）电梯公司将一种专家系统安装在其维修人员掌握的膝上计算机里，加快了现场修理速度，并把积累多年的电梯故障的信息放入知识库再合并到专家系统中。利用一台膝上计算机，现场维修员能查询该系统并接受诊断，帮助发现问题之所在。结果，它的电梯以服务快捷而闻名，且只需要很少的维修人员。专家系统的早期应用是在医疗领域，可以想象，这些专家系统须由医生使用并收取一定费用。另一个例子是石油勘探专家系统，它能为大多数石油公司提出有希望的钻井地点。

3. 数据库资产

James L. Heskett 认识到，一家服务公司所拥有的数据库能成为具有战略重要性的隐蔽资产。装备和维护一个大型数据库本身就是竞争者进入的障碍，然而更重要的是，能从数据库中挖掘出顾客购买习惯的组合，以及抓住机会开发新的服务。

（1）出售信息

邓白氏（Dun & Bradstreet）创立了一项业务，出售它的企业信用信息数据库的使用权。

（2）开发服务

地中海俱乐部（Club Med）是一家世界范围的、全面的胜地旅游公司，它进一步研究了其会员的年龄差异。通过研究会员特征数据库认识到，随着时间的推移，原来的单身会员已经结婚并且有了孩子。为继续争取未来的度假旅游者，它改变了以往的做法，为有小孩的家庭提供住宿。现在，父母可以享受海滩和水上运动，而他们的孩子则由附近儿童乐园的Club Med公司的护士来照看。

（3）微观营销

今天，人们能够看出真正被关注的服务战略是微观水平上目标顾客群的战略。条形码和检测扫描技术创造了一笔有关顾客购买信息的财富，它能准确地瞄准顾客。美国运通公司通过对顾客及其变化的消费类型信息的分析，甚至能断言顾客什么时候结婚。

4. 提高生产力

信息的收集和分析的新发展增强了多地点服务管理的能力。并且当这些成功的信息资源同其他地点的单位共享时便能提高整个系统的生产力。

（1）库存状况

利用一台手提式计算机，Frito-Lay 的销售代表淘汰了纸质表单。他们通过连到得克萨斯总部的电话线下载每天销售情况的数据，并且这家公司利用这些数据跟踪库存水平、价格、产品促销，以及过时商品和退货商品的情况。这些关于销售额、生产和分配的信息每日都进行更新从而保持了新鲜商品在整个系统中的流动，满足了顾客的需要。对于像炸薯片这样易坏的商品，在适当的地点以适当的数量出售适当的产品是 Frito-Lay 公司成功的关键。一位发言人说，该公司在开业一年由于节省纸张、减少过时商品的损失和销售路线的优化组合而节省了至少 4 000 万美元。

(2) 数据包络分析

数据包络分析（DEA）是由 Charnes、W. W. Cooper 和 E. Rhodes 开发的一种线性规划技术，是用来评价非营利性及公共事业企业的，后来发现它也可以应用于营利性服务企业。DEA 将一个多地点企业的每一个服务提供单位与所有其他服务单位相比较，并且根据资源投入产出比计算出效率比率。在衡量一个单位的效率时使用多项投入（如人工、原材料）与多项产出（如销售额及前述的产出）是可能和必要的。取得这些信息，线性规划模型就可以根据几个效率达 100% 的单位确定有效领域。通过高效单位和那些低效单位经营实践的比较找出可改进的地方，低效单位分享高效单位的管理实践可为自身提供改进机会，从而提高整个系统的生产力。DEA 的反复使用能建立一种组织学习的氛围，支持成本领导型竞争战略。

Banker 和 Morey 将 DEA 应用于 60 个快餐连锁店，发现其中 33 个有效率。对它们的分析中使用了 3 种产出（早餐、午餐和晚餐的销售额）和 6 种投入（供应和原材料、人工、店龄、广告支出、城市与乡村的店址、有无汽车购物窗口）。有趣的是，投入量中包括可控变量，也包括不可控变量（如城市和郊区的人口统计变量，无论有无汽车购物窗口）。

13.1.4　制约信息技术利用的因素

不可否认的是，有些信息技术的利用产生了反竞争、不公平、侵犯隐私等社会问题。也就是说，如果滥用这些信息技术，结果可能会伤害顾客。

1. 反竞争

制造进入障碍、应用订票系统和会员项目被指责为潜在的反竞争行为。例如，怎么看待对常飞旅客的免费旅行奖励，特别是在旅客用公司的公款出差时？美国国内税务局（IRS）把免费旅行看作某种应纳税的收入，而各公司认为免费机票应属于公司的。因此，长期的纠纷导致取消了飞机旅行的价格竞争。

2. 不公平

大概最早产生混乱的情况是从询问在飞机上的乘客花了多少钱买机票开始的。在收益管理情况下，票价每小时都在变化，因此，价格是移动的靶子而售票过程好比买奖券。在大多数情况下，收益管理对公众应是公平和平等的，否则每一项服务价格总要谈判吗？顾客只是现在才想要知道他们的购买力吗？

3. 侵犯隐私

微观营销的概念因为使顾客感到隐私受到侵犯而引起他们潜在的、最剧烈的反抗性反应。当你在当地超级市场的每一次购物记录都被热情的制造商所分享，比如瞄准那些买竞争对手的软饮料的顾客，怂恿他们买另一种，结果这种购物就成为一种受控制的销售活动。Lotus 开发公司最近感到了来自顾客的不满，在它宣布对那些拥有个人计算机和调制解调器的所有家庭建立市场空间家庭数据库之后，30 000 多个被惹恼了的家庭要求将其从数据库中删掉。Lotus 后来取消了它所提供的一般用途，但是对大公司来说，它们仍然通过访问数据库进行销售。

4. 数据安全

对于像美国国内税务局这样的政府代理机构来说，让信息进入其他人的手中并且不恰当地使用是一个重要的问题；但是，未经病人同意就将个人的医疗记录透露给保险公司或潜在雇主是非常普遍的并且具有破坏性的做法。一些企业将工人的索赔请求和医疗事故诉讼登记在案并推向市场，而这样的数据库被用来排斥未来的雇员和病人。

5. 可靠性

保存的个人数据若被破坏，就会引起人们生活的混乱。美国出台了一项法律试图改变这种困境，要求信用报告机构允许个人查阅自己的信用记录的准确性。

 前沿展望

国内外金融服务业的信息化发展情况

金融业是现代服务业的重要组成部分，它通过沟通整个社会的经济活动而成为现代经济的核心。作为知识密集型产业，现代金融行业在组织结构、业务流程、业务开拓及客户服务等方面，日益体现出以知识和信息为基础的特征。这种行业属性决定了现代金融业必须以飞速发展的信息技术为支撑，金融信息化顺势而生。调查发现，一直以来，金融行业都非常重视信息技术的应用，信息技术不但在建设方便、高效、安全的金融服务体系中发挥基础作用，而且对于提高企业内部管理水平进而提高资源配置效率更是具有重要意义。在金融业日益显现对社会资源高效配置的强大支撑能力之时，信息化已经成为现代金融服务的命脉。

对于中国金融业而言，由于长期以来处于封闭式管理，加入WTO势必面临最大的挑战。一方面，从发展中国家加入WTO的经验来看，加入WTO将为中国改进金融服务、促进金融业国际化发展提供历史性机遇；另一方面，中国与国际上发达国家相比，金融体制和金融机构设置等方面有很大的差距，加入WTO将对保险业、证券业和银行业带来巨大冲击。中国金融业在逐步朝向与国际金融市场接轨的道路上，将呈现出外资本土化，内资国际化、法制化、市场化、民营化、混合式、兼并式、竞争式、开放式和信息化的主要趋势。

在信息化方面，至"十五"末期，我国各家商业银行基本完成数据处理中心的建设和业务数据集中处理，管理信息化成为未来建设的重点。数据集中为管理信息系统的建设奠定了良好基础，在收集完善的客户信息、交易信息及其他各种金融信息并进行数据挖掘的基础上，部分商业银行已经开始尝试信息的深度开发和综合利用，采用数据库技术初步建立了以信贷风险管理系统、客户关系管理、资产负债管理和金融监管系统为代表的决策支持平台。同时，银行启动了管理信息系统建设工作，逐步建立统一的决策支持平台，使信息技术的应用从业务操作层提升到管理决策层，基于信息技术的现代银行的经营管理和决策体系正在逐步构建。

一个典型案例是招商银行，该银行成立于1987年4月8日，经过近20年的发展，它已从当初偏居深圳蛇口一隅的区域性小银行，发展成为一家具有一定规模与实力的全国性商业银行，初步形成了立足深圳、辐射全国、面向海外的机构体系和业务网络。2006年3月，招商银行在《银行家》研究中心发布的《2005—2006 年中国商业银行竞争力报告》中，核心竞争力居 13 家商业银行第一名。招商银行快速稳健的发展，除了得益于良好的政策和市场环境之外，信息化建设所创造的巨大价值也是关键的驱动因素。招商银行在国内率先构筑了网上银行、电话银行、手机银行、自助银行等电子服务网络，为客户提供"3A"式现代金融服务。根据市场细分理论，招商银行在继续做好大众服务的同时，推出了"金葵花理财"服务，致力于为高端客户提供优质、高效的个人理财服务。2004 年 8 月，招行又率先在国内建立了"客户满意度指标体系"，为管理质量和服务质量的持续提升提供了有力保障。

发达国家金融业早在 20 世纪 50 年代就引入了计算机设备，处理其具体业务以提高工作效率与服务水平并创造出不少新的金融产品。其金融业信息化发展大体经历了 5 个阶段：脱机业务处理、联机业务处理、经营决策信息化、业务集成化和决策智能化。通过这一步步的演进，国外金融业通过信息技术实现了银行业务的计算机辅助处理、内部联机业务处理、信息资源共享、客户信息分析、新型产品及业务建设。

各类信息系统激发了传统金融行业的活力，为金融企业向现代金融巨头转型奠定了坚实的基础。据美国银行再造专家 Paul H. Allen 统计，1980—1996 年，美国平均每年有 13 家大银行利用信息技术实施再造计划，银行再造之后的平均资产收益率和资本收益率分别从原来的 1％和 14％上升到 1.5％和 20％，而平均的成本收益比从 63％下降到 50％～55％。另据数据显示，在美国 100 家主要银行中，有 70 余家已经或正在实施有关 CRM（客户关系管理）的项目；市场研究机构 Datamonitor 的一份调查报告也表明，42％的欧洲银行在 2002 年继续加大了对 CRM 的投资力度。放眼国外发达国家的金融信息化建设情况，尽管各自进度不一，但是综合看来，他们的金融信息系统主要表现出三大特点。

——使用面广，设备先进。自从 IBM 公司的 702 型计算机首次被安装到美洲银行后，各类新颖的计算机设备便不断被引入金融业。这些大银行往往不惜花费大量的资金更新主系统的硬件和软件，积极大胆地采用最新的计算机产品，采用最新的软件技术。这些设备的普及不仅降低了银行的服务成本，而且大大提高了服务质量。

——功能齐全，服务完善。发达国家建成了 3 个层面的信息系统。首先，金融业内部的信息系统，主要是以银行会计为依据的银行内部业务的处理系统，即技术先进且相互协调的柜台业务服务网络及以银行经营管理为目标的银行管理信息系统网络。其次，金融业之间的信息系统，随着各项业务之间交往的频繁，银行间的支票、汇票等转账结算业务急剧上升，资金清算得到及时、有效处理，成为提高银行经营管理效率的一个重要措施。为此，发达国家银行之间纷纷建立统一的、标准化的资金清算体系，以实现快速、安全的资金清算。如美国联邦储备体系的资金转账系统（FEDWIRE）、日本银行金融网络系统（BOJ-NET）、美国清算所同业支付系统（CHIPS）、环球金融通信网（SWIFT）等，这些系统的建立既降低了交易成本，又加快了交易速度，还能为客户提供各种新的银行服务。最后，金融业与客户之间的信息系统，银行推出了面向大众的各类自动服务，建立了自动客户服务系统网络，包括金融机构与企业客户建立企业银行及金融机构与社会大众建立电话银行、家庭银行，通过各类终端为客户提供各类周详、多样的金融服务。

——自动化程度高，安全保密性强。当前西方发达国家的大规模网络信息系统中都有一个良好的法律环境，有一个标准化的结账规则体系，都有各类软、硬件方面的安全保障措施，如主机系统、通信系统的硬件备份、软件加密等，能最大限度地避免各类不安全的因素。而且，随着经济全球化趋势的进一步明显，发达国家金融业对信息技术所表现出的依赖性越来越大。如今，世界上规模最大的金融企业中一半以上都在全球各地开展业务。比如，花旗集团的分行、子公司、附属机构、合资企业和办事处分散在全球 100 多个国家。此外，金融创新已成为体现金融企业核心竞争力的主要因素，而 95％的金融创新都极度依赖信息技术，信息技术帮助分析复杂金融产品的定价并进行风险管理，使这些产品的交易成为可能。因此，金融全球化已经成为国际金融业发展的大趋势。

13.2　服务企业有效管理的使能器

如何评价信息技术对服务领域的显著影响，Grove 和 Fisk 在 1994 年认为，首先要认识与思考经济活动的 3 个发展阶段：农业经济、工业经济与知识经济。这 3 个经济发展阶段，都与一定的技术联系在一起，故经济发展阶段的交替出现，实际上是技术衍生和繁殖的结果。表 13 - 1 对 3 个经济发展阶段予以说明，并对其相应的技术特征予以介绍。在农业经济时代，轧棉机、拖拉机与收割机等技术设备的出现与发展，极大地提高了农业的产出；在工业经济时代，零部件标准化、组装线与工业机器人等技术的采用，显著地提高了制造业的产出效率；最后，在知识经济时代，也许以计算机技术、通信技术与微电子技术相结合为标志的信息技术将担负起重塑服务企业的重任。

表 13 - 1　经济发展阶段与技术

经济发展阶段	技　术
农业经济 （农业生产）	农业技术 轧棉机、拖拉机与收割机
工业经济 （生产制造）	生产技术 标准化制造、组装线与工业机器人
知识经济 （服务）	信息技术 电话、传真机、摄像机与计算机

当然，服务企业运用信息技术进行有效管理需要经过 7 个阶段的逐渐渗透的过程。

1. 阶段 1：辅助工作

这一阶段是围绕着企业的基本记录需求而开展信息技术的应用工作。随着计算机的出现，这些辅助性的工作成为第一批自动化处理的事务。通常，它是削减辅助工作成本的一种简单方法，并且除了降低成本之外，几乎没有提供什么好处。令人惊奇的是，现在许多服务企业仍然处在这个阶段，原因在于这些企业通常没有技术专长和管理专长的宽广度。它们记录已经发生了什么，但极少用数据来记录，从而几乎没有达到通过信息技术的应用而得到有用信息的程度。

2. 阶段 2：业务上的管理支持

在这一阶段的信息技术的应用要展现的是在某种程度上能使通过信息技术处理所得到的信息用来辅助服务企业进行业务管理上的评注信息，但这种信息仍然倾向于回顾。信息还没有被认为是像类似于价值的其他任何消费一样。事实上，投资应该得到回报是人们所共知的，但信息这种作为投资回报的产品，其价值还没有被大多数服务企业所发现。

3. 阶段3：附加的顾客价值

在这个阶段体现的是使用信息系统的信息增加产品、服务或顾客关系的价值。也就是说，在此阶段重点是远离成本降低和生产力水平提高的传统思维，从纯信息的角度，通过使用信息技术来支持产品的升级，提高产品的附加值。最初，这一阶段通常是第二阶段的扩展，但不同的是，它与顾客共享。在这一阶段，为了直接涉及顾客的信息，还应将业务系统升级到更加主动的支持角色。当企业提供一个技术成果或服务时，而后获得的附加价值经常有不同的形式，在那里，顾客能得到技术支持。这是技术的共享。

总之，此阶段的最大特点是信息与顾客共享和信息技术与顾客共享。这样，顾客不仅得到技术的支持，同时还能使用这些信息来识别不同的产品与服务。

4. 阶段4：竞争优势

在某种程度上，信息技术的使用都可为企业带来竞争优势（或者应该是这样），但在这个阶段，在优势上获得了一个飞跃，保持这种优势，相当于通过信息技术的使用而精炼了现存的竞争策略。

迈克尔·波特在《竞争战略》一书中识别出竞争优势的3个主要方面（详见第3章）：成本降低、独特之处和焦点。前两种情况是，企业要成为本行业中成本最低的供应商，拥有具有独特性的产品，或者情愿试图在产品中或者在行业中拥有广阔的涉猎范围，并且成为多面手。在最后一种情况，即焦点战略中，企业必须在更狭窄的范围内采取成本降低或独特策略。

可以说在这个阶段，服务企业必须使用信息和信息技术来获得或支持超过竞争对手的有意义的优势。

5. 阶段5：战略洞察力

这一步是有关支持一个战略洞察力和企业新结构的信息技术的应用。在这一阶段，服务企业的方法从相对来说过分简单化和不断改进的形式转移到竞争形式。它替代性地拥有新的、大的概念，这些概念一旦在工作中得到应用，将产生与以往相比完全不同的远见卓识。它可能也需要新的信息系统来支持思想的变化并且朝着下一阶段行进。

6. 阶段6：转变

这不只是通过更名而后再操作的商业过程，并且这一阶段需要第5阶段作为基础。没有哪个服务企业不经过阶段5而成功地从阶段4跳到阶段6并获得真实的战略洞察力的，只是仅仅改变现存的服务方式和所提供的服务产品。

7. 阶段7：知识网络

这是一个重要的假设阶段，因为实际上没有企业进行到这么深的阶段。当然，服务企业也和其他类似的企业一样，将随着人类进入新世纪而得到发展，并且将产生创造机会和经营的新方法。它们通过与它们的顾客共享信息和知识来产生价值——其自身可能成为一个虚拟公司。

知识网络能走进更深的领域，并且连接着顾客与供应商。它能无差别地对待机构内部的部门和外部团体。这种知识网络可以体现在产品或服务的价值上，并且信息会围绕着它而源源不断地涌出。但它本质上并没有真正地分离成为独立的团体。

一个服务企业是否已经到了阶段7是令人怀疑的。许多技术可能达到了，但组织和管理结构可能落后了很长一段距离，所以一般服务企业很难达到阶段7。达到阶段7是对未来的挑战，并且它需要富于想象力的长期战略开发，但如果没有一个明确的企业信息技术应用战略，阶段7根本不可能达到。

达到阶段7之后，服务企业对信息技术的应用走向何处是每个人都在猜测的问题。由于几乎没有（如果有的话也很少）服务企业已经达到知识网络这一层，所以这是对正工作着的服务企业的经理和信息专家的挑战。

很显然，几乎没有什么服务企业进行到阶段2之后。因此，更好地使用信息技术为创造新型的服务企业带来的机会是巨大的。比较服务企业通过阶段1和阶段2所获得的，更高阶段的信息技术的应用将提供出更大的效益。更高阶段需要服务企业的经理们了解他们的行业和他们的顾客，了解他们的职责，了解他们所面临的机会和挑战。所有这些需要经理们使用和了解信息技术，然后利用信息技术创造性地建立起有信息技术所支持的新战略，以获得可能得到的效益。这需要富有想象力和有信息文化的管理者。

 前沿展望

新行业透视

一、远程手术：一种新的出口产业

最近，两个医生为一个躺在法国 Strasbourg 手术台上的69岁的病人摘除了胆囊，而这个常规手术与众不同的地方就在于这两个外科医生是在纽约进行的手术。

他们应用操纵杆和声控器来指挥手术间的3个机械人手臂并通过监视器来观察手术过程。法国电信为此提供了一条安全的光纤线路来连接控制台和机械人手臂及医疗设施，而法国的外科医生及护士们则负责监视病人和在必要时调换医疗设备。

这项技术将最终拯救那些需要做外科手术却因为距离问题而不能得到拯救的病人们的生命；而且，远程机器人手术系统也为外科医生之间的合作与教学提供了方便。

二、电子墨水的出现

电子墨水（www.eink.com）是一种专利材料，它可以被加工到一种轻质的弹性胶片上，用来进行电子显示。基本上这种材料适用于便携式装置（比如能够像手绢一样折叠的书本）。

现在，电子墨水为零售商店市场提供了一种可变标签。贴在货架上用来描述商品或标明价格或起广告作用的标签包含了零售商想要让客户知道的信息。应用电子墨水技术，标签便可通过一台中心控制计算机的控制即时改变。价格或者其他一些信息可以根据具体情况变化。如商店可以在雨天提高雨伞的价格，或者食品商可以降低过熟的香蕉的价格。

三、RIVALWATCH：密切关注你的对手

在现实世界里，监视一条街道或者一个小镇的竞争情况是轻而易举的事情，但是要跟踪全球的联机竞争则是不太可能的。问题在于全球有那么多的竞争者，而且每个竞争者都有很多信息。更困难的问题在于每个竞争者的产品和价格信息每天都会变化好几次。然而跟踪你的竞争对手的所作所为对你的公司将极为有利，甚至可以让你了解到你的对手下一步会怎么做。

利用信息技术而不是专家的帮助对竞争对手进行跟踪是可以做到的。这就是一个叫作RivalWatch（www.rivalwatch.com）的公司所提供的服务。利用他们公司特有的软件，

RivalWatch 公司可以对你所能知道的竞争对手进行全面跟踪调查。RivalWatch 公司为你提供竞争对手最新的产品价格、种类、可用性乃至产品促销活动的信息。RivalWatch 公司用他们的软件为客户从竞争对手的网站下载相关信息，并利用这些信息产生报告，这一切都可以在网上安全地进行。RivalWatch 公司关注对所得信息的分析，并把信息以一种有用的形式提供给客户。该公司专长于对数字化商业网址的调查，这样就可以使他的客户进行有竞争性的定价。

RivalWatch 公司的创办人之一、主管事业发展的副总裁安·赫斯尤说："我们将数据以能够帮助用户制定商业决策的形式展现给用户。仅给用户提供一张载有 10 000 种产品价格的电子数据表并不管用。只有 5 000 种产品与用户的产品直接相关，我们会总结出其中的价格差别情况。然后用户就可以看到哪些产品具有竞争力，而哪些产品价格比对手高出 25％。"

RivalWatch 这种软件的普及势必会引起防止电子窥探的软件的产生。当信息收集软件与信息封锁软件都介入其中时，事情会变得更加有趣。

13.3　信息技术在服务管理中的合理使用

在前面的论述中，我们已经看出服务企业和信息技术的密切关系。从全球范围看，随着因特网（Internet）、企业内部网（Intranet）和电子商务（electronic business）的飞速发展，信息技术正广泛而深入地介入我们的生活，改变着我们的生活方式和思维模式，在这种情况下，想脱离信息技术而提供优质服务几乎是不可能的；若把服务的提供比作一种化学反应，那么信息技术就是催化剂，离开了它，反应虽可进行，但却难以达到理想的效果。

总之，技术使更多的事情能得以进行，但它只是一个工具。的确，它甚至不是最重要的或最有利的工具——最重要、最有利的工具当属人的大脑和其创造能力。能有效地进行信息技术应用的人们，将比那些只简单地投入资金并运用技术解决问题的人们的收益更大。正因为如此，合理利用信息技术成为服务企业发展的难点和要点所在。本节提出几条作为服务企业应用信息技术的基本思想原则。

1. 利益实现的原则

合理利用信息技术提供优质服务的目的是为了获得更多的利益，但是任何利益的产生都不是偶然发生的，它们都是精心策划和实施的结果。企业为了实现利益，必须识别使用环节和使用技术。利益实现的过程实际上就是技术和企业完美结合的过程。网上书店的普及是一个很好的例子，从中可以发现信息技术和传统企业结合所带来的新的企业及由新的企业所带来的商业利益。

利益实现是服务企业应用信息技术提供优质服务最基本的原则。企业在选择其行为的过程中，如果不能实现其预期的或合理的利益，企业本身将受到损害，并带来巨大的经济损失。

2. 时效性的原则

当今世界是迅速变化的时代，服务企业几乎每时每刻都在与顾客不断变化的各种需求打交道，服务企业适应这种变化最直接的方法就是提高将商业机会快速而有效地与新技术相结合的速度。虽然出错的风险很大，但如果不做，自己会更慢。因此，在迅速变化的世界里，懒散、无行动不是一个好选择。选择的信息技术没有必要是最新的技术，但必须是先进的技术，因为企业选定技术或设备以后，一方面，它可在未来一段较长的时间内稳定地使用；另一方面，由于它的先进性，能使企业经营效率提高。假如不能带来上述的好处，就要重新评估技术给企业带来的好处体现在什么地方。

3. 改变企业文化的原则

服务企业在进行以信息技术为基础的企业管理过程中创造新文化是一个至关重要的环节，这种改变能否得到最终成功取决于企业能否建立以新技术为主要特征的企业新文化，取决于旧文化精神能否合理地被新文化所吸收。这种以新技术为基础的企业新文化特征主要表现在以下4个方面。

①开放。这一点对企业是非常重要的。如果没有开放的心态，将会被社会所排斥，无法快速接收新的资讯。

②速度。它是企业文化的重要因素。信息技术不仅提供了提高企业运作速度的可能性，更重要的是，它不断地改造了企业员工的意识，在企业内创造了一种速度文化，使员工能够形成一种时间竞争观念。

③共享。它是企业文化的一个比较突出的新文化特征。企业不能仅仅依靠技术手段来实现企业的数据、信息和知识的共享，因为数据、信息和知识都有其隐性的表现形式，隐性的形式是无法用技术手段达到共享目的的，它需要人与人之间的直接沟通。

④平等。信息技术打破了组织层次，使组织成员能够充分参与其组织运作。

4. 寻求不断改进的原则

改进是一个永恒的主题。企业不断寻求改进的思想应贯彻企业管理始终。信息技术和企业的结合过程实际上是企业不断寻求变革、不断改进的过程。因此，在服务企业应用信息技术过程中要把寻求不断改进的原则作为重要原则加以思考和应用。

市场正日益变得国际化，所以服务企业都必须认识到这一点并要照此行事。新的信息技术支持这种趋势，并且为那些有足够勇气来迎接挑战的人们创造机会。

 实务操作

酒店服务业的信息化

计算机在酒店中的普及和应用，使新的技术平台、新的技术特点不断涌现，适合国内特点的信息系统慢慢进入酒店，使得酒店管理系统进入了一个新的发展时期。应该看到，对于一星、二星级甚至部分三星级酒店来说，信息环境的建设和应用还处在起步阶段，即使是五星级的酒店，信息化管理的发展进程与客户对酒店的需求也有相当的距离。国内酒店信息化程度的低下，在很大程度上阻碍了酒店在网络时代的营销拓展，影响了酒店经营绩效与竞争能力的提升。

在今后的几年中，酒店的竞争将主要在智能化、信息化方面展开。店内装潢、客房数量、房间设施等质量竞争和价格竞争将退居二线。酒店信息化的发展趋势主要分为三大应用领域：一是为酒店的管理者、决策者提供及时、准确地掌握酒店经营各个环节情况的信息技术；二是针对酒店的经营，为节省运营成本、提高运营质量和管理效率的信息化管理和控制技术；三是直接面对顾客所提供的信息化服务。

一、电子商务

对于酒店而言，盈利是根本，若要加快酒店行业的信息化进程就应当首先从能够为酒店创造或提高经济效益的项目着手。建立一个基于互联网络的全球酒店客房预订网络系统已不再是难事。无论是集团酒店、连锁酒店还是独立的酒店都可以加入成为该系统成员，并且享用全球网络分房系统。全球网络分房系统，可以通过 Interface 接入。让旅行社团、会议团队、散客都可以利用计算机直接访问该系统，从中得到某酒店的详细资料，包括酒店的出租状况，并能立即接受预订和确认。

二、智能管理

"酒店智能管理"作为一个综合概念，给酒店业带来经营管理理念的巨大变革。这一变革要经过不断的建设和发展，渐渐形成一个涵盖数据采集、信息保存、信息处理、传输控制等的信息库。这些信息库的建立将成为酒店信息化管理和办公自动化的重要基础。从前台客人入住登记、结账到后台的财务管理系统、人事管理系统、采购管理系统、仓库管理系统都将与智能管理系统连接融合成一套完整的酒店信息化体系。

三、个性化服务

服务业现代化的一个重要内容，就是要实现"个性化服务"。例如，酒店的会议室采用可视电话系统，可以跨全球同时同声传影、传音、翻译。基于客户管理积累和建立的"常住客人信息库"记录了每位客人的个人喜好，客房智能控制系统将根据数据库中的信息实现：光线唤醒，由于许多人习惯根据光线而不是闹铃声来调整起床时间，新的唤醒系统将会在客人设定的唤醒时间前半小时逐渐自动拉开窗帘或增强房间内的灯光；无钥匙门锁系统，以指纹或视网膜鉴定客人身份；虚拟现实的窗户，提供由客人自己选择的窗外风景；自动感应系统，窗外光线、电视亮度、音响音量和室内温度及浴室水温等可以根据每个客人的喜好自动调节。

13.4   我国服务企业利用信息技术改变管理的现状及未来

在过去 10 年，我国服务企业运用信息技术改变管理的历程基本可分为 3 个阶段。第一阶段是"自动化"，即运用信息技术部分或全部地取代以人工方式进行的活动和业务职能，促进生产、经营和管理过程的自动化，提高效率和降低成本，如会计电算化等。第二阶段是"合理化"，即应用信息技术全面改造业务工作流程，整合企业资源，使企业的经营管理水平全面提高，ERP（企业资源规划）系统就是这一阶段的信息技术应用的典型代表。第三阶段是应用信息技术重塑企业管理模式和经营理念，改变企业的产品或服务领域，创造出新的竞争优势和经济增长点，甚至改变企业本身的结构和性质。比如，招商银行是我国一家相对较小的股份制银行。该行从 1998 年起，逐步建立网络银行体系，成为国内第一家由中国人民银行批准开展在线服务的商业银行，有力地突破了传统银行竞争的地域限制。

人们应该明白，无论怎样，服务企业经营"以顾客为中心"这个根本原则不会变。在运用信息技术改变管理的进程中，一定要记住其技术不仅是一个工具，企业是否要选用，关键要看这项技术能否帮助企业更快更好地满足客户需求。

此外，不能指望用技术方法解决非技术问题。企业中有些问题仅通过建立 ERP 系统来解决是不可能的，最多只能解决一些表面上的问题，因为造成这些问题的根本原因是企业的产品市场定位、产品结构、营销方式和客户关系管理等方面的原因。只有在企业应用 ERP 之前，开展管理变革和实行 BPR（业务流程再造）解决这些问题，才能有效解决 ERP 项目的需求，达到标本兼治的目的。

 小资料

美体公司的数据挖掘

你是否曾把刚从信箱中拿出的一份商品目录直接扔进垃圾箱，甚至在进家门之前就丢掉了？许多人都有类似的经历。国际美体公司像许多企业一样，也认识到了这一点。这家位于英国的公司希望将其产品目录只发送给那些可能向公司订购产品的人，因此，公司使用了预示分析技术——这是数据挖掘的一种类型。数据挖掘包括利用某种技术从大量的信息中找出趋势和模式。预示分析由预测和倾向分析组成：预测可以发现趋势并根据这些趋势预言未来；倾向分析利用统计方法，如回归分析和聚类分析，结合神经网络来确定顾客对报价回复、购买产品或服务的可能性。倾向分析也可用于预测哪些顾客最有可能拖欠贷款或不履行支付计划。

利用数据挖掘，美体公司从网页、商店及顾客数据库中确认出 12 万多名新顾客，而发送的产品目录比 2001 年减少了一半。而且，每份产品目录的回报增加了 20%。

案例分析

信息技术在苏宁易购服务管理中的作用

苏宁易购依托目前全球领先的零售信息管理系统，已经实现了前后台整合，并不断与 IBM、思科、百度等技术开发、网络推广企业进行深度合作，根据技术发展和网民需求变化，持续进行技术和营销创新。

1. 供应商服务技术

苏宁易购集合了苏宁 ERP/SAP、CRM、B2B 等众多系统平台，为供应商提供了差异化的系统定制服务，使供应商共享苏宁强大的 ERP 信息系统后台。依托与 IBM、SAP 等众多技术公司的合作，苏宁易购开放平台将能支撑万亿级的销售规模，供应商可以完全通过系统完成商品的管理、备货、销售跟踪及售后服务管理。与此同时，苏宁易购还将在全国建立十个云数据中心，来支撑苏宁易购云服务和开放平台的运行，供应商将会共享苏宁覆盖全国的物流服务网络。

2. 物流技术

在仓储网络建设方面，苏宁将在 2015 年完成全国 60 个现代化物流基地的布局，同步建设 10～12 个自动化拣选中心，提高有限仓储空间利用率，降低作业成本，创造更多的物流价值。

在供应链环节，苏宁云商创新采购模式，加速供应链创新，在合作模式上引入 ECR（消费者响应）、CPFR（预测补货）等信息系统，实现各方资源的无缝对接，供应链效率得到大大提升。

在配送技术方面，苏宁易购立足于原有强大的大件商品配送服务能力基础上，形成了近 4 000 人的规模，依托苏宁全国 1 700 多家门店和 4 000 多家售后网点的自提配送网络支撑，实现了对全国三四级市场的有效覆盖。同时，使用第三代物流中心，重点应用信息技术，包括 WMS（仓库管理软件）、TMS（运输管理软件）、交叉配送技术、准时制配送和 ABC 配送。苏宁现有的 CDC、RDC 等可支持苏宁易购全国范围内的商品配送。

3. 电子支付技术

苏宁易购有"易付宝支付""网上银行""银联在线支付""快捷支付"等电子支付方式。特别是"易付宝支付"，使苏宁易购开创了支付方式的新模式。另外，苏宁易购开通的电话支付模式是国内电子零售行业的先河。

4. 用户售后服务技术系统

苏宁易购在其首页公布"400"免费电话以更好地捕捉客户反馈信息，所有在苏宁易购购买的商品都可以在当地苏宁售后服务网点进行鉴定、维修和退货，4 000 多家售后网点支持全国的售后服务。同时，苏宁易购借线下售后服务网络优势，推出了苏宁易付宝、V-World 会员俱乐部、IT 帮客、以旧换新、集团采购、家电下乡等特色服务。

5. 一体化应用服务技术

在硬件系统上，苏宁易购的数据库和应用服务器使用 IBM 的 64 块 CPU Cluster 的超级服务器，同时在软件系统上苏宁推出了 Windows Phone 客户端、Android 客户端、iPhone 和 iPad 客户端，整合苏宁线上线下资源，优化用户体验。

资料来源：www.ttj888.com.

回答问题

1. 本案例中苏宁易购是如何通过信息技术来获得竞争优势的？
2. 试结合案例分析信息技术在服务管理中的作用。

本 章 习 题

一、判断题

1. 产品或服务的特点将同潜在的信息系统能力相结合，每个经营过程都将建立在独特的信息特征基础上。关键是如何在信息技术影响经营的不同方式之间进行最佳取舍。（   ）

2. 合理利用信息技术成为服务企业发展难点和要点所在；合理利用信息技术提供优质服务的目的是为了获得更多的利益。（   ）

3. 服务企业运用信息技术进行有效管理的第 1 阶段是辅助阶段，这一阶段的信息技术的应用要展现的是评注信息，其含义是，在某种程度上能使通过信息技术处理所得到的信息用来辅助服务企业进行业务管理。　　　　　　　　　　　　　　　　　　　　（　　）

4. 不能指望用信息技术方法解决非技术问题，因为造成这些问题的根本原因是企业的产品市场定位、产品结构、营销方式和客户关系管理等。　　　　　　　　　　（　　）

5. 信息技术使更多的事情能得以进行，它是一个工具，甚至它是重要的或最有利的工具。
　　　　　　　　　　　　　　　　　　　　　　　　　　　　　　　　　　（　　）

二、选择题

1. 信息技术在服务管理中所发挥的作用包括（　　）。
　　A. 提高质量　　　B. 价值效用　　　　C. 竞争效用　　　　D. 创新效用

2. 在信息技术支持服务企业有效管理中，对制定竞争战略所发挥的作用包括（　　）。
　　A. 设置进入障碍　B. 创造收入　　　　C. 数据库资产　　　D. 提高生产力

3. 制约服务企业利用信息技术的因素包括（　　）。
　　A. 反竞争　　　　B. 不公平和可靠性　C. 侵犯隐私权　　　D. 数据安全

4. 服务企业运用信息技术进行有效管理需要7个阶段的一个逐渐渗透的过程。其中阶段3附加的顾客价值的含义是（　　）。
　　A. 在这个阶段，在优势上获得了一个飞跃
　　B. 在这一阶段，服务企业的方法从相对来说过分简单化和不断改进的形式转移到竞争形式
　　C. 在这个阶段以使用信息系统的信息增加你的产品、服务或顾客关系的价值
　　D. 这一阶段围绕着企业的基本记录需求而开展信息技术的应用工作

5. 服务企业应用信息技术的基本思想原则是（　　）。
　　A. 利益实现的原则　　　　　　　　　B. 时效性的原则
　　C. 改变企业文化的原则　　　　　　　D. 寻求不断改进的原则

三、思考题

1. 想出几个像美国航空业那样有很多公司应用信息技术来争取竞争优势的行业的例子。哪些行业在应用信息技术上领先于其他行业？举例说明它们是怎样应用信息技术的。再举出几个在应用信息技术上比较落后的行业，你为什么会认为这些行业会在应用信息技术上落后呢？

2. 养成注意观察企业是否在成功应用信息技术的习惯是非常有益的。选择一个你认为已经利用信息技术获得了竞争优势的公司，思考能不能找出继续改进的办法。利用目前的技术发展水平并在此基础上力求突破，这时需要你展开想象并考虑应用一些新兴的技术。

3. 选择ERP供应商。

企业资源规划（ERP）是企业所有资源，包括产品、开发、销售及产品和服务的售后服务的协调规划。企业软件是一套软件，包括：一般商业应用软件集合；对整个组织工作进行模型化的工具；组织的特定应用软件的开发工具。企业软件供应商的领头羊有SAP、Oracle、PeopleSoft、J. D. Edwards、Computer Associates和BaaN。在这些软件供应商里选择两家供应商，利用互联网看看这两家供应商的系统的主要区别。

第5篇　扩展服务领域与创造价值

- 学习目标
- 开章案例
- 案例分析
- 本章习题

第 14 章

新服务的发展

学习目标

✓ 研究新服务发展的原因、种类和途径；

✓ 介绍新服务发展的过程——设计、分析、开发和推广；

✓ 了解服务收益率生命周期的概念；

✓ 探究服务组合决策。

开章案例

香港航空服务中的"People 文化"

2015 年 4 月 23 日，第一届民航服务峰会在厦门举行。香港航空服务总监简浩贤先生代表公司受邀参加，并就"新形势下的民航服务转型"发表主题演讲，分享香港航空在提升服务品质上的探索之路。

在过去的 8 年多时间里，香港航空服务创新上进行了一系列摸索与实践，总结出服务文化的根本——"People"即"以人为本"，提出了"热情待客、多走一步、提供选择、履行承诺、难忘印象、高度情商"的六点服务精神。在践行服务的过程中，香港航空通过提炼和全面落实"People 文化"，从根本上提升服务质量，培养服务人才，从而促进服务创新。香港航空始终把人作为首要因素，鼓励员工全面、自由发展，在服务创新和优质服务活动中找到自己，并发挥出个人的最大潜力。此外，强调用"心"去服务，通过分析旅客出行习惯与航空公司接触的十一大环节，有针对性、系统性的弥补和加强服务，并为员工提供各项培训。

同时，香港航空还通过大胆、持续创新来增加服务亮点，如与知名餐饮企业的全方位合作，打造空中美食和健康餐饮；与香港知名香熏厂商合作，调制带有紫荆花香气的乘务员香水或客舱香熏制品，打造客舱整体气味。

资料来源：http://news. carnoc. com/list/312/312843. html.

新服务的定义是，给顾客提供以前不能提供的服务。这就要求提供额外的服务，对服务传递过程做巨大变动，或者对现存的服务包、服务传递过程逐步做出改善，以使顾客感觉到他们体会到了新的服务。服务的革新就是使潜在顾客感受到的东西是新鲜的，不同于从前的。此外，也可以只是简单地变更附加服务的某些成分，或者与对手相比改变服务定位。

14.1　新服务的概述

14.1.1　新服务发展的原因

在市场经济激烈竞争的条件下，在消费需求日新月异的变化中，持续的新服务开发已日益成为事关企业存亡兴衰的战略重点。循规蹈矩地固守"现有服务"，在蓬勃发展的服务经济社会中只会错失商机。

具体而言，新服务的发展是由以下原因决定的。

① 新服务的发展是保持和提升市场竞争力的需要。要在不断扩大的市场中维持已获得的市场份额并试图有所进取，发展新服务势在必行。要想在瞬息万变的市场需求轮转中立于不败之地，就必须有特色服务和雄厚的开发力量，否则，一切只是空谈。

② 新服务的发展是服务产品组合新陈代谢的必然需要。随着科学技术、价值取向、消费观念、风俗人情的发展变化，在服务产品组合中很多项目将因为不合时宜而销售数量锐减，必须出现新的、适销的服务以填补老服务退出市场留下的空白。

③ 新服务的发展是调动闲置生产能力的有效手段。由于服务需求波动性的存在，为了降低高峰期排队造成的效用损失，服务企业会设置超过最小需求量的服务生产能力。所以，存在过剩的闲置生产能力和服务设施是经常性的，对企业而言，这意味着机会成本的损失。开发相应的新服务、附加服务，在低峰期把闲置生产能力转化为消费者效用甚至销售收入，将为企业创造利益优势。一个典型的例子就是客船餐厅在非就餐时间改为供无座乘客休息的茶座。

④ 新服务的发展有助于企业抵消服务需求的季节性波动。针对服务企业需求波动的季节性，开发与需求变化规律相适应的新服务，可以通过需求的互补使人力资源和设备得以高效利用，从而在企业宏观层次上克服服务需求的季节性波动。

⑤ 新服务的发展有助于企业更大限度地分散经营风险。拘泥于一个或者少数几种服务项目，会造成对这些服务市场的高度依赖。市场动荡会对企业造成极大冲击。通过服务创新，拓展服务产品线甚至实现多角化经营将大大提升企业抵御风险的能力。

⑥ 新服务的发展是企业探索新的市场机遇的工具，固守于现有服务坐等商机的到来无异于守株待兔。潜在的商机隐藏在变化的顾客需求当中，只有不断从顾客需求出发开发新服务，才可能及时发掘并把握那些稍纵即逝的市场机遇。

下面的小例子中，家乐福针对不同目标顾客的不同需求，不断创新服务，进而获得了创新价值。这样既满足了顾客的需求，又使自己获益，实在是一箭双雕之举。

小资料

家乐福：追求创新价值　始终让顾客满意

家乐福为现有顾客创造更多新的消费价值，进而创造新市场，其竞争目标是顾客，而不是竞争对手。许多商业企业的决策者所用的竞争策略常常被动地走入误区，比如，管理人员通常会花费大量时间和精力去了解竞争对手在从事哪些工作，然后模仿竞争对手的做法。其结果是，企业只是对竞争对手做出消极的反应，而不是尽力开展创新活动，创造发展的机会，更无法深入了解新兴的市场与顾客需求的变化。

家乐福针对当前消费潮流的特点，有针对性地提出了在努力降低生产成本的同时保证商品质量的提高，以满足变化了的消费观念。当看到消费者对由于各种环境污染造成食品污染等问题耿耿于怀时，家乐福审时度势，提出"家乐福承诺只出售绿色食品、健康食品"等一些针对时代消费发展趋势、迎合消费者心态的消费服务承诺。家乐福不只是单纯地提出了绿色食品、健康消费的口号，打打广告牌，而是真正地在实际的销售服务中切实地用这种口号来指导自己的销售服务，努力营造一个健康食品销售氛围。在提供销售服务中，家乐福把所有的商品进行分门别类地摆放，同时定期检查产品，以及时更换即将过期的商品。对于食品，家乐福所引进的都是贴着供货商提供的无农药喷洒标志、经过质量检查部门严格检查过的食品。

14.1.2 新服务的种类

洛夫洛克（Lovelock）1984年首次对新服务进行了分类。在新服务开发过程中，他将新服务划分为激进式创新和渐进式创新两大类。

1. 激进式创新

激进式创新对世人、对市场都是全新的，它是通过新服务开发周期中的某些步骤开发出来的。激进式创新可以划分为3种类型。

① 重大创新。这种新服务不仅对于服务企业来说是新的，而且对于市场来说也是新的。应用新技术，做出大量投资，承受较大风险是这种新服务的特点。它注定要产生在大区域内的市场避风港，或者形成核心服务，并围绕它建立一个附加服务系统。网上拍卖如易拍和Priceline网站和爱德华·琼斯财务公司的伴生服务正是重大创新的典型例子。

② 创新业务。这是投放到市场上的新服务，其服务企业已经在市场上经营，但目前只是针对一般顾客的需求，引进新服务的企业是针对某一新目标的顾客来改变过去面向一般顾客的做法。如Travelocity网站，网上旅行计划将旅行机构能提供的服务自动化。

③ 新服务。对现存的某个组织的顾客提供新的服务（这种服务可能在别的公司已经存在）。除了引进新服务的风险，还有竞争对手已经占有一定市场份额的风险。在超市或其他零售设施中设立银行分行正是提供新服务的做法。

2. 渐进式创新

在新服务投入市场后，激进式创新的开发过程就变成了进一步创新的基础。渐进式创新通常是对现有服务传统组成（相关人员、系统和技术）的微小调整。渐进式创新也可以划分为3种类型。

① 服务延伸。加长现有的服务线，例如，在一个商业学校里开设一个新培训班。银行和保险公司的大部分发展都是采取这种办法的。这种办法也称作"延长线"（line-stretching）。这种办法的投资一般较少，技术和营销方式都是已经具备的。西南航空公司增加了弗雷斯诺新航线，麦当劳增加新口味的三明治正是服务延伸的做法。

② 服务改善。这是最常见的革新方式。改变已有服务的特征，用新的性能使原有的服务更丰富、更迅速。其风险仅限于创造更高附加值的投资。典型的例子有达美航空、英国航

空公司采用和 ATM 类似的服务亭来分发乘客登记证。

③ 风格转变。这是服务变革中最为时尚的一种形式。表面上这种改变最为显眼，并可能在客户感知、情感与态度上产生显著影响。改变饭店的色彩设计，修改组织的标志，或给飞机涂上不同的颜色都是风格转变。但这些改变并不是从根本上改变服务，只是改变其外表，就如同为商品改换包装一样。

14.1.3   新服务发展的途径

明白了新服务发展的原因和新服务的种类，服务企业就应该千方百计地通过各种途径开发力所能及、适销对路的新服务。通常来讲，服务创新主要有以下途径。

① 全面创新。即借助技术的重大突破和服务理念的变革，创造全新的整体服务。这种服务创新的比例最低，但它常常是服务观念革新的动力。如 ATM 机、自动售货机及超级市场零售方式的出现引发的服务革命。

② 局部革新。即利用服务技术的小发明、小创新或通过构思精巧的服务概念而使原有的服务得以改善或具备与竞争者的服务存在差异的特色。

③ 改型变异。即通过市场再定位，创造出在质量、档次、价格等方面有别于原有服务的新的服务项目，但服务的核心技术和形式不发生根本变化。

④ 形象再造。如同实物产品生产推出新型号、新品牌一样，服务企业可以通过改变服务环境、伸缩服务系列、命名全新品牌来重新塑造新的服务形象。其间变化的多为辅助服务设施，而服务本身并没有实质性的变革。一般而言，由单店服务转向连锁服务也可划归此类。

⑤ 外部引进。即通过购买服务设备、聘用专业人员或特许经营等方式将现成的标准化的服务引入到本企业中。这种服务创新周期短、成功率高，正从国际服务营销中兴起，目前已成为服务创新最主要的途径。

下面是新疆铁通公司探索新服务的途径和做法，值得服务企业借鉴。

    小资料

以新服务开辟新途径   新疆铁通稳步发展公众客户

为进一步提升服务水平和客户满意度，提高公司核心竞争力，打造公司服务品牌，铁通新疆公司将 2004 年定为"客户满意年"，把客户满意作为永远的追求，全方位广泛深入开展了客户满意活动，并按照铁通总部的部署，结合新疆电信市场实际，以客户满意为中心，制定了"五个满意"规定和要达到的标准，稳步发展公众客户市场。

窗口服务满意，展示良好形象。各营业厅和窗口单位员工实行站立式迎送客户服务，设立值班经理席和新业务演示台；统一规范业务申办合同，杜绝违反电信条例和电信服务标准的条款；10050 客服接线服务做到"用心去聆听，让声音微笑"。

资费合理满意，明明白白消费。各地市分公司严格执行行管部门的资费标准和审批报告手续，严格执行明码标价制度；建立公平选号机制，免费为客户提供选号服务，提供规范、准确的话费清单。

通信质量满意，网络提高标准。话音清晰良好率、拨号后时延、通话中断率、本地网间通话接通率和长途落地接通率符合信息产业部标准，网内长途本地接通率指标符合企业标准，专网服务严格执行铁路专用通信服务标准。

故障修复满意，及时恢复通信。入户作业人员严格执行"服务规范、工作用语、服务纪律"，携带"鞋套、抹布、亲情卡"和"上门服务质量评议表"，在规定时限内保质保量地完成故障修复。

投诉处理满意，对用户有回复。所有接到投诉的部门和个人都坚持"首问负责制"，严格执行投诉受理且处理流程闭环，在规定时限内派单和回复客户，大客户和重要客户的责任投诉处理做到100%满意。

14.2 新服务的发展过程

14.2.1 新服务的设计

1. 新服务设计的有效方式——服务体系设计矩阵

不同的服务有着不同的特征，顾客接触程度也各不相同。那么，针对顾客接触程度不同的服务，产生了服务体系设计矩阵的概念。所谓服务体系设计矩阵，就是根据顾客接触程度不同而确定的不同服务方式、对服务运作的不同要求所构成的矩阵。矩阵的横向量是固定的，即顾客的接触程度；而纵向量根据不同的研究对象来进行（见4.4节内容及图4-6和表4-2）。

2. 新服务设计应注意的问题

在一种新服务的设计中要特别注意下列问题。

① 并非服务的所有成分都在服务机构的控制之下。典型的例子就是航空运输。行李管理是服务的组成部分，对于乘客则是一个很重要的内容。在大部分情况下，都不是航空公司自己管理行李搬运，而是机场管理机构直接操作的。需要航空公司介入，使行李能以正确的方式在正确的时间抵达正确的机场；否则，乘客不仅不满，还会向其他乘客进行负面宣传。

② 对人与人之间沟通（口碑）的管理可以使一些变量在企业控制之下，但是另一些变量却在控制之外。对投诉的管理使得企业可以收集服务弱点方面的信息，对不满意的顾客及时给予补偿，使之不再向其他潜在购买者做负面宣传。

③ 很难让顾客感受到企业实际为其所做的一切。旅馆在这方面有很多经验，旅馆把消毒后的杯子都用纸袋密封起来，向顾客表示自己提供服务的安全性。此外，旅行社在飞机场和一位航空小姐一起来接待旅游团队，向顾客表达自己提供服务的完整性。

14.2.2 新服务的分析与评估

1. 新服务分析与评估的目的

企业为了新服务有一个好的前景，必须重视新服务的分析与评估工作。分析与评估新服务需要开发一个适宜的系统，进而能够确定评价标准。那么，首先应该知道这个系统要达到什么目的。

（1）发现潜在盈利大的新服务以追求利润

通过对新服务的分析与评估，寻找拥有巨大的市场潜力、满足顾客期望、符合市场发展趋势、能创造可观利润的新服务构思。企业对服务构思的评价不仅仅是剔除那些入不敷出的服务，而且更重要的是发现那些具有较大潜力的服务构思，那些拥有巨大的潜在市场、能满足顾客的期望、符合市场需求发展趋势、能够给企业创造可观利润的服务构思。因此在对服务构思进行分析与评估时，企业管理者要用发展的眼光看待问题，要有远见，对那些潜在利润大的服务要特别重视和关注。所以，评估人员必须寻求有盈利潜力的服务，而且必须使用有建设性筛选的评价系统，不能仅仅对入不敷出的服务进行消极筛选。

（2）提高新服务的成功率和开发效率

通过分析与评估，淘汰毫无吸引力的新服务构思，提高新服务的成功率。评估信息能提高决策的合理性，减少开发支出。分析与评估的全部目的通常被认为是突出巨额亏损和巨额盈利的服务。但这种观点有一定的局限性，它对新服务管理工作中最困难的阶段有极大的危害。剔除亏损服务和发现具有潜力的盈利服务是企业分析与评估活动的主要目的，但不是全部目的，提高企业服务创新活动的效率也是目的之一。这个问题可以从两方面来看：首先，企业为了迎接市场的挑战，必须提高整体的服务创新效率，提高企业服务创新的成功率；其次，从个别服务来看，通过分析与评估能够及时发现有潜力的服务，或者及时地淘汰那些对企业毫无吸引力的服务设想，无疑也能提高企业服务创新的效率和成功率。

（3）为后续的开发工作提供经验和信息

通过评估，能对未来市场目标、服务定位等新服务及其相关服务计划的改进提供指导和信息。近几年来，消费者行为分析和数学方法的应用使评估技术如虎添翼。消费者偏好研究、属性分析、感觉描述和因素分析等方法为服务评估提供了理论支持，为市场定位的评价决策数学模型提供了具有可操作性的评估方法。评估所扮演的角色在行业领域内已广为接受。在那里，把市场调查和下游匹配结合在一起，使通过评估促进服务活动的改进成为可能。对于所有类型的服务，对最终财务核算进行灵敏性分析不仅有利于财务决策的及时进行，而且还突出了应急计划的使用时机。

（4）维持新服务开发活动的平衡，追求最佳的资源分配

评估需要考虑新服务在盈利组合、风险组合、设备组合、时间组合和多角化组合中的位置及组织中资源共享的情况，从而可以为服务组合的选择提供信息，使资源分配更加平衡、合理。在早期筛选阶段所采用的评分模型经常使用业务评估，然而在这一阶段所接受的一些项目，在以后的分析与评估中有可能被删除，业务组合并非能持续进行。另外，还有一些组织管理方面的问题，资源的分配有可能使服务人员和部门之间发生冲突，必须妥善解决。优化组织结构，进行流程再造，有利于新服务的推广及提高服务开发的成功率。

2. 新服务开发的评价系统

新服务开发的评价是新服务开发过程管理活动的一个重要内容。因此，新服务开发的评价是一个系统评价过程，贯穿于新服务构思、概念、营销计划等整个新服务开发过程。评价又是一个系统，是由评价人员、资金和评价技术等要素构成的统一体。

1）新服务开发评价的困难

在新服务开发的管理决策中，存在着许多影响因素，如组织、人事、环境不确定性等。这些因素给新服务开发的评价，无论是定性评价还是定量评价，都带来了许多困难。

（1）各种影响因素的不可预测性

由于新服务的技术、市场需求和竞争等不确定性因素的影响，新服务开发往往难以预测，开发风险和费用较大。随着开发时间的增长，开发费用一般是增加的，但不确定性因素却是逐步减少的。一般认为不确定性因素在开发的最初阶段主要是技术方面的不确定性因素，而在开发后期则主要是服务可靠性方面的不确定性因素，这种不确定性因素甚至在投放市场后仍还存在。对技术上的不确定性因素需要迅速加以解决，而对可靠性方面的不确定性因素可以逐步解决，如图 14-1 所示。

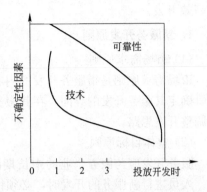

图 14-1　新服务不确定性因素的减少趋势

（2）组织结构及人事关系影响

组织形式、组织文化对新服务开发的影响不容忽视，有一个创新的企业价值观、宽容的组织氛围，有利于对新服务评价的客观性。再者，新服务开发的成败影响人的职业选择、升迁，从而使评价带有感情色彩。个人间的利害关系产生了支持和反对，产生了不同的新服务评价结果。

（3）外部力量的压力

国家的产业政策、行业的管理特点对服务的评价也会带来不小的影响。通货膨胀、需求的波动、竞争者的快速反应给新服务开发带来了压力，使评价更加困难。

（4）资料信息过时

资料信息的过时往往造成了评价所需要的信息不足，从而造成评价的失误。因此，企业应建立有效的信息系统，利用互联网等快速的信息工具，使评价更加及时、可靠。评价需要与顾客保持经常的联系，进行顾客咨询，不断地搜集新的技术、市场信息。

（5）评价技术的复杂性及时效性

评价技术由于太复杂，很难获得必要的资料数据，从而使评价变得更困难。评价技术的复杂性带来了无效性、耗资大的问题，因此评价可能拖延新服务的开发。评价需要人员和时间等资源，评价时间过长会影响新服务开发的进度，可能威胁新服务的市场生命力，所以要注意评价的时效性。

2）新服务开发的评价过程

新服务开发的评价过程，开始于新服务战略的综合评价，然后是对开发各阶段的新服务构思、概念、开发计划、基本设计方案、原形、商业化计划的评价。由于各开发阶段或评价点所要求的评价内容和条件是不一样的，评价有技术评价和综合评价等不同类型。综合评价包括了技术评价、经济评价和社会评价等多个方面。其中，技术开发前的开发计划综合评价、开发基本设计方案的技术评价和开发结束的综合评价对新服务的成功至关重要。

14.2.3　新服务的开发

新服务的开发可以看作是市场定位的归宿点，又是下一步市场开拓的起步。从服务构思的概念化到服务提供的商业化乃至服务生产规模化，企业内外的资源需要被全面合理地调动起来。其间就需要企业的管理和服务人员充分发挥决策能力，来保证服务的合理高效开发。

1. 新服务开发原则

（1）市场需求原则

市场需求原则是指服务开发的内容必须与市场的需求相一致。服务提供商应该根据市场调研确定其服务开发的导向，在其服务定位和可行性上多下功夫，并及时根据市场反馈的信息调整开发思路。

（2）整体目标原则

服务开发应与服务企业的中长期战略规划、企业发展目标相辅相成。在投入资金、设备、人员进行新服务的开发时，必须保证该开发过程有助于推动企业战略和目标的实现。

（3）弹性原则

服务设计开发时要尽量提高服务系统的弹性，使其能够适应市场需求的变动而适度调整。设计出高弹性的服务系统对企业会有双重的经营效益。首先，可以避免服务质量因为作业量的超负荷而急剧恶化，破坏顾客对服务的感知质量；其次，可以避免把服务生产能力设定在最高需求程度而被迫忍受高成本。

（4）特色原则

服务企业在决定服务的内容和形式时，必须要有新意、有特色。只有特色服务才是真正的竞争优势，才难以被竞争者模仿，才对顾客有持久的吸引力。

下面的小例子中，假日饭店使自己的服务更具特色，做了多项"第一个"，这种创新对顾客来说更有吸引力。

 小资料

假日饭店一切为顾客着想，服务不断创新

为顾客着想，使旅游者外出期间过得愉快，是威尔逊创建第一个假日饭店的出发点。所以，处处从顾客的实际需求出发，为他们提供周到的服务成了假日饭店公司的座右铭。假日饭店是第一个免费为家庭旅游者提供小孩床的饭店；它是第一个为旅游者在每间客房内都提供免费电视和电话的饭店；它还是第一个在其汽车旅馆的走廊上放置自动售货冷饮机和制冰机的饭店，不仅方便了顾客，还为他们节约了叫人把饮料或冰块送进房间的小费；它在汽车旅馆里建起"狗舍"，以方便外出旅游离不开爱犬的主人。

（5）成本收益原则

成本与收益的配比关系是任何一个企业在设计产品时都必须考虑的首要因素。长期处于盈亏平衡点下的经营是不理性的。当服务足以满足顾客要求，拥有一定的竞争优势时，额外地开发出一些附加服务反而会造成企业经营上的负担。而为了未来或长远战略的需要，承担一定程度上的低收益甚至负收益也是必要的。

2. 新服务开发的支撑条件

当然，新服务开发活动的战略性或是战术性的选择，需要一定的条件作支撑。这些条件包括技术创新条件、市场创新条件、资源集聚和优化组合条件。

（1）技术创新条件

新服务开发是在技术创新基础上的应用性发展，企业选择战略性还是战术性新服务开发活动必须考虑企业的技术创新能力和水平；同时要注意服务创新和工艺创新的并举，这是企业进行技术创新具有规律性的认识。新服务开发过程中必须考虑现有的工艺基础，单纯的服务创新难以长期维持其竞争效益，必须依靠工艺创新。

（2）市场创新条件

新服务开发活动的战略性或战术性选择，需要考虑新服务市场创新条件，如：能否形成新的、相对稳定的市场需求规模；能否扩大市场需求的种类和层次，刺激和创新服务的市场需求水平；能否最大限度地满足消费者需求方面的功能，促进新服务市场占有率的显著提高；能否通过市场的区域性转移和转让，有效地延长新服务的市场寿命周期，提高新服务的市场竞争力；能否形成一定的垄断力量，因为垄断行为和垄断能力的形成与扩散，是新服务开发活动具有强大生命力的内因所在。

（3）资源的集聚和优化组合条件

新服务开发所需资源集聚方式对开发活动的影响至关重要。一方面，作为一种生产力的组织和发展形式，新服务开发离不开资源集聚方式的作用；另一方面，要形成新服务开发活动的可持续发展机制，必须对其资源配置、集聚和优化方式进行系统重新组合和创新，从而使这种资源集聚方式能适应和促进新服务开发活动。

3. 新服务开发的过程特征

新服务开发有个过程，了解新服务开发的过程特征，对企业新服务的开发管理很有启发意义。这些特征包括阶段性、专业性和综合性。

（1）阶段性

新服务开发过程包括设想产生、研究开发、工艺设计、营销等多个环节，各个环节都具有自身特点，需要分阶段完成各环节的工作。

（2）专业性

新服务开发的各环节都需要相应的知识和技能，研发、设计、营销等各自都有很强的专业性，这就要求有不同专业专才的人才共同合作。

（3）综合性

各阶段、各专业之间有很强的相关关系，它们不是各自为政的独立单位，而是要围绕服务展开活动，是分工合作的一个整体。只有各方面的密切配合才可能完成新服务开发，达到目的。

14.2.4　新服务的推广

从新服务被开发出来到被市场普遍接受之前，总有一段必要过程，其间潜在的目标顾客在服务人员的引导下，经历了从第一次耳闻这种新服务到最终接受并采用了这一服务的演变，称这一过程为新服务推广。从本质上讲，新服务推广就是通过营销策略说服顾客采用新服务的过程。

1. 新服务推广原则

新服务推广是以服务提供者为中心，在服务开发的基础上进行的市场开发。其推广原则具体如下。

（1）提高新服务的传播性

在服务推广的初期，服务知名度低，造成了大量潜在目标顾客的流失。服务人员应当通过广告、人员促销、专业机构认证等手段提高新服务的知名度。只有知道了新服务的存在，顾客才会有接受这种服务的可能。

（2）强化新服务的优越性

知道了新服务问世并不能直接转化为接受该服务。如果潜在顾客发现该服务并没有区别其他同类服务的特色和优势，则根本不会产生进一步了解它的兴趣。那么，服务推广也就到此为止了。所以，服务人员应突出服务开发中塑造的服务特色和优越性，并通过恰当的比较宣传、适度的效果描述及必要的服务承诺来引发消费兴趣。

（3）降低新服务的专业性

当服务对服务对象的专业知识、技术、信息了解程度要求很高时，比如飞机租赁等，可以说这个服务具有很高的专业性。高专业性意味着顾客在接受服务前要广泛了解大量相关的服务知识和信息，这本身就会使服务的采用率受到冲击。所以，通过必要的营销策略普及服务信息，相对地降低服务的专业性或通过服务包重组绝对地降低服务的专业性，如将飞行员与飞机一起出租，将有助于推动顾客试用新服务。

（4）创造新服务的可分性

当顾客对新服务感兴趣，又认定自己有资格接受新服务时，便会产生试试看的冲动。但对于复杂的、费用昂贵的服务项目，这种冲动会受到遏制。因为试用毕竟有不满意的可能，而为"不满意"付出高额的成本，实在令人沮丧。针对这一问题，服务人员应创造条件分割出部分服务供顾客试用，将大大缓解这种焦虑的心理，鼓励他们向采用新服务再迈出一步。

（5）改善新服务的适用性

服务的适用性源于服务设计和服务生产，但在服务提供过程中可以通过预期引导和心理调节，改善顾客的感知质量和满意度。当试用结束时，顾客发现新服务符合自己的价值观念和消费习惯，又满足了自己的需求和预期，适时的沟通也解决了一些没澄清的疑问，那么采用这项服务便会水到渠成。

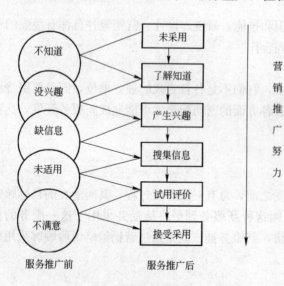

图14-2　新服务推广的一般过程

2. 新服务的推广过程

新服务推广过程就是目标市场对服务从未知到采用的过程。服务能否顺利地得到推广，实际上就是目标市场能否顺利地采用服务。因此，处理好影响目标市场从认知到采用服务的各种因素，就成为服务推广过程的主要任务。图14-2反映了新服务推广的一般过程。

14.3　服务收益率生命周期

由于新服务在诞生之后直至生命周期的各个阶段会遇到不同的机遇和挑战，所以在各阶段服务的成长速度和生产规模也不相同，因而随着服务的生命周期的推进，也形成了相应的收益率生命周期的各阶段。图 14-3 是大致的服务生命周期与收益率生命周期的对比图。由于同时从销售量和收益率两个角度考察，所以表现为形态有所差别的两条曲线。

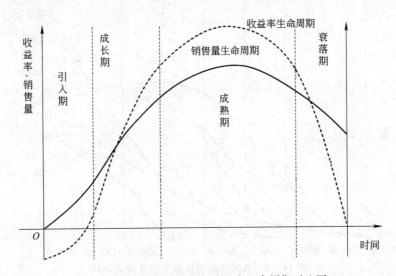

图 14-3　服务生命周期与收益率生命周期对比图

在服务收益率生命周期中，在服务引进市场的阶段中，企业承受着不小的损失，而收入还是相对较少的，但必须做出大量人员培训和设施方面的投资。如果服务成功了，利润在成长阶段可以迅速上升并在成熟阶段继续保持，直到竞争对手模仿服务、迫使降低价格维持市场份额为止。在服务的衰落阶段，很快就没有了利润边际，或者是这个边际与投入的成本相比确实小得可怜。

这不意味着企业不能进入一个需求在衰落阶段中的细分市场或者行业领域，只意味着需要有制胜的战略和抓住收益率良好的市场避风港。

下面的资料中，显示了手机相关服务的发展情况。随着发展，各种服务功能进入了不同的发展时期，它的增值业务满足了不同消费者不同时期的需求，同时达到了企业相应的收益目的。

 小资料①

近三年，彩信业务（MMS）快速成长，但由于受季节性因素及运营商政策调整，呈现波浪式上升的轨迹，规模持续攀升。

IVR 业务在 3G 时代发展初期所受到的影响不会很大，但随着 3G 的逐渐发展，部分数

①　2005 年中国移动增值业务综合研究报告. 中国商业数据网，2005-12-06.

据业务将吸引 IVR 的用户数，导致作为话音业务的 IVR 在 2006—2007 年开始进入市场衰退期，但由于 IVR 自身业务创新能力较强，下滑的趋势会比较缓和。

WAP 业务目前正处在市场显著放大时期，有很大的增长潜力，目前是很好的进入机会，但不能指望 3G 的来临会使对 WAP 的投资马上取得巨大的收益回报。WAP 本身是一个通道，它可以承载大多数的移动内容，它的发展需以移动应用内容的丰富与发展为基础。所以，这种特性就造成了 WAP 业务的发展将是持续性的稳定增长。

各种移动增值业务的生命周期见图 14-4。

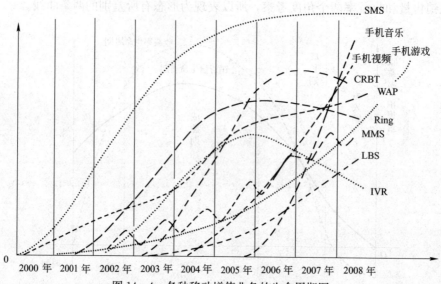

图 14-4　各种移动增值业务的生命周期图

（注：此图仅代表各业务生命周期，不反映市场规模情况）

手机铃声、手机彩铃、手机音乐 3 个业务其实都属于无线音乐，三者的发展具有继承性关系。2005 年，手机铃声市场规模将达到 28 亿元，进入市场饱和期；手机彩铃将在 2005 年底超过手机铃声，达到 50 亿元人民币的市场规模，2007—2008 年彩铃市场将会有所衰退；手机音乐有望成为 3G 时代第一个高速发展的增值业务，由于市场需求的刺激，加上多方巨头的产业链合作，从 2006 年伊始，手机音乐就会呈现出高速的发展趋势，2007 年将会以 80 亿元左右的市场规模一举超过手机彩铃。

随着手机音乐的爆炸式发展，相关的 3G 增值业务也会相继启动。在 3G 时代，手机视频将是手机音乐之后最值得关注的 3G 业务，2006 年手机视频的市场规模会在 15 亿元左右。不过，手机视频业务真正的快速发展期将在 2007 年以后，随着使用手机的视频通信得以实现，手机视频业务的市场规模将会迅速扩大，不过最值得关注的还是未来在手机视频中的媒体播放。

受制于资费的高昂与表现形式的贫乏，手机游戏的发展一直比较缓慢。考虑到需要突破终端与网络的局限，Java/Brew 等真正的程序性游戏，要到 2007 年以后才会获得高速发展。2008 年以后，3G 网络的建设将逐渐进入优化阶段和扩容阶段。届时，还会有更多的、新兴的 3G 增值业务出现，并且对已有的 MMS、LBS 等业务形成刺激，产生互相推动、牵引的上升态势。

14.4　新服务组合决策

服务企业在制定战略规划时，首先要回答的一个决策问题便是企业用什么样的服务来满足目标市场的需求。服务组合的慎重决策将使这一问题得到全面、系统的答案。

服务组合决策要解决服务是什么的问题，所以必须将服务抽象地分为不同的描述层次。比如，对一个实物商品而言，可以描述它的包装、款式、规格等外在形象，也可以描述它的性能、功用、内容结构等。遵循这一思路，服务组合决策可以分为两大模块：服务组合规划和服务形象规划。

14.4.1　服务组合规划

服务组合规划涵盖了两方面的内容，即服务整体统筹和服务组合策略。

1. 服务整体统筹

服务整体统筹，即从整体的角度加以把握，力图从整体上提升服务质量或促进服务更新换代。

对于任何一种形式的服务企业，都可以提出一系列可能的服务延伸，并把它们归类。可以从服务传递的流程中注意到尽管核心产品有很大不同，但它们附加服务要素都有共同的地方。这些要素都可以并且能够归纳为8种类型，这8种类型表现为围绕着花蕊的8片花瓣，即为服务花状图，如图14-5所示。

从图14-5中可以看出，核心服务与8个边缘服务之间相互依托、相互吸取力量。服务竞争已不再是单纯的核心服务竞争，而是服务的整体竞争。成功的服务整体统筹能使"花瓣"和"花心"相得益彰，促进核心产品的交换，并使8种边缘服务成为利润生长点及顾客感知质量的渠道。具体而言，8种边缘服务如下。

图14-5　服务之花

（1）信息服务

为了让顾客从服务中取得充分的价值，企业需要提供产品的特点、产品销售地的路线指示、服务时间、服务价格和使用说明。有时候，还需要提供进一步的信息，如销售和使用条件、警告、提醒事项和变更通知。最后，顾客要企业提供已经完成工作的书面材料，比如预订确认、收据和票据、账户情况总结等。提供信息的传统方式包括雇员口头表达、书面通知、宣传手册和说明书，现在更普遍使用的是录像带、软件指导手册、触摸式屏幕图像显示、网站的信息发布和交互沟通及菜单式的录音电话信息等。

（2）咨询服务

提供信息意味着对顾客的问题给予简单回复；相反，咨询则是一种探求顾客需要，然后设计一个有针对性的解决方案的对话。简单地说，咨询就是一个知识丰富的服务人员对诸如"你的建议是什么"这样的要求迅速提供意见。有效的咨询要求服务人员在建议适当的行动措施前了解每个顾客的现状。因此，良好的顾客记录能够起到很大的作用。还有像管理和技术咨询等更规范的服务。企业往往会提供与其产品和服务的营销活动相关的解决方案。为了实现销售，某些咨询服务是免费的，但在其他情况下，顾客需要为此支付费用。此外，还可以用一对一的指导或小组培训计划说明某一项服务或一台设备的用途，从而满足顾客征询意见的需要。

（3）订单处理

一旦顾客准备购买，订单处理就开始发挥作用了。除非顾客很容易接近服务组织或其委派的中介机构，否则服务组织就很可能会失去业务。常见的订单处理包括申请（俱乐部或活动的成员、订购服务、有前提条件的服务如信用卡、大学招生等）、订单输入（如现场完成、邮寄、电话订单、网上报名等）、预订（座位、桌子、房间、车辆或设备、场地等）。

（4）招待业务

某些服务（如去餐馆吃饭、看电影等）需要顾客进入服务场所待在那里直到服务结束。服务企业总是试图像对待宾客一样让顾客在服务场所感到舒适和愉快，尤其是当顾客不得不在现场等呆很长一段时间的时候。具体来说，提供短途往返交通以便于顾客到达或离开服务场所；提供座位甚至有报纸、杂志、电视等娱乐设施的等候区域来让顾客消磨时间；提供食物或饮料方便顾客享用；建立安全服务设施来关心顾客携带财务的安全等。把顾客在服务传递过程中经历的环节画成流程图是一种改善招待服务的有效方法。

（5）保管服务

顾客在现场逗留的过程中，通常希望服务提供者能够协助看管他们的物品。这很可能是一张很长的保管清单，包括提供衣帽间，行李的运输、处理和存放，昂贵物品的保管，甚至照料孩子和宠物等。另一套保管服务就是保管顾客购买或租用的商品，特别适用于电话或邮寄订购。包括包装、提货和运输、安装、清洁和检查、修理和更新等环节。不同的产品会有不同的保管需求。事实上，如果服务提供者没有适当的保管服务，顾客可能根本不会来。

（6）例外服务

例外服务是指处于常规服务传递过程之外的一组附加服务。服务提供者应该对例外情况做预测并制定可变通的计划和处理办法，以防顾客在寻求特殊帮助时雇员不知所措。以下是一些不同类型的例外服务。

① 特殊要求。顾客可能会要求服务企业针对他们的特殊情况提供某种程度的特殊对待。这往往与个人问题有关，如饮食方面的要求、医疗需要、宗教习惯等。

② 解决问题。由于出现了意外事故、时间延误、设备故障或顾客在使用产品中遇到了困难，正常服务传递就不能顺利进行，这就产生了解决问题的要求。

③ 意见处理。当顾客想表达不满、提出改进建议或赞美你时，服务提供者应当能够立刻做出反应。

④ 补偿。当产品或服务出现严重故障时，顾客希望能够得到补偿。这种补偿可以采取维修保证、法律解决、资金赔偿、免费服务或其他实物付款的形式。

（7）开账单

开账单几乎是所有服务共同的要求（除非是免费服务）。开账单的程序有很多，有口头声明、机器显示价格、单笔交易的手写发票、账户活动的定期对账单、顾客自己开账单等。相关企业研究人员需要了解顾客对账单上显示内容的需求来对开账单流程进行设计。例如，海湾银行设计了 3 种不同的对账格式以供账户所有者进行选择。美国运通公司通过对客户需要的明智思考，向公司客户提供了有关单个雇员和部门在旅行和娱乐活动方面的消费形态的文字说明，创造了它的公司卡业务。为了提高效率，越来越多的服务企业采取计算机化的账单流程。服务企业应该事先设计好处理不准确账单事件的程序，以免对顾客造成不愉快。

（8）付款

在大多数情况下，账单要求顾客采取付款行为。常见的付款行为包括自助服务（如机器找钱、使用信用卡、电子资金转付、邮寄支票等）、直接向收款人或中介机构付款（如使用支票、优惠券抵扣、货币代用券等）、从账户中扣除资金（如银行费用）等。现在许多付款服务仍然是通过现金和支票在手中传递，但信用卡和借记卡正变得越来越重要。顾客越来越希望得到付款上的便利。而如何确认顾客是否真的支付了应付的金额对预付款来说是一个关键问题。一个完善的控制和核实系统是十分必要的。服务设施入口处的检票员、公交车上的查票员及商店出入口处的保安人员的工作就是要确保所有的用户都支付了应付的费用。对检查的保安人员必须进行培训，以保证礼貌的工作态度及正常的履行职责。

以上 8 种服务构成了"服务之花"的 8 个花瓣。要想让服务之花更加绚烂诱"人"（目标顾客），在服务整体统筹中必须贯彻这样的思维：这 8 种服务与核心服务是相互联系的，而不是彼此独立的，任何一项服务优势都会强化其他服务的感受，而任何一项服务缺陷都可能使其他的服务努力前功尽弃。所以用团队精神去塑造整体服务，把服务看作是一个系统性的企业活动才是服务竞争力的源泉所在。

2. 服务组合策略

服务组合策略包括两方面的内容：一是服务产品整体统筹，即认识服务产品与顾客接触的各个方面，从整体的角度加以把握；二是服务产品组合确定，即根据自身的经营能力（包括资金、技术、人员等）和市场的需求，选择适合本企业的组合长度、宽度、深度和相关性。下面具体介绍两方面的内容。

1）服务产品整体统筹

许多在行业中独占鳌头的服务企业，并不是因为其服务的核心产品击败了众多的竞争者，而是在服务的整体统筹上确立了竞争优势。所谓的服务整体统筹是指把服务产品整体概念中的各层次产品协调组合，共同创造服务产品的整体竞争优势。服务竞争不再是单纯的核心产品的竞争，而是服务的整体竞争。

前面提到的"服务之花"，各花瓣之间的协调统一就构成了服务产品的整体统筹。服务企业应该努力使其各层次服务之间有效沟通，用系统化管理来加强产品竞争力和企业活力。

2）服务产品组合确定

服务产品组合确定就是对服务产品组合的宽度、长度、深度和相关性等诸方面进行全方位的决策。

服务组合的宽度，指的是服务企业提供的服务种类的多少，即服务线的条数。如一个运输企业提供客运和货运两种服务，其服务组合宽度就为 2。

服务组合的长度，指的是各服务线长度的总和；而服务线的长度，指的是服务线中服务项目的数量。如该运输企业客运服务包括汽车运输、铁路运输、飞机航运和轮船海运，那么这条服务线的长度就为 4。

服务组合的深度，指的是每个服务项目中包含的服务子项的品种。比如在汽车运输服务项目中分为公共汽车客运、出租车客运两种，则该服务项目的深度为 2。

服务组合的相关性，指的是各服务线的最终效用、服务条件、分销渠道及其他方面的关联程度。举例来说，该运输企业的两条产品线都是运输服务，服务组合的相关性很强。在多元化经营的服务集团中，毫无相关性的服务线并存也是常有的事。

针对服务企业现有服务组合的宽度、长度、深度和相关性，企业自身资源、市场环境和态势等因素影响，常见的服务产品组合策略有以下一些情况。

（1）扩大服务产品组合

该策略包括拓宽产品组合的宽度和加大产品组合的深度。前者指在原有组合中增加一条或几条服务线，扩大经营范围；后者指在原有产品线内增加新的服务项目。一般而言，扩大服务产品组合，企业可以充分利用自身资源，分散经营风险；但盲目地扩大，会过多地分散现有资源，不仅无法分散风险，反而会造成企业无力顾及原有产品组合，起到反作用。

（2）缩减服务产品组合

该策略包括缩减产品组合的宽度和缩短产品组合的深度。当服务企业面对市场不景气或者原材料、燃料供应紧张时，缩减服务产品组合则是从中剔除了那些获利能力薄弱的服务线和服务项目，进而降低企业的成本，提升利润，使企业可以集中有限的资源发展其他更具竞争力的产品线或项目。

（3）延伸服务产品定位

每一项服务产品都有其特定的市场定位。延伸服务产品定位是指全部或部分地改变服务原有的市场定位。具体方法如下。

① 向下延伸，指把原来定位于高档市场的服务线向低档方向延伸。目的在于利用高档服务的形象和声誉来吸引顾客慕名采用统一品牌的低档服务。但是，若经营不善，会破坏原有服务的高品质形象。

② 向上延伸，指把原来定位低档市场的服务线向高档方向延伸。目的在于依托市场基础，获取高档服务中较高的利润。采用这种策略要承担一定的市场风险，因为顾客对服务品牌形象的改变并非易事。

③ 双向延伸，指原有定位于中档服务市场的企业在获得中档市场优势后，同时向高档和低档两个方向延伸以迅速扩大其在整个市场中的份额。

3. 服务线现代化

随着科技研发和应用的迅速发展，科学管理观念和技术对一个企业的影响越来越大、越来越快。在某些情况下，虽然企业的服务线的宽度、长度和深度都十分合适，但企业在生产技术、管理技术和服务理念已落后于竞争对手或顾客期望时，必须通过服务创新或技术改造来适应形势。

14.4.2 服务形象规划

服务产品由于不存在实物产品的包装、款式及规格等硬件问题，因此可以说，制定服务规划要比制定实物产品的形象规划简单一些。但从软件方面看，服务的形象塑造、品牌树立却复杂得多，又无法将服务品牌、服务标准附着在服务上。因而，可以将服务形象规划称为"软规划"，"软规划"的中心就在于品牌形象规划。

海尔已是家喻户晓的品牌了，它的品牌形象的树立不是一朝一夕的，这与它拼搏、创新的服务精神是分不开的。下面的小例子就是这一精神的生动写照。

 小资料

海尔的服务精神

海尔之所以有今天的成就，靠的是海尔人的素质、拼搏精神和创新精神。曾经有一次，一个外国经销商要订购7个集装箱的海尔产品，但要两天之内发出货物。下午两点接到的电话，五点机关要下班，他们还要办船等问题，两天内从青岛发出，实际上意味着留给海尔人的只有3个小时。订单就是命令单，全体人员以最快速度与船运公司、海关等联系，一般情况下办好这一切要7天时间，这次海尔人最后在3个小时内办完所有手续，9点时货全部装上船了。后来这个经销商说："我干了10几年经销商，没有给客户发过感谢信，给海尔是第一个，感谢的不只是海尔准备了一批货，而是精神，精神是不可战胜的。海尔的这种服务精神，使得海尔的形象更加深入人心。"

1. 品牌对新服务发展的意义

服务品牌是服务组合决策的重要决策内容，是企业服务形象的重要组成部分。尽管服务产品无法实实在在地做到品牌与服务本身合二为一，但服务拥有品牌甚至名牌对其成长和发展仍有重大意义。

① 品牌有助于提高广告促销力度。广告创造的是服务形象，但服务形象作为一种观念是抽象的，只有借助品牌，才能把这种形象凝结为具体的标志，使广告更有号召力。

② 品牌有助于提高企业的市场控制力。尽管服务大多是以生产者的形象直接面对市场，但随着服务分销的出现，服务商对市场的控制能力正在流失。品牌可以使服务商再次建立与市场的直接沟通，形成自己的市场形象。

③ 品牌有助于新服务的市场渗透。完全的新服务上市是一件复杂而艰巨的工作，但在原有品牌旗下的服务线中添加新的服务项目就容易得多——因为品牌本身就是质量水平和服务特色的象征。

④ 品牌有助于建立顾客偏好。品牌具有一定的心理号召力，品牌化可以使企业吸引更多的品牌忠实者。

⑤ 品牌有助于服务技术与管理模式的长期独占，并使企业通过特许经营等授权方式获得收益成为可能。

⑥ 品牌有助于公众对企业服务质量的监督。品牌是优质的代名词，在社会公众的监督下，企业无论为了创立品牌还是维护品牌，其提高服务质量的努力都必须是持续的。

2. 品牌形象规划

品牌形象规划是指对品牌的长期发展进行阶段性的规划和管理，并根据不同的阶段特征实施相应的品牌策略。在这里，可以将品牌形象规划分为3个阶段：品牌知名度管理规划、品牌美誉度规划和品牌忠诚度规划。

（1）品牌知名度管理规划

品牌知名度是服务企业使潜在顾客了解并记住某一商标或标志属于自己旗下的某服务项目的能力。品牌知名度的实现主要依靠大众传媒的力量。非凡的促销创意、全面的广告投放和广泛的网点布局都有助于品牌在消费者心中留下印象。但同时应注意到，品牌知名度规划还没有涉及对品牌认同感的规划和管理，服务企业应加强正面形象的树立，努力使其美名传播。

（2）品牌美誉度规划

品牌美誉度是指消费者对该品牌服务持有好的观点或印象的程度或比例。值得注意的是，品牌美誉度的规划主要靠人际传播策略实现。人际传播的主要手段是口碑传递和人员促销，但它们传播面窄、扩展速度慢，这决定了品牌美誉度的形成周期较长。所以，企业对内严于律己，强化质量管理，不断创造有利的口碑；对外使大众传媒和人际传播双管齐下，增强口碑的传递速度，将有助于品牌美誉度的提高。然而，品牌美誉度仍有明显的局限，那就是对品牌态度上的倾向并不完全等于在现实中的购买。

（3）品牌忠诚度规划

品牌形象规划的最高层次在于对品牌忠诚度的管理规划。品牌忠诚度的形成有助于稳定市场份额、扩大品牌价值、实现品牌长远发展。对品牌忠诚度形成和提高的规划已不再是传播管理的任务，恰当的服务承诺和全面的关系营销才是维持品牌忠诚度的法宝，高效的真实瞬间（见6.1节）管理和持续的服务创新才是创造品牌忠诚度的源泉。

案例分析

卡尔森与"新服务"

简·卡尔森（Jan Carlzon）受聘担任北欧航空公司（Scandinavian Airline Systems, SAS）领导人的时候，SAS的市场正处于节节下滑的境地，每年亏损2 000万美元，员工因收入减少而士气低落，对旅客的服务水平每况愈下。为了扭转公司日益下滑的趋势，卡尔森提出要贯彻一条服务理念："做世界上为商务常旅客服务得最好的航空公司。"

卡尔森将航空公司的层次结构翻了个个儿：将直接为旅客服务的人员位于公司的最高层，其他人员，包括中基层管理人员，都为他们提供服务和支持。卡尔森的措施和风格被认为是出格和大胆的，他的这种具有戏剧性的以顾客为导向的变革思想引起了广泛的注意。卡尔森推出了SAS新样式的航机和新制服的航班，邀请商务常旅客乘坐。卡尔森还组织了主题为"爱在空中"的迪斯科音乐演出。

卡尔森始终关心旅客和员工。他首先提出了服务的"真实瞬间"的概念。他坚持地认为，SAS需要通过每天与旅客之间50 000次"真实瞬间"的接触才会成功。员工赞扬卡尔森的心胸开阔和善于听取意见的作风，高层管理人员为他的领导才能所吸引。一位高层管理人员这样评价卡尔森："他有非凡的领导才能，他是一位'传教士'式的人物。他非常热衷于传播他的思想，他不厌其烦地与人交谈。我想，没有他这种努力，我们公司很难从技术/生产导向转变到营销服务导向。"

卡尔森的领导优势部分来自他关于人的激励的思想。卡尔森说道："按我的经验，人生有两大激励，一种是担忧，另一种是热爱。你可以用'让人担忧'的办法激励人，但这样做不利于发挥人的潜能。忧心忡忡的人很难突破他们的能力限制，因为他们不敢再经受风险。"因此，卡尔森赞成用"让人热爱"的办法激励人。

卡尔森的服务理念贯彻一年后，SAS 开始扭亏为盈，还获得多项服务大奖，并至今保持着国际航空业强者的地位。

资料来源：张淑君. 服务管理 [M]. 北京：中国市场出版社，2014.

回答问题

1. 试评价卡尔森为什么要将公司的层次结构翻个个儿。

2. 结合案例谈谈"新服务"的必要性。

本 章 习 题

一、判断题

1. 由于服务需求波动性的存在，为了在高峰期降低排队造成的效用损失，服务企业不会设置超过最小需求量的服务生产能力。　　　　　　　　　　　　　　　（　　）

2. 服务品牌是服务组合决策的重要决策内容，是企业服务形象的重要组成部分。

（　　）

3. 从"服务之花"图中可以看出，核心服务与 8 个边缘服务之间相互依托、相互汲取力量，服务竞争已不再是单纯的核心服务竞争，而是服务的整体竞争。　　（　　）

4. 新服务的类型分为激进式和风格转变式两大类。　　　　　　　　　　（　　）

5. 服务组合的深度，指的是各服务线长度的总和；而服务线的长度，指的是服务线中服务项目的数量。　　　　　　　　　　　　　　　　　　　　　　　（　　）

二、选择题

1. 新服务的发展是由以下原因决定的（　　　）。

　　A. 新服务的发展是保持和提升市场竞争力的需要

　　B. 新服务的发展是服务产品组合新陈代谢的必然要求

　　C. 新服务的发展是调动闲置生产能力的有效手段

　　D. 新服务的发展有助于企业抵消服务需求的季节性波动

　　E. 新服务的发展有助于企业更大限度地分散经营风险

　　F. 新服务的发展是企业探索新的市场机遇的工具

2. "激进式创新"新服务可以划分为（　　　）等类型。

　　A. 重大创新　　　　B. 创新业务　　　　　C. 新服务　　　　　　D. 服务延伸

3. 在一种新服务的设计中要特别注意下列问题（　　　）。

　　A. 采用新服务设计的有效方式——服务设计矩阵

　　B. 并非服务的所有成分都在服务机构的控制之下

　　C. 对人与人之间的沟通（口碑）的管理可以使一些变量在企业控制之下，但是另一些变量却在控制之外

　　　D. 很难让顾客感受到企业实际为其所做的一切

4. 常见的服务产品组合策略是（　　　）。

　　　A. 扩大服务产品组合　　　　　　　　B. 创新业务

　　　C. 缩减服务产品组合　　　　　　　　D. 延伸服务产品定位

5. 新服务开发是个过程，了解新服务开发的过程特征，对企业新服务的开发管理很有
　　启发意义。这些特征包括（　　　）。

　　　A. 阶段性　　　　　B. 专业性　　　　　C. 综合性　　　　　　D. 替代性

三、思考题

1. 试述新服务产生的原因及途径。

2. 请简述新服务发展过程的 4 个流程及各阶段应注意的问题。

3. 服务收益率生命周期 4 个阶段特点各是什么？如何制定相应的对策？

4. 服务组合规划和服务形象规划各自的优势是什么？

第 15 章

生产力和质量的提高

学习目标

✓ 介绍生产力的定义、影响因素，从而探究生产力提高的方法；
✓ 了解服务质量改进的基本情况，进而掌握提高服务质量的具体措施；
✓ 讨论生产力和质量之间的关系。

开章案例

Sang M. Lee 在日本的一段经历

Sang M. Lee 谈到了他在日本的一段经历。为了筹划一个关于研究日美管理系统的日美联合会议，Sang 在东京与两个日本商人碰面。到午餐时间，东道主很高兴地告诉他，要向他展示"日本有生产力的运作方式"。

Lee 回忆起当时的情景：

"他们带我到了一家寿司店，著名的 100 日元寿司店，它位于东京新宿。寿司是日本最受欢迎的快餐，这种简单的快餐是由小鱼和米饭及其他不同的东西混合而成的，如海带、生金枪鱼、生沙丁鱼、炸虾、章鱼、煎蛋等。每一份寿司都刚好适合嘴的大小，以便人们可以用筷子夹起来直接送入口中。用姜丝将寿司调拌得又香又好看，实在是一门艺术。

"100 日元寿司店不是普通的寿司餐厅，它是日本生产力的代表。当我们踏入这家餐馆时，便听到'欢迎光临'的声音。厨师、招待、店主、店主的孩子等在招呼我们。房子中间开辟出一个椭圆形的服务区，里面有三四个厨师正忙碌着准备寿司。有 30 个座位环绕着服务区。我们在柜台边坐下，很快就端上了 Misoshiru（一种豆酱汤），一双筷子，一杯绿茶，一个放自用沙司的小碟和一个中式的筷子架。此时，还看不出与其他寿司店的服务有什么不同。然后，我便发现了不同之处：围绕椭圆形服务区有一条输送带，像一个玩具轨道车，在输送带上有一列寿司碟子，你可以从中挑选任意一种寿司，从便宜的海带或章鱼到昂贵的生沙丁鱼或虾。但是，每盘的价钱都是 100 日元。进一步观察，我的目光快速地跟上转动的盘子，我发现最便宜的海带盘有四个寿司，而最贵的生沙丁鱼盘中只有两个，我坐下看了看四周其他的顾客，他们都一边津津有味地品尝各自的寿司和汤，一边读报纸杂志。

"我看见一个人将八个盘子整齐地叠在一起。当他离开时，收银员看了看说'800 日元'。收银员没有收款机，因为他很容易便可看出盘子的数目，乘以 100 即可。当顾客离开时，我听到'谢谢你'的声音。"

Lee 继续讲述他对寿司店的观察：

"在100日元寿司店，Tamura 教授（东道主之一）向我解释这种家庭餐馆的高效率：店主通常都具有很强的组织能力，为顾客服务，为社会做贡献，或为社区的福利尽力。此外，组织的目的是经过长期的努力达到的，要所有视企业为家的员工共同努力。

"店主每日的工作是建立在细致的信息分析基础上的。店主有一个关于不同寿司需求信息的概要，因此他知道何时何地应准备多少种寿司。此外，整个运作是建立在以'准时'为原则的重复生产和质量控制基础上的。例如，这个店铺冰箱容量有限（我们可以看到一批活鱼或章鱼在柜台前的玻璃缸里）。因此，店铺采用'准时'原则来控制存货。他们不购买新的冰柜来提高冷冻能力，而是让小贩们一天送几次鲜鱼，以保证原料及时到达，用准时到达的原料来制作寿司，从而达到存货管理费用最小化。

"在100日元寿司店，工人和他们的设备离得很近，寿司的制作是用手传递的流水线方式，而非各自为政的操作。仓库间没有墙，这样，店主和工人都可以参与到整个制作过程中，从欢迎顾客到为顾客送上他们点的寿司。在整个工作过程中，工作任务是紧密联系的，出问题时，每个人都能及时赶到，以防止问题扩大。

"100日元寿司店是劳动密集型的，与美国人想的相反，这里没有高技术，只是简单的重复操作。这一点我印象深刻。当我吃完第五盘时，我看见同样的章鱼寿司在我面前经过了30次，或许我发现了其中潜在的问题。我问店主，'当一个盘子整天不停地围绕柜台旋转，他们是如何保持卫生的'，是否有的顾客食用后会中毒。他报以微笑，鞠躬说，'先生，我们不会出售30分钟还未售出的寿司'。接着他挠了一下头说，'当一个员工休息时，他会取下未售出的寿司，吃掉或者扔掉。我们相当重视寿司的质量问题'。"

资料来源：任滨. 服务营销［M］. 北京：北京理工大学出版社，2014.

从上述引例中可以看出，生产力和服务质量改进对于组织的发展和决定企业竞争力水平是十分重要的。鉴于此点，下面的内容将详细介绍生产力、服务质量的提高及两者之间的关系。

15.1　生产力的提高

15.1.1　关于生产力

1. 生产力的定义

生产力是一个组织生产的、相对于所需要的投入而言的产出数量。因此，生产力的提高要求产出和投入之比的上升。通过削减所需要的资源以生产给定数量的产出，或者从既定水平的投入获取更高的产出，都可以提高这个比率。

2. 生产力的衡量

在服务组织中，投入随业务特征的不同而不同，它们可能包括劳动力（体力和脑力）、原材料、能量和资本（包括土地、建筑物、设备、信息系统和金融资产）。服务工作的无形特征使服务行业生产力衡量比制造行业更难。对于以信息为基础的服务业而言，这个问题就难上加难了。一个制造商的产出包括像汽车、肥皂粉的包装、变压器或钻头这样的产品，它们是可数的，并且能够归入不同的型号或类型。因为生产和消费在时间上是分开的，所以，质量控制检查员发现的有缺陷的产品都将被回收或重新加工，这样就增加了他们各自的投入成本。

对产出很难定义的服务而言，衡量生产力是一件困难的事情。比如在医院，可以查看一年中医院收治病人的数量、医院的统计记录或平均床位占有率。但是如何反映所实施的不同类型的手术和几乎无法避免的病人之间的差异呢？又如何评价结果中不可避免的差异呢？一些病人好转了，一些病人的情况变复杂了，更令人遗憾的是，一些人死了。相对而言，在医学上几乎没有能够提供高度可测的结果的标准化程序。

在实物处理的服务中衡量工作可能会简单一些，因为许多服务组织是半制造性的，进行的是常规性的工作，投入和产出都很容易衡量，如给汽车换机油和换轮胎的修理站或提供有限和简单菜肴的快餐厅。但是，当修理服务站必须找到汽车的一个漏水缝并修补好，或是在一家以花色多样和别出心裁的菜肴文明的法国餐馆就餐时，这项工作就变复杂了。以信息为基础的服务又如何呢？我们应当如何定义一个银行或咨询公司的产出呢？后者的产出又如何同一个律师事务所的产出相比较呢？律师喜欢吹嘘（或保持沉默）他们的计酬时间——但是在那些时间里他们实际上在做些什么，如何衡量他们的产出而不是费用呢？据说，有些律师竟然按每天24小时的工作量向他们的客户收费，难道这就表示他们具有超常的生产力吗？

衡量生产力的一个重要问题关系到可变性。正如赫斯克特所指出的，衡量服务生产力的传统方法忽视了服务质量或价值的可变性。例如，在货运服务中，延迟完成一吨货物一英里运输任务的产出和准时完成相似的运输任务对于生产力而言是没有差异的。

另一种方法是计算每单位时间所服务的顾客的数量，这也有同样的缺陷：如果服务顾客能力的提高是以被感知的服务质量的下降为代价的话，会发生什么？假定一个理发师每小时可为3名顾客服务，她发现她可以把产出提高到每15分钟为一名顾客服务（给顾客的仅仅是一次从技术上看尚好的理发），方法是使用一个速度更快但是噪声也更大的吹风机，取消所有的交谈，而且常常要催促她的顾客。这样，即使理发本身是出色的，但从功能上看，传递服务的过程可能被认为是低质量的，从而导致顾客对整个服务经历的评价趋向消极。

问题关键在于传统的生产力衡量技术关注的是产出而不是结果，它们强调效率而忽视有效性。重视有效性和结果的需要表明，不能脱离质量和价值的问题奢谈生产力的问题。随着时间的推移，忠诚于一个企业的顾客往往会变得更具盈利能力，这是从提供优质服务中获取回报的表现。根据这个观点，衡量服务生产力应当集中在作为主导者的顾客身上。

3. 影响服务业生产力衡量的因素

衡量服务业生产力的问题，可以说是传统计算方式的沿用。所谓的传统方式基本上是为制造业而不是为服务业设计的。因此，有必要设计一些新的衡量方式，并应考虑会影响到生产力评估的某些重要的服务业特性及营销方式，比如：

① 服务是被表现而不是被产出的；

② 服务设备必须存在于被使用之前；

③ 服务不能被储存。

影响服务业生产力衡量的因素还包括：

① 许多服务业是属于会受外来因素影响的开放系统而非封闭系统；

② 传统式生产力衡量方式中，质量被视为是一种常数；

③ 在许多服务业，其生产力往往有一部分依赖于消费者的知识、经验和动机；

④ 消费者在服务生产过程中通常扮演一定角色，此项投入的质量也会影响到服务的生产力。

4. 服务业生产力偏低的原因

服务业与制造业的生产过程及提供的产品等具有明显的差异，但是，服务业工资增长率与产品部门增加一样快，因而工资问题尤为严重。服务公司一直面临成本不断攀升，而又不能以增加产出来抵消劳动力成本升高的压力。因此，服务业生产力偏低现象可能会形成整体物价水平的通货膨胀压力。

服务业生产力比制造业低的原因大致有以下 3 个方面。

（1）服务业大都为劳动力密集行业

一般来说，服务业为劳动力密集行业，要增加产出就需要更多的劳动力。而制造业一般是资本密集，欲增加产品的产出，所需要的是更多的资本。通常，在资本密集产业，要降低每单位产出的成本，比在劳动力密集产业容易。

（2）服务业节约劳动力的方式较少

具体表现为如下几个方面：

① 服务业的技术变迁较为缓慢，也比制造业的资本投资少；

② 获得经济规模的机会较少，尤其是小型的服务业；

③ 劳动力专门化的机会也较少；

④ 有些服务业是完全依赖人的，如顾问咨询服务业。

（3）许多服务业规模较小

许多服务业公司都很小，雇用人员也少，因此无法使用器械设备、加强职位专门化或得到分工的利益。此外，有些服务业，如技艺、保健和政府服务机构，对于良好的管理似乎并不注重。

15.1.2 提高生产力的方法

提高生产力对于各种服务企业都是一项重要的工作。利润是服务业企业经营的目标，服务企业必须改善生产力来维持市场地位，避免因价格过高而失去市场；公共行政机关也有必要改善生产力，以确保服务质量水平。

服务生产力的提高是否有限制，目前有两种不同的意见。

有一种看法认为，服务生产力总会落后于制造业，服务业生产力的缓慢提高可以说是一种成本疾病。制造业的工资水平往往在一定范围内，因为生产力与工资直接挂钩。但对于服务业，工资水平即使与生产力密切关联，其工资仍占总成本的绝大部分，一旦成本增高，价格必然也会跟着上升。在政府机构，尤其是地方政府，较高的成本往往会造成服务质量的变坏或服务量的减少。例如，对于艺术业，生产力改进的有限性即意味着高成本经营和增加竞争劣势。事实上，这些问题不只限于地方政府或艺术事业，它可能发生在生产力难以改善的服务业上（如教育和公园维护等）。

另一种看法刚好相反，认为服务业的生产力有可能提高，提高服务生产力的方式如下。

（1）提高服务员工的素质

利用更好的招聘、训练、发展与激励制度，对有关涉及与顾客接触的新旧员工，在知识、技能、态度和行为方面进行改进。特别对那些与顾客接触，处理有形服务要素的员工，要训练他们可以处理疑难和抱怨，拥有产品的有关知识，并会操作内部系统的能力。采取兼顾产出与利益分享相关联的生产力保证方案，作为奖励提高生产力的方法。换言之，可以用激励方式使员工工作更努力。

（2）采用系统化技术

在服务业方面多利用一些制造业的方式是必要的。一般而言，一提到服务业生产力的改善问题就往往拘泥于从改善服务员工的技术和态度上去解决，而从不考虑其他改善的可能性，这可以说是一种自我限制。因此，要改善服务业生产力，服务业企业必须采取科技化思维方式。采取此方式的许多其他行业，往往可以把高成本的精确度不够的手工技术，用低成本的、质量可预知的大规模制造来取代。

服务业企业要想在生产力增进方面有所收获，只要他们能采用系统化和含有技术的方法，把任务视为一个整体来看，即寻找出关键性作业及其他可选的表现方法配合使用，去除非必要的做法，改善整个体系内的合作方式，变换陈设布局、改善设计，并考虑系统整体成本，就能体现系统化管理的特色，取得良好的服务效果。

服务业系统化管理的应用有3种方式，即采用硬件技术、采用软件技术和采用混合式技术。

① 硬件技术是指以器械和工具取代人力（如自动洗车、机场 X 光检验设备、自动停车场、自动销售设备、视听设备、计算机）。

② 软件技术是指预先计划系统。这个系统通常包括利用某些科技，但其基本的特点是系统本身是为获得最佳成效而设计的。

③ 混合式技术是指硬件技术与软件技术相结合，以使服务过程更合理、更快速及更有效率（如限额服务、快速汽车轮胎修理）。

以下的汽车服务站就是应用混合式技术的典范。

 小资料

通过许可营销，亚马逊使用数据库软件跟踪顾客的购买习惯，并将个性化的营销信息发送给顾客。每次从亚马逊购物后，顾客都能收到一封跟踪邮件，包括顾客可能感兴趣的其他产品信息。例如，若顾客购买了一本书，亚马逊则会把该书作者的其他书单或者购买此书的顾客所购买的其他书目，通过邮件发给顾客。只需轻点鼠标，顾客就可获得更多信息。亚马逊还会定期发送邮件，传播新品上市、特别推荐及优惠促销等活动信息。每条信息都是根据顾客过去的购买、具体的偏好及顾客的期望定制的。亚马逊对每位顾客的购买保留了详尽的记录，并针对性地做出相关产品的推荐。

（3）减低服务层次

服务生产力的改进，也可通过减少服务数量或者减低服务层次来实现。但这种方式具有一定的危险性，尤其是对于过去曾经承诺递送较高层次服务的企业。此外，竞争者也往往以其服务数量和质量的扩充与升级来使其服务产品差异化。

（4）用产品替代服务

生产力也可以通过以产品替代服务的方式而获得改善。

（5）引入新服务

设计一套更有效率的服务来消除或减少对效率较低服务的需求。例如，目前的横跨大西洋旅行，几乎已由航空飞行取代航海；信用卡也正在取代以前向银行透支的方式。

（6）顾客互动性

改变顾客与服务提供者之间的互动性，也可以改进服务业生产力，尤其是高接触度服务业。在生产过程中，需要顾客的分量愈多愈要了解顾客行为及其背后的种种原因。因此，必须发掘更多的方法，以能更好地掌握顾客心理。由于消费者主动或被动地参与服务传递过程，因此，可以利用服务传递过程产生的利益来引导及说服其转变行为，争取并保持消费者在生产过程中的合作与配合，从而激励其购买服务。

（7）减少供需间的错位

许多服务业企业的一大问题是其供需之间往往存在错位现象。服务业在销售上的目标是：更有效地控制供给与需求，使两者之间趋于均衡。服务提供者面临着以下的问题：增高需求（如用尽备用产能）、减低需求（如存在超额需求情况）、取得更均衡的服务供给（即符合波动需求形态）。

15.2　服务质量的提高

15.2.1　质量改进概述

1. 质量改进的概念

ISO 9000-2015 标准关于质量改进的定义是：质量改进是质量管理的一部分，致力于增强满足质量要求的能力。满足质量要求的能力，即过程能力。所以，质量改进的目的在于提高过程能力。

2. 提高质量的意义

质量，对每个服务供应商而言，意味着市场利益和财富，服务的质量决定了服务企业在其领域中能够占领的市场份额和利润。质量对于它们而言犹如一座堤坝，若质量出现了问题，轻者会给其形象带来损害，从而影响市场上的美誉度和份额；重者将会因质量问题而被无情地逐出市场。

当今经济是一个竞争性的、开放性的经济，服务提供者的成败在很大程度上取决于其提供服务的质量。质量水平的高低是一个国家经济、科技和教育水平的综合反映，对于企业而言，质量是企业赖以生存和发展的基础，是开拓市场的根本依靠。在当今市场中，用户对服务的质量要求越来越高。如此一来，企业必须将提高服务的质量作为重要的生产经营战略之一。因为低质量会给企业带来相当大的负面影响，它会降低公司的竞争力，增加提供服务的成本，损害企业的公众形象。

随着全球经济一体化的发展，以质量取胜已成为企业生存发展、国家增强综合国力和国际竞争力的必然要求。随着我国加入 WTO，进一步加快质量工作与国际通行做法接轨的步伐，加强质量管理，坚持以质量取胜就更显迫切。总之，提高质量的意义重大。

15.2.2　质量改进原则及其经济性

1. 质量改进原则

质量改进是质量管理的一部分，因此也必须遵循全面质量管理的三全原则：实施全员参与的、全过程的和全企业的质量改进。

（1）实施全员参与的质量改进

企业的质量改进涉及各个方面，大量的质量问题是人的因素所造成的，而且每一项质量改进项目和活动都需要人去参与完成。在企业中必须要形成人人关心质量、人人都参与质量改进活动，质量改进工作才真正有生机。无论是 QC 小组活动还是六西格玛管理团队活动，都应当紧紧围绕企业的方针目标和现场存在的质量问题，以改进质量、降低消耗、提高经济效益和人的素质为目标组织起来，运用质量管理的理论和方法，圆满完成质量改进活动。在评价企业质量改进工作时，考核职工的参与率（普及率）是非常重要的。

（2）实施全过程的质量改进

服务质量有一个产生、形成和实现的全过程。服务质量产生于设计阶段，形成于开发阶段，实现于推广阶段。因此，在确定质量改进项目和策划质量改进活动的过程中，应以全过程为着眼点，全面地、有重点地实施质量改进，才能取得实际的效果。

（3）实施全企业的质量改进

企业存在大量的质量问题，但就其性质而言，有的问题需要采取系统的技术改造才能解决，有的问题则只需采取局部措施即可解决。因此，必须以全企业为着眼点，分清高层领导、中层领导、技术和管理干部及职工可能参与解决的质量改进项目，各负其责，全面推动企业的质量改进工作。

2. 质量改进的经济性

质量改进活动是有利可图的突破性变革，搞好质量改进可以为企业创造巨额的经济效益。但在其考虑质量改进的经济性时，应以顾客的利益为主，以社会效益为上，以企业的经济效益为重，全面综合考虑。在有条件的企业中，应将质量改进的经济性纳入企业的质量成本管理，全面考核质量改进过程的输出与输入的有效性。

15.2.3　提高服务质量的举措

提高企业的服务质量，有以下几种常用的方法，即标杆管理（见 7.4 节）、流程分析（见 7.4 节）、田口式模型（见 7.4 节）、开展服务承诺（见 8.5 节）、重视员工培训、充分利用现代科技成果和建立有效的激励机制等方法。

 小资料

"奔驰"的服务观

尽管奔驰汽车是优质汽车的代名词，但奔驰公司并未满足于此，并且在向用户提供优质产品的同时，还向用户提供优质的服务。该公司为解决用户的后顾之忧，开设了大量的服务网点。该服务网点包括两个系统。一是推销服务网。它分布在德国的各大城市，在订购时，顾客还可以提出自己的特殊要求，如汽车的颜色、空调设备、音响设备，乃至保险式车门钥匙等。二是维修站，该公司在联邦德国就有 1 244 个维修站，在公路上平均不到 25 公里就可以找到一家奔驰车维修站，从事服务工作的人数达 6.9 万人。服务项目从急送零件到以电子计算机进行的运输咨询服务等，甚为广泛。维修人员技术熟练，服务热情，检修迅速。

1. 重视员工培训

服务人员是服务行为的提供者，因此，服务人员的素质、知识、性格等都会影响到服务质量。提供服务的过程是一个知识和技能的互动过程，由于没有人天生就具有高超的服务技能，因此，提供服务的过程从长期与动态来看是一个学习和修炼的过程。从员工本身来讲，要寻找机会学习和积累经验；从企业来看，则应该为员工提供尽可能多的培训。若培训工作能得以正确实施的话，确实能在很长时间内有利于每个员工按企业的要求工作，履行企业对顾客的承诺。许多服务企业的经验证明，现场培训是大有裨益的。通过现场培训可以把服务管理的专用术语解释得清楚明白，还能帮助员工明白他们自己在企业中的位置，并学会以自己的方式来思考怎样更好地为顾客服务。

对员工的培训，主要包括以下 3 个方面的培训。

① 技术培训。随着科学技术在经济、社会、生活中的日益渗透，科学技术也广泛融于服务活动之中，服务需要的技术日益复杂。因此，如果服务人员缺乏科技知识和实践技能，就无法提供优质的服务。

② 交际能力的培训。服务是一个服务人员与顾客的互动过程，并且大部分是面对面的互动过程。因此，服务人员必须具有较强的交际能力与语言沟通能力。通过交际能力的培训使服务人员能掌握有效的沟通技巧、正确的待人接物方式，能做到用语礼貌、规范，态度大方、热情。

③ 了解顾客方面的培训。服务质量与顾客的期望、过去的经验及其需求是密切相关的。因此，要想达到优质的服务质量就必须尽量多地去了解顾客。这方面的培训可使员工了解和学会基本的顾客调查方法及征询顾客意见的方法和途径。

除了服务人员要进行培训外，对管理人员也要进行培训，不同的是对管理人员的培训，主要是策略规划能力与管理能力的培训。

2. 充分利用现代科技成果

科技可以提高服务质量，为顾客提供更为方便、迅速、可靠及个性化的服务，尤其计算机技术的应用，更是为提高服务质量提供了很大的发展空间。

① 服务人员可以通过计算机网络，交流经验，学会各类问题的处理技巧，尤其可以使用计算机通信充分利用本企业在服务活动中的一些独特的技术、知识、技能、组织乃至激励制度在内的核心能力。同时，还可以不断更新知识，用新的知识、技巧来武装自己，从而提高自己的服务水平和服务质量。

② 由于计算机技术的应用，可以改变传统的金字塔形的组织结构，精简或取消传统金字塔组织结构中的许多中间管理层次。这样，一方面，可以使服务人员拥有更大的决策权；

另一方面，可以减少信息传递的层次，降低信息的失真度，从而提高决策效率和决策水平，最终促使服务质量的提高。

③ 管理人员可通过计算机通信系统，迅速了解整个企业的服务经营情况，并为各分支机构及时提供精确的信息，以指导各分支机构能及时根据顾客的需求改变经营方式，调整经营战略，而且管理人员还可以通过计算机通信系统监控、考核服务人员的工作情况，这些都可以推动服务质量的提高。

3. 建立有效的激励机制

服务人员是服务的提供者，他（她）能否积极、主动地提供服务与服务质量的优劣有着密切的关系。因此，企业应该建立有效的激励机制，以充分调动服务人员的积极性，激励他们努力提供优质的服务。

要建立有效的激励机制首先必须建立一个科学的评估标准，尤其是要改变过去那种偏重经济数字绩效（如营业额、接待顾客人数）的评估标准，因为如果这些数量标准与顾客要求的服务质量没有直接的联系，服务人员会尽力完成数量指标，而忽略其他的诸如行为绩效的指标，这样会影响服务质量，最终导致顾客的流失。如顾客接待人员的考核只用接待顾客人数作考核标准，接待人员必然会尽量缩短为每一位顾客服务的时间，可能无法耐心回答顾客的问题，从而不能保证服务质量。因此，评估标准不仅要关注数字绩效指标，而且更要注重与服务质量有关的行为绩效指标。

由于服务活动的行为绩效指标难以量化，评估的复杂程度高，它应该是多个指标综合评估的结果。比较科学的办法是既有顾客的评估意见，也有管理人员现场考核，还有服务人员的相互评估。只有进行综合考核，才能得到比较客观的效果。与激励机制相对应，适当的约束机制也是必需的。

15.2.4　服务质量改进计划

服务质量始于人。所有用统计控制图来发现不一致之处的努力都无法生产高质量的服务。服务始于组织内所有人员积极态度的开发。如何能使员工有积极的态度呢？通过协调员工招聘、培训、最初的工作安排和职业发展等方面，可以建立积极的态度。为了防止自满情绪，需要制定持续的质量改进计划。这些计划的重点在于预防不良质量，树立个人对质量负责的观念，实现高质量的态度。

1. 质量改进计划的原则

质量改进计划包括 4 条原则：顾客满意、事实管理、戴明循环和对人的尊重。

（1）顾客满意

整个计划集中在满足顾客需求。这要求具有把顾客放在首位的态度和将这个原则作为工作目标的信念。

（2）事实管理

客观数据一定要收集起来并上报给管理层以供制定决策。这个方法需要正式的数据收集和由公司质量改进小组进行的统计分析。

（3）戴明循环

戴明的质量方法强调对质量的检验或检查只是整个质量改进过程的一个阶段。戴明的方

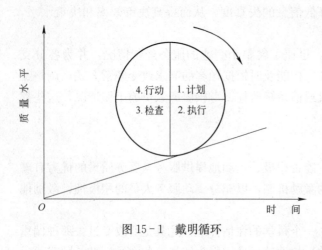

图 15-1　戴明循环

法包括 4 个步骤：计划，该做什么；执行，贯彻计划；检查，做了些什么；行动，制止错误或改进流程。如图 15-1 所示，戴明循环是一个不断重复的循环，它包括 4 个步骤：计划、执行、检查、行动（PDCA）。戴明的 PDCA 方法包含的思想是，质量上的改进来自于持续不断的、一点一滴增加的戴明循环的运转。

（4）对人的尊重

全公司范围的质量改进计划假定所有的雇员都有自我激励和创造思想的能力。雇员被给予支持，并且在一个相互自尊的环境中征求他们的意见。

2. 质量改进计划的阶段

质量改进计划分 3 个阶段实施：政策部署、质量改进小组、日常工作质量计划。

（1）政策部署

政策部署过程由高层管理者发动，把资源集中用于少数优先的方面。其动机是认识到市场正在发生的变化最终将削弱公司的绩效。由顾客需求分析产生的目标是：减少顾客对公司的投诉数量；增强陈旧单位的可靠性。这些目标被转化为更多可衡量的指标，然后发给所有员工，以便给他们提供质量改进努力的方向。

（2）质量改进小组

关键的小组成员要在统计质量控制方法、PDCA 循环理念和小组决策技术等方面受到广泛的培训。这些小组用七步"故事"法来陈述他们的质量改进建议：改进原因；目前的状况，包括数据收集情况；用鱼骨图和帕累托图来进行分析；改进措施，包括障碍和有利条件的分析；达到目标后的结果；为在其他部门应用而使改进措施标准化；下一步计划。

（3）日常工作的质量

在质量改进计划的最后阶段，小组方法扩展到每个人，鼓励他们在工作中采取质量改进的方法。例如，使用这种方法，计算器的读表人数能减少 50% 的读数错误。

3. 质量保证的人事计划

那些在不同地点设有机构的服务公司面临着如何在所有单位间保持一致性服务的问题。一位曾在某连锁饭店的新奥尔良分店住过的旅客，当他到芝加哥分店住宿时，希望得到相同的服务。事实上，"不出所料"的创意被用于服务的传递过程中。

G. M. Hostage 认为，万豪酒店的成功应部分归功于其忠实培训、绩效标准、职业发展和奖励的人事计划。他发现，企业对员工的态度可以促进服务质量的改善。下面 8 个项目被证明是质量保证的人事计划中最有效的。

① 个人发展。使用程序化的指导手册，新的管理人员可获得当助理经理所需的技能和知识。对于地理上分散的组织来说，这种手册可保证以一致的方式传授工作技能。

② 管理者培训。中层以上的管理人员每年要参加一次管理开发研讨班，为来自不同分

公司的基层管理人员开设 2～3 天的多种多样的管理专题研讨班。

③ 人力资源规划。确定未来将担任公司关键职位的人员，列出一个未来晋升的名单。计划的关键要素是定期审查所有管理人员的工作绩效。

④ 绩效标准。编制一套小册子来指导员工在与顾客交往时应如何对待顾客，甚至如何讲话。"万豪门童"强调如何使顾客感到备受欢迎和关注；"接线员手册"详细写明了如何与顾客谈话及处理各种特殊情况；"保洁员手册"明确告知应如何装饰房间，直至将香皂标签朝上放在洗手池的合适角落这样的细节。在许多时候，同时使用电影、录像带和小册子一起使用来示范正确的程序。

⑤ 职业规划。包含增进技能和责任的职位阶梯的工作发展计划。赋予员工与公司共同成长的机会。

⑥ 意见调查。由受过训练的人员每年对各单位层级进行意见调查，并在会上讨论结果。这种调查是为防止不满态度产生，建立早期预警体系。

⑦ 公平待遇。给每个员工提供一本手册，手册中规定了对员工的期望和义务。为了帮助员工解决困难，提供正式的咨询系统。

⑧ 利润分享。利润分享计划承认公司成功主要应归功于员工，他们应该得到超过工资的回报。

4. 实现零缺陷的质量改进计划

曾任 IT&T 公司质量副总裁的著名质量管理顾问菲利浦·克劳斯比提出一个 14 步的零缺陷质量改进计划。他的计划被用于许多服务企业，如 Paul Revere 保险公司。下面是具体的 14 个步骤。

① 管理者认同。首先将质量改进的需要与最高管理层的成员讨论，获得他们的同意和支持。这样，计划的透明度增加了，并且得到最高层的关注，确保每一个人的参与和合作。

② 质量改进团队。从每个部门中选出代表组成一个团队。由这个团队执行质量改进计划，保证各部门的参与。

③ 质量测量。审查全公司的质量现状，这要求重新审视质量测量方法，并在没有质量测量方法的地方建立质量测量方法。一旦质量变为可测的，就能通过客观的评估来确定不一致情况并监控改正方案。设计服务质量测量方法是一项困难的任务，但是它体现着员工参与的机会。当服务人员应邀为他们的工作制定质量标准时，他们常热情地响应并以此为荣。

④ 质量成本评估。为避免任何计算中的偏差，由审计员办公室确定质量成本，包括诉讼、返工、工程变更和检验劳工等项目。衡量质量成本为企业指明了哪些改进行动将能带来更多的利润。

⑤ 质量意识。使用小册子、电影和张贴广告向主管和员工宣传不良质量的成本。提供与质量改进有关的直接证据，这有助于改变人们对质量的态度。

⑥ 纠偏行动。建立一个依据常规性的面对问题、讨论问题和解决问题的系统过程。鼓励那种当场发现问题并解决问题的习惯。

⑦ 零缺陷计划。从团队中选择 3～4 人调查零缺陷概念并完成这个计划。委员会应当理解零缺陷的实际意义。必须向所有员工传达这样的观念：每个人，应该在第一次工作时把事情做对。

⑧ 主管培训。在各层次管理人员中进行普及教育，使他们能够向他们的部下解释这个

计划。

⑨ 零缺陷日。制造一个事件，使全体员工将此视为公司对质量态度的转折点。从这天起，零缺陷成为组织绩效的标准。

⑩ 目标设定。鼓励员工用自己的方式思考，为他们自己和他们的组织设立改进目标。

⑪ 消除导致错误的原因。要求人们在简单的、只有一页的表格上描述阻碍他们无错误工作的任何问题。要求相应的部门对问题做出迅速的反应。

⑫ 赞誉。建立奖励计划，赞誉达到目标的雇员。对绩效的真心认同会带来对计划的持续支持。

⑬ 质量委员会。定期将质量改进人员召集在一起讨论改进计划的必要方案。

⑭ 重复。一个典型的计划用时将超过一年。员工离职使新的教育努力成为必要。这种重复使这项计划成为组织永久的一部分。

5. 对质量改进计划的告诫

尽管许多公司都对提高服务质量给予了关注，但是结果却令人失望。在一些情况中，可以把这种不理想的结果归咎于没有很好地完成或完整地实施质量计划本身。在另外一些情况中，改进服务质量的措施似乎没有转换成更大的利润，增加的市场份额或更高的销量。拉斯特（Rust）等人主张采用一种"质量回报"的方法，它是以质量是一种投资的假定为基础的。他们认为，质量工作（同其他投资一样）在财务上必须是可靠的。此外，同可能获得的回报相比，企业有可能在质量方面花费了过多的成本，而且并非所有服务质量的支出都同样有效。

15.3　生产力和质量的关系

 小资料

零售商想让顾客快速地离开其商店

尽管商人们希望顾客流连于其商场，但也迫不及待地渴望顾客能快速离开。调查显示，53％的顾客减少逛商场的次数是因为太费时间。更令人吃惊的是，当商场的结账队伍过长时，有75％的男士和58％的女士会选择空手而归。现在的问题是，"等待多长时间是过长呢？"也许回答该问题时应精确到秒。亚特兰大的Nova信息系统公司宣布，用其信用卡系统来结账，比用其竞争对手的系统要快3倍。零售组织正加大对结账柜台的技术投资，以解决顾客等待时间过长的问题。

从上述资料可以看出，零售商既想让顾客流量速度快一些，又想使顾客满载而归。这反映的就是服务企业生产力和质量之间的权衡关系。

15.3.1　生产力和质量平衡

公司要求一线员工既有效率又有效果地工作：他们要为顾客提供令人满意的服务，同时还要经济有效，产出可观。以在HMO工作的医生为例，他要为病人提供细致、优质、针对

个人的服务，同时还要在特定的时间内为相当数量的病人服务；食品店的收款员要认识他的
顾客，还要彬彬有礼，同时还要准确地计算各种食品的价格，以及使排队的人尽量少；一位
建筑绘图员要能画出优质的图样，还要在既定时间内画出一定数量的图纸。这些在质量与数
量、最大效果与效率之间的基本平衡，给服务人员的实际工作提出了要求，并施加了压力。

彼得·德鲁克（Peter Drucker）认为，任何服务岗位的产出绩效都要包括质量与数量两
个目标。对有些工作，如科学研究，质量实际上决定着一切，而结果的数量或个数就非常次
要了。如果一位科学家能开发出一种新药治愈数百万人的疾病，就能为国家赚取丰厚的利
润，这种质量的效益是无法衡量的。另一种极端的情况是服务工作几乎全部由数量决定，比
如文件存档、诉讼处理、清洁房间、快餐服务。这些工作一旦建立起基于顾客的标准和系统
并开始运行，其绩效的衡量在很大程度上就取决于在某一特定时间段里员工工作的多少。大
多数服务工作介于科学研究和诉讼处理工作之间，在质量与数量之间，就如前面所述的医
生、食品店收款员和绘图员一样，工作人员经常要面对如何将生产力和质量取得平衡的问
题。研究表明，服务业要处理的平衡比制造业困难得多，在服务人员提供定制化服务满足顾
客要求时，追求同时达到顾客满意度和生产力的目标则更是难上加难。

但是，由于技术被更深程度地应用于使质量和数量保持平衡，从而提高了服务员工的生产
力，与此同时，也使他们获得更多时间为顾客提供优质服务。在 AT&T 公司的顾客销售和服
务中心，工作人员通过计算机屏幕可以立即获得为顾客提供高效服务所需的信息与工具。通过
使用技术，电话服务人员可以轻松地应付工作中的基本技术要求，投入到礼貌的、体贴的与顾
客间的互动之中。他们避免了在质量和数量之间作取舍，因为技术使他们可以两者兼顾。

15.3.2 生产力的提高影响着服务质量

对工作方式进行重建或再造可能非常有助于提高产出，尤其是对于许多后台工作而言。
此外，扩大一个服务人员所能从事的工作的范围（这可能需要修改劳动协议）可以消除工作
瓶颈和停工时间，其方法是允许管理者在任何一个时间把工人安排在最需要他们的岗位上。
这里，主要介绍后台变革可能会对顾客产生的影响。

后台变革的意义取决于它们是否产生影响，或者是否能够得到顾客的关注。如果航空公
司的机械师设计了一个能加快喷气发动机运转速度的程序，同时不需要增加工资或原材料的
成本，那么在不影响顾客服务经历的情况下，这个航空公司的生产力就得到了提高。

但是，其他后台变革可能会产生连锁效应，波及前台和顾客。服务人员应当时刻关注
计划开展的后台变革的进度，目的不仅是确定它们产生的反应，而且要让顾客有所准备。
例如，银行提高内部质量控制和降低提供月度对账单的成本计划，可能会促使管理层作
出安装新计算机和打印机外围设备的决策。但是，这些新设备可能会改变银行对账单的
样式和每月邮寄对账单的时间。如果顾客有可能注意到这些改变，那么就需要对顾客作
出解释。如果顾客很容易读懂新的对账单，那么也许值得把这种改变作为服务质量的提高
进行宣传。

不幸的是，技术变革通常是由专家实施的，如会计师和系统工程师。因为从来没有人向
他们介绍过顾客所关心的问题是什么，所以变革的结果可能不是更好的对账单，而是让顾客
难以看懂的格式和缩短的顾客姓名，如 Christopher H. Lovel 或 Christo Lovelock，因为数
据处理部试图减少所需要的存储空间量。在这个例子中，后台生产力的提高在顾客看来可能

是前台产出的质量的下降。

下面的例子说明，电信业的快速发展促进了电信服务质量的提高，这正体现了生产力的发展和服务质量提高的关系。

 小资料

电信服务质量提高

2005 年，我国电信业继续保持快速协调健康发展。全年电信业务总量完成 1.16 万亿元，增长 25.4%；业务收入完成 5 799 亿元，增长 11.7%。5 年间全国通信业务总量和业务收入分别年均增长 27.6% 和 13.4%，平均每年新增电话用户 1 亿户左右，电信企业境外上市融资累计达到 252.5 亿美元，电信业的持续快速增长，为我国的经济社会发展和信息化建设做出了重要贡献。在加快发展的同时，电信行业整体的服务质量和水平也有了明显的提高。到 2005年底，全国电话普及率已经达到 57.3%，固定电话主线普及率、移动电话普及率分别为 27 线/百人和 30.3/百人，互联网上网普及率达到 8.6%。这个发展是不均衡的，在中西部尤其在农村地区通信还是相当落后的，从 2003 年开始推进村村通电话工程，在一定程度上，更大地保护了消费者的权益。此外，2004 年针对电信卡余额作废、短信息退订难、不对等合同等消费者反映集中的服务热点问题，信息产业部出台了指导意见，运营企业也都做出了承诺，信息产业部还会同中消协等单位开展了"畅通网络、诚信服务"的主题活动，通过制定统一的合同文本，增加发行低面值卡，延长有效期和电信卡过期转账及治理信息服务中的强制订阅和捆绑等措施，使上述问题基本上得到了解决，有效维护了消费者的合法权益。

案例分析

借助 Avaya 智能拨号系统提高大型银行生产力

某家总部位于美国东海岸的大型银行的信用卡部门面临着在高效收取欠款和维持良好客户关系之间达成完美协调的艰巨挑战。如果以失去当前客户及潜在的未来收入机会的代价进行收费，效果可能得不偿失。此外，失望的客户们不仅会转而寻求其他公司，更会习惯于向亲朋好友传播自己的糟糕经历。

该银行收费部门副总裁指出："我们清楚意识到并密切关注着我们的收费工作对客户的潜在影响。尽管某些人是习惯性的或重复性的收费老大难，但是大多数人在和我们的银行打交道的过程中，只有一次超过了三十天的付款期限。我们制订了许多政策和流程来确保我们的收费工作的效率、效益和客户友好性。"

为了提高客户服务水平，银行的业务代表被作为"混合"或"通用"业务代表，根据拨入和拨出的电话数量，按促进满意服务水平的需要承担拨打和接听电话的任务。Avaya 智能拨号系统的混合功能可以自动将拨入的电话转给负责拨出电话的业务代表。当业务代表完成电话拨出时，拨入的电话将直接转过来，而不是在队列中等待。这显著减小了某一客户长期在队列中等待的可能性，构成了一项重大的客户服务优势。

　　从严格的内部效率角度看混合功能，银行收费部门副总裁补充指出："在这一百分之百的混合业务代表环境中，我们可以毫不费力的跟踪各个业务代表的绩效，并进行评比、分红等。所有业务代表都工作于相同的呼叫环境中，易于进行个人业绩的比较。"

　　在安装新系统之前，银行在从一种呼叫活动向另一种过渡（工作连接）时会损失大量的业务代表生产力。在上述工作变更过程中，银行可能每次最多有 47 名业务代表损失五到七分钟时间。由于工作连接大约每三小时发生一次，每天平均有十五种工作，生产力的损失相当可观。

　　利用 Avaya PDS 和工作连接功能，业务代表在从一种工作过渡到另一种工作时的停工时间可以忽略不计。这提高了业务代表生产力，增加了收到的欠款数，同时可为业务代表节省下大量时间。在实际消除了业务代表在工作连接过程中的空闲时间后，银行每个工作日可以挽回 60 到 82 个业务代表工时（47 名收费人员/每天 15 种工作/每位业务代表 5 到 7 分钟/每次工作连接）。这相当于每天增加了 7 到 10 名全职员工。按每位业务代表每小时 10 美元计算，节省下的资金迅速递升为：每天 560 美元到 800 美元，或者每年 150 000 美元到 225 000 美元。

　　资料来源：http://www.ccmw.net/article/2459.html.

回答问题

　　1. 结合案例谈谈该公司是如何进行服务质量改进的？

　　2. 结合案例说明服务质量改进的重要性。

本 章 习 题

一、判断题

1. 生产力是一个组织生产的、相对于所需要的投入而言的产出数量。　　　（　　）

2. 对于产出很难定义的服务而言，衡量生产力并不是一件困难的事情。　　（　　）

3. 任何服务岗位的产出绩效都要包括质量与数量两个目标。　　　　　　　（　　）

4. 虽然服务人员是服务行为的提供者，但是，服务人员的素质、知识、性格等并不会影响到服务质量。　　　　　　　　　　　　　　　　　　　　　　　　　（　　）

5. 服务承诺制的实行有利于企业提高服务质量，满足消费者需求并令其满意，改善企业自身的形象。　　　　　　　　　　　　　　　　　　　　　　　　　　　（　　）

二、选择题

1. 有一种看法认为，可以采取如下的（　　　）等方式提高服务业的生产力。

　　A. 提高服务员工的素质　　　　　　　B. 采用系统化技术

　　C. 减低服务层次　　　　　　　　　　D. 用产品替代服务

　　E. 引入新服务　　　　　　　　　　　F. 顾客互动性

　　G. 减少供需间的错位

2. 服务质量改进计划按照（　　　）阶段实施。

　　A. 政策部署　　　　　　　　　　　　B. 质量改进小组

　　C. 为每个员工建立日常工作质量计划　　D. 总结评价

3. 服务质量改进是质量管理的一部分。进行服务质量改进必须遵循的原则包括（　　）。

    A. 实施全员参与的质量改进　　　　　B. 实施全过程的质量改进

    C. 实施全企业的质量改进　　　　　　D. 质量改进的经济性

4. 服务业节约劳动力的方式较少。主要原因是（　　）。

    A. 服务业的技术变迁较为缓慢　　　　B. 获得经济规模的机会较少

    C. 劳动力专门化的机会也较少　　　　D. 有些服务业是完全依赖人的

5. 影响服务业生产力衡量的因素主要包括（　　）。

    A. 许多服务业是属于会受外来因素影响的开放系统而非封闭系统

    B. 传统式生产力衡量方式中，质量被视为一种常数

    C. 在许多服务业，其生产力往往有一部分依赖于消费者的知识、经验和动机

    D. 消费者在服务生产过程中通常扮演一定角色，此项投入的质量也会影响到服务的生产力

三、思考题

1. 生产力提高的方法主要有哪些？各有什么利弊？

2. 质量改进计划应该注意的问题是什么？怎样才能有效地应用戴明循环？

3. 如何看待生产力与提高质量之间的关系？

第 16 章

服务的成功与失败

学习目标

✓ 解释顾客服务的含义及良好顾客服务的特性；

✓ 分析顾客满意和顾客满意度的影响因素；

✓ 讨论顾客流失的原因及应对策略；

✓ 探究如何处理顾客抱怨以形成顾客忠诚。

开章案例

星巴克的品牌策略

星巴克的品牌策略通过它的"LIVE COFFEE"口号得到了很好的诠释。这个短语反映了公司保持民族咖啡文化生命力的重要性。从零售的角度分析，这意味着在消费咖啡的时候创造一种"体验"，一种成为人们编织他们每天生活的体验。这一体验品牌策略有三个组成部分。

第一种品牌成分是咖啡本身，星巴克自称它提供的是全球最高品质的咖啡，咖啡豆来源于非洲、美洲中南部以及亚太地区。为了执行它苛刻的咖啡标准，星巴克控制尽可能多的供应链，它直接与来自不同国家的咖啡种植者合作购买绿色咖啡豆，星巴克监管着公司各种不同的混合和原味咖啡烘焙程序，而且控制着全球零售商店的配送。

第二种品牌成分是服务，或者是公司有时提到的"顾客亲和力"。"我们的目标是每次你走进我们的咖啡店都是一种振奋人心的体验，"负责北美地区零售的星巴克高级副总裁吉姆·阿林（Jim Alling）解释说，"我们最忠诚的顾客一般一个月光临星巴克 18 次，因为他们知道，这里时刻有他们喜欢的、为他们定做的咖啡在等着他们。"

第三种品牌成分是氛围。"人们是为咖啡而来，但是环境是吸引他们停留的因素。"因为这个理由，大多数的星巴克有就座区域鼓励逗留并提供高档且吸引人的环境给那些想要逗留的人。"我们创造的环境具有全球性的吸引力，"舒尔茨评论道，"这是以人类的精神为基础，以一个社区感为基础的，是人们聚集在一起的需要。"

资料来源：李雪松．服务营销学［M］．北京：北京交通大学出版社，2014．

从上述案例中可以看出，星巴克十分注重顾客服务，把对顾客的服务放在非常重要的位置上。本章正是从顾客服务这一角度出发，探讨顾客服务成功与失败的一系列问题。

16.1 顾客服务概述

16.1.1 顾客服务的含义

1. 顾客服务的内涵

顾客服务是指卖方对于买方购买自己服务的前、中、后期主动提供给买方的所有免费性质的附加价值，以及良好客户关系的维护工作。从时间上来讲，顾客服务包括售前、售中、售后服务；从价格上来讲，顾客服务不能成为价格计价成本因素；从延续性上来讲，顾客服务可以是短期的，也可以是长期。顾客服务的实质是卖方采取各种必要手段维持与买方良好的商业关系。

2. 顾客服务的外延

真正的顾客服务一定是免费性质的，所有已经计入价格中的服务都已经转化为产品的一部分，不能构成真正的顾客服务。

① 顾客服务不仅仅是一种从卖方向买方的利益转让，更是一种真正诚实与诚恳的商业情感付出的投资行为，任何一边欺骗、掠夺消费者、一边提供所谓优质服务的企业行为都不构成顾客服务。

② 顾客服务的核心和灵魂是为了维护卖方与买方短期或长期的良好商业关系，让买方对卖方的商业人格留下真实的美好的回忆。任何虚假的不道德的所谓服务行为，都不能构成顾客服务行为。

③ 顾客服务的本质是传达对于买方或消费者的一种关爱和感激，真心实意愿意为买方更好地使用产品或服务付出更多的情感和努力。因此，顾客服务是商品交易中最具人性化的部分，没有情感的沟通与交流，就没有真正产生顾客服务。

16.1.2 良好顾客服务的属性

那么，良好的顾客服务又是怎么样的呢？优秀的顾客服务符合以下 5 个条件，或者说具有以下 5 种基本属性。

（1）情感性

良好的顾客服务措施或体系必须是企业发自内心的，是诚心诚意的，是心甘情愿的。企业销售、服务人员在提供顾客服务时，必须真正地付出感情。没有真感情的顾客服务，就没有顾客被服务时的真感动，没有真感动，多好的顾客服务行为与体系也只能是一种形式，不能带给消费者或客户美好的终生难忘的体验。

（2）适当性

顾客服务的适当性指的是两方面。一方面是指顾客服务内容和形式的适当性，即服务内容和方式方法的适当性。顾客服务不能突破当时当地的法律法规。一般情况下，也应该尽量避免冲击当时当地的核心传统伦理。另一方面是指顾客服务质与量的适度性。因为企业提供任何顾客服务都是有服务成本的，过高或过低的顾客服务水平都不是企业明智的行为。因为任何企业都以商业利益为目的，学雷锋或不提供任何服务都无助于维护企业长期的商业利益。

（3）规范性

规范性指的是企业在向顾客提供服务时，必须尽量为服务人员提供统一、科学、全面、规范、符合情理的服务行为标准。顾客服务的目的在于维持良好的顾客关系，而企业和企业服务人员科学、规范、合理的服务，有利于服务人员提高服务水平，保证诸多顾客服务活动的质量，达到企业顾客服务活动的根本目的。

（4）连续性

顾客服务的连续性指的是企业在提供顾客服务时，必须保持在时间、对象和内容及质量上的连续性，即：不是今天服务，明天就不服务了，或者这次服务好，下次服务差，这就没有顾客服务时间上的连续性；也不是对这个顾客服务好，却对同等条件的那个顾客服务差，这就没有了服务对象上的连续性；也不是今天服务多点，明天服务少点，服务内容随意增减变化，这就是没有内容上的连续性；更不是今天服务好，明天服务差，这是没有服务质量上的连续性。

（5）效率性

效率性主要是指提供顾客服务时的速度与及时性。例如，夏天修空调，同样内容的服务，报修两小时到和两天到，在服务速度和及时性上有天壤之别。因为对于顾客来讲，早修好一小时，就早一小时享受到清凉的服务，就获得了更多的产品福利。很多企业老是说服务，顾客是上帝，真正事到临头，想的却是自己，宁愿方便自己，不愿方便别人，这样的服务，一点也没有体现出顾客服务的真正意义——维护与客户良好的关系，无偿为客户增加价值和利益。因此，下次顾客不再光顾，也就中情中理了。

做好顾客服务不仅要紧紧抓住顾客服务的几个要素，还要在实践中注意顾客服务的误区。以下就是为顾客服务时应该注意的问题。

 管理误区

顾客服务三大误区

虽然顾客服务推广运动风起云涌，但许多企业和消费者都普遍对顾客服务缺乏深入理解。在实践中，许多企业都不自觉地陷入了曲解顾客服务、放大顾客服务、无限度顾客服务的误区。

一、曲解顾客服务：把产品里面的某些构成部分当服务

有的企业把正常的配件、包装、安装及质量保证，如三包（包退、包换、包修）等一些完整产品的构成部分当作是对顾客的服务。其实这些都不是真正的服务，而是整个产品的必要组成部分，没有这些部分，产品卖给消费者就不完整。以空调为例，消费者自己不会装空调，空调产品必然要包含安装及调试工作，在空调安装好、正常运转以前，该产品基本销售过程还没有完成，试想：谁会去买一台不会运行的空调呢？至于质量保证，更是顾客在购买商品时支付价格中的一个重要部分。还是以空调为例，谁会支付上千元给企业，而主动要求和心甘情愿买回一台劣质货呢？质量的价值对于消费者来说，也已经体现在支付价格中。质量是产品的重要属性，是产品的一部分，当然不能算是服务。

二、放大顾客服务：把热情"三陪"当服务

有的企业为了把产品销出去，硬了心在"顾客服务"上下功夫：客人要来，专人去接，车最好用奔驰，如果能警车开道，那更好；客人到了，俊男美女去陪，吃喝玩乐，从头到脚一条龙，总之没让客人尽兴不行。对于终端消费者，企业也倾尽"服务"热情：如医药保健品公司对医生们"体贴入微"；房产销售公司招俊男美女做销售员；啤酒公司招美丽促销小姐等，不一而足。美丽、热情是好事，但分寸不明，让人搞不明白消费者到底买的是企业的产品呢，还是买企业销售人员的这些"服务"本身。由于这种方法在某一时期对某些人有效，一时之间，这些歪门邪道倒成了企业营销的成功秘诀。其实，这不是顾客服务，这明明是另一种变相行贿，或者是在销售另一种非法"产品"。

三、无限度顾客服务：把满足顾客任何要求当服务

有的企业真的"以顾客为上帝"，"消费者的需要就是我们的神圣使命"，"只要消费者有要求提出来，我们就应该无条件满足"，这些服务观念尤其存在于许多以提供劳务服务为主的服务性行业。本来满足顾客服务要求无可厚非，但并不是指企业要满足顾客的任何要求，凡不是企业应该提供的服务范围之内的服务，企业有权在礼遇顾客的同时，不予以服务。因为服务是有成本的，而且也是受到法律规范的。那么，什么是企业应该提供的服务呢？一是该服务必须是正当的，二是该服务没有超出企业可以承受的范围。企业总不能卖给你一根针，然后还要把你和这根针一起送货上门吧。

只有深刻体会以上所说的顾客服务的真正概念，把顾客当作与自己同生共死的商业利益共同体，才能走上正确的顾客服务之路，身体力行，真心付出，以赤诚之心赢得消费者的关爱和肯定。

16.2　实现顾客满意

16.2.1　顾客满意概述

1. 顾客满意的含义

在现代社会，企业要赢得长期顾客，就要创造顾客满意。要做到这一点，企业不仅要比其竞争对手更了解顾客需求及其消费行为，同时也要了解顾客满意发生的机制，即顾客为什么会对其购买行为的结果产生满意，如何才能最大限度地使顾客满意。

顾客满意是一种心理活动，是顾客的需求被满足后的愉悦感。菲利普·科特勒指出："满足是指一个人通过对一个产品和服务的可感知的效果与他的期望值相比较后所形成的匹配的感觉状态。"

因此，满意水平是可感知效果和期望值之间的差异函数。顾客可以经历3种不同的满意度中的一种。如果效果低于期望，顾客就会不满意；如果可感知效果与期望相匹配，顾客就满意；如果可感知效果超过期望，顾客就高度满意、高兴或欣喜。但是，顾客是如何形成期望值的呢？期望是在顾客过去的购买经验、朋友和伙伴的各种言论、销售者和竞争者的信息和许诺等基础上形成的。如果销售者将期望值定得太高，顾客很可能会失望；如果将期望定

得太低，就无法吸引足够的购买者或客户。

2. 顾客满意的类型

顾客满意可以分为3种类型：期望比较型满意、特定交易型满意和累积型满意。

(1) 期望比较型满意

期望比较型满意是指顾客将实际从服务中获得的消费体验与事前对服务表现的期望作一比较的认知过程评价。此时，期望与经验或对其的了解有直接关系，如有些商家进行大量的广告宣传，使顾客对其服务产品产生了很高的期望。若服务实际表现达到或超过期望则产生满意，反之则产生不满意。卡诺提出的3类服务质量有助于对这一定义的理解。卡诺把服务的质量分为3类：当然质量、期望质量和迷人质量。当然质量是指服务应当具备或必须提供的质量；期望质量指顾客对服务有具体要求的质量特性；迷人质量指服务具备了超越顾客期望的、顾客没有想到的质量特性（这类质量特性即使重要程度不高，但能激起顾客的购买欲望，并使顾客十分满意）。在这3类质量中，当服务的质量低于当然质量时，顾客会极其不满意；在当然质量和期望质量之间时，顾客仍然不满意；在达到期望质量时或位于期望质量和迷人质量之间时，顾客表现满意；而当达到迷人质量时，就会表现非常满意。

(2) 特定交易型满意

顾客满意限定于对某种特殊购买行为的后评价或者顾客在特定环境下，对感受服务所获得的价值程度的一种即时情绪反应（带有很大的主观性）。特定交易型满意可以针对某种特定服务交易提供特定诊断信息。

(3) 累积型满意

累积型满意是顾客在对各种影响因素（如价值、时间、心力、感受等）进行综合比较后的评价，也是顾客针对某服务消费的全部经验而累积的整体评价。

3. 顾客满意的影响因素

服务传递过程中的顾客满意是以构成顾客满意度的各个要素作评价基础的。通常决定企业的顾客满意水平主要有3项影响因素，即顾客经历的服务质量、顾客预期的服务质量和感知价值，如图16-1所示。

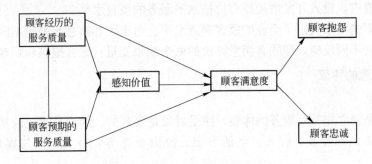

图16-1　顾客满意的影响因素

(1) 顾客经历的服务质量

顾客经历的服务质量是通过顾客对近期消费经验的评价来表示的，对服务中的顾客满意具有直接的正面影响。通过顾客对所经历的服务的评价来预测顾客满意，其结果依赖于顾客的主观直觉。要使顾客经历的服务质量的构成具有可操作性，可以运用质量管理术语来描述服务消费经验。

① 服务的顾客化程度。指企业向各类不同的顾客提供的个性化的服务的程度。比如英美烟草公司向全球不同地区、不同阶层的具有不同行为、习惯的顾客提供的卷烟品牌规格有上百种之多。丰富的服务组合给顾客提供了按个人特殊需求选择服务的充分自由，这本身就是高品质的服务的重要特征。

② 服务的可靠性程度。指企业向顾客提供可靠的、标准化的和充足的服务的程度。顾客感知质量的 5 大服务属性中，可靠性对顾客的感知服务质量影响最大。

（2）顾客预期的服务质量

顾客预期的服务质量是通过顾客对以往企业服务的消费经验（其中包括通过广告和口头宣传获得非亲身经历的信息）的评价来表示，代表了顾客对服务提供者未来的服务质量的预测。顾客对服务质量的期望既包含了以往的各时间阶段内的所有质量经验和信息，是企业服务表现的累积评价，同时在某个时刻又能预测一个企业在未来的若干时期满足其市场的能力。在服务表现一定的条件下，顾客预期服务质量的高低决定了顾客满意程度。

在下面的资料中，沃尔玛就注意到了这一点，使顾客感受到了预期的服务质量。

 小资料

有三位妇女到重庆旅游时来到谭木匠门店要求帮忙将零币换成纸币，服务员马上协助满足了他们的要求。三位妇女在离开重庆时，特意赶到店面每人购买了 300 元的产品。他们说："为了表达谢意，我们要买你们的产品，回去后用着好还要再买，并向亲戚朋友推荐。"

（3）感知价值

顾客对服务的感知价值是指顾客所感受到的相对于所付出价格的服务质量水平。这一概念的提出将服务的价格信息融入了整个框架，也使得相对于所付价格的服务质量水平在不同企业之间和不同价位之间也具有可比性，对于一定的顾客经历的服务质量，感知的价值增长与顾客满意度之间呈正相关。服务提供者必须在详细研究服务价值构成的基础上，寻找出各项价值的再增值点，投入开发增加原有价格水平服务的质量水平。

以上 3 项影响因素决定了企业的顾客满意水平。由于顾客满意水平的不同，导致了顾客对于某项服务的不同反应，即顾客满意评价的两个结果变量：顾客抱怨和顾客忠诚度。

4. 顾客满意的特征

（1）主观性

顾客满意是建立在其对服务的体验、感受对象是客观的、结论是主观的基础上。它既与自身条件（如知识和经验、收入、生活习惯、价值观念等）有关，还与媒体传播等因素有关。

（2）层次性

处于不同需求层次的人对服务的评价标准不一样。因而处于不同地区、不同阶段的人或同一个人在不同的条件下对某项服务的评价可能不尽相同。

（3）相对性

顾客通常对服务技术指标和成本等经济指标不太熟悉，他们习惯于把购买的服务或者和以前的消费经验进行比较，由此得出满意或不满意的相对意义。

（4）阶段性

服务有时间性，用户对某个品牌的服务的满意感来自他过去的使用体验，是在过去多次买卖提供的服务中逐渐形成的，因而呈现出阶段性。

（5）动态性

顾客满意是一个动态变化的过程，随着时间的推移，顾客对服务体验的感觉有可能从满意变为不满意或是从不满意变为满意。

16.2.2 顾客满意度

1. 顾客满意度的含义

顾客满意度（customer satisfaction）在服务管理学中是一个比较新的概念，源自于日本企业提出的顾客满意战略。对于顾客满意度的基本内涵，可以从个人层面和企业层面两个方面来理解。

从个人层面上讲，顾客满意度是顾客对服务消费经验的情感反应状态。这种满意不仅仅体现在对一项服务、一种思想、一种机会之上，还体现为对一种系统、一种体系的满意。在整个消费过程中，顾客不仅追求对经济收益的满意（如在金融服务中体现对最高货币增值率和最低存货成本等利益的追求），而且追求社会性和精神性的满足（如中华香烟带来的权威、地位满足）。

从企业层面来讲，顾客满意度是企业用以评价和增强企业业绩，以顾客为导向的一整套指标，它代表了企业在其所服务的市场中的所有购买和消费经验的实际和预期的总体评价，它是企业经营"质量"的衡量方式。企业营销管理层面上的顾客满意度研究，实际上是对其服务的市场中所有感觉个人满意度的研究与顾客群体行为满意过程研究的综合。

2. 顾客满意度的影响因素

顾客对某项服务是否满意受许多因素的影响，以下列出几种因素。

（1）服务要素

服务要素不仅指服务本身还指服务过程因素。服务对顾客满意度的影响包括以下3个方面。

① 服务设计。设计符合顾客需要的服务是企业令顾客满意的首要工作。企业在进行服务创新时如果没有把顾客需求考虑进去，招致失败是不可避免的。服务设计不仅影响到顾客对产品的购买，还影响员工工作的信心与态度、广告与促销的效果、顾客投诉的次数、提供售后反馈的成本等，最终影响顾客满意度。

② 信息沟通。这里所说的沟通指的是服务生产和设计人员从顾客那里得到的信息。服务设计人员越是接近顾客，直接了解顾客的需要，就越能得到有用的反馈信息，越有可能设计出令顾客满意的产品。而对顾客需求的深入了解更能帮助服务生产人员不断完善自己提供的服务产品。

③ 服务过程。服务过程对顾客满意度具有极大的影响。坚持对服务过程尤其是对真实瞬间的监督和控制，能保证服务质量得到持续改进，并由此形成服务优势，建立顾客忠诚，其间获得的顾客满意度不言而喻。

（2）营销活动

营销活动包括售前活动和售中活动。顾客在消费前对要购买的服务就已经形成了自己的想法，包括他们的需求、服务给自己带来的好处及他们所愿意接受的服务表现。这也是我们常说的"顾客期望"。售前的营销活动影响的是顾客预期，它与销售中的所有营销活动共同影响着顾客满意度。

① 信息。企业通过各种渠道把信息传递给顾客以影响顾客的期望和实际感受，进而影响顾客的满意度。这些信息可分为显露信息和隐藏信息。显露信息说明由企业明确、详细地传递给顾客，包括广告、推广活动、销售说明、具体的报价和邮件等；隐藏信息通过潜意识的信号传递给顾客，包括销售地点的选址、销售人员的衣着、店堂设计、设施布局等。

② 态度。在顾客购买过程中服务人员的态度、与顾客的沟通、人员销售的努力、对顾客的承诺及如何保证这一承诺的实现都会对顾客的购买经历产生影响。因此，对服务人员的培训，无论是在服务技术和意识养成方面还是在与顾客沟通方面都能起到积极的作用，当然也会对顾客满意带来间接的促进。

③ 行为。企业员工尤其是服务人员的行为在销售活动中对顾客满意度的影响至关重要。这些行为主要包括：在对待顾客需求及问题时要有友好的表现；具有丰富的服务技术和服务知识；关注于满足顾客的需求等。企业在这方面的提升可以通过培训和奖励两方面完成。

④ 中间商。许多服务企业通过中间商销售自己的服务承诺。一般说来，企业很难控制这些中间商的行为，而中间商行为对全面的顾客满意度具有重要的影响，并影响到顾客对企业和产品的态度。企业应在中间商的选择、培训及其对顾客满意度的理解、评估、行为控制等方面予以足够的重视。

（3）后台支持

随着顾客满意度观念的深入发展，为服务提供后台支持的工作范围也得到扩展。由原有的对服务的统筹安排、对员工的监督激励，扩展到对服务信息的整合分析、对顾客投诉及意见的反馈、对服务质量提高的设计和规划及对促销、分销、有形展示等服务提供活动的战略性安排等。这些后台支持性的工作可归结为两大方面：支持性服务和顾客反馈。它们不仅通过服务过程的有序度直接影响着顾客满意度，还可以通过对服务中失误的补救和对服务的不断完善而强化着顾客满意度。

① 支持性服务。支持性服务包括对员工持续不断的激励和培训，为服务过程提供实时的信息支持，通过预定系统维持供求协调，通过制度安排保持服务的有序进行、建立服务标准、规范服务质量、规划有形展示、宣传服务质量等。后台提供的这些服务无疑对提高服务质量和顾客满意度有重大影响。

② 顾客反馈。这部分工作表现为对顾客反馈信息的分析、整理，对顾客投诉内容的检查、纠正，对服务争议的解决，对索赔纠纷的调解和处理等。这些工作看似在幕后进行，但作用对象是消费者，所以直接影响到企业树立顾客满意的市场形象，也是在满意度形成过程中最后的补救机会。

（4）企业文化

企业文化指的是企业的信仰、准则、思路、战略及价值观。企业关于生存和竞争的文化是企业服务、销售活动和售后反馈背后的有力推动者。信奉"高顾客满意度能保证长期成功"的企业在其经营管理各环节中会尽力贯彻这样的思想。企业文化又分为正式的企业文化和非正式的企业文化两部分，它们同时影响着企业的顾客满意度。

① 正式的企业文化。正式的企业文化在关于企业任务的规划中，在目标、行动计划、政策的详细说明中都有明确的表达，对企业的经营管理活动具有指导作用。

② 非正式的企业文化。从长远意义上讲，非正式的企业文化才是企业经营目的的真实评价。这些非正式因素由企业的管理层次、企业管理层次的管理效率及流传于企业中的轶事与传说所暗含，它们从深层次上决定了新员工的态度和价值观。

下面的例子中，IBM 企业文化中包含了为顾客服务的宗旨，既然"为顾客服务"能够成为 IBM 的一条文化准则，那它在服务过程中肯定要想方设法地达到顾客满意的目标。

 小资料

IBM 的企业文化准则之———为顾客服务

老托马斯·沃森所谓要使 IBM 的服务成为全球第一，不仅是在他自己的公司，而且要使每一个销售 IBM 产品的公司也遵循这一原则。他特别训令 IBM 将是一个"顾客至上"的公司，也就是 IBM 的任何一举一动都以顾客需要为前提，因此，IBM 公司对员工所做的"工作说明"中特别提到对顾客、未来潜在顾客都要提供最佳的服务。

为了让顾客感觉自己是多么重要，无论顾客有任何问题，一定在 24 小时之内解决，如果不能立即解决，也会给予一个圆满的答复，如果顾客打电话要求服务，通常会在一个小时之内就会派人去服务。此外，IBM 的专家们随时在电话旁等着提供服务或解决软件方面的问题，而且电话费是由公司付账。此外，还有邮寄或专人送零件等服务来增加服务范围。IBM 公司还要求任何一个 IBM 新零件，一定要比原先换下来的好，而且也要比市场同级产品好。服务的品质取决于公司的训练及教育，在这方面，IBM 已经在全球所属公司投下了大量的资金，其提供的训练与教育是任何公司所无法比拟的。每年，每一位 IBM 的经理要接受 40 个小时的训练课程，而后回到公司内教导员工，有时甚至定期邀请顾客前来一同上课。

16.3 顾客流失分析

失去顾客，则意味着失去了现实的收入，失去了常客继续购买的可能，还需要花费更多成本争取新顾客。所以每个企业都要认真研究为什么顾客会离弃自己，弄清是什么促使顾客转向竞争对手，才能确定保持顾客忠诚的有效战略，进而重新设计所找到的存在弱点的部分。

16.3.1 顾客流失的原因及后果

1. 顾客流失的原因

各种原因都可能促使顾客离弃自己而转向竞争对手。

（1）价格的提高

这是导致顾客离弃的主要原因。价格有很多表述：费用、佣金、罚款、特价等。价格提高，顾客就会认为超出服务的实际价值，或者比竞争对手的价格更高。有些顾客的离弃就是发生在服务企业宣布提高价格之后，有些顾客离弃则是因为价格超过实际约定水平。

（2）感觉不适

包括所有的使顾客感到服务不好的微妙事件：服务的进入点的不便，预订的时间太长，等候的时间太长，服务的营业时间不合适。

（3）缺少主要性能

缺少服务的核心经常是很多顾客离弃的原因。实际应用中，有3种典型的例子：服务的执行错误导致服务不完全或性能降低；发票开具的错误；不仅没有提供服务的性能，甚至造成顾客的损失。

（4）消极的服务接触

这关系到顾客与工作人员之间的接触。原因可能是工作人员不专心、不灵活、不尽量满足顾客需要，没有必要的职业能力，没有充分了解自己提供的服务。

（5）对服务的回答不足

顾客的离弃不是因为服务没有正确生产出来，而是因为工作人员没有正确管理某些局面。这主要有3种情况：对顾客提出的问题回答有漏洞；没有回答；工作人员把服务不良的责任归咎于顾客。

（6）竞争对手的行动

顾客离弃是因为受到对方服务的吸引：工作人员更好、服务更个性化、更可靠。有些顾客对服务生产者是满意的，但还是改变了，因为认为对手更好。有时甚至对手价格更高或条件更不如这里，顾客也还是要改变供应者。

（7）伦理道德问题

用这个说法的地方很多。离弃顾客认为服务有违法违规、侵犯权利、缺乏安全、利益冲突等问题。所谓违法违规是不诚实，例如开票时写上了并没有提供的服务款项；所谓侵犯权利是指进攻型营销的强卖；服务的生产能造成顾客健康的风险（如餐厅不符合卫生条件规范）；利益冲突则是中介表面上充当服务生产者，实际上使顾客利益受损。

（8）并非自愿地改变服务生产者

离弃也可能是出于顾客和生产者双方控制能力之外的原因：生产者搬迁、顾客调动或搬家。

2. 顾客流失的后果

研究表明，顾客作出离弃的决定会产生两种后果。

① 对顾客亲朋好友的口碑宣传，对象是家人、邻居、同事、朋友、其他顾客等。

② 离弃之后的第二个行动就是寻找新的服务生产者。大部分调查对象都是在离弃之前就已经找好了新服务生产者，其中半数人是靠口碑找到新服务生产者的。

16.3.2　防止顾客流失的举措

顾客流失损害了企业的利润，影响了企业的声誉，理应受到企业最高决策层的重视。我国已是 WTO 成员，竞争的白热化不可避免，谁能博得顾客满意和赢得顾客忠诚，谁就能分享成功的喜悦和持久的胜利。到底如何赢得顾客、留住顾客呢？以下是几种防止顾客流失的举措。

1. 顾客满意策略

20世纪80年代初美国的市场竞争环境日趋恶劣，美国电报电话公司为了获得更有力的竞争优势，尝试性地了解顾客对企业所提供服务满意与不满意点，并以此对服务进行改善，获得了较好的收益。美国政府于1987年建立了"马尔科姆·鲍德里奇全国质量奖"，协助、鼓励、倡导企业全面导入"顾客满意"管理技术和竞争优势。在这一奖项中顾客满意度的内容占了30％的比重，奖项的设立大大推动了"顾客满意"的发展。

2. 价值创造策略

企业的根本使命在于创造价值，并非创造利润。利润不可或缺，而且至关重要，但要认识到利润是价值创造的结果。企业的存在有赖于顾客，为顾客提供足够的价值才是企业立命之本。顾客价值就是顾客的感知价值，即顾客感知利益与顾客感知利失之间的权衡。顾客价值具有如下几个特点。

① 差异性：不同的顾客对同一服务的感知质量是有差别的，感知价值具有差异性。

② 波动性：同一顾客在不同时期、不同情景下对同一服务的感受是不同的，具有波动性。

③ 相对性：顾客在权衡利益时具有参照体，一般是相对于竞争者所提供的利益而言的，具有相对性。

④ 绝对性：顾客价值是客观存在的，顾客的感知是建立在基本事实基础之上的。

⑤ 不对称性：顾客对利失的感知比对利益的感知要强烈得多。例如，一个受到恶劣服务的顾客更倾向于四处扩散，而得到一项优质服务也许谈得较少。所以，提升顾客价值在增加感知利益或减少感知利失方面，要考虑以下这些特点。

（1）找准适当顾客、创造优异价值

价值因人而异，相当多样化，很难予以界定。一个企业提供所有人价值观的服务是不现实的，而留住一些不合适的顾客对企业是没有益处的。所以，立足长远发展的企业要找准自己的顾客群体，识别那些对公司发展有潜在价值的顾客，敢于放弃那些不适合的顾客。防止顾客流失并非挽留每一位顾客，而是要保持有价值的顾客。凌志公司在设计第一辆LS400时，选择了追逐新潮、喜欢马力强劲的年轻一族，并以新颖的设计和优质的服务换来了这批顾客的多次购买。所以，要找准顾客，留住顾客，为他们创造终身价值。

（2）突出差异服务、提升顾客价值

顾客对服务的需求可分为3个层次，即核心价值、期望价值和附加价值的需求。随着竞争的加剧，服务生命周期的缩短，核心服务提供给顾客的价值变得日趋雷同。期望服务也很容易被竞争者所克隆。企业要想留住顾客，需要在第三个层次附加价值方面有所突破。如旅馆、饭店对住店旅客不仅要提供住店价格方面的折扣，还要提供间接方面的实惠，像提供机票商场购物的折扣，甚至要为经常光顾的旅客建立个人档案，详细记录客人的饮食起居习惯，使顾客对旅馆有一种亲近感、归属感。

下面的小资料中，泰利干洗连锁店就是采用会员制的方法来突出差异服务，满足不同顾客的需要，从而提升了顾客的价值。

小资料

美体小铺（The Body Shop）摒弃传统的广告手段，创造了一个全球品牌形象。它通过以下方面树立了关爱个人、关爱环境的强势品牌联想：产品（只包括天然成分，没有在动物身上做过试验等）、包装（简洁、重复使用、可回收）、商品的买卖（关于销售的宣传海报、产品信息手册、展览等）、社会公益活动（要求每个地方生产商负责一个当地的社区活动），以及公共关系项目和活动（对各种问题采取视频或公开宣讲的方式）。

（3）实施服务补救，赢得顾客忠诚

服务水平的提高，特别是六西格玛管理理念的引入（六西格玛质量意味着每百万个机会只有3～4个缺陷），使许多企业追求产品和服务的零缺陷。尽管如此，缺陷或顾客的抱怨还会发生。有效地解决这些问题对顾客的去留极为关键。也就是说，采取价值恢复策略，实施有效的服务补救，会大大鼓励顾客对服务的忠诚度。有效的服务补救需要企业建立一套完整的监测体系，与顾客要有良好的沟通渠道，通过接受顾客的投诉和对顾客的跟踪，及时发现本企业服务的不足和竞争对手的优势，并采取相应的对策。另外，顾客信息的收集应有超前眼光，要及时发现顾客需要什么样的服务，而不只是将视线停留在现阶段的补救上。要超越补救，就要对失败点进行动态的更新，将缺陷和顾客的不满消灭在发生之前。

（4）精心挑选雇员，赢得顾客忠诚

价值是人创造的，没有优秀的员工就难以向顾客提供卓越的服务。可以说，获得合适的员工是企业关键的第一步，留住他们对企业的发展息息相关。研究表明，忠诚的雇员与企业忠诚的顾客量有着较强的关联度。试想一个企业的员工频繁跳槽或企业随意解雇员工，这样的企业能有稳定的顾客吗？人们已经意识到，企业真正的竞争是人才的竞争，优秀的雇员是企业的最大财富。所以，企业的经营者对待员工要像对待顾客一样，注重员工价值的增值，在激励机制中要体现这一点。

16.4　处理顾客抱怨，形成顾客忠诚

 小资料

每位顾客都是重要的，都是值得尊重的

最近，在美国华盛顿州有一名穿得破破烂烂的男子到其开户银行兑现一张支票，并要求银行职员给他价值50美分的停车券，因为该银行有提供这样的服务规定。女职员打量了他，心想，这一定是位小客户，决定不给他停车券。她说："您今天进行的这笔交易并不符合发给停车券的规定。"男子当然对这种独断的决定提出抱怨，并要求和主管会面。女职员走向主管那儿，可惜这位主管也是一位目光向内、短视、没有品质的主管。两人一起从上到下仔细端详了这名顾客，时不时流露出鄙夷的神情，然后再度告诉他，停车券的规定不适用在他身上。该名男子于是要求将全部存款提领出来。结果发现他的账户里竟然有将近100万美元！男子领了存款，走出银行大门，到该银行的竞争对手那儿，把钱全部存了进去。这家银

行在事后表示，经过这件事，他们正在检讨其服务态度。

上面的小例子中，该银行以外表取人，没有做到尊重每一位顾客而错失了一个好客户，更不可能形成顾客忠诚。这样不仅使自己错失了机会，还给自己的竞争对手创造了机会。怎样才能避免这种情况呢？接下来的内容将做详细阐述。

16.4.1　顾客抱怨

1. 顾客抱怨的含义

抱怨是顾客不满意引致的结果，简单说来，抱怨就是顾客对服务的不满或责难。顾客对服务的抱怨意味着经营者提供的服务没有达到他们的期望、没有满足他们的需求。另外，也表示顾客仍旧对经营者具有期待，希望能改善其服务水平。

2. 处理顾客抱怨的重要性

要做到使顾客真正满意，在服务管理中除了要重视上述诸多影响顾客满意的因素外，还要处理好顾客抱怨。

过去，在经营者的观念中总是认为顾客抱怨者在找麻烦，只认识到了抱怨给经营者带来的负面影响。经营者的这种观念是偏颇的。从某种角度来看，顾客的抱怨实际上是企业改进服务、提高顾客满意度的机会。

有研究发现，提出抱怨的顾客，若问题获得圆满解决，其忠诚度会比从来没有遇到问题的顾客要来得高。因此，顾客的抱怨并不可怕，可怕的是不能有效地化解抱怨，最终导致顾客的离去。相反，若没有顾客的抱怨，倒是有些不对劲。哈佛大学的李维特教授曾说过这样一句话：“与顾客之间的关系走下坡路的一个信号就是顾客不抱怨了。”

从顾客抱怨处理的结果来看，顾客抱怨可能给经营者带来的利益是，顾客对经营者就抱怨处理的结果感到满意从而继续购买经营者的服务而给经营者带来利益，即因顾客忠诚度的提高而获得的利益。

美国一家著名的消费者调查公司 TN 公司曾进行过一次“美国的消费者抱怨处理”的调查，并对调查结果进行了计量分析，以期发现顾客抱怨与再度购买率、品牌忠诚度等参量之间的关系。研究结果表明，对于所购买的服务持不满意态度的顾客，提出怨言但后来对经营者处理抱怨的结果感到满意的顾客，其忠诚度要比那些也感到不满意但却未采取任何行动的人高得多。

另有研究表明，一个顾客的抱怨代表着另有 25 位没说出口的顾客的心声，对于许多顾客来讲，他们认为与其抱怨，不如停止或减少与经营者的交易。这一数字更加显示出了正确、妥善地化解顾客抱怨的重要意义，只有尽量化解顾客的抱怨，才能维持乃至增加顾客的忠诚度，保持和提高顾客的满意度。

有许多成功的企业在为顾客提供服务时，由于十分重视处理顾客的抱怨，从而增加了顾客满意度和忠诚度，促成了企业的进一步成功。

3. 处理顾客抱怨的步骤

处理抱怨的方法各式各样，因人、因事而异。在这里介绍一种在美国十分流行的处理抱怨的方法。这种方法叫“IANA 过程”，这里的“IANA”是英文单词 identity（确认）、assess（评估）、negotiation（协商）、action（处理与行动）首写字母的缩写。

1）确认问题

正确确认顾客抱怨问题的重点如下。

① 让申诉者说话。要仔细地聆听对方说话，并表示同感，这样能帮助顾客说明问题的关键所在。假如不能让对方说话，也就不能确认与了解问题的症结所在。

② 要明确了解对方所说的话。对于抱怨的内容，觉得还不很清楚时，要请对方进一步说明。但措辞要委婉，尽量不要让顾客产生被人询问的印象。

遵守上述原则，有助于在不引起对方反感的情况下掌握事情的真相。然后，把自己所理解的问题所在，改用自己的言辞说出来，请对方予以确认。

2）评估、核定问题

要评估、核定下列各项内容：

① 问题的严重性，到何种程度？（问题的严重性是考虑问题解决的重要因素）

② 你掌握问题达到怎样的程度？（是否还有收集更多信息的必要？）

③ 假如顾客所提的问题没有事实根据和先例，应该如何使顾客承认现实的状况？

④ 解决问题时，抱怨者除经济补偿外，还有什么其他要求？

3）协商

一般情况下，是由现场的承办人，负起与顾客交涉的责任。因此，你的工作并不在于解决顾客问题，而是在于安排能解决这一问题的比较合适的人选。有时候，对顾客的要求也不得不说"NO"。但是，这个"NO"不代表没有协商的余地。对于抱怨者，可以暗示从另一个角度解决问题的途径。

相互协商，有两个阶段。

（1）为解决问题可能采取的补偿对策，要限定其范围

解决任何抱怨，都必须先决定为解决问题可以提供的上限与下限的条件。决定条件时，必须考虑以下问题：

① 公司与抱怨者之间，是否有长期的交易关系？

② 当你努力把问题解决后，顾客有无今后再度购买的希望？

③ 争执的结果，可能会造成怎样的善意与非善意的影响？

④ 顾客的要求是什么？

⑤ 公司方面有无过失？

作为顾客意见代理人，要决定给抱怨者提供某种补偿时，一定要考虑这些条件。例如，抱怨者对公司个别部门有所不满，与抱怨公司方面有全面性过失时，后者的条件应该更优厚一些。如果判断顾客的要求不合理，而且日后不可能再有往来，大可明白地向对方说"NO"。

（2）与抱怨者会谈协商时应注意的问题

① 要仔细聆听抱怨者所说的话及对方所要表达的想法与感情，要抓住要点，并摘要记录。

② 不能有防卫对方的姿态与责难对方的态度，应该把自己的想法，向对方明白表示。

③ 请抱怨者提出他的需求。

4）处理与行动

协商有了结论，接下来要做适当的处置。工作并不因与顾客的会谈协商达成共识而结

束，这只是说明问题已经到了解决的阶段。

究竟由什么人，在什么时间之内，做什么事，这些都需明确；同时，要确认这些是否按约定的条件在付诸实施。在与顾客约定解决问题的方法之后，再违约不履行，不但使过去的一切努力都化为泡影，而且会给企业信誉造成恶劣影响。

在与抱怨者会谈商定的条件中，有时也包括今后调查有关服务改善的内容。这些并不由你来执行，几乎都是委托公司其他部门，甚至是公司外的调查机构来执行。这时由于相关的信息未能传达给适当的人等原因，可能会出现调查的业务未能完成的情况。这种情况极易加重顾客的不满。因此，委托外部完成的业务，是否按预订的时间表在进行，这一监督和追踪的任务仍应由你来负担。

16.4.2　顾客忠诚

1. 顾客忠诚的含义

顾客忠诚通常被定义为重复购买同一品牌的行为，从而忠诚顾客就是重复购买品牌、只考虑这种品牌并且不再进行相关品牌信息搜索的顾客。

忠诚依其程度深浅，可以分为4个不同的层次。

① 认知忠诚：指根据服务品质信息直接形成的，认为此服务优于其他服务而形成的忠诚，这是最浅层次的忠诚，如五星级饭店的服务被认为是优质的。

② 情感忠诚：指在使用服务持续获得满意之后形成的对服务的偏爱。

③ 意向忠诚：指顾客十分向往再次购买服务，不时有重复购买的冲动，但是这种冲动还没有化为行动。

④ 行为忠诚：忠诚的意向转化为实际行动，顾客甚至愿意克服阻碍实现购买。

2. 顾客满意和忠诚的关系

许多企业及其高层领导都希望通过改进服务质量使顾客满意，进而把顾客满意度、忠诚度和公司盈利联系起来。但国际、国内的许多研究表明，顾客满意和顾客忠诚之间并不是简单关系，它受企业所处的竞争环境影响很大；同时，处在"满意-忠诚"曲线上不同位置的顾客对服务提供者的忠诚态度差别很大。

(1) 满意与忠诚关系并非直线

著名的美国施乐公司做过一个顾客满意度调查，将顾客对其服务的满意程度分为非常满意、满意、一般、不满意、非常不满意，然后研究满意与忠诚的关系，发现其并非直线，而是曲线。非常满意者的忠诚度很高，满意者的忠诚度迅速下降，如图16-2所示。

(2) "满意-忠诚"曲线上的不同顾客

琼斯和萨塞将顾客及忠诚度分为4个主要群体，参见图16-3。

"传道者"是那些不仅忠诚，而且对服务非常满意并去向其他人推荐的人。

"图利者"即那些为谋求低价格而转换服务供应商的人，尽管他们的满意度可能很高，但不会忠贞不贰。

"囚禁者"是指那些对产品或服务不满意或极不满意但却没有或很少有其他选择的顾客。

"破坏者"有任何选择余地都要利用。他们利用每一次机会散布对以前服务者的不满情绪，并转向其他供应商。

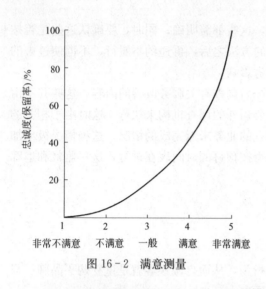

图 16-2　满意测量

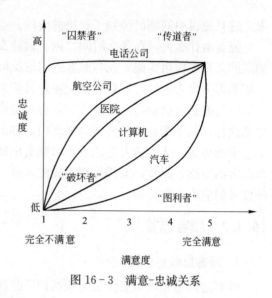

图 16-3　满意-忠诚关系

（3）竞争环境影响满意与忠诚的关系

琼斯和萨塞运用反映顾客满意与重购服务意愿的数据，分析了汽车、计算机、医院、航空公司和电话公司 5 个行业的顾客满意与顾客忠诚的关系，得出如图 16-3 的结论。

首先，当顾客有多项选择，从一种服务转向另一种服务的成本相对较低，很少有政府法规限制竞争，以及很少有忠诚度促销计划刺激的情况下就会出现类似"汽车"的曲线。而如果竞争或替代服务少、转换成本高，曲线可能开始向图 16-3 中"电话公司"曲线移动。最后一种情况下，顾客可能越来越被"囚禁"，琼斯和萨塞称之为"虚假忠诚"，即一旦引入竞争或降低转换成本，顾客忠诚度会立即下降。烟草公司就是这类企业中的典型，依靠政府法规限制其他竞争者进入，顾客在满意度不高的情况下，即可能表现出"虚假忠诚"。我国现已加入 WTO，法规限制竞争的力度将逐步减小，因此必须清醒地认识"顾客忠诚"的实际状况，不断提高服务质量，提高顾客满意度。

3. 顾客忠诚的策略

顾客忠诚在现代企业经营中起着至关重要的作用，但需要强调的是，尽管以顾客为中心的公司寻求创造顾客满意，但未必追求顾客满意最大化。因为追求顾客满意最大化如果方法不当，会损伤企业利益和企业形象。比如，企业可以通过降低价格或增加服务来提高顾客的满意，但这样可能会降低利润。另外，企业有许多利益相关者，包括诸如员工、经纪人、供应商和股东等，因此，在总资源一定的限度内，企业必须在保证其他利益相关者至少能接受的满意标准下，尽力提供一个高标准的顾客满意。以此为基础，培养顾客忠诚感。具体来说，主要从以下几个方面来培养顾客忠诚感。

（1）要把培养忠实顾客看作企业的第一目标，并制定相应的计划

这样做的目的是把对顾客忠诚感的管理变成经营之道。顾客的呼声必须成为企业的管理目标，对此，企业的职能部门要相互协作。服务天然就有营销的特性，吸引和留住顾客不仅仅是营销部门的工作，服务企业应实现"全员营销"，因为即使是世界上最优秀的营销部门，也无法避免销售劣质产品和无需要的产品。只有当公司所有的部门和职工互相合作、共同设计和执行一个有竞争力的顾客价值传递系统时，营销部门才能有效地工作。以麦当劳为例，

人们喜欢它不是因为它的汉堡包比别家的更好,是因为它有一个有效运转的系统,能够向全世界传送一个高标准的服务,即麦当劳公司所谓的 QSCV 标准——质量(quality)、服务(service)、清洁(cleanliness)和价值(value)。麦当劳公司的有效运营就在于它和它的供应商、特许经营店业主、雇员及其他有关人员共同向顾客提供了他们所期望的高价值。

(2)提出、阐述和广泛宣传企业的经营目标

如果企业不能详细地阐述企业经营目标,培养顾客忠诚感的努力就会化为泡影。在此过程中,企业应清楚了解提高顾客整体利益的目的何在,是为了留住顾客、引导消费,还是招徕顾客?应清楚了解需要什么样的信息来帮助开展计划。

在阐述和宣传顾客忠诚感目标管理过程中,如果股东对营销行为感到困惑,如果企业主要负责人无法控制其努力和结果,如果不能按顾客要求做得更好,这就说明在信息传递和获得人们理解的方面做得不够。

(3)识别企业的核心顾客,分清忠实顾客和非忠实顾客

任何企业都不可能满足所有顾客的需要。因此,识别核心顾客是企业的一项重要的战略工作。为此,管理人员必须了解哪些顾客对本企业最忠诚,最能使本企业盈利?哪些顾客最重视本企业的产品和服务?哪些顾客认为本企业最能满足他们的需要?哪些顾客更值得本企业重视,他们有哪些特点和需求?通过上述分析,管理人员可识别本企业最明显的核心顾客。

有些服务企业认为每一位顾客都是重要的顾客。有些企业管理人员甚至会花费大量时间、精力和经费,采取一系列补救性措施留住使本企业无法盈利的顾客。事实上,在顾客忠诚感极强的企业里,管理人员会集中精力,为核心顾客提供较高的消费价值。

(4)对顾客的需求和价值进行有效的评估

在充分理解顾客需求的基础上,把需求按其重要性进行先后排序,将影响顾客忠诚感的服务品质、创新、价格和企业形象等因素确定其相对重要性。这一过程可通过电话采访、信函询问或面对面交谈等方式进行,选择何种方法取决于顾客的偏好、所提问题的类型、被调查人数的多少,以及各种调查方式所需的费用。

忽视顾客需求会给企业带来很大损失。美国一家大型通信公司对自己的产品进行了重新设计,吸收了当今世界上最先进的技术,但消费者对此反应冷淡。征求顾客的意见后发现顾客的真正需求是加强售后服务,而不是增加产品的性能。发现顾客真正需求的过程就是对产品品质的评估和对顾客基本需求进行判断的过程,企业的努力应放在解决基本需求问题上。满足了这些需求,企业就会成为顾客采购商品时的首选对象。

(5)向顾客表明客户至上的经营理念

采用一系列积极有效的办法吸引顾客的注意,取得顾客对建立顾客忠诚这一计划的支持。企业可以从以下方面入手。

① 制定一个接触客户计划,保持与客户的联系。

② 优化接触方式,确保每次接触都能给顾客留下深刻的印象,并建立起顾客与企业间的信任关系。

③ 向主要的客户发信,掌握大量的客户信息。

④ 倾听客户的意见,并将客户引入到企业革新中来。

⑤ 妥善处理顾客的不满,表明你是真正关心顾客的。

　　同时，企业应努力加强其形象和声誉。某家信息服务机构发现它的声誉因长期缺乏服务而受到了损害，顾客认为同采取以服务价值为中心的市场战略的新的竞争者相比，该公司太高傲了。这个负面影响使顾客转向了其他竞争者。后来该公司重新评估了顾客的需求、员工的素质和服务渠道等因素，现在其不利地位已经得到了改善。

　　(6) 将"培养忠诚员工"（内部营销）与"培养忠诚顾客"（外部营销）结合起来

　　内部营销是服务企业开展营销活动不可缺少的一部分，员工是企业的内部顾客，因此培养忠诚顾客的过程必然包括对员工忠诚的培养。由于员工的忠诚与顾客忠诚密切相关，如果公司员工更换率高，那么顾客流失率也高。新手要对市场建立起总体认识，要与消费者重新建立关系，而且由于他们不了解产品的消费者，在与消费者建立关系时往往不得要领，消费者则可能出现不满意心理，这是顾客流失的前兆，在服务业尤为明显。

　　(7) 经营活动的检验和控制

　　确定顾客的利益和应采取的改进措施后，企业应定期检验所有与建立顾客忠诚感相关的各种因素，以确定计划执行的结果如何，以及改进后的活动是否使企业的经营状况有所好转。检验的重点应放在顾客利益、顾客忠诚感和经营成果之间的关系上。检验的结果应和最初研究过程中所确定的顾客利益标准相一致；否则，最初的计划就有问题。

　　企业要想提高竞争力，保持持久的获利能力，关键在于提高顾客的忠诚度。要做到这一点，企业要熟知顾客整体利益的组成部分，并确保顾客的要求贯穿于企业经营过程中的每一个行为。通过提供顾客认为较高的价值，企业将使顾客的满意感变为忠诚感。这样，企业就可把有限的资源集中在顾客认为最重要的东西上，就会使企业获得巨大的市场份额和更大的利润。

案例分析

赵先生在一家餐厅的经历

　　一天，赵先生在酒店的中餐厅请客户吃饭。点菜时，有一位客户点了一道"白灼基围虾"，但记菜名的服务员没注意听，把它误写为"美极基围虾"。

　　当菜端上来以后，赵先生感到很奇怪，立即把服务员叫来，清楚地表示："小姐，我们要的是'白灼基围虾'，这道菜你上错了，请你赶快给我们换一下。"服务员一听不乐意了，辩解说："刚才这位先生点的就是'美极基围虾'，肯定没错。不信把菜单拿来核对一下。"她的话把刚才点这道菜的客人弄得很不高兴，赵先生的脸也沉下来了说："请小姐把点菜单拿来给我们看一下吧。要是你错了，得赶快给我们换。"服务员过去拿来点菜单，赵先生等人一看，上面果然写的"美极基围虾"。这一下，大家都感到奇怪了。刚才那位客人明明说的是"白灼基围虾"，大家都听得很清楚，但现在怎么就成了"美极"了呢？那位服务员心里知道，自己当时一定是走神了，根本就没听清楚到底是"白灼"还是"美极"，但想到"美极基围虾"这道菜点的人多，想当然就记成"美极"了。可是，她害怕赔偿，怎么也不肯主动承认是自己记错了，还是指着菜单硬说客人当时点的就是"美极基围虾"，菜根本没上错。这时候，赵先生请的那位客人实在坐不住了，他有些气愤地说："把你们经理叫来，我有话对他（她）说。"

服务员极不情愿地去叫来了经理。这位经理大概已经听服务员汇报了情况，他走过来后便说："不好意思，你们刚才点的就是这道菜。我们店服务员都是经过严格考核和培训的，记忆力都很好，在客人点菜时会如实地记下每一道菜名。"大家本以为这位经理会过来赔礼道歉，把菜给换了，但没想到他居然会说出这种话！经理这番话的意思很明显：不是店方错了，而是赵先生等客人错了。事情到这种地步，完全没有回旋的余地了。客人愤怒地拂袖而起，说道："好吧，请你赶快给我们结账吧！"赵先生见此情景，也觉得很是尴尬，劝也不是，不劝也不是。愣了一会之后，他才赶忙对那位客人赔不是说："真对不起，请原谅！"

资料来源：http://wenku. baidu. com/link.

回答问题

1. 你在这个案例中看到了关于服务失败的什么问题？

2. 如果你是这家餐厅的经理，你该怎样处理？

本章习题

一、判断题

1. 顾客服务是指卖方对于买方购买自己服务前、中、后期主动提供给买方的所有免费性质的附加价值，以及良好客户关系维护工作。 （ ）

2. 真正的顾客服务不一定是免费性质的，所有已经计入价格中的服务都已经转化为产品的一部分，也可能构成了顾客服务。 （ ）

3. 从企业层面来讲，顾客满意度代表了企业在其所服务的市场中的所有购买和消费经验的实际和预期的总体评价，它是企业经营"质量"的衡量方式。 （ ）

4. 顾客忠诚可以分为四个不同的层次。其中，意向忠诚是指在使用服务持续获得满意之后形成的对服务的偏爱。 （ ）

5. 企业的根本使命在于创造价值，并非创造利润，利润不可或缺，而且至关重要，但要认识到利润是价值创造的结果，是手段而非目的。 （ ）

二、选择题

1. 良好的顾客服务应该具备以下基本属性（ ）。

   A. 情感性　　　　B. 适当性　　　　C. 规范性　　　　D. 连续性

   E. 效率性

2. 顾客满意的影响因素主要包括（ ）。

   A. 顾客经历的服务质量　　　　　　B. 顾客预期的服务质量

   C. 感知价值　　　　　　　　　　　D. 沟通能力

3. 顾客对某项服务是否满意受许多因素的影响，这些因素主要有（ ）。

   A. 服务　　　　B. 营销活动　　　　C. 后台支持　　　　D. 企业文化

4. 促使顾客离弃服务的生产者而转向其竞争对手的原因主要包括（ ）。

   A. 价格　　　　　　　　　　　　　B. 感觉不适

   C. 缺少主要性能　　　　　　　　　D. 消极的服务接触

   E. 对服务的回答不足　　　　　　　F. 竞争对手的行动

G. 伦理道德问题　　　　　　　　H. 并非自愿地改变服务生产者

5. 处理顾客抱怨的步骤是（　　　）。

A. 确认问题　　　　　　　　　　B. 评估、核定问题的严重性

C. 互相协商　　　　　　　　　　D. 处理

三、思考题

1. 怎样看待良好顾客服务的 5 种基本属性？

2. 简述顾客满意的类型和影响因素。

3. 服务失败了，意味着一部分顾客要流失到竞争对手那里。如果你是一家公司的经理，你将采取什么措施赢得顾客再度信任？

4. 顾客抱怨处理得好与坏，是否直接影响着形成顾客忠诚？原因是什么？

附录 A ISO 9000 族标准及质量认证

A1 ISO 9000 族标准

ISO 9000 系列标准是多年来世界各国开展质量管理实践经验和科学的总结，具有通用性和指导性。实施 ISO 9000 族标准，可以促进组织质量管理体系的改进和完善，对促进国际经济贸易活动、消除贸易技术壁垒、提高组织的管理水平具有重要的作用。尤其对我国加入 WTO 后，我国企业参与国际市场竞争具有重要意义。

ISO 9000 系列标准是由国际标准化组织（ISO）质量管理和质量保证技术委员会（TC 176）制定的，1987 年国际标准化组织发布了 ISO 族标准以更好地适应组织开展质量管理活动的需要，国际标准化组织从 1990 年开始分两个阶段对 ISO 9000 族标准进行修改。第一阶段称为有限修改阶段，于 1994 年完成并发布了 ISO 8402、ISO 9000—1、ISO 9001、ISO 9002、ISO 9003 和 ISO 9004—1 等 6 项国际标准，到 1999 年底共发布了 22 项标准和 2 项技术报告。第二阶段在总体结构和技术内容上作了较大修改，ISO/TC 176 于 1996 年提出了对 ISO 9000 系列修改的构想，以提高标准使用者的竞争力，促进组织内部工作的持续改进，并以使标准适用于各种规模和类型（包括服务业和软件）组织的需要为目标，在总结质量管理实践经验的基础上，归纳整理提出了质量管理的 8 项原则，并于 2000 年 12 月 5 日正式发布了新版本的 ISO 9000 族标准。该标准包括以下一组密切相关的质量管理体系核心标准：ISO 9000《质量管理体系基础和术语》，表述质量管理体系基础知识，并规定质量管理体系术语；ISO 9001《质量管理体系要求》，规定质量管理体系要求，用于证实组织具有提供满足顾客要求和使用法规要求的产品能力；ISO 9004《质量管理体系业绩改进指南》，提供考虑质量管理体系有效性和效率的指南，目的是促进组织改进业绩，更好地满足顾客需要；ISO 19011《质量和（或）环境管理体系审核指南》，提供审核质量和环境管理体系指南。

2000 版 ISO 9000 族标准充分考虑了 1987 版和 1994 版标准和其他相关管理体系标准的使用经验，强调了顾客满意及监测的重要性，尽量满足使用者对标准一致性、通俗易懂性的要求，使质量管理体系更适应组织开展商业活动的需要，反映了现代科学技术和技术经济贸易的最新发展，以及"变革"和"创新"这一新世纪的主题。

我国在 1992 年发布了等同采用 ISO 9000—1987 系列标准的国家标准 GB/T 19000—1992～19000—1987《质量管理和质量保证》国家系列标准。国家质量技术监督局已经将 2000 版 ISO 9000 族标准等同采用为中国的国家标准，其标准编号及与 ISO 族标准的对应关系分别为：

GB/T 19000—2016《质量管理体系基础和术语》

GB/T 19001—2016《质量管理体系要求》

GB/T 19004—2016《质量管理体系业绩改进指南》

A2　质量体系认证

质量体系认证是按照 ISO 9000 族标准或 GB/T 19000 族标准指导企业建立和完善质量体系的活动。经授权认证机构对企业的质量体系进行审核，经审核合格后颁发认证证书。企业申请质量体系认证的目的是获得质量体系认证证书并得到认证注册，它是企业建立和完善符合国际标准的质量保证体系的重要标志，也是一个企业区别于其他一般企业的标志，有时也是企业获准进入市场的通行证。

质量体系认证过去主要在制造业的企业中进行，近年来随着 2000 版 ISO 9000 族标准的实施，服务行业中的许多企业也已开始重视这项工作。可以预见，随着我国入世后各项 WTO 协议、规则的落实，国际间贸易对 ISO 9000 认证要求的加强，将会有越来越多的服务性企业学习 ISO 9000 族标准并努力取得质量认证书。

企业获得质量体系认证的工作分四个阶段进行，即准备阶段、建立体系文件阶段、体系运行阶段和取得正式认证阶段。每个阶段的工作重点和内容有所不同，主要包括以下几方面：培训教育，提高全体员工的质量管理意识；调查研究，确定质量保证模式标准；编制质量文件，包括质量政策、质量保证制度、质量保证体系和标准工作程序等；质量体系运行，检查审核，包括内部审核和外部管理审核；经过授权机构的多次预审和通过最后评审后，领取 ISO 9000 质量认证书。

附录 B 抱 怨 信[①]

1986 年 10 月 13 日

123 大街

波士顿，马萨诸塞州

Gail and Harvery Pearson

Foliage Pond 退休公寓

Vacationland，新罕布什尔州

亲爱的皮尔逊太太、皮尔逊先生：

　　这是我第一次写这样的信，但我和我太太被你们的服务人员弄得心烦意乱，以致我们不得不让你们知道都发生了些什么事。我们以我妻子的名字，伊莱恩·洛林医生在退休公寓预订了 10 月 11 日星期六的 4 人晚宴。我们准备宴请我的内弟夫妇，他们从佐治亚州的亚特兰大来探访我们。

　　晚上 7 点，我们在前台左边的餐厅就座。这时餐厅里至少有 4 张空桌。先给我们送来了菜单、酒水、冰水、餐巾和黄油。我们一直坐了 15 分钟才有鸡尾酒。服务员问我们喝什么酒。我弟妹说："我要一杯橄榄的伏特加马爹利。"服务员随即答道："我又不是速记员。"我弟妹又重复了一遍。

　　不久，侍者来了，告诉我们晚上的特别要求。我没有记住他的名字，但他戴着眼镜，有点矮胖，袖子卷到了胳膊上。大约 10 分钟后，他又回来了，可这时我们的饮料还没有到。我们还没定下来要什么主菜，可是点了点儿开胃酒。他回答我们，没有定下主菜前不能点开胃酒。于是我们决定不要开胃酒了。

　　我们的饮料送来了，侍者又回去了。7:30 我们点了主菜。当侍者请我妻子点菜时称她为"年轻的女士"，当他为她上菜时又叫她"亲爱的"。

　　7:50，我们要求尽快将沙拉端来。接下来我要求侍者的助手再为我们拿些餐巾来（当我们就座时曾送过一次）。她问道："谁要餐巾？"四下看着，我们一桌人挨个回答"是"或"不是"，这样她可以准确知道要送多少餐巾来。

　　7:55，我们的沙拉送来了。8:25，我们要求上主菜。8:30，主菜端了上来，这时距我们进入餐厅已经 1.5 个小时了。在这段时间里，餐厅有 1/3 的空位。我还不得不多次要求添水、换黄油等。

　　公正地讲，菜不错。像人们已经意识到的，餐厅气氛愉快。即使这样，晚餐简直是个灾难。我们被这个经历烦恼和侮辱了。你们的雇员没有受到良好的训练，他们太粗鲁了，没有

---

　　① FITZSIMMONS J A, FITZSIMMONS M J. 服务管理：运作、战略与信息技术 [M]. 张金成，范秀成，译. 3版. 北京：机械工业出版社，2003.

一点儿礼貌和风度。这些与你们试图营造的气氛和你们餐厅的收费格格不入。

现在我想让你们知道我们的感觉,首要的就是尽快离开。过去很多次,我们曾盼望把在退休公寓进餐作为在新罕布什尔州度周末的一部分。

我们很难再去你们的餐厅了。请相信,我会将我们的经历告诉我们的家人、朋友和商业伙伴。

忠诚的

威廉·E. 洛林医生

经验告诉我们,抱怨信会受到各方关注。一些信会引起公司快速而主动的反应,一些信则没有回音。在这个案例中,餐馆对抱怨信的反应是:餐馆的回信。

餐馆的回信

Foliage Pond 退休公寓

Vacationland,新罕布什尔州

1986 年 11 月 15 日

威廉·E. 洛林医生

123 大街

波士顿,马萨诸塞州

亲爱的洛林医生:

我和我的丈夫因为我们的餐馆发生的这件不愉快的事而苦恼。我们非常感谢您花时间和精力将最近在这里发生的事告诉我们。我十分理解和同情您的感受,并愿意将这里的有关情况向您介绍一下。

在过去的四五年间,中北部湖泊地区因极低的失业率和由此导致的可悲的劳动力储备而臭名昭著。今年,本地区的商业界发现这种局面已恶化到非常危险的地步。获得充分的帮助、能力或其他什么已变得几乎不可能!在这个季初,我们预计问题会多起来,我们试图多招些人,但没有成功。在本地,即使没有推荐信,人们也可以随时随地地找到工作,而且不会因缺乏能力而被解雇,因为根本没人能替代他们。本地的雇员对这种情况了如指掌并将此作为他们的资本。您可以想象,这种态度在雇员中的流行和它对雇主的打击,特别是对像我们这些努力保持高标准的雇主。不幸的是,我们不能选择我们所需要的人,再加上高的离职率,适当的训练不仅花费是不菲的,更重要的是,在这个时候根本无法进行。

很不凑巧,您在退休公寓用餐的那天,10 月 11 日,是传统上一年中最繁忙的晚上之一。虽然在您就座时还有不少空桌,尽管事实至少有 4 名服务员在这个重要时刻没能很好地服务,也没能提醒我们注意,但我向您保证,那天晚上我们接待了 150 名顾客。如果他们能将这个情况告诉我们,我们就可以限制预订的人数,从而将损害减少到最低程度。但是这种损害发生了,我们、我们的顾客及努力弥补这一切的员工都不得不忍受超乎寻常的服务延迟。

至于您接受的服务,有关人员已经被解雇。劳动力状况从没有像现在这样糟糕。如果您能在当时就将情况告诉我们，会对我们有更实际的帮助——那将比我们在事后讨论给员工留下更长久的印象。现在我们处于相对平静的时期，使我们有时间来适当地培训新人，我们希望是更好的新人。

请相信，我们和您一样强烈地感到，那个晚上的服务是无法接受的并且没有达到我们的正常水准。我们希望能防止此类事情的再次发生。但实际上，必须清楚地认识到，即使在最好的餐馆，也会有不好的事情出现。相信我，这样说并不是因为我们不关心和不重视。

您提到我们的价格。恕我直言，如果您比较一下，您就会发现：我们的价格仅是大多数城市和人们常去的地区、同样烹饪水平和气氛的餐馆中您愿意支付价格的一半。我们设定我们的价格是为了同本地区的其他餐馆竞争，尽管大多数餐馆无法提供与我们相同质量的食物和气氛，当然更无法超过我们。

我希望这个解释（不能误认为是借口）能说明一些问题，并希望您能接受我们对您及您的朋友所遭受到的不愉快所表示的深深的遗憾和歉意。如果有一天您能光临我们的餐馆，使我们有机会为您提供其他顾客在此所享受到的快乐和满意的用餐经历，我们将深感高兴。

忠诚的

盖尔·皮尔逊

参 考 文 献

[1] 佩里切利. 服务营销学 [M]. 张密，译. 北京：对外经贸大学出版社，2000.

[2] 朱华，窦坤芳. 市场营销案例精选精析 [M]. 北京：经济管理出版社，2006.

[3] 菲斯克，格罗夫，约翰. 互动服务营销 [M]. 张金城，译. 北京：机械工业出版社，2001.

[4] 洛夫洛克. 服务营销 [M]. 陆雄文，庄莉，译. 北京：中国人民大学出版社，2001.

[5] 马龙龙，李智. 服务营销与管理 [M]. 北京：首都经济贸易大学出版社，2002.

[6] 张凤忠. 创造服务优势：企业服务设计 [M]. 南京：东南大学出版社，2002.

[7] 张旭. 服务营销 [M]. 北京：中国华侨出版社，2002.

[8] 张德斌. 服务制胜的技巧与实例 [M]. 北京：中国国际广播出版社，2002.

[9] 盛亚，朱贵平. 企业新产品开发管理 [M]. 北京：中国物资出版社，2002.

[10] 高丽华. 企业服务营销 [M]. 北京：中国物资出版社，2002.

[11] 佩恩. 服务营销精要 [M]. 北京：中信出版社，2003.

[12] 詹姆斯·A. 菲茨西蒙斯，莫娜·J. 菲茨西蒙斯. 服务管理：运作、战略和信息技术 [M]. 张金成，范秀成，译. 北京：机械工业出版社，2000.

[13] 唐文. 现代酒店管理 [M]. 北京：企业管理出版社，2003.

[14] METTERS R, METTERS K K, PULLMAN M. 服务运营管理 [M]. 金马，译. 北京：清华大学出版社，2004.

[15] 胡川，刘大明. 运作管理 [M]. 武汉：武汉大学出版社，2005.

[16] 王毓芳，肖诗唐. 质量改进的策划与实施 [M]. 北京：中国经济出版社，2005.

[17] 包晓闻，刘昆山. 企业核心竞争力经典案例 [M]. 北京：经济管理出版社，2005.

[18] 刘冠俊. 企业客户服务管理 [M]. 北京：中国广播电视出版社，2002.

[19] 张杰. 生产与运营管理 [M]. 北京：对外经贸大学出版社，2004.

[20] 柴小青. 现代服务管理 [M]. 北京：企业管理出版社，2002.

[21] 黄磊. 顾客忠诚 [M]. 上海：上海财经出版社，2000.

[22] 戴维斯，海内克. 运营管理基础 [M]. 汪蓉，译. 北京：机械工业出版社，2004.

[23] 韩顺平. 服务企业竞争战略研究 [M]. 南京：南京大学出版社，2004.

[24] 格罗鲁斯. 服务管理与营销：基于顾客关系的管理策略 [M]. 韩经纶，等译. 2版. 北京：电子工业出版社，2002.

[25] 泽丝曼尔，比特纳. 服务营销 [M]. 张金成，白长虹，译. 3版. 北京：机械工业出版社，2004.

[26] DAVIS M M, HEINEKE J. Managing services: using technology to create value [M]. NewYork: McGraw - Hill Companies, Inc, 2003.

[27] 任旺兵. 我国服务业的发展与创新 [M]. 北京：中国计划出版社，2004.

[28] 刘广第. 质量管理学 [M]. 北京：清华大学出版社，2003.

[29] 李炜. 建立服务质量测度体系 [J]. 商业时代，2004（15）：13.

[30] 郑吉昌，夏晴. 服务业、服务贸易与区域竞争力 [M]. 杭州：浙江大学出版社，2004.

[31]　孙强，左天祖，刘伟. IT 服务管理概念、理解与实施［M］. 北京：机械工业出版社，2004.

[32]　贾平，官五云. 信息技术与企业动态联盟［J］. 科技与管理，2004（2）.

[33]　胡昌平，黄晓梅，贾君枝. 信息服务管理［M］. 北京：科学出版社，2003.

[34]　哈格，卡明斯，麦卡布雷. 信息时代的管理信息系统［M］. 严建援，译. 4 版. 北京：机械工业出版社，2004.